浙江省普通本科高校"十四五"重点教材

21世纪经济管理新形态教材·数字经济系列

U0368214

数字经济监管概论

唐要家◎编著

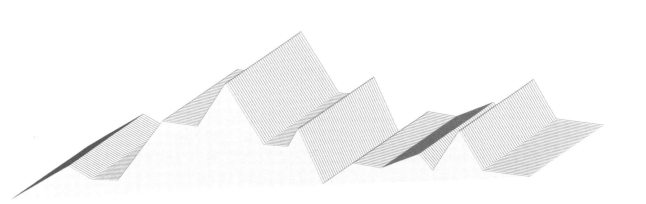

清华大学出版社

北京

内 容 简 介

本书直面数字经济监管的重大现实需求，立足于数字经济独特的发展规律和中国数字经济监管实践，介绍数字经济的市场失灵和监管需求，系统构建数字经济监管理论和政策体系，借鉴国际数字经济监管的成功经验和一般趋势，总结中国数字经济监管的成功经验，并设计适合中国国情的数字经济监管政策措施。本书以坚实的理论研究和学科优势为支撑，基于深厚的前期研究基础和丰富的政策实践经验，内容介绍具有国际视野。同时，讲好中国故事、建设课程思政是本书编写的重要导向，所以本书内容贯彻思政要求，具有鲜明的中国化特点。

本书是为满足国内高校"数字经济"专业建设需要而编写的教材，是数字经济专业的核心课程教材。本书可作为高校数字经济课程的教材，同时也适合宏观政策研究者、智库行业研究人员、公司高管、架构师等阅读与学习。

图书在版编目 (CIP) 数据

数字经济监管概论 / 唐要家编著 . —北京：清华大学出版社，2023.12
21 世纪经济管理新形态教材 . 数字经济系列
ISBN 978-7-302-64992-2

Ⅰ . ①数… Ⅱ . ①唐… Ⅲ . ①信息经济－经济监督－概论－中国－高等学校－教材 Ⅳ . ① F492

中国国家版本馆 CIP 数据核字 (2023) 第 232399 号

责任编辑：胡　月
封面设计：汉风唐韵
版式设计：方加青
责任校对：王荣静
责任印制：曹婉颖

出版发行：清华大学出版社
　　　　网　　　址：https://www.tup.com.cn，https://www.wqxuetang.com
　　　　地　　　址：北京清华大学学研大厦 A 座　　　　邮　　　编：100084
　　　　社 总 机：010-83470000　　　　邮　　　购：010-62786544
　　　　投稿与读者服务：010-62776969，c-service@tup.tsinghua.edu.cn
　　　　质 量 反 馈：010-62772015，zhiliang@tup.tsinghua.edu.cn
印 装 者：三河市人民印务有限公司
经　　销：全国新华书店
开　　本：185mm×260mm　　　印　　张：19.5　　　字　　数：443 千字
版　　次：2023 年 12 月第 1 版　　　印　　次：2023 年 12 月第 1 次印刷
定　　价：69.00 元

产品编号：101254-01

前言

PREFACE

数字经济监管是数字经济发展政策的重要组成部分，科学有效的数字经济监管能够促进数字经济高质量发展，并确保数字经济发展以有利于社会的方式进行。本教材是适应数字经济监管的重大现实需求编写而成，试图构建科学的数字经济监管理论和政策体系，构建中国特色的数字经济监管知识体系。

为了适应数字经济发展对人才的需求，近年来众多高校开始设立数字经济专业，加强专业配套教材建设成为一个重要的任务。数字经济监管是数字经济专业人才培养知识体系中不可或缺的组成部分。本教材是适应国内高校"数字经济"专业建设需要而编写的，是数字经济专业核心课程教材。本教材在 2022 年入选浙江省普通本科高校"十四五"重点教材。

本教材直面数字经济监管的重大现实需求，立足于数字经济独特的发展规律和中国数字经济监管实践，介绍数字经济的市场失灵和监管需求，系统构建数字经济监管理论和政策体系，借鉴国际数字经济监管的成功经验和一般趋势，总结中国数字经济监管的成功经验，并设计适合中国国情的数字经济监管政策措施。

教材每章的内容基本按照"概念界定—监管需求—监管供给—监管国际经验—中国监管实践"的逻辑展开。每一章在基本理论知识介绍后，会有相应的引导学习内容，包括讨论案例、本章总结、关键概念、课后习题、主要参考文献等，以期通过上述结构设计实现对学生学习的逐步引导和层层深入，从而促进学生形成自主的知识体系。

本教材的主要特色包括：

（1）教材内容具有强创新性。数字经济监管是一个全新的监管问题，具有很多新的监管议题。本教材介绍了个人数据隐私保护、人工智能、网络数据安全、数字平台监管、网络信息内容、互联网金融、监管科技等诸多新的问题。

（2）教材知识体系具有学科交叉性。数字经济监管需要具备跨学科知识结构，因此本教材的知识理论涉及经济学、法学、行政管理等相关学科，也涉及数据科学、人工智能、区块链等数字技术问题。

（3）**教材内容介绍具有国际视野。**数字经济是全球化的经济，数字经济监管既要有本国特色，也要遵循国际通行规则。本教材对美国、欧盟等国家和地区的最新数字经济监管政策和体制变化进行了系统的总结和介绍。

（4）**教材内容具有鲜明中国化特点。**讲好中国故事、加强课程思政建设是本教材编写的重要导向。教材系统总结了中国数字经济发展的伟大成就和数字经济监管实践，概括了中国监管制度模式，阐述了中国监管制度优势，以便向世界贡献数字经济监管中国模式和中国方案。

本教材是我在承担完成国家社科基金重点项目"数字经济政府监管再定位及监管体系创新研究"后的转化成果，很多章节的内容都是基于前期学术研究所完成的，具有较大的原创性。本教材核心章节曾在为浙江财经大学—中国社会科学院大学浙江研究院硕士研究生开设的"数字经济前沿专题"课程的教学中做过介绍，一些同学给了我有益的反馈。在教材编写过程中，浙江财经大学经济学院匡韩斌老师为我提供了基础性的关于区块链的文稿，我指导的博士研究生王钰，硕士研究生张哲、李毓新参与了部分章节的写作，硕士研究生陈燕、于金钰、单若彤、魏思淼等承担了部分章节文字校对工作，为本书出版做了大量细致的工作。教材编写还得到浙江财经大学文华学院融合型教学项目的支持，浙江财经大学经济学院的王正新院长、邓晓军副院长也对教材建设和出版提供了大力支持，清华大学出版社的胡月编辑为教材的高质量出版给予了诸多专业指导。对上述各位的付出，表示最诚挚的谢意！

唐要家

2023 年 5 月 14 日

目 录
CONTENTS

第三篇　数字平台竞争秩序监管

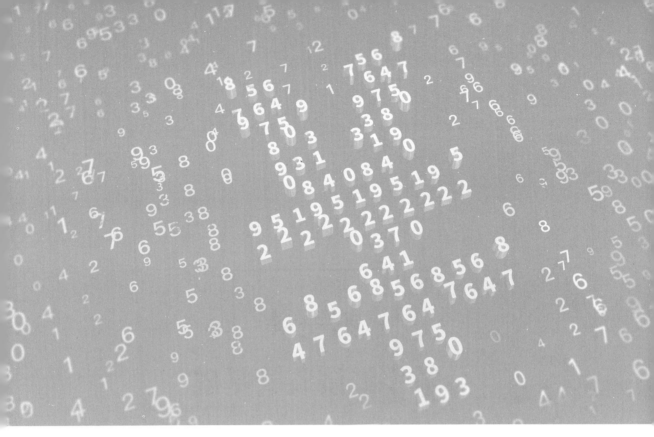

第一篇
监管理论基础

第一章
数字经济监管基础

第一节　数字经济概念

一、数字经济的定义

目前，世界经济正在经历一个重大的历史转变——从工业经济转向数字经济、从实物产品转向数字产品。数字经济是推动中国经济高质量增长的新引擎。数字经济发展速度之快、辐射范围之广、影响程度之深达到了前所未有的程度，它正推动生产方式、生活方式和治理方式产生深刻变革，成为重组全球要素资源、重塑全球经济结构、改变全球竞争格局的关键力量。

数字经济的概念分为窄的界定和宽的界定。窄的数字经济概念的界定特指完全是由于现代信息通信技术、数字技术发展所催生的新兴产业，这些行业主要指互联网金融、互联网零售、数字内容、数字文化娱乐、智慧医疗、互联网教育、互联网新兴住宿、互联网新兴餐饮等。宽的数字经济概念的界定则泛指所有基于互联网、信息通信技术、数字技术的有关产业，既包括新兴的数字经济行业（也称数字产业化行业），也包括传统产业采用互联网和新兴数字技术实现转型发展的产业数字化。为此，宽的数字经济总体概括为数字产业化和产业数字化。由于本书主要是针对互联网和大数据技术发展所引发的政府监管新挑战，回应以数据、算法、平台等为主的监管新问题，因此本书所使用的数字经济主要是窄的概念。

G20 杭州峰会发布的《数字经济发展和合作倡议》指出，数字经济指以使用数字化的信息和知识作为关键生产要素、以现代信息网络作为重要载体、以信息通信技术的有效使用作为效率提升和经济结构优化的重要推动力的一系列的经济活动。[1] 这一概念实际上是将包括数据核心要素、互联网在线空间和信息通信技术利用在内的供给侧资源要素所推动的经济增长和结构优化作为数字经济基本特征。2021 年中华人民共和国国务院（以下简称"国务院"）印发的《"十四五"数字经济发展规划》对数字经济概念进行了较为全面的界定："数字经济是继农业经济、工业经济之后的主要经济形态，是以数据资源为关键要素，以现代信息网络为主要载体，以信息通信技术融合应用、全要素数字化转型为重要推动力，促进公平与效率更加统一的新经济形态。"

本书将数字经济界定为：数字经济是一种以数据作为关键要素、以现代信息通信技术为载体、以产业数字化发展和数字化社会运行为核心的经济形态。

二、数字经济的基本特征

（一）数据是关键生产要素

数据要素是数字经济深化发展的核心引擎。数据对提高生产效率的乘数作用不断凸显，成为最具时代特征的生产要素。2017 年，英国《经济学人》杂志指出，在数字经济时代"整个世界最有价值的资源不再是石油而是数据"。在数字经济中，数字商务企业采

---

[1] G20 Digital Economy Development and Cooperation Initiative.

集大量关于消费者的数据并对这些数据进行挖掘分析，然后进行商业创新来为消费者提供更好的产品和服务并获得利润回报。在数字经济中，大数据技术能够为企业挖掘大量数据，为企业实现数据驱动的创新和获取经济价值提供重要的资源基础。数据的爆发式增长、海量集聚蕴藏了巨大的价值，为智能化发展带来了新的机遇。协同推进技术、模式、业态和制度创新，切实用好数据要素，将为经济社会数字化发展带来强劲动力。

（二）数字经济具有显著的规模经济与范围经济

规模经济指随着更多的数据被采集和利用，数据的采集和利用成本会逐步下降。这主要是因为数据的采集和利用具有一次性的高固定资产投入和非常低的边际成本支出特征。数据作为一种资源，必须聚合成大规模和多维度才具有经济资源价值，单个数据或单一维度数据并不会创造价值，因此数据只有完成采集聚合、挖掘开发、商业化应用这一完整的价值链才能创造最大的商业价值。

范围经济指当更多的不同种类的数据被采集和开发利用时，数据的采集和利用成本会下降。特别是当相同的数据被用在不同的领域时，由于数据重复再用的边际成本近乎为零，所以在不增加成本的情况下，企业的收益会大幅度增加。并且数据的多领域应用会产生独特的协同效应，会进一步提高大数据的质量和数据分析预测的准确性，从而出现数据要素利用的乘积效应。

（三）数字经济具有显著的网络效应

网络效应也被称为网络外部性或需求方规模经济，指一个新消费者额外消费一单位商品时会因更多的人已经消费该商品而获得更高的价值。网络效应分为直接网络效应和间接网络效应。首先，直接网络效应指随着某一商品或服务的用户数量增加，额外一个消费者消费商品所带来的递增价值。典型的如在社交平台中，使用微信的用户越多，则一个用户的价值就越大。由于直接网络效应主要是反映数字平台单侧用户的数量越多，则彼此的价值越大，因此直接网络效应也称为"成员外部性"。其次，间接网络效应指当平台一侧用户群体的数量增加给另一侧用户带来的商品或服务的递增价值，即平台一侧用户的价值受到另一侧用户的数量影响。典型的如电子商务平台——淘宝：在平台购物的买家越多，则越会吸引卖家，那么商品也就更丰富且价格竞争更激烈；反过来，在平台销售的卖家越多，则会越吸引买家在平台购物，卖家的销售机会也就越多且营销成本越低。由于间接网络效应反映的是平台一侧用户决策对另一侧用户成本和收益的影响，因此间接网络效应也称为"交叉网络效应"。

（四）数字平台是重要的市场主体

在数字经济中，数字平台成为经济活动的重要主体，数字平台是数字经济生产、交易、消费的中心，不仅深刻地影响经济活动，而且对社会活动和个人生活产生重大的影响。以谷歌、亚马逊、阿里巴巴、优步（Uber）、滴滴、美团等为代表的数字平台企业成为决定和影响一个国家数字经济发展的最重要力量。自 2017 年以来，全球市值 Top10 企业中有 7 家是平台企业，分别是美国的苹果、微软、亚马逊、谷歌和脸书，以及中国的腾讯和阿里巴巴。截至 2020 年 12 月 31 日，这 7 家平台总市值达到 8.87 万亿美元。根据中国信息通信研究院监测，截至 2020 年年底，在中国，价值超 10 亿美元的数字平台企业达 197 家，比 2015 年新增了 133 家，平均以每年新增超 26 家的速度快速扩张。从价值规模看，2015—2020 年，在中国，超 10 亿美元的数字平台总价值由 7702 亿美元增长到 35 043 亿美元，年均复合增长率达 35.4%。①

（五）数字经济具有高创新密度

数字经济发展的根本动力是创新，创新极大地重构了原有的生产和消费模式，促使新产业和新商业模式不断出现。因此，数字经济也被称为高创新密度的行业和动态竞争的市场。数字经济中的企业竞争主要是创造新的产品、进入新的市场、建立新的商业模式和应用新的技术。数字经济的创新往往是颠覆性的，创新竞争者不是蚕食在位企业现有业务的市场份额，而是通过创新商业模式对在位企业构成颠覆性影响或完全取代在位企业。因此，创新通常会改变整个行业的商业模式和竞争状态。

第二节　数字经济监管需求

一、监管的概念界定

传统的监管主要指政府为解决市场失灵问题和保护公共利益，基于规则对市场主体实施的干预或控制。监管作为一种政府政策工具，其核心含义在于指导或调整个人或企业的行为，以实现既定的社会公共利益目标。

在监管理论研究中，经常被引用的概念是菲利普·塞尔兹尼克（Philip Selznick）提出的，即监管是"公共机构针对社会共同体认为重要的活动所施加的持续且集中的控制"。国内监管经济学研究的著名学者王俊豪则直接采用政府监管的表述，认为"政府监管是具有法律地位的、相对独立的政府机构，依照一定的法规对被监管者所采取的一系列行政管理与监督行为"。显然，传统的监管概念界定的共同之处都是将政府作为监管主体，将维护公共利益作为监管的根本目标，将行政性命令控制机制作为主要监管政策手段。根据上述观点，为了维护公共利益，政府必须承担起必要的监管职责，对损害社会公共利益的行为实行有效的约束或控制。

由于数字经济具有独特的经济规律和诸多新的监管问题，数字经济监管的概念需要重新界定，以更好地适应数字经济现实。2022 年 6 月，英国数字化、文化、媒介和体育部发布的《数字化监管：驱动增长与释放创新》的政策文件中对数字化监管给出了界定，"数字化监管指政府、监管机构、企业和其他组织用来管理数字技术和经济活动对个人、企业、经济和社会产生的负面影响的一系列监管工具，这些监管工具包括标准、自我监管、行为准则和法律规则等。"② 这个概念强调了数字经济监管的三个核心问题：一是数字

---

① 数据来源：中国信息通信研究院《平台经济与竞争政策观察（2021 年）》。

② https://www.gov.uk/government/publications/digital-regulation-driving-growth-and-unlocking-innovation/digital-regulation-driving-growth-and-unlocking-innovation.

经济监管针对的是数字技术开发应用及数字经济活动所产生的各种负面损害；二是数字经济监管是多主体监管，包括政府、独立监管机构、企业和其他组织；三是数字经济监管具有多种政策工具，不是单一的行政命令。

据此，本书将数字经济监管界定为"数字经济监管指政府、监管机构、平台企业和其他组织为预防和消除数据要素、数字技术开发应用及数字经济社会活动所产生的各种损害，从而确保社会公共利益目标，而采用的包括政府行政、法律、自我监管、伦理等多种手段的控制活动"。

二、数字经济的市场失灵

政府监管的前提是存在市场失灵。以阿弗罗德·卡恩为代表的学者所开创的传统经济监管理论指出，政府监管的前提是存在市场失灵。政府监管是解决市场失灵的政府公共政策选择。因此，政府监管的基本前提是市场存在自身无法克服的市场失灵，并且市场自身无法自我修复。传统政府监管关注的市场失灵主要是自然垄断、市场垄断、外部性、信息不对称。

在数字经济背景下，以大数据和互联网为基础的数字经济在显著降低市场交易成本、促进经济效率提升和消费者福利增加的同时仍然会带来市场失灵问题。数字经济的市场失灵主要体现为市场垄断、信息不对称、消费者隐私保护、公共安全与社会价值目标。因此，有效的政府监管是促进数字经济高质量发展、维护消费者利益和社会公共利益的重要保障。

（一）超级平台引发的强市场垄断势力

规模经济、范围经济、网络效应、大数据优势的结合造成市场出现赢家通吃或赢家多吃的市场冒尖现象，从而出现高集中度的市场结构，支配企业往往具有可维持的市场垄断势力，使市场不再具有可竞争性。例如：在全球搜索引擎市场中，谷歌占 90% 的市场份额；在全球社交媒体市场中，Facebook 占 2/3 的市场份额；[①] 在中国在线零售市场中，阿里巴巴占 60% 的市场份额；在中国移动支付市场中，支付宝与腾讯金融两家企业所占的总份额为 92.65%，其中支付宝为 53.21%，腾讯金融为 39.44%。[②] 在数字经济普遍出现高集中度的市场结构的情况下，新进入企业的市场竞争面临非常高的进入壁垒，无法在短期内充分吸引规模用户，不能对在位支配数字平台的市场势力构成强有力的竞争约束。数字支配平台具有更强的可维持的市场势力，因此数字支配平台构成了对市场竞争的严重阻碍。数字经济发展中，大企业占据稳固的市场垄断地位可能会限制市场竞争，因此，政府是否应该对这种高集中度的市场实行结构性干预，或对垄断性平台大企业采取更为严格的反垄断执法行动成为各国监管政策争论的重点。

在数字经济中，具有支配地位的平台企业有可能利用市场势力来实施各种限制竞争行为，典型的如谷歌等搜索引擎企业实施的搜索结果偏向行为，在线旅游预订平台对商家实

① Facebook 公司 2021 年宣布正式改名为"Meta"。
② 数据来源：易观，《中国第三方支付行业年度专题分析（2019）》。

施的最惠国定价行为，阿里巴巴、美团等平台实施的"二选一"独占交易行为，数字平台实施的"大数据杀熟"的价格歧视行为等。同时，越来越多的数字商务企业采用人工智能算法来进行决策，而算法定价就有可能带来企业之间默契合谋的问题。另外，具有支配地位的数字平台还会通过"杀手并购"等来消除潜在竞争者。所以，对于数字经济支配企业实施的各种限制竞争的行为，迫切需要反垄断执法来加以禁止，以维护市场的自由竞争。

（二）信息不对称引发的在线交易风险

虽然互联网和大数据明显降低了搜寻成本、配送成本，促进了供需匹配和跨区域交易，但同时也显著地恶化了平台用户面对的信息不对称的问题。数字技术的发展使数字平台企业可以收集和处理大量多维度的数据，从而在很大程度上降低了影响市场交易有效性的信息不完全的问题，同时平台企业对消费者的大数据收集和挖掘也明显降低了商家与消费者交易的信息不对称的问题，更好地促进了供需匹配。但是平台对大数据的超级采集和处理能力的提高在降低信息成本和提高信息精确度的同时，并没有有效缓解平台与其用户之间的信息不对称问题，大数据与人工智能算法的结合反而使消费者与平台之间、商家与平台之间的信息不对称表现得更加突出。一方面，平台通过采集和挖掘消费者个人数据，可以更好地了解消费者的偏好和行为习惯，具有明显的信息优势；另一方面，平台掌握了大量的商家与消费者的交易数据，商家只有通过平台才能实现与消费者的交易，因此商家与平台之间也具有严重的信息不对称问题。

在平台具有信息优势而消费者具有明显信息劣势的情况下，平台就有可能利用其大数据的信息优势来剥削性占有平台用户的利益。例如，大数据杀熟定价、偏向自己下属部门的歧视性行为，对商家的不公平交易条款以及平台商家实施的假冒伪劣、盗版侵权、金融诈骗等行为，都会对市场竞争、消费者利益和平台商家利益造成伤害，数据支配平台甚至利用数据信息优势来限制竞争对手接入或获取，以维持自己的垄断地位。在中国数字经济领域中，信息不对称引发的市场失灵大量存在，体现在虚假在线广告、网上假冒伪劣商品、网络金融诈骗、网络盗版侵权、网约车安全事故等问题。在电子商务平台中，消费者并不知晓产品质量，所以电商平台中商家销售的商品就会出现假冒伪劣问题；在搜索引擎市场中，消费者无法甄别在线广告的真实性，所以在线搜索广告市场就会存在大量的虚假医疗广告；在互联网金融市场中，信息不对称给网络诈骗公司以可乘之机，造成"套路贷"频发；在婚恋交友网站中，信息不对称造成大量的骗子充斥市场，出现诸多骗财骗色的案例；在数字内容市场中，信息不对称引发大量的盗版侵权问题；在网约车运营中，消费者并不知道司机提供的运营服务的安全性而导致恶性伤害事件。这些由信息不对称引发的市场失灵不仅会严重影响数字经济的市场扩大和行业的创新发展，而且会伤害消费者的利益乃至消费者的生命安全。在信息不对称的情况下，如果政府采取有效的监管政策来缓解因信息不对称而造成的对市场交易的不利影响，则会促进市场更有效运行并有效保护消费者的利益。

（三）侵犯消费者隐私

数字经济的发展使众多互联网企业可以以更低的成本来收集大量的消费者隐私数据。

互联网企业大量收集和开发利用消费者数据信息可以为消费者带来很多的益处。例如，商家可以设计更具个性化的服务，来降低消费者的搜寻成本。但是互联网企业收集大量和多维度的消费者个人数据信息也引发了消费者对隐私问题的关注。消费者主要是担心自己的隐私信息被泄露或滥用，从而损害自己的利益。隐私泄露或隐私侵犯会造成消费者的不信任，进而影响数字经济的发展。

近年来，在中国数字经济领域中，互联网企业收集、使用和交易消费者个人数据信息，往往是在不告知消费者、未经过消费者明确同意或以不同意就拒绝消费者使用有关服务的方式来迫使消费者同意过度采集和使用个人数据。在现实中，一些互联网企业缺乏有效的内部数据隐私安全保护制度，并且由于安全技术措施不完善造成大量的消费者隐私数据被泄露。更有甚者，一些互联网企业恶意收集消费者隐私数据，并从事非法的个人隐私数据交易，由此造成对消费者隐私的侵犯，甚至是造成大量互联网诈骗案件的发生。

（四）网络数据信息安全

数字经济发展不仅对经济活动和商业模式产生巨大的影响，而且深刻影响着社会生活的各个方面。数字平台、平台内容提供者、商家等都是追求个人利益最大化的私人主体，其行为往往并不考虑对其他人或整个社会的影响，不考虑是否会产生负外部性问题。数字经济发展带来的对社会价值和公共安全的负外部性伤害主要体现在如下几个方面：首先，损害社会伦理价值。在社交媒体平台、在线短视频平台、网络视听平台、网络视频游戏平台等，一些商家或用户会发布虚假广告信息、淫秽暴力内容、恐怖主义、敌对政治势力活动等有害内容，不良和违法信息泛滥问题比较突出，特别是近年来发展迅速的网络直播平台中的不健康内容更是突出。其次，影响社会公平。目前很多的互联网平台企业都采用算法进行决策，由于算法决策的不透明，一些企业就可能利用算法进行性别、年龄、从业经历等歧视性筛选，会加剧社会不平等。最后，威胁网络公共安全。互联网的普及也有可能带来对网络安全和公共安全的危害。目前，在网络空间中，木马病毒、僵尸程序等恶意程序的传播，网络安全漏洞等安全隐患，主机受控、数据泄露、网页篡改、网络攻击等安全事件仍大量存在。网络是数字经济时代中国家重要的基础设施，网络攻击带来的网络瘫痪将会严重威胁国家的公共安全并带来巨大的社会经济损失。

上述互联网非法有害内容的传播和威胁国家网络安全的网络攻击行为其实是一种典型的互联网空间的负外部性，会给整个社会带来非常大的危害和社会成本。并且，由于上述社会性危害无法完全通过市场化价格机制或简单的经济性监管政策来解决，因此需要政府创新社会性监管政策，综合运用多种监管手段来维护社会价值和公共安全。

第三节　数字经济监管供给

数字经济政府监管面临的主要挑战是在快速创新的环境下，如何最大化释放数字技术带来的巨大好处，同时将数字技术发展与应用中可能产生的各种风险降至最低。

一、数字经济政府监管的基本原则

（一）有效性原则

政府监管机构实施的任何监管政策和采取的监管执法行动都应该确保实现政府监管的预期目标。政府监管的有效性不仅应体现为短期的静态有效，制止违法违规的行为，消除违法违规行为造成的各种危害，还应体现为长期的动态有效。政府监管政策设计要考虑政策实施的长期影响，监管政策和监管执法行动应该具有充分的灵活性和适应性来应对动态变化的数字经济市场，从而确保监管的动态有效。

（二）比例原则

政府监管对被监管对象设定的标准或义务要求不应该超过实现监管政策目标的必要性所要求的合理范围，从而防止带来不可承受的目标任务或过高的行政成本，以及给被监管对象带来过高的合规成本。比例原则要求政府监管应确定有限目标，针对有限数量的平台企业和不同类型的平台企业实行不同的监管强度要求和监管执法密度。在数字经济中，比例原则最主要体现于分级分类监管和基于风险的监管方面。

（三）创新友好原则

创新是数字经济的根本动力，政府监管应突出创新优先的目标，更好地促进创新。创新友好原则要求政府监管应该成为促进数字经济创新的驱动力，通过监管来营造有利于创新的政策环境，更好地释放创新要素和提高创新主体的创新激励性，避免不恰当的政府监管阻碍创新。创新友好的政府监管要求在政策制定中更多关注监管政策对创新的影响，重视事前规则明确来构建稳定的政策环境和促进企业合规经营，在监管政策实施中更多地采用试验性监管，采用"监管沙盒"等监管政策工具。

（四）合作治理原则

数字经济监管需要改变政府一元主体的监管体制，保持政府监管的开放性，发挥平台企业、平台用户、行业组织、社会公众等多元主体的作用，建立多元主体合作治理的监管新体制。在数字经济合作监管治理中，要重点发挥平台主体责任，强化平台私人治理，实现"更好的私人规制"，建立"政府＋平台"的合作监管体制；与此同时，要完善相关制度，充分赋能消费者，确保消费者具有充分的自由选择权和决策权，提升消费者的谈判力。

（五）依法行政原则

依法行政是现代法治政府的重要制度保障，能有效防止政府行政监管权的恣意妄为，更好地维护公共利益。政府监管必须依照科学的法定职权和公正的执法程序，确保程序正义，以合理维护利益相关者的权益，保证政府监管实现公共利益。为此，政府监管应强化行政法治，严格公正地执行执法程序，增强决策透明度和公众参与度，赋予被监管对象必要的申辩程序保障，并强化行政监督和司法监督。

二、数字经济政府监管的基本导向

面对数字经济独特的发展规律和迫切的监管创新需求，数字经济政府监管应坚持如下的基本导向。

（一）应以促进数字经济高质量发展为根本目标

数字经济政府监管不应成为阻碍和牺牲数字经济发展的障碍，而应成为促进数字经济创新发展的保障，最大化释放数字经济增长潜能，促进数字经济高质量发展。数字经济政府监管要合理平衡监管的非经济目标和数字经济发展的关系，既要避免监管过度也要避免监管不足。监管过度和监管不足都会带来限制竞争和阻碍创新的监管市场失灵问题，扭曲市场机制在促进数字经济创新发展中的决定性作用。数字经济监管要科学定位，监管重点是通过消除阻碍数字消费和创新发展的障碍，构建安全的消费环境和激励性创新环境，从而促进数字经济高质量发展，实现社会总福利的最大化。数字经济监管不能以牺牲高质量增长和消费者福利为代价，既不能放任不管，也不能为了少数行业或企业利益而牺牲社会公共利益，这就要求数字经济监管要放弃传统的产业政策思路和保护特定行业或企业的歧视性政策做法，重在构建公平竞争的市场环境和治理有效的监管体制。

（二）应始终将促进开放共享和鼓励创新作为政策基点

开放共享既是数字经济发展的重要基础，也是创造更大社会价值的必要条件。政府监管应消除阻碍开放共享的各种障碍，应促进数据可移动性和平台之间的互操作性，培育数据要素市场和完善数据资产交易制度与治理体系，构建开放共享的经济社会体制，促进数据驱动的创新，实现数字经济高质量发展。数字经济是高创新频率和高创新密度的产业群，但互联网商业也是盗版侵权更为猖獗、假冒伪劣商品更为泛滥的领域，同时数据经济中网络爬虫等恶意盗取商业数据的行为也非常普遍，这些都对企业的创新激励产生重要伤害。这就要求政府进一步完善数据库所有权保护制度和数字版权保护制度，强化对盗版侵权、商业数据盗取和假冒伪劣商品的执法，为创新提供充分的激励制度。

（三）应将维护市场可竞争性作为重点

数字经济政府监管重在维护市场可竞争性，确保竞争政策的基础性地位。市场竞争机制是促进数字经济创新发展的基础，也是维护消费者福利和社会总福利的基本机制。竞争政策是数字经济监管政策的主体，数字经济竞争政策的重点是禁止企业严重伤害市场竞争的垄断行为。在数字经济行业，由于网络效应、规模经济、大数据优势的结合会造成市场出现"一家独大"的行业结构，垄断性平台有可能滥用市场垄断势力来实施各种限制竞争的行为，因此，需要通过实施有效的竞争政策来维护市场竞争，重点禁止垄断性数字平台实施的各种严重损害市场竞争的垄断行为。同时，为构建全国统一的大市场，促进竞争性全国统一大市场的形成，竞争政策还包括消除各种行政性垄断行为，加快健全市场准入制度、公平竞争审查机制，完善数字经济公平竞争监管制度，预防和制止滥用行政权力排除限制竞争，确保竞争政策的基础性地位。

（四）应更突出社会性价值目标

数字经济发展在动摇以市场准入和价格为核心的传统经济性监管需求的同时，对以安全为核心的社会性监管的需求则日益凸显。从广义的政府监管来说，政府监管所追求的社会公共利益目标并不仅仅局限于经济目标，同时也包括社会性目标。尤其是在数字经济情况下，数字经济的发展正在全面地影响一个国家的经济和社会生活的各个领域，数字平台企业的经济活动不仅影响消费者或国家的经济利益，而且对一个国家的社会价值和公共安全等领域产生重大的影响。因此，数字经济监管更突出社会性目标。与传统的安全监管不同，数字经济监管应该重点关注三个方面的社会性监管：一是保障网络与数据安全。随着整个国家经济社会的数字化的日益融合，网络安全成为国家的重大安全问题，网络病毒、黑客、网络攻击等对网络空间安全造成的伤害会带来巨大的经济社会成本。同时，数据成为国家的重要资源，需要有力维护国家数据主权。为此，需要以总体国家安全观为统领，加强网络与数据安全监管。二是保护用户隐私。数字平台企业收集了大量消费者隐私数据信息，并使用这些数据信息开展商业活动，导致市场中频发用户隐私信息被泄露事件和大量恶意盗取买卖用户信息的行为。为此，需要建立更有效的个人数据隐私监管机构和实施体制。三是维护社会价值。数字媒体的迅速发展，使网络空间产生海量的数字内容。社交媒体平台、视频平台等往往会出现各种低俗、色情暴力、儿童侵害、恐怖主义、极端主义、邪教、虚假广告、假新闻等有害内容，这些都会对社会主义核心价值构成严重的危害。为此，需要强化对网络信息内容的监管，维护社会价值。

（五）要确保监管的动态有效

数字经济具有技术创新和商业模式创新非常迅速的特征，数字经济监管面对更大的动态性和复杂性。此时政府监管面临的最大挑战是如何防止监管体制和政策落后于数字经济的发展，从而导致政府监管总是过时或无效，并阻碍数字经济的创新发展。因此，数字经济监管在实现公共利益目标的同时，也要防止其对动态创新造成不利的影响。为防止监管体制和政策的僵化，数字经济监管需要监管体制和政策具有充分的灵活性和动态的监管创新能力，政府监管机构需要和数字商务企业、消费者等利益相关者保持紧密的合作，及时对数字经济监管的现实需求做出迅速有效的政策回应，并更多地采用短期的或临时性政策，监管政策的制定和出台采用试验性程序，通过监管创新来应对数字经济发展提出的监管挑战，从而保证政府监管的动态有效。实现数字经济监管的动态有效需要选择更有效的监管方式，避免在动态市场采用静态的监管方式，而应更多地采用动态的监管方式。

三、数字经济政府监管的重心

在数字经济中，网络是基础，数据是要素，算法是工具，内容是体现，平台是主体，而数据资源、数字技术和数字经济基础制度是重要的前提。数字经济监管必须对网络、数据、算法、内容和平台的监管进行系统设计，从而取得最佳的监管效果。

（一）网络空间监管

在数字经济中，经济社会运行都是建立在网络空间中，数字社会在某种意义上就是基于网络空间的经济社会活动。网络空间不仅影响一个国家的经济运行和社会稳定，而且影响公民个人的隐私和基本权利，同时网络空间也是国家新的主权空间。因此，维护网络空间安全既是构建网络空间秩序的重点，也是网络空间监管最为重要的监管任务。这就需要通过政府构建有效的监管体制，切实维护网络安全，保护国家主权、经济安全、社会有序运行和公民基本权益。

（二）数据监管

数据是数字经济的关键要素，数据监管的目的是消除阻碍数据要素开放共享的行为性障碍，重在形成不同主体数据开放共享的激励机制，以及通过完善治理制度来降低数据开放共享的交易成本和各种不确定性风险，促进更深入、更全面的数据开放共享，最大化释放数据要素的价值。首先，阻碍数据要素开放共享的首要障碍是数据安全风险，数据安全风险主要是数据采集处理者在对数据进行采集和开发利用过程中所产生的对数据主体的损害，为此，需要强调数据采集、存储、传输、开发利用全流程的数据监管与治理体系，保护个人数据隐私和数据财产安全，构建安全、信任的网络空间和数字经济商业生态，在合理保护数据隐私安全和数据资产安全的基础上促进数据开放共享。其次，在数据确权和培育数据要素市场的基础上，加强对严重阻碍竞争和创新的各种数据垄断行为的反垄断监管，从而构建促进数据开放、共享、流转、再用的制度体系。

（三）人工智能算法监管

人工智能的大范围应用正在重构经济社会行为规则和组织运行方式，其在提高生产效率、消费者福利和实现有效社会治理方面发挥了巨大的作用。但由于人工智能系统的"黑箱"模式和运行结果的不可解释性会带来严重的经济社会损害，因此，人工智能算法监管治理需要树立以人为中心的基本价值取向，坚持透明度、安全性、公平性、问责性的基本原则，建立以风险监控为基础的监管体制，强化使用者的治理责任，突出技术性解决方案的治理作用，形成有效的多元治理。为此，政府应强化人工智能算法的程序设计、数据投入、算法运行和算法产出结果的系统治理，确保算法的可解释性、透明度、非歧视性和问责性监管。此外，政府还需要强化人工智能算法监管，实行必要的算法代码程序设计规则监管，建立一体化的人工智能安全监管制度，强化企业内部算法风险管理和制度建设，加强算法审计和风险监控，并强化对人工智能系统使用者（私人组织和公共机关）的问责。

（四）网络信息内容监管

随着数字经济的发展，网络成为人们获取信息并做出决策的主要渠道。特别是网络新闻、在线视频、视频游戏等数字内容产业与数字平台的融合发展，使数字内容的传播具有了更为快速和更加广泛的特点，但此时大量非法有害内容的泛滥则成为数字经济发展带来的新的公害。数字非法有害内容不仅涉及不正当竞争、知识产权侵权等问题，而且暴力色情等内容也会对国家文化和社会价值观产生腐蚀，并且极端主义、邪教、政治攻击等信息的传播还会严重威胁国家政治安全。目前各国都在积极完善网络信息内容监管政策，维护网络空间的社会价值。构建清朗的网络空间是数字经济监管的重要目标，网络信息内容监管政策的重点是如何明确平台责任，并采取包括平台自治、政府监管、文化与伦理教育在内的多元政策，既维护网络空间健康清朗，又促进数字内容产业创新发展。

（五）数字平台监管

在数字经济中，大型数字平台是主要的数据采集和开发利用主体，是影响经济社会活动的新型基础设施，其不仅影响市场竞争和交易公平，也对社会运行和个人生活产生重要的影响。因此大型数字平台是政府监管的主要对象，数字平台监管的目标是确保平台经营行为合规。政府监管应重点要求支配数字平台不能实施各种严重损害市场竞争和损害公共利益的行为，强化平台主体责任，确保其合规经营。数字平台监管应重点强化事前规则监管和事后执法，事前规则监管主要是通过立法明确企业数据采集、开发利用和经营策略行为的基本规则，明确平台不得从事的禁止性行为或"红线"，实现规则监管和竞争倡导，促进企业主动合规；事后执法主要是强化监督检查，查处严重限制竞争的垄断行为、不公平竞争行为和威胁公共利益的行为。

数字经济监管需要以数据资源、数字技术和数据基本制度为前提（如图 1.1 所示）。为此，要实行高效的数据资源管理和培育数据市场化配置机制，推动数字技术创新，完善数据确权制度和数据要素流转交易制度。

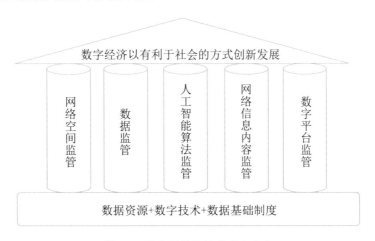

图 1.1　数字经济监管的重点内容

四、数字经济监管体制创新

（一）建立"政府＋平台"合作监管体制

数字经济监管应改变传统的以政府为中心的体制，建立"平台＋政府"的双中心合作监管体制。在数字经济背景下，"平台＋政府"的双中心合作监管是实现公共利益目标的最佳选择。在数字经济中，大型数字平台已经成为重要的经济社会秩序的私人治理主体，其在很大程度上取代了传统的政府单一主体的监管体制。大型数字平台的私人治理或私人监管者角色可以在很大程度上替代一部分政府监管职能，与政府监管形成互补的协同关系，全面提高监管的有效性。这是因为大型数字平台的私人治理具有独特的优势，具体来说：首先，大型数字平台具有显著的数据信息优势。信息不完全是制约政府监管有效性的重要因素，大型数字平台具有大数据优势和非常强的数据分析处理能力，能够及时发现各种风险，大幅降低了信息不完全带来的监管滞后或低效问题。其次，大型数字平台具有多元的治理手段优势。大型数字平台可以采用信用机制、声誉机制、担保机制等多种软的治理手段来实施有效治理，更好地平衡主体之间的利益关系。

但由于平台的私人利益目标以及平台日益突出的对经济社会的影响力，一定的政府监管仍然是必要的，关键是如何科学定位政府公共监管和平台私人治理的角色，形成有效的合作监管体制。因此，数字经济合作监管体制并不是降低监管主体的地位，而是监管主体的重新定位，即政府从直接介入平台的具体运行转向制定规则来引导平台实行更好的自我治理。在合作监管体制下，平台私人规制的主导作用和政府公共规制的引导作用的结合，可以实现更有效的监管，确保平台在实现平台利益的同时也兼顾平台用户和其他第三方的利益，确保平台的经营行为不伤害社会公共利益，从而实现私人利益与公共利益的最佳结合。

（二）形成多元共治监管制度

数字经济的发展通过互联网、大数据和人工智能算法重构了经济社会秩序，经济社会多元主体之间进一步深度联系和相互影响，任何一个主体的决策都会对其他群体产生影响。特别是大型数字平台，作为一个由平台中介、供应商、第三方服务提供商、消费者等多方参与的、去中心化的商业生态系统，多元主体之间利益相关，并通过协同实现价值共创。因此，数字监管必须建立由政府、行业组织、平台企业、消费者、平台商家、第三方服务提供商、社会等多元主体共同参与的多元共治与有效协同的监管治理体系，形成监管合力。

为此，要积极转变政府角色：监管机构要主动与多元主体之间建立合作机制和协同关系，积极培育多元监管治理体制，进行社会监督、媒体监督、公众监督，培育多元治理、协调发展新生态；注重发挥行业协会的作用，鼓励行业协会牵头制定行业标准、行业自律公约，鼓励行业协会扮演行业自我监管等私人监管者角色，以此来保护平台从业人员和消费者合法权益；进一步明确平台企业主体的责任和义务，引导平台完善平台生态治理机制，加强准入审核、信用治理、声誉机制治理，鼓励建立争议在线解决机制和渠道，制定并公示争议解决规则，以维护平台生态商业秩序和保护消费者权益；引导社会各界积极参与推动数字经济治理的活动，畅通多元主体诉求表达、权益保障渠道，及时化解矛盾纠纷，维护公众利益和社会稳定。

（三）突出技术性治理的独特作用

数字经济监管要注重发挥技术手段在解决监管问题中的独特作用。传统的政府监管都是将技术性解决方案作为一种政策手段，但是在数字经济背景下，技术性解决方案成为监管治理的重要维度。在数字经济中，人工智能算法越来越决定着经济主体的行为，此时技术在某种程度上会补充乃至替代政府监管。为此，劳伦斯·莱斯格（Lawrence Lessig）提出网络空间中"代码即法律"的观点，他指出可以采用在软件或系统设计中通过代码来实现企业或网络空间主体的行为合规，从而实现监管的公共利益目标。

技术性治理的数字经济监管主要体现在以下几个方面：首先，发挥技术性治理方案的基础作用。在一些技术手段能有效解决数字经济发展中出现的需要监管的问题的情况下，监管机构不要采用行政执法手段，应优先推广适用技术性解决方案。其次，强化通过技术设计来保证企业守法的理念。鉴于数字经济中很多企业的违规行为都是通过算法来实施的，因此政府监管应该事前明确算法开发设计应该遵循的基本原则或不能侵犯的红线，通过事前的技术设计来保证企业守法。同时，政府要加强对企业算法程序的规制审查，防止算法设计违法。最后，采用现代监管技术来实现智慧监管。积极采用大数据、云计算等监管技术，构建智慧监管体制。为此，需要明确平台的透明度要求和数据接入要求：监管机构在遵守企业商业信息保密规定的情况下，可以接入被监管的平台或数字商务企业；监管机构应基于大数据及其分析技术，加强对数字经济重点行业或领域的分析和监控，及时评估市场运行当中存在的主要风险；未来随着人工智能技术的进一步发展，监管机构也要开发监管算法，实现智能监管。

（四）完善全过程监管机制

数字经济政府监管应该是不同阶段政策侧重点差别化的全过程监管体系。数字经济政府监管应由以传统的事前审批为主转向事前、事中、事后全流程监管。事前监管主要是明确基本规制或原则，明确企业经营不能违犯的红线；事中监管主要是充分利用大数据和人工智能技术来加强市场研究和风险评估；事后监管主要是查处各种违法行为并利用处罚手段进行纠偏。以传统的事前行政许可审批为主的监管主要是通过选择合适的经营者来降低风险，并通过事前制定的经营标准、定价方法或价格水平监管以及严厉的事后处罚来保证实现监管目标，很少实施事中监管。在数字经济动态创新发展的情况下，事前明确基本规则、事中监督和事后问责的监管动态模式则赋予更多的微观主体更大的经营自由，并基于数字商务企业的信息透明、企业和监管机构间的信息共享来实现有效的监管。

五、数字经济监管政策工具创新

（一）数字经济监管应采用试验性监管方式

为保持政府监管与行业创新发展的平衡，应采用"监管沙盒"等试验性监管政策工具。数字经济快速创新所带来的新业态、新模式和新产业的不断出现和快速发展使试验性监管的优势凸显出来。英国金融行为监管局在 2015 年金融科技监管中采用的"监管沙盒"是重要的试验性政策。"监管沙盒"是一个安全空间，在这个特定的安全空间内，企业可以在政府监管豁免的情况下来测试其新产品、新服务等新业态和新商业模式，且不会因为试验发展过程中出现的问题而受到监管规则的约束或禁止，以鼓励新业态、新模式的创新发展并促进更好地监管。当企业要开展的新业态、新模式受现行监管政策的限制时，企业可以向监管机构提出监管豁免申请，如果申请被批准，则企业可以获得 1~4 年的监管豁免期，监管机构在此期间保持对企业创新的监测，并根据试点情况决定是否调整有关的监管规制和监管政策。"监管沙盒"是在可控的环境中推进创新：一方面促进了数字经济创新发展；另一方面使监管机构能有效控制新业态、新模式创新发展中的风险，以防止出现系统性风险，并不断优化政府监管政策。因此"监管沙盒"是平衡创新发展与风险控制的有效监管手段，是新业态、新模式创新发展与政府监管动态优化的相互促进机制。

（二）数字经济监管应采用临时性监管政策

政府监管应谨慎监管并给微观主体留下自主选择的空间，保持对监管问题的快速反应和实施短期的政策措施。数字经济的新技术和新商业模式具有较大的不确定性，同时政府政策是否有效也具有不确定性，政府监管政策手段是否依然能有效应对特定行业的监管问题本身也是不确定的。因此，在不确定的环境下，政策需要为微观主体留下充分的试验空间，谨慎采取监管政策。政府监管应主要采取基于规则的监管，而不是通过具体的行政措施或制定详细的经营标准、指标来实施监管，应该让微观主体可以自主灵活地选择具体的合规方式，最小化微观主体的合规成本和阻碍创新发展的风险。在特定的情况下，为了应对特定的监管问题，政府监管政策应更多地采用短期临时性监管政策。

（三）数字经济监管应更多地采取轻干预监管手段

在数字经济背景下，政府监管不能主要依赖强干预监管体制，即不能依赖运动式执法和强硬的"命令—控制"与事后严厉处罚来进行监管。因为这种强干预监管执法具有非常高的经济社会成本，一旦出现执法错误就会对整个产业造成毁灭性打击。数字经济政府监管应该采取轻干预的监管政策实施机制，更多地采取轻监管方式、软监管手段。数字经济监管的主要政策手段包括：一是市场研究。鉴于数字经济新业态和新模式的不断涌现，政府监管的首要工作不是迅速采取原有的监管政策进行应对，而是要先进行市场研究，明确市场当中不同主体的角色和市场运行规律，并基于对市场实际情况调研的事实来制定有针对性的政策。二是透明度要求。为防止平台滥用其垄断性中介地位来谋取私人利益的最大化并扭曲市场竞争，监管机构可以对平台提出透明度要求。例如：平台对消费者个人隐私数据的收集和使用必须事先明确告知消费者并获得其同意；平台的交易条款或条件应该以明示的方式告知消费者或商家；平台对有关交易条款的变更也要提前告知消费者或商家；平台算法的基本功能和算法排名的依据等也要公开透明。三是加强对数字经济市场的及时监测和风险预警。使用大数据和人工智能技术，消除政府监管机构执法面临的严重的信息不对称的问题，以及时充分地了解市场运行情况和可能的风险，并采取有效的信息公开的风险预警等监管政策措施，以实现对相关主体的可问责性。

第四节　中国数字经济监管实践

一、初步建立相对完备的监管法律体系

2016 年以来，为了加强数字经济监管，国家先后制定并发布了《中华人民共和国网络安全法》（以下简称《网络安全法》）、《中华人民共和国电子商务法》（以下简称《电子商务法》）、《中华人民共和国数据安全法》（以下简称《数据安全法》）、《中华人民共和国

个人信息保护法》（以下简称《个人信息保护法》）等新的法规，以及颁布了修订后的《中华人民共和国反垄断法》（以下简称《反垄断法》）等基础性法律法规，以强化对数字经济的监管。同时，中华人民共和国交通部、中国人民银行、中华人民共和国国家互联网信息办公室（以下简称"国家网信办"）、中华人民共和国文化和旅游部、中华人民共和国工业和信息化部（以下简称"工信部"）等行业主管部门也牵头或单独组织制定了相应的行业规定、指导意见或暂行办法，以更好地落实数字经济监管，如表 1.1 所示。

表 1.1　中国数字经济监管主要法律法规

监管领域	主要法律法规
网络与数据安全监管	《网络安全法》《数据安全法》《个人信息保护法》
反垄断与反不正当竞争监管	《反垄断法》《国务院反垄断委员会关于平台经济领域的反垄断指南》《电子商务法》《禁止网络不正当竞争行为规定（公开征求意见稿）》
公共数据开放	《中华人民共和国政府信息公开条例》
算法与信息内容监管	《互联网信息服务管理办法》《互联网信息服务算法推荐管理规定》《网络信息内容生态治理规定》

二、实施动态相机的政府监管政策

在数字经济发展初期，中国政府采取"包容审慎"的监管原则，为数字经济的创新发展提供了宽松的环境，是中国数字经济获得快速发展和在全球具有较强竞争力的重要原因。"包容审慎"监管是中国数字经济监管体制的重要创新。"包容审慎"监管原则最初是李克强总理在 2017 年的两会《政府工作报告》中提出，为加快培育壮大新兴产业，应本着鼓励创新、包容审慎的原则，制定新兴产业监管规则。2017 年 1 月，国务院发布的《"十三五"市场监管规划》明确提出对数字经济要坚持包容审慎监管的基本原则，强调要鼓励创新、促进创业、推动以数字经济发展为目标。包容审慎监管是在数字经济发展初期，给数字经济主体、新业态和新模式更宽松的试错空间。由于数字经济发展当中的技术和市场都具有不确定性，给予数字经济发展充分的创新发展空间，实际是鼓励创新、允许试错；包容数字经济、新业态和新模式发展中的瑕疵，相信市场的自我纠错能力和制度创新能力，鼓励数字经济在创新发展中不断完善。

在数字经济发展出现寡头垄断市场结构的情况下，国家及时调整监管政策和执法力度，加强对数字经济的反垄断、公平竞争、网络数据安全等问题的监管，确保数字经济依法规范发展，实现数字经济发展和有效维护公共利益的平衡。2021 年 12 月，国务院发布的《"十四五"数字经济发展规划》提出了数字经济治理体系更加完善的目标，具体要求为："协调统一的数字经济治理框架和规则体系基本建立，跨部门、跨地区的协同监管机制基本健全。政府数字化监管能力显著增强，行业和市场监管水平大幅提升。政府主导、多元参与、法治保障的数字经济治理格局基本形成，治理水平明显提升。与数字经济发展相适应的法律法规制度体系更加完善，数字经济安全体系进一步增强。"

三、构建坚实的网络与数据安全监管制度

党的十八大以来，在习近平总书记关于网络强国的重要思想指引下，我国网络安全政策法规体系不断健全，网络安全工作体制机制日益完善，全社会网络安全意识和能力显著提高，网络安全保障体系和能力建设加快推进，为维护国家在网络空间的主权、安全和发展利益提供了坚实的保障。

近年来，中国加快推进网络安全领域顶层设计，在深入贯彻落实《网络安全法》的基础上，制定完善网络安全相关战略规划、法律法规和标准规范，网络安全"四梁八柱"基本确立。一是加强战略部署。发布《国家网络空间安全战略》，颁布《网络安全法》《数据安全法》《个人信息保护法》《关键信息基础设施安全保护条例》等一系列法律法规，出台《汽车数据安全管理若干规定（试行）》等政策文件，让网络安全工作在法治化的轨道上运行。二是强化网络安全风险防范能力。实施《国家网络安全事件应急预案》，有效提升网络安全应急响应和事件处置能力；建立网络安全审查制度和云计算服务安全评估制度，发布《网络安全审查办法》和《云计算服务安全评估办法》，有效防范化解供应链网络安全风险；出台《数据出境安全评估办法》，提升国家数据出境安全管理水平。三是健全网络安全国家标准体系。印发《关于加强国家网络安全标准化工作的若干意见》，对网络安全国家标准进行统一技术归口，制定发布340余项网络安全国家标准，推动发布多项我国主导和参与的国际标准，我国网络安全标准国际话语权和影响力显著提升。

中国网络安全保护主要是采取等级保护制度，即根据网络与信息系统在国家安全、经济建设、社会生活中的重要程度，以及遭到破坏后对国家安全、社会秩序、公共利益及公民、法人和其他组织的合法权益的危害程度等，将网络安全由低到高划分为5个保护等级，法律规定网络运营者要按照安全等级保护制度的要求履行安全保护义务，政府监管的重点是三级以上网络经营者。为保证等级保护制度的落实，相关法规对网络经营者提出控制措施要求，既包括技术要求也包括管理要求。技术要求包括安全物理环境、安全通信网络、安全区域边界、安全计算环境、安全管理中心；管理要求包括安全管理制度、安全管理人员、安全管理机构、安全建设管理、安全运维管理。同时，国家还建立了分等级的定期等级测试制度、监督检查、监测预警通报等完善的监管实施制度。

强化对网络犯罪和侵犯个人隐私数据的执法处罚。根据网络与数据安全的有关法律法规，违反网络安全与数据保护规定的经营者将面临包括罚款、警告、责令暂停相关业务、停业整顿、关闭网站、吊销相关业务许可证等在内的行政处罚。对于侵犯个人隐私信息的违法行为，根据《最高人民法院、最高人民检察院关于办理侵犯公民个人信息刑事案件适用法律若干问题的解释》，对于构成侵犯公民个人信息罪（非法获取、出售或提供公民个人信息）的法律责任为处以有期徒刑7年以下及罚金处罚。2022年7月，国家网信办对滴滴公司严重的网络信息安全违法行为作出了80.26亿元的处罚。

四、形成与数字经济相适应的反垄断体系

2020年12月召开的中央经济工作会议明确将"强化反垄断和防止资本无序扩张"列

为 2021 年八项重点任务之一，强调反垄断、反不正当竞争是完善社会主义市场经济体制、推动高质量发展的内在要求。2021 年，中央经济工作会议则强调，要为资本设置"红绿灯"，依法加强对资本的有效监管，防止资本野蛮生长。2021 年 11 月 18 日，将以前作为国家市场监管总局直属局的反垄断局升级为副部级单位，国家反垄断局正式挂牌，这体现了反垄断体制机制的进一步完善。

我国建立了与数字经济相适应的反垄断法律体系。为了消除平台经济领域的垄断行为，2021 年 2 月，国家市场监督管理总局（以下简称"国家市场监管总局"）发布《关于平台经济领域的反垄断指南》。2022 年 6 月 24 日，第十三届全国人民代表大会常务委员会第三十五次会议表决通过修改后的《反垄断法》，为新时代强化反垄断、深入推进公平竞争政策实施奠定了坚实的法治根基，为加强和改进反垄断监管执法奠定坚实基础。新修订的《反垄断法》在总则的第九条规定："经营者不得利用数据和算法、技术、资本优势以及平台规则等从事本法禁止的垄断行为。"在关于滥用市场支配地位的第二十二条规定："具有市场支配地位的经营者不得利用数据和算法、技术以及平台规则等从事前款规定的滥用市场支配地位的行为。"2022 年 6 月 26 日，国家市场监管总局发布了《禁止垄断协议规定》《禁止滥用市场支配地位行为规定》《经营者集中审查规定》《禁止滥用知识产权排除、限制竞争行为规定》《制止滥用行政权力排除、限制竞争行为规定》5 部配套法规的征求意见稿，对反垄断相关配套法规进行系统修订，着力健全反垄断法律制度体系，打造公平、透明、可预期的竞争法治环境。

我国着力强化重点领域反垄断监管执法。国家市场监管总局查处了一批典型的数字经济垄断案件。对阿里巴巴和美团实施的"二选一"行为作出了反垄断处罚——阿里巴巴被处 182.28 亿元巨额罚款，美团被罚 34.42 亿元；强化企业并购控制执法，对腾讯、京东等未依法申报经营者集中案的行政处罚，单一案件顶格处罚 50 万元。

五、强调压实平台主体责任

长期以来，中国行业监管体制形成了政府单一主体的集权监管体制，但网约车、互联网金融等数字经济商业模式发展所带来的监管新问题以及监管行为目标约束也在促使政府单一主体的监管体制逐步发生变革。为了实现最佳的监管效果，克服政府监管机构执法面临的信息缺乏、监管能力不足等问题，中国数字经济监管日益突出强化平台主体责任，政府监管机构则主要强化对平台落实主体责任的监督。2018 年颁布的《电子商务法》则通过立法明确认可电子商务平台对商家的资质审查、平台信用评价、知识产权保护责任等，《网络安全法》《数据安全法》《个人信息保护法》等法规都对网络平台运营者、数据占有者和处理者等平台企业的主体责任做出了专门的规定。

2021 年，国家网信办发布了《关于进一步压实网站平台信息内容管理主体责任的意见》，就完善平台社区规则、加强账号规范管理、健全内容审核机制、提升信息内容质量、规范信息内容传播、加强重点功能管理、坚持依法合规经营、未成年人网络保护等多个方面对平台提出了主体责任要求。2021 年 10 月，国家市场监管总局发布了《互联网平台分类分级指南（征求意见稿）》和《互联网平台落实主体责任指南（征求意见稿)》，对超级平台提出了更为宽泛的 34 条责任要求，大体分为平台行为规范、数据治理规范、平台治理责任、特别利益保护四类，以进一步强化以平台主体责任为重点的政府监管。

本章总结

数字经济具有独特的经济特征：数据是关键的生产要素，数字平台是重要的市场主体，具有显著的规模经济与范围经济、网络效应和高创新密度。数字经济的市场失灵主要体现为市场垄断、信息不对称、消费者隐私保护、公共安全与社会价值目标。因此，需要有效的政府监管以促进数字经济高质量发展以及维护消费者利益和社会公共利益。

数字经济政府监管应坚持有效性原则、比例原则、创新友好原则、合作治理原则、依法行政原则等基本原则。数字经济监管应坚持以促进数字经济高质量发展为根本目标，将促进开放共享和鼓励创新作为政策基点，将维护市场可竞争性作为重点，更突出社会性价值目标，确保监管的动态有效的基本导向。数字经济监管应构建"政府 + 平台"的合作监管体制、形成多元共治监管制度、突出技术性治理的独特作用和完善全过程监管机制。

中国数字经济监管初步建立了相对完备的监管法律体系，实施动态相机的政府监管政策，构建了坚实的网络与数据安全监管制度，形成了与数字经济相适应的反垄断体系，强调了压实平台主体责任。

关键词

数字经济　网络效应　数字平台　数字经济监管　市场失灵　多元共治　合作监管技术性治理

复习思考题

1. 数字经济的基本特征是什么？
2. 数字经济的市场失灵体现在哪些方面？
3. 如何构建有效的数字经济监管体制？
4. 中国数字经济监管取得了哪些成效？

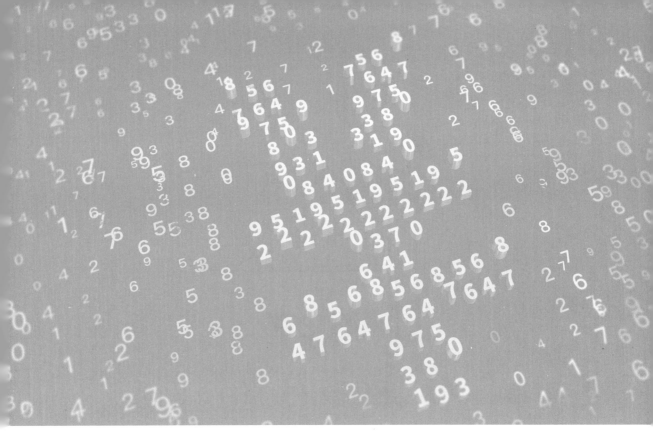

第二篇
数据与算法监管

第二章
数据监管

第一节　数据的经济属性

一、数据与大数据

（一）数据、信息与知识

数据指原始的或无组织的事实集合，如数字或字符等。现代讨论的数据主要指电子化数据，即数据是计算机能够识别、传输和处理的电子化数据。欧盟《数据法》将数据界定为："数据"指对行为、事实或信息的任何数字化表示，以及对行为、事实或信息以声音、视频或视听记录等形式的任何汇编。由于数据没有经过加工处理，因此也被称为原始数据。原始数据是以非结构化的方式而存在，并且只有和特定场景相联系后才有意义。

信息指原始数据经过清洗、加工和分析等处理后所形成的数据。此时数据是以结构化的方式而存在，作为信息的数据在处理过程中往往是出于某种特定目的来进行的。同时，原始数据质量对信息具有重要的影响。例如，投入低质量的数据会严重影响基于大数据和人工智能技术的数据分析处理及其结果。

知识指基于信息，人们拥有了知道如何运用信息来实现特定目标任务的能力。知识更多地指信息的运用，它主要涉及决策，使行为主体能通过科学决策并采取行动来实现目标。数据—信息—知识金字塔如图 2.1 所示。

图 2.1　数据—信息—知识金字塔

（二）大数据

数字经济中作为关键要素的数据不是简单的单个原始数据，而是大量数据集合后的数据集，是经过清洗、挖掘和分析后的数据集，也被称为大数据。大数据指由很多不同来源、快速生成的准确反映现实且具有价值的大量数据或数据集。大数据通常被概括为 5 个特征（以下简称"5V"），即大容量、高速率、多样性、真实性、价值性，如图 2.2 所示。大容量指数据需要具有足够的量级；高速率指能快速采集和处理数据；多样性指大数据具有多个维度来反映事实；真实性指数据具有较高的质量；价值性指数据能够转化为商业价值。

图 2.2　大数据的 5V 特征

二、数据类型与监管需求差异

（一）个人数据、商业数据与公共数据

根据数据的主体，数据可分为个人数据、商业数据和公共数据 3 种类型。

1. 个人数据

个人数据指与一个已经被识别或能够被识别的自然人相关的任何信息，即任何可以直接或间接识别的与一个特定人有关的信息，这既包括单个信息，也包括收集在一起从而能够识别特定人的汇总信息。传统上，最通常的个人信息包括个人的姓名、家庭住址、身份证号码、电话号码、个人生物信息等。在数字经济中，个人数据隐私主要针对的是技术性数据，如 IP 地址、设备标识符、位置数据、个人在线标识符等。

2. 商业数据

商业数据是由商业企业在创新过程（研发、测试）或商业经营（营销、财务、售后服务等）当中产生的数据。这些数据既可能是企业内部的数据，如企业身份的数据、企业自己的生产经营数据、企业商业秘密等；也可能是企业从外部获取的数据，如企业为了提供服务安装到其他企业所购设备上的监控设备所产生的数据，以及从外部采集获取再进行加工后而形成的数据。商业数据对促进企业从事创新和高效率经营具有重要的积极意义，是企业重要的资源和资产。

3. 公共数据

公共数据包括政府政务数据和公共服务数据。政府政务数据指政府机构在提供公共服务过程中所采集的各种数据，如经济统计、人口统计、教育人力、卫生健康、社会保障、公安司法、交通管理、空间规划、气象环境等相关数据。政府支持的公共研发、学术活动和有关组织产生的数据也属于公共数据。公共数据具有显著的公益性特点，其产生来自向社会提供公共服务，其使用也限于提供公共服务的目的。

（二）个人数据、商业数据与公共数据的监管问题

从公共政策的角度来说，上述三类数据具有不同的经济属性，导致监管政策需求存在一定的差异。

个人数据是公民人格权的重要组成部分，是公民的基本权利和个人尊严的重要体现。

个人数据监管主要是个人数据隐私保护问题，政策重点是通过个人隐私保护立法来明确个人数据的采集和使用原则。数字商务企业和公共机关在采集和使用个人数据时要履行隐私保护义务，不得侵犯个人隐私，而且保护个人数据隐私也是为了促进个人数据信息披露和数据采集利用。

商业数据是企业花费较高的资本、劳动和智力所产生的资产化数据，是企业拥有的重要资产，它属于私人产品。商业数据的保护程度会极大地影响企业的商业利益，影响企业对数据要素开发利用的激励。为此，商业数据应该受到知识产权法律保护（主要是商业秘密或版权），维护企业进行数据采集、开发利用和从事数据驱动创新的激励，同时促进数据开放和互操作性，构建数据交易市场并完善交易机制，促进数据共享再用。

公共数据具有公共产品性质，是数字经济发展的重要基础性公共数据资源。公共数据的政策重点是打破政府数据信息孤岛和信息封闭，促进公共数据对内共享和对外开放，并实行有效的数据安全监管，确保公共数据安全。

三、数据的经济属性

尽管数据被称为数字经济时代的石油，但数据与石油等实物资源不同，数据具有相对独特的经济属性，具体来说，有下列几方面内容。

（一）数据具有非竞争性和相对排他性

数据最独特之处在于其具有显著的非竞争性，同一数据可以被多个主体同时使用，更多人使用同一数据不会降低其他人使用该数据的价值。数据的非竞争性意味着，数据开放共享不仅不会带来数据使用价值的下降，反而会促进数据开发利用总价值的提高，创造更大的社会价值。因此，数据非竞争性的内在决定了数据可以同时被多人重复再用，数据共享不会降低数据持有人的价值。另外，数据具有相对的排他性。对原始数据和非个人数据而言，其往往并不具有排他性。数据作为一种资源要素，任何企业都可以进行采集和开发利用，一个企业对数据进行采集和挖掘并不能排斥其他企业对该数据的采集和挖掘。但是涉及个人隐私的个人敏感数据信息或经过企业分析处理后的商业数据则具有一定的排他性，此时的数据排他性往往是人为的结果。数据的相对排他性要求设计差别化的数据治理政策，并且数据治理制度对数据是否会强化持有人的市场势力具有重要的影响。

（二）数据具有广泛存在性和无限增长性

与石油等实物资源不同，数据信息是广泛存在且可以低成本获取的。数据是人类活动的副产品。在网络空间中，每时每刻都在产生大量的数据信息，并且用户数量和使用频率的增加会带来数据量的持续增长。借助于各种人工智能技术，这些消费者数据能够被数字商务企业以低成本及时采集、存储和传输，同时数字化的数据往往使数据的再用具有近乎为零的边际成本。因此，对于广泛存在的数据资源，很多企业都可以以非常低的成本进行采集、处理和应用。同时，不同的平台可以通过不同渠道或不同类型数据的采集和处理分析获得相同的信息知识，一些数据之间具有较强的替代性。与石油等有限的资源不同，数据是无限的，不会枯竭。数据主要是由人和机器所产生的。一是数据作为人类经济社会活动的副产品，会随着人类经济社会活动频率和复杂度的提高而高速增长；二是随着物联网的发展，机器产生的数据将越来越多。因此，石油是被消耗的，而数据是被创造的。

（三）数据价值具有时间性

数据具有生命周期，新数据和老数据往往具有不同的价值，随着时间的变化，数据往往会迅速贬值。因此，任何企业仅仅占有大量的数据而不对其及时加以开发利用，则数据的迅速贬值会使其难以像占据独特的实物资产一样获得竞争优势，此时在位企业拥有的大量数据并不会构成进入者的进入壁垒。鉴于数据会迅速贬值的特性，企业需要获取大量的实时数据并快速高效地对数据进行分析利用，这样数据才会为数据拥有者创造价值并能增强企业的竞争优势。对于一个进入者来说，如果其采取有效的战略能够收集到足够数量的高度相关和及时的数据，其也可以有效进入市场并参与竞争。对于那些价值固定的数据来说，进入者如果无法获得足够的用户数据信息，则将无法有效与在位企业展开竞争，其就有可能构成一种进入壁垒。

（四）数据开发利用具有显著的正外部性

对单个消费者来说，其个人数据并不具有现实的经济价值，只有在多个人的数据汇集在一起，达到一定规模时才有价值。因此，数据具有明显的互补性。更多数量和更多维度数据的汇集会产生更有价值的数据集和信息知识。同时，由于数据在本质上是一种信息，信息的最大特征是具有显著的外溢性，当一个企业对数据集进行分析并发现新的信息知识时，企业会对其他企业的数据开发和信息知识获取产生正外部性。数据开发利用的正外部性显示，数据开发利用的同时往往会带来私人价值和社会公共价值，具有正外部性的数据开发利用会实现私人利益和社会公共利益的兼容，但数据外溢性以及搭便车问题的存在，也会导致数据占有人缺乏开放共享的激励。

第二节　数据监管需求与供给

一、数据监管需求

数据是数字经济的重要资源，是促进经济高质量增长的关键要素。数据要素最根本的经济属性是非竞争性，同一数据的重复再用是释放数据要素价值的最核心机制。数据的非竞争性和再用的零边际成本显示，同一数据被更多的人使用会带来更高的价值。数据的开放接入和在不同主体之间的流动是实现数据要素价值创造、促进数据驱动的创新并实现数据赋能经济高质量增长的核心。因此，数据促进经济高质量增长的倍增效应是在流动共享中实现的，而非在单纯的数据累积占有中实现，只有充分地流动共享，数据才能实现最大的增长促进作用。

与石油等由先天自然条件给定的资源禀赋不同，数据要素主要是人类经济活动产生的副产品，同时随着物联网的发展，机器产生的数据也越来越多。近年来，尽管人和机器产生的数据量已经呈指数化增长，但是由于各种原因，数据要素并没有得到充分的开发利用。例如，隐私保护不够带来的缺乏信任、大型数字平台的数据垄断、数据流转交易面临产权和市场交易制度的障碍等都导致市场机制不足以最大化释放数据要素的经济价值。因此，通过完善相关制度和建立科学的监管体制来促进数据开放共享，以最大化释放数据要素来促进经济高质量增长的潜能，成为数据监管的重要目标。

（一）数据产权制度尚未建立

数据产权是促进数据要素市场化配置和释放数据要素促进经济高质量增长潜能的前提。首先，数据产权界定清晰将更好地促进数据要素的市场化配置。产权界定清晰是数据要素与商品进行市场交易的重要前提。目前，数据要素的权属关系复杂，数据的所有、使用、处置、收益等权属的边界含混不清和交叉重叠，导致企业无法通过市场化方式来充分实现数据要素的流转交易和开放共享。其次，目前，数据产权界定不清和相关法律保护不够，导致过度采集和使用消费者数据的隐私、随意盗取企业商业数据、公共数据拒绝开放等问题比较突出，相关主体的合法权益无法得到充分保障，还无法为数据驱动的创新提供充分激励，无法实现数字经济发展的充分普惠，也无法为数字经济发展营造一个安全、信任和共赢的外部环境。

（二）数据市场化流转交易机制尚未形成

目前，中国数据市场仍然不完善，主要体现在以下几个方面：一是数据市场体系不完备。例如，严重缺乏数字市场交易的中介机构或中间商，没有形成完整的一级和二级市场体系。二是数据市场仍然面临很多交易制度障碍。例如，数据资产价值评估准则不明，数据交易缺乏标准化合约，数据要素的质量标准缺失等。三是数据要素交易价格机制尚未形成。数据不同于其他资源要素的一个重要特点是，其交易价格不是由供给方的供给成本所决定，而主要是由需求方使用数据的价值所决定。由于不同人对数据的价值判断和数据价值的挖掘程度存在差异，因此不同人的要价能力也存在较大差异，这增加了市场价格达成的交易成本。四是数据要素市场化配置作用有限。由于各种制度障碍，目前中国大量的公共数据无法实现向社会开放和再用，商业数据持有人缺乏市场化交易的激励，同时制度障碍导致大量数据无法进入数据市场。

（三）市场无法提供充分的个人数据保护

隐私保护问题是制约数据要素市场发展的重要因素。由于信息不对称、谈判力不对等、消费者非理性决策、价格机制和数据产权不明确等原因，市场机制并不能够带来有效的个人隐私保护和数据开发利用之间的平衡结果。数据市场往往更可能会过度采集和超范围使用个人数据，从而带来严重的数据隐私信息侵犯问题，导致消费者对在线交易缺乏信心，进而对数据市场造成不利影响。过度的隐私泄露会使消费者失去对在线消费的信任从而退出在线交易，而过度的隐私保护则会限制和阻碍数据要素市场的发展。因此，平衡个人隐私数据保护和数据开发利用的关系成为个人数据保护的重要挑战。

（四）数据流动会带来国家数据安全风险

网络数据安全是数字经济背景下国家安全的重要组成部分，是影响国家经济社会平稳运行和国家主权与政治安全的新的突出风险。数字经济发展和社会运行建立在网络和数据的基础上，网络数据安全出现重大事故会给经济和社会带来诸多巨大的负外部性损害。由于私人企业缺乏维护网络数据安全的充分激励和相应的系统安全治理能力，在缺乏有效的政府监管的情况下，网络与数据安全风险将显著提高并严重影响国家公共安全。为此，维护网络数据安全，促进数据信息在安全基础上的采集利用和流动共享成为数据监管的重要内容。

（五）数据开发利用会带来数据垄断问题

数据垄断阻碍数据开放流动和数据市场健康发展。在数字经济中，数据要素开发利用的规模经济、范围经济和网络效应会导致大型数字平台或数据商务企业具有基于大数据的垄断势力。为了保持竞争优势和维持高利润，支配性平台企业有可能通过技术手段或合约安排，来实行对现实和潜在竞争对手接入其数据的封锁，实施数据垄断行为。典型的数据垄断行为包括大数据价格歧视、利用大数据的自我优待、数据拒绝接入、限制用户个人数据可携带、以垄断数据为目的的企业并购等，具有市场支配地位的数字平台的数据垄断行为会严重损害市场竞争、阻碍数据要素的最大化开发利用与数据驱动的创新。

二、数据监管制度体系

数据监管的目标是促进数据要素的开放共享和重复再用，从而最大化释放数据要素的经济价值，促进经济高质量增长和提高社会公共利益。

（一）数据监管的制度基础

数据要素监管需要建立相适应的制度基础，具体来说，数据要素监管需要重点明确两个方面的数据基本制度。

（1）科学的数据确权。数据确权是数据监管的重要前提，只有明确数据的相关权益及其主体，才能明确数据监管的客体、要保护的主体权益以及有关主体应该承担的责任。数据确权既要明确个人对个人数据的隐私权，也要明确商业衍生数据的财产权，同时还要明确公共数据的公共产品属性，从而为隐私保护、数据流转交易和开放共享提供制度基础。

（2）完善数据市场化配置体制。数据监管的重要基础是市场化流转的数据，重点是规范市场中的数据采集、开发利用和流转再用中的各类行为与利益关系。因此，数据监管重点是针对流动利用的数据，同时也是为了更好地促进数据流动与开发利用。为此，数据监管要以数据市场化配置为基础，以数据要素市场化配置中的市场失灵为监管政策针对的内容，不断推进数据市场的发展和创新数据要素市场化配置机制。

（二）数据监管的重点内容

数据监管的重点内容包括 3 个方面，如图 2.3 所示。

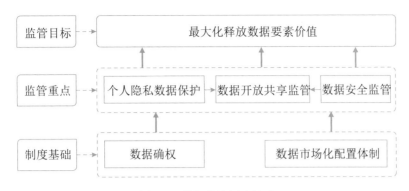

图 2.3　数据监管制度体系

（1）个人隐私数据保护。政府通过个人隐私数据保护监管来确保私人企业和公共机构合法合规地采集和使用个人数据，确保个人隐私权不受侵害，构建信任的商业环境和公民信息隐私权受到充分保护的社会。

（2）数据安全监管。广义的数据安全监管，既包括维护国家的网络与数据安全，也包括对个人数据和商业数据的保护。在保护个人隐私数据安全的同时，确保企业对投入资本和劳动后的商业衍生数据拥有财产权，以激励数据开发利用和数据驱动的创新，并有力地维护国家数据主权和国家政治安全，强化数据跨境流动监管，在促进数据流动和维护国家数据主权之间寻求平衡。

（3）数据开放共享监管。数据开放共享是数据监管的基本目标，为此需要通过政府监管来降低各种阻碍数据要素开放共享的技术障碍、制度障碍和主体行为障碍，更好地促进数据开放共享和开发利用。促进数据开放共享的监管政策主要包括推行促进数据开放共享的技术标准、推进数据开放共享的平台建设、促进数据互操作性、规范数据开放共享的合同标准和收费机制、明确相关主体的责任和行为规范、禁止各种阻碍数据开放共享的垄断行为和歧视性做法等。

在上述 3 个方面的重点内容中，个人隐私数据保护和数据安全监管各自具有独立的目标。个人隐私数据保护是保护个人的数据信息自决权，保护个人权益；数据安全监管则主要是保护国家公共安全，更偏重于保护公共利益而非私人利益。同时，个人隐私数据保护和数据安全监管也是互补的关系，良好的个人隐私数据保护和坚实的网络数据安全监管有助于构建安全、可信的数据开发利用和流转交易的生态，从而更好地促进数据要素的采集、利用、流转、共享、再用，进而最大化市场数据要素的价值。

三、数据监管的基本导向

（一）数据监管应坚持多元目标的系统平衡

由于数据涉及网络数据安全、个人隐私、市场竞争、鼓励创新等多元目标，并涉及经济、社会等多重价值，因此数据监管需要平衡多元目标，更要树立多目标系统平衡的思想。

首先，数据监管应以确保国家网络与数据安全为基础。数据开放共享需要在确保网络与数据安全的基础上进行，为此需要建立坚实的网络与数据安全监管体制，强化网络与数据安全的技术保障、组织保障和监管保障。但是数据安全监管不能为了安全而安全，不能以牺牲数据要素最大化开发利用和阻碍数据驱动的创新为代价，而应该为了促进数据利用，因为数据利用是在安全的基础上进行的。

其次，数据监管应突出对个人隐私数据的保护。数字经济的发展为企业和政府提供了更为有效的采集个人隐私数据的技术手段，同时由于个人数据具有重要的资源和资产价值，数据采集和处理者有可能去过度采集和使用个人数据，从而对公民基本的人格权构成侵犯。数字经济发展应以确保个人隐私数据安全为前提，企业不能为了商业利益而采取侵害个人隐私的行为；公共行政管理机关采集和使用个人数据也要依法进行，只有在完全出于公共利益目标并仅限于为实现公共利益目标场景使用的情况下才可以，并应最小化个人数据采集利用。但个人隐私数据保护不是个人数据信息封闭，应该在合理保护用户隐私的基础上更好地促进数据采集利用和流转交易。

最后，数据监管要平衡维护竞争和促进效率的关系。数据具有内在的规模经济和范围经济，容易导致少数大企业占有大量的数据，并成为强化其市场支配地位的重要因素。由此，数据开发利用应不扭曲市场竞争，数据监管应防止数据垄断，促进数据市场竞争和数据开放共享。

（二）数据监管应合理平衡政府监管与创新发展的关系

数据监管应平衡数据接入与隐私保护和数据驱动创新的关系。数据采集和应用会涉及大量的个人数据，可能会给用户隐私带来风险，因此需要以合理保护消费者用户隐私安全为前提。数据开放接入需要获得消费者的知情同意，并且谨慎处理消费者用户的个人敏感信息，并确保数据接入方达到必要的数据安全标准。隐私保护政策要避免给支配平台拒绝其他企业合理的数据接入要求提供借口，特别要防止隐私保护监管强化大型数字平台的市场势力和恶化小企业的竞争状态。因此，隐私保护政策需要和竞争政策实现协调。

数据监管应平衡维护安全与创新发展的关系。数据是创新的重要投入和企业获取利润的重要资产，数据监管既要保证网络与数据安全和个人隐私数据安全，也要促进数据开放接入以促进竞争和创新。因此，数据反垄断监管既要防止监管不足，也要防止监管过度。数据监管要避免因不恰当的监管政策而降低数据持有人从事数据采集和开发利用的创新激励，尤其是防止提出过于严厉的监管责任和义务要求，严重束缚行业的创新发展。

（三）数据监管应针对不同类型数据实行分类监管

数据有多种类型，不同类型的数据具有不同的经济属性和外部影响，应该实行分类监管。

首先，个人数据重在强化个人隐私权保护，在充分保护隐私的基础上促进数据采集、共享和开发利用。人类经济社会活动所产生的广泛存在的大量行为性原始数据属于公共性经济资源，不能被任何单个主体独占。除了涉及消费者用户个人隐私的敏感数据，数字平台对消费者、商家用户在经济社会活动中所产生的行为性原始数据负有开放接入义务，平台不能对这些行为性原始数据拥有产权或排斥其他企业对原始数据的采集和开发利用。

其次，商业数据重在强调财产权保护和促进基于数据市场的数据交易，从而最大化数据价值。平台对原始数据采集加工和深度开发后形成的衍生数据往往包含大量的资本投入和明显的创造性研发活动，其应受到数据产权保护，对资产性数据应谨慎适用反垄断"必要设施原理"，以维护创新激励。竞争对手或第三方要接入资产性数据需要获得数据持有人的授权许可，但支配平台的许可应该遵循"公平、合理、无歧视"（FRAND）的原则，不能利用对衍生数据的占有来索要不合理的高价格或实施扭曲竞争的歧视性接入、捆绑搭售等行为。商业数据重在通过完善数据要素市场，通过市场化价格机制来实现数据流转交易和价值实现。

最后，公共数据主要是强调向社会开放，实现数据资源的商业化应用。公共数据在本质上属于公共产品，其成本是由国家公共财政来支付，并应服务于公共利益。为此，除数据公开会影响国家安全以外，政府公共数据应该强调公共产品属性，免费或基于成本价来向数字企业开放，以促进数据驱动的商业创新。欧盟《公共数据开放指令》明确指出公共数据开放实行边际成本定价，《数据治理法》则规定公共数据开放收费要遵守非歧视、比例性、客观合理和不限制竞争的基本原则。从中国现实来说，政府公共数据开放既包括政府数据向商业企业的开放，也包括政府部门之间的数据互联互通，打破条块分割体制下部门之间数据互联互通壁垒，促进政府部门之间的数据共享。总体来说，公共数据开放共享政策的重点是"对内共享、对外开放"。

四、数据监管的政策重点

促进数据开放共享和数据驱动创新需要构建更为有效的治理制度体系，合理平衡利益相关方的利益，构建安全、信任、利益兼容的开放共享数字生态。

（一）加强个人数据隐私保护

加强个人数据隐私保护是构建信任的数字生态的重要基础，它不仅有利于充分保护消费者权益，也有利于促进数据开放共享和数字经济创新发展。中国《个人信息保护法》明确规定了个人隐私权属，并规定了数据采集和应用应该遵循"知情—同意"的基本原则。个人数据隐私保护的目的是更好地促进个人数据开放和数据共享再用。为此，个人数据隐私保护应合理平衡多元政策目标，确定合理的隐私保护监管强度，避免不恰当的隐私保护政策给中小企业发展和数据驱动的创新带来不利影响。

隐私保护政策可采取分类施策：对于个人敏感数据实行"选择加入"（opt in）政策，即必须在事前获得个人同意的情况下，企业才能采集和利用；对个人非敏感数据可实行"选择退出"（opt out）政策，即企业可以先行采集和利用，个人事后可以选择退出。这两种政策的分类设计有助于实现隐私保护和促进数据接入的平衡。为保证数据可携带权对促进数据共享的作用，隐私保护应加强平台企业保证用户数据携带权义务的监管，禁止平台企业人为地设置技术或合约障碍来阻止用户跨平台转移个人数据。

为提高个人数据隐私保护的效能，应综合运用经济、法律、行政、私人治理等多种政策手段，并特别重视隐私增强技术（privacy enhancing technologies，PET）的开发与应用，突出技术性解决方案在保护消费者隐私中的特殊作用，形成多种手段组合应用的隐私保护治理体系。

（二）强化数据安全监管

数据安全是数字经济治理的第一原则，数据开放共享应以确保数据安全为前提，以强化网络安全为基础。为此，要建立私人隐私权、商业数据财产权和数据国家主权统一协调的三位一体数据安全治理体制，并建立和完善以风险管理为基础的网络与数据安全分级分类监管体制。

面对数字经济发展和数据采集利用给经济社会带来的负外部性风险，以及日益突出的全球数据资源和数字治理规则主导权争夺的全球数据竞争大格局，我国应以总体国家安全观为统领，系统构建切实维护国家数据主权和保护数据安全的治理体系，全面提升数据安全治理有效性，维护社会稳定和国家安全，有力维护国家利益。为此，我国一方面要加强对重点领域中关键数据跨境流动的严格监管，强化关键数据的本地化要求；另一方面要积极参与数据跨境流动的国际治理规则建设，推进平衡各方意愿的开放、公平、公正、非歧视的国际数据治理规则的制定。

（三）促进数据共享再用监管

数据监管是为了更好地促进数据要素的开发利用。数据监管的目标是构建安全、信任和平衡的数据采集与开发利用的生态环境，促进更好地数据接入和共享再用，充分发挥数据要素的价值，最大化释放数据要素促进经济高质量增长的潜能。促进数据共享再用监管：不仅包括构建维护国家公共安全和个人隐私数据安全的数据安全监管体制，促进个人数据的采集利用和共享再用，也包括消除各种阻碍商业数据和公共数据的技术、行为、体制和制度障碍因素；不仅促进各类数据安全有序地共享再用，促进数据驱动的商业创新和经济高质量发展，同时也促进政府公共服务能力和社会治理能力的全面提升，从而形成包容普惠的社会。

五、数据监管的监管体制

（一）充分发挥市场机制在促进数据要素价值释放中的基础性作用

政府监管的重要前提是市场存在失灵，因此，数据监管并不是政府接入数据价值链的全部环节和所有过程。政府监管需要科学界定政府和市场的边界，在微观主体能有效发挥作用，通过合约、价格机制等手段有效实现数据要素采集利用的情况下，政府不应介入。在市场不能有效发挥作用的情况下，政府监管也要分为不同的情况，以明确政府监管介入的侧重点：对于因数据市场相关制度不完善而导致的市场失灵，政府介入的重点是完善数据基础制度，培育市场主体和市场化配置机制，而不是用政府来替代市场；对于完全因微观企业不遵守监管法律法规的违法违规行为而导致的市场失灵，则应强化政府监管，确保微观企业合规经营，消除各种市场运行的人为风险。

（二）突出数据企业自我治理的主体作用

数据监管需要以有效的企业数据治理为基础。数据治理在本质上是以数据占有企业为主体的自我规制，是通过完善技术和组织制度保障来实现数据安全和数据价值释放的统一。数据占有人对数据治理的有效性从根本上决定了国家数据监管体系的效能，是国家数据监管体系的重要基础。为此，数据监管应强化数据占有人和使用人的责任与义务要求，特别是对大型数字平台的数据治理责任提出更严格的规则要求。欧盟于 2018 年发布的《私人部门数据共享指南》就规定了商业数据共享应遵循透明、价值共创、尊重彼此商业利益、确保不扭曲市场竞争、最小化用户数据锁定等基本原则。2022 年，欧洲议会通过的《数字市场法》则重点禁止守门人平台实施各种影响市场公平和可竞争性的数据商业行为，并对守门人平台提出了必须履行的数据互操作性、确保数据可携带权等义务要求，同时正在讨论中的《数字服务法（草案）》则明确数字平台中介需要对传输的数据内容承担更为积极的注意义务。我国国家市场监管总局发布的《互联网平台落实主体责任指南（征求意见稿）》对平台的开放生态、数据管理、隐私保护提出了相应的要求。为进一步落实平台企业或组织的数据治理责任，中国应该着手制定更为具体的《数据治理指南》或《数据治理条例》，以明确数据治理原则和数据接入共享义务，设定数据采集、利用和共享的规范和安全标准，强化数据占有人的主体责任，完善外部监督机制和处罚措施，建立坚实的数据治理基础。

（三）建立更为有效的政府数据监管体制

数字经济发展需要进一步加强政府监管，创新政府监管体制，需要建立有力、高效、灵活的数据监管体制，实现监管体系和监管能力的现代化，需要构建并维护公平竞争的市场环境和信任的商业环境，确保数据开放共享和创新发展更好地服务于人民福祉。首先，建立职责明确和运行高效的数据监管机构体制。为更好地加强数字经济监管，应明确专门负责数据监管的机构，赋予其更全面的数据监管职能，同时逐步弱化专业部门的数据监管职能，形成以专门数据监管机构为主，其他机构相配合的监管机构体制。数据监管专门机构的主要职能是负责消费者个人隐私保护、数据安全保护、数据市场促进等。其次，数据监管体制在强化政府监管机构集中统一监管的同时，还要注重发挥行业监管在完善数据监管体系、促进数据开放共享和防范数据垄断中的独特作用，在金融、能源、公用事业、智能汽车等行业制定专门的数据开放接入政策，更深入地促进数据开放接入和保护数据安全。最后，数据监管要合理平衡行政监管与维护竞争、促进创新的关系，应确保竞争政策的基础性地位，为防止不恰当的行业监管对创新的阻碍，应积极采用"监管沙盒"监管模式，实现政府行政监管与鼓励创新的协调。

第三节　数据监管的国际经验

一、欧盟数据监管法律制度体系

近年来，欧盟非常重视数据监管制度体系建设，力图通过系统的监管制度建设来促进数据要素的接入和再用，促进数据驱动的创新，实现欧洲数据战略目标。欧盟数据监管制度体系主要是由《通用数据保护条例》（*General Data Protection Regulation*，GDPR）

《数据治理法》《数据法（草案）》《数字市场法》（*Digital Markets Act*，DMA）等几部法律法规所构成的。总体来看，欧盟数据监管的相关法规主要围绕如下 5 个方面的核心内容展开。

（一）数据产权制度

欧盟于 1996 年颁布的《数据库指令》是国际上首次通过立法明确对数据库采取知识产权保护的法律。《数据库指令》确立了数据知识产权保护的两种模式：一是版权保护模式；二是特别权保护模式。即对于包含创造性智力成果的数据库结构实行版权保护，对于对数据采集、处理、展示等进行了较大投资所形成的数据库实行特别权保护。欧盟于 2016 年颁布的《商业秘密保护指令》重新界定了商业秘密的概念以及法律禁止的非法行为。根据《商业秘密保护指令》，构成商业秘密的商业数据受法律保护，任何未经商业秘密权利人同意而非法获得、擅自使用或复制的行为将构成非法。欧盟颁布的《数据库指令》和《商业秘密保护指令》为数据要素的开发利用提供了基础性的法律保障，保证了数据处理人采集利用数据的投资和基于数据创新成果的收益，为数据开发利用提供了有效激励。

（二）网络信息安全

2016 年，欧盟发布的《关于网络和信息系统高共同安全级别措施指令》强调：要加强各国网络信息安全能力建设，强化成员国之间的战略合作，提出针对能源、交通、供水、金融、医疗、数字基础设施等领域的安全措施和应急事件告知义务等措施。2019 年，欧盟公布的《网络安全法》的重点是建立了网络安全认证制度，并进一步明确了网络安全监管机构欧盟网络安全局（European Union Agency for Cyberescurity，ENISA）的职责权限和机构组成与运行规则。

（三）个人数据保护

2016 年，欧盟颁布的《通用数据保护条例》主要是明确个人隐私数据保护制度，包括个人隐私数据保护监管的适用范围，采集和使用个人数据应该遵循的基本原则，数据主体享有的个人数据权利，数据控制者和处理者应承担的责任与义务，个人数据跨境流动监管等内容。主要内容为：首先，数据控制者和处理者在进行数据处理的过程中应当遵循合法性、公平性、透明性，目的限制，数据最小化，数据准确性，存储限制，诚实和保密性等基本原则。其次，法律确认的个人数据权包括知情权、访问权、修改权、删除权、限制处理权、被遗忘权、拒绝权、可携带权、免受自动化决策权等。再次，数据控制者和处理者要履行数据系统保护和默认保护、数据处理活动记录、与监管机构合作等一般义务，以及安全处理个人数据、向监管机构报告个人数据泄露、向数据主体报告个人数据泄露等个人数据保护义务等。最后，对数据跨境流动做出了相应规定。

（四）促进数据开放再用

1. 公共数据开放共享制度

2019 年，欧盟颁布的《开放数据指令》对公共机构的数据开放再用提出了基本的标准要求，包括明确政府公共数据开放范围、确保数据可获得性、数据开放的透明度和非歧视性要求、公共数据接入的收费规则等。2022 年，欧盟颁布的《数据治理法》主要试图建立强有力的制度以促进公共部门数据的开放再用，建立监管框架以增进数据共享中介的信任，建立自愿注册框架以促进欧洲范围内的数据利他主义。具体来说，第一，公共数据开放的具体要求。重点是禁止排他性接入协议，明确公示哪些数据可以开放再用，提出数据接入协议应该是非歧视的，开放再用的公共数据应该不侵犯个人隐私，公共机构可以对数据接入方提出相应的数据安全要求。公共数据开放收费应非歧视、比例相称、客观合理和不扭曲市场竞争，收费水准应该是以提供接入服务成本为依据。第二，数据共享服务中介监管。数据共享服务中介需要向政府主管部门报备，《数据治理法》对数据共享服务中介的设立条件提出了明确要求，从而提升公共数据开放共享的服务能力和增进社会对公共数据开放共享的信任。第三，鼓励数据利他主义。数据利他主义主要是促进不以营利为目的的数据处理及共享服务，其提供数据接入和共享服务的目的是促进科学研究和社会公共利益，更好体现公共数据的公用品属性。《数据治理法》对数据利他主义组织的注册登记、透明度、保护数据主体权益等提出了具体要求。第四，成立欧洲数据创新委员会。欧洲数据创新委员会的设立主要是促进数据驱动的创新，降低交易成本，防止部门分割。欧洲数据创新委员会承担立法、标准化、许可等基本职责，以促进成员国之间的公共数据开放再用及政策协调。欧洲数据创新委员会是一个独立的监管机构，由来自成员国不同领域的专家所组成。

2. 商业数据开放再用制度

2022 年 2 月，欧盟委员会发布了《数据法（草案）》向各界征求意见。《数据法（草案）》主要是针对个人在在线交易或活动中所产生的且为平台企业所占有的商业数据。《数据法（草案）》主要是规范商业数据的开放共享，重点对企业对企业（business to business，B2B）、企业对政府（business to government，B2G）、企业对顾客（business to consumer，B2C）等接入和使用非个人数据做出了规定。《数据法（草案）》的发布是为了确保数据价值的公平分配和促进数据接入与再用，从而促进数据市场竞争和数据驱动的创新。《数据法（草案）》的重点内容为如下几点：第一，企业对顾客电子商务与企业对企业电子商务数据共享规定。用户有权接入和使用在使用数据占有企业的产品或服务过程中所产生的数据，并且可以授权第三方接入分享该数据，以便第三方提供后市场服务或其他数据驱动的创新性服务，数据占有企业应向消费者用户授权的第三方提供适用的、持续的和实时的数据接入。第二，禁止不公平接入条款。为消除数据接入分享谈判中，大企业与小企业之间因谈判力不对称所引发的大企业滥用合约条款实施不公平交易，《数据法（草案）》要求数据占有企业的数据接入条款应该非歧视、非排他，禁止实施不公平合约条款。此外，《数据法（草案）》还提供了企业之间数据接入共享的格式化合同条款。第三，确保个人数据可携带权。数据占有企业应允许消费者在不同云数据处理服务提供者之间有效转移数据，并消除阻碍消费者个人数据携带的各种障碍和数据在欧盟内部的流动限制。第四，促进数据互操作性。数据占有企业要对数据库内容及接入适用要求、数据格式、接入技术手段、智能合同等做出明确说明并实行公开，同时重点对云服务的互操作问题做出了规定。第五，企业对政府电子商务数据共享规定。明确政府机构接入企业私人数据的条件为：在特定的出于公共利益需要或涉及公共利益的紧急情况下，政府机构可以接入企业数据。

3. 数据流转的市场秩序监管

2022 年，欧洲议会通过的《数字市场法》主要禁止守门人平台实施影响市场可竞争性的垄断行为和影响平台内交易公平的不公平行为，并确立了以市场调查为基础的执法机制。其中《数字市场法》对守门人平台有关滥用数据行为做出了明确的禁止规定，以维护市场的可竞争性。总体来说，《数字市场法》中关于数据的条款主要针对如下几种行为：一是守门人平台应确保终端用户个人数据的授权使用，并且保证个人数据可携带权；二是守门人平台不得使用商家用户在平台经营的数据来开展与其竞争的业务以限制竞争；三是守门人平台要确保商家或第三方服务提供商可以公平地接入数据，数据接入要遵循公平、合理、无歧视条款，以促进数据互操作性。

（五）数字内容监管

2020 年 12 月，欧盟公布的《数字服务法（草案）》将在线中介服务提供商分为 4 类。

（1）提供中介服务的网络基础设施供应商，如互联网接入服务、域名注册服务等。

（2）托管服务提供商，如云处理、存储和虚拟主机服务等。

（3）在线平台，如在线市场、应用商店、社交媒体平台。

（4）超大型平台，在传播非法内容和社会危害方面具有特殊风险的超大型在线平台。

《数字服务法》对平台责任、内容控制、数据共享、监管政策等问题做出明确的规定，要求数字平台在对非法有害内容监管中扮演更积极的角色。

2021 年，欧盟委员会发布了《人工智能法（草案）》，其中提出的监管措施主要体现在以下几个方面。

（1）采用以风险为基础的分级监管体制。在风险评估的基础上，提出了四级的风险划分，即不可接受的风险、高风险、低风险、极低风险，并对不同风险等级实行不同强度的政府监管。

（2）对高风险 AI 系统主要采取事前安全评估达标、事中企业风险管理和政府监测、事后严厉行政处罚的一体化监管制度。

（3）要求高风险 AI 系统建立全周期和持续优化的内部风险管理制度，并对高风险 AI 系统提出了具体的透明度要求。

表 2.1　欧盟有关数据监管的法律法规

规 制 内 容	法规 / 年份	适 用 数 据	立 法 目 标
数据产权制度	《数据库指令》（1996） 《商业秘密指令》（2016）	商业数据	确立数据知识产权保护体制
网络信息安全	《关于网络和信息系统高共同安全级别措施指令》（2016） 《网络安全法》（2019）	关键领域数据	建立网络信息监管制度

续表

规制内容	法规/年份	适用数据	立法目标
个人数据保护	《通用数据保护条例》（2016）	个人数据	确立个人数据保护原则和明确数据控制者与使用者义务
数据开放再用	《开放数据指令》（2019）《数据治理法》（2022）	公共数据	明确公共数据开放再用的基本规范和相关制度
	《数据法（草案）》（2022）	商业数据	明确数据占有者数据接入、数据可携带和互操作性义务
	《数字市场法》（2022）	数据行为	明确禁止守门人平台实施阻碍数据共享再用的行为
数字内容监管	《人工智能法》（2021）《数字服务法（草案）》（2020）	数字内容	明确平台中介责任和确立基于风险分级监管制度

资料来源：作者根据欧盟有关法律法规整理。

二、中国数据监管法律制度

中国特色数据监管法律体系以《网络安全法》《数据安全法》《个人信息保护法》为基础性法律，以相关行政法规和部门规章为补充。与欧盟等数据监管主要是以保护个人数据安全为核心和以促进数据开放共享为目标不同，中国数据监管法律制度具有鲜明的中国特色，数据监管强调以国家安全为重心，突出以国际安全为依据的网络安全、数据安全、信息内容安全相统一的数据监管制度。

（一）网络与数据安全监管

《网络安全法》《数据安全法》是中国网络与数据安全监管的基本法律依据。2016年，中华人民共和国全国人民代表大会（以下简称"全国人大"）通过的《网络安全法》明确了网络安全监管的基本原则，并重点对网络运行安全和网络信息安全监管做出了明确的规定：主要是确立网络安全监管的等级保护制度、强制性国家标准制度、安全认证与风险评估制度、监测预警与应急处置制度等。2020年，全国人大通过的《数据安全法》提出维护数据安全应当坚持总体国家安全观，建立健全数据安全治理体系，提高数据安全保障能力。《数据安全法》主要提出：要建立数据分类分级保护制度、数据安全风险管理制度、数据安全审查制度、出口管制制度等基本监管制度，以及数据处理者的安全保护义务。2021年，国务院发布的《关键信息基础设施安全保护条例》中，重点对公共通信和信息服务、能源、交通、水利、金融、公共服务、电子政务、国防科技工业等重要行业和领域的网络信息安全做出了规定。

（二）个人信息保护

尽管《网络安全法》和《数据安全法》的有关条款对个人数据保护做出了一定的规定，但2021年8月，第十三届全国人大常务委员会第三十次会议通过的《个人信息保护法》系统地对个人数据保护做出全面的法律规定。《个人信息保护法》主要明确了个人信息处理的原则、个人信息权利、个人信息处理者的义务以及个人信息保护监管体制。

（三）数据开放共享监管

中国非常重视数据市场行为和市场竞争秩序的监管，为此制定了多部法规。2019年，国家颁布的《电子商务法》的第二章对电子商务经营者的行为做出了规定。为进一步制止和预防数字经济的不正当竞争行为，维护公平竞争的市场秩序，保护经营者和消费者的合法权益，2021年8月，国家市场监管总局发布了《禁止网络不正当竞争行为规定（公开征求意见稿）》，对互联网领域的不正当竞争行为做出了规定。2021年10月，中国国家市场监管总局发布了《互联网平台落实主体责任指南（征求意见稿）》，对超级平台提出了包括数据治理规范在内的平台治理责任要求。2022年6月，国家发布了修订后的《反垄断法》，其中第九条规定："经营者不得利用数据和算法、技术、资本优势以及平台规则等从事本法禁止的垄断行为。"

相对来说，中国在推进公共数据开放共享方面的立法相对缓慢，并且法规政策的层级不够高。2016年，国务院发布的《政务信息资源共享管理暂行办法》对政府部门之间的政务信息资源共享做出了具体的规定。2019年4月，国务院公布修订后的《政府信息公开条例》对政府数据信息向社会公开做出了新的较全面的规定，特别是明确行政机关公开政府信息应当坚持"以公开为常态、不公开为例外"的基本原则，遵循公正、公平、合法、便民、及时等具体原则，明确了政府信息公开的主体和范围、信息公开的方式及程序等内容。

（四）数字内容监管

2011年，国务院修订的《互联网信息服务管理办法》明确禁止危害国家安全、破坏民族团结、社会稳定、侵犯他人合法权益等信息内容的生产、复制、发布与传播。2019年12月，国家互联网信息办公室发布的《网络信息内容生态治理规定》对网络信息内容生产者、禁止生产的信息内容、网络信息内容服务平台责任、信息内容服务使用者行为规则、行业自律等做出比较全面的规定。2022年3月1日起施行的《互联网信息服务算法推荐管理规定》重点对算法推荐行为做出了明确的规定。

第四节　数据监管的基础制度

一、数据产权制度

数据产权制度是实现数据要素市场化交易、释放数据要素价值和促进数字经济高质量发展的重要问题。首先，界定数据产权有助于消除阻碍数据要素市场化流转交易的定价、价值核算、收益分配等障碍，使更多的数据要素进入市场并以更广的市场化方式进行流转交易，从而更好地实现数据要素的市场化配置。其次，清晰界定数据产权能充分保护数据开发利用主体的投资和创新收益，从而为数据的采集利用和数据驱动的创新提供有力的激励，能充分释放数据要素来促进数字经济高质量增长的巨大潜能。最后，清晰界定数据产权是合理平衡各方权益关系的制度保障。

2020 年 3 月 30 日，中共中央、国务院发布的《关于构建更加完善的要素市场化配置体制机制的意见》，首次将"研究根据数据性质完善产权"作为数据要素市场建设的重要举措。2022 年 6 月 22 日，中国共产党中央全面深化改革委员会审议通过了《关于构建数据基础制度更好发挥数据要素作用的意见》（以下简称《意见》），《意见》提出要构建数据基础制度体系，建立"数据产权、流通交易、收益分配、安全治理"四大基本制度。由于数据要素的特殊性，迫切需要创新数据要素的产权制度，进而促进数据要素的流通交易和激励相容主体关系的形成。

（一）数据产权制度设计应以数据要素的经济属性为基本根据

数据要素最根本的经济属性是非竞争性，即同一数据被多人使用不仅不会降低已有使用者的价值，而且在不影响他人使用数据价值的同时给新使用者带来价值。对于非竞争性数据来说，排他性产权会使非竞争性数据变成私人物品，个体出于私人利益的行为决策会阻碍数据要素的最大化开发利用。数字经济中的数据价值主要体现在海量数据整合形成的大数据上，大数据最重要的特征是海量、多维度和时效性。在此情况下，基于绝对排他性产权的数据转让交易谈判会面临非常高的交易成本，并可能会产生阻碍数据资源开发利用的"反公地悲剧"问题。绝对排他性的数据产权不会产生有效率的资源配置结果。因此，不能将传统的产权理念简单地套用到数据产权界定中，必须基于数据要素的非竞争性属性来进行设计。数据确权应根据数字经济发展的现实需要，来构建与数据经济属性相适应的产权配置体制。

（二）数据产权制度应设计以最大化释放数据要素价值为根本目标

数据产权制度设计应以促进数据采集、流转共享、深度开发利用和实现数据驱动的创新为目标。数据确权必须有助于数据要素的开发利用，因此，数据产权必须具有促进数据要素开发利用的效率激励和创新激励。数据是数字经济的关键要素，大数据的开发和使用会极大地促进数字经济高质量增长。数据确权应促进数据资源的最优配置，促进数据资源深度开发利用，最大化释放数据要素的增长潜能。从激励意义上来说，数据产权安排一定要服从于价值创造，产权安排不能以牺牲价值创造为代价。

（1）应该将数据产权配置给能最大化数据价值的一方，其应该拥有以剩余控制权和剩余索取权为核心的财产权益，以激励其投资于数据开发利用，从而使数据能以最有效的和价值创造最大化的方式被使用。

（2）数据产权应该有利于促进数据共享再用。数据的非竞争性特征说明，同一数据被多人共享再用会创造更高的社会价值，因此数据产权设计应有利于促进数据开放接入、流转交易和共享再用，从而实现数据社会总价值的最大化。

（3）数据产权应有利于促进创新。数据驱动的创新是数据价值化的高级形态，是促进数字经济高质量增长的核心驱动力。数据产权制度应该为数据驱动的创新提供持续、充分的数据基础和强有力的创新激励，助推数字经济的创新发展。

（三）数据产权制度设计的基本路径是不同权益的结构性分置

由于数据存在多元主体和多重利益关系的交织，任何单个主体都不能对数据拥有绝对的产权。数据产权制度应建立数据资源持有权、数据加工使用权、数据产品经营权等分置的产权运行机制。消费者是原始数据的所有者，个人原始数据归个人所有，数据产权制度设计要保证个人对自己数据的所有权，但个人数据只有被汇总和加工处理后才有价值，因此个人不应对汇总后的大数据数据库拥有所有权，其权利主张仅限于个人原始数据。数据企业是采集汇总和加工处理后形成的衍生数据的占有者，其为数据采集汇总和加工处理付出了较大的投资，对数据汇总处理后形成的大数据数据库拥有占有、使用、收益、处分的权利，但是数据库的单个用户的原始数据仍然属于个人，数据企业对个人原始数据的使用和处置需要以获得个人同意为前提。因此，数据企业仅对原始数据汇总后形成的数据库以及对大量原始数据加工处理后的数据产品拥有产权，对构成数据库的每个消费者的个人原始数据不具有所有权。

（四）数据产权制度应针对不同类型数据分类设计

数据产权分类设计的总体思路是推进个人数据、商业数据、公共数据分类分级的确权授权使用。首先，个人数据重点强调个人隐私权而非财产权，核心是确保消费者的知情同意权和退出权，数据企业采集和使用消费者个人数据必须获得消费者的授权同意，并且消费者事后有权退出授权同意。通过充分赋能消费者，可以实现对个人隐私权的有效保护。其次，商业数据是数据企业对采集的大量个人原始数据或通过物联网获得的非个人原始数据进行加工处理后的数据产品。商业数据重点强调数据企业的财产权，承认数据企业对数据资产的经济利益以保护其投资和创新的激励。商业数据是数据企业花费了较大的投资和付出了大量的创造性智力活动的成果，明确数据占有企业对衍生数据的财产权将有助于实现数据价值化，并能极大地促进数据开发利用和数据驱动的创新。最后，公共数据重点强调数据的公共产品属性，政府应完善制度，消除数据孤岛和数据封闭现象，在保证数据安全的前提下，以成本价或免费向数据企业和社会开放。综上，需要发挥政府在促进数据产权制度构建中的作用：强化对企业和公共机构采集利用个人数据的监管，切实依法保障公民个人隐私权；对市场主体合理的数据财产权保护要求做出回应，对经过市场检验证明的科学的产权制度形式应及时通过立法来加以肯定和保护；对公共产品属性的公共数据则要在坚持"以公开为常态、不公开为例外"的基本原则下，推进更大范围的公共数据开放共享。

（五）数据产权制度的确立应尊重微观主体制度创新主体地位

产权制度的产生和演进历史显示，产权制度并不是政府事前设计的结果，而是在私人主体之间经过谈判交易和利益博弈的结果。政府主要是顺应产权制度发展的需要，利用法律制度来加以制度完善和事后肯定，并根据经济技术发展来调整和创新产权制度。由于目前数据要素仍处在数据量超速增加和具有多种形态，并且新形式和新业态不断涌现的阶段，政府应避免过早地人为设定一刀切的数据产权制度，应尽可能多地赋予微观主体更大的自由决策权，通过市场化制度创新逐步演化形成最有效的数据产权制度。政府的政策重点则是保证企业的制度创新环境并及时通过立法肯定有利于创新发展的产权制度安排，实现制度稳定性和灵活性的统一。

二、数据要素市场

（一）数据要素市场的基本构成

（1）数据市场基础设施。数据中心是数据市场的重要基础设施。在数据市场运行中，数字化数据和在线交易使数据市场具有显著的虚拟市场特征，此时数据中心就成为数据市场最重要的基础设施。数据企业在采集大数据后，依据一定的技术结构将这些数据整合在一起形成数据库，然后存储在依托云平台的数据仓库中。因此，云平台数据仓库组成的数据中心成为数据市场最为重要的基础设施。目前，国家已经将数据中心建设列为新基建的重要内容，这将成为促进数字市场和数字经济发展的重要推动力。

（2）数据市场主体。数据市场的发育在本质上就是数据市场主体的逐步形成及其交易行为的规范化过程。数据市场主体主要是数据持有人、数据使用者、数据中介与第三方服务机构。首先，数据持有人是数据的供给者，主要是数字商务企业，其采集了大量关于用户的数据，并进行一定的数据处理，形成了结构化的数据库。其次，数字商务企业收集大量的用户数据并不仅仅局限于自己使用，有时还会与第三方共享或出售给第三方，这些第三方也被称为数据使用者。再次，在数据市场运行中，数据经纪人或中间商发挥了重要的作用，他们主要是从公共和私人渠道中收集和汇总各种不同的数据，协调数据供需双方的数据交易，同时也会提供一些增值服务，如对数据的进一步加工处理以方便特定使用者的应用、支付服务、信用查证等。数据中间商在降低交易成本和克服数据市场交易障碍中发挥了重要的作用。最后，第三方数据服务机构主要是为数据市场交易提供附属服务的机构，如数据价值评估机构等。

（3）多层数据市场体系。一是数据要素市场分为初级市场和二级市场。首先，是原始数据或初级数据市场。这些数据是关于特定人的非汇总数据，是企业在提供交易或服务过程中产生的大量关于个人在线行为的数据。初级数据市场中的个人化数据应特别强调隐私保护，要求数据占有人要进行匿名化处理并获得消费者授权；对于通过传感器等机器产生的非个人化数据应在合理平衡数据占有企业利益和公共利益的基础上确保最大化开放接入，以促进市场竞争和数据驱动的创新。其次，是资产化数据或二级数据市场。企业对原始数据进行汇总编辑（数据结构化）形成数据库。在二级数据市场中，企业对数据的加工处理和数据存储进行了较大的投资，数据库通常包含一定的智力活动成果。在二级数据市场中，资产化数据需要保护企业投资和创新激励，不能贸然要求其开放接入，强制接入会降低企业的投资与创新激励。二是数据要素市场分为场内市场交易和场外市场交易。数据要素市场化配置中的很大一部分数据不是进入市场并通过价格机制来实现的，而是通过协议等多种方式来实现的。当然，也存在一部分非法的场外交易情况，或地下黑市，对此政府要加强监管和规范。

（二）数据要素市场培育路径

目前数据要素市场发展的制度性障碍尚没有明确的解决方案，需要通过数据要素市场培育发展中的制度创新来逐步加以解决。在应对数据要素市场的上述问题时，政府不应取代市场，而应重在发挥市场机制的自我完善和市场机制内在的制度创新能力；政策制定者需要避免采用"一刀切"的行政政策，应重在鼓励市场主体的创新，政府主要是为微观主体基于市场机制的制度创新提供基础性制度供给。具体来说，有以下内容。

（1）营造有利于市场创新的制度环境。政府需要营造良好的创新创业环境，赋予市场主体充分的试错空间，允许和鼓励市场交易机制创新，允许通过市场创新来化解交易制度障碍。为培育数据要素市场，国家应该进一步放松市场准入限制，优化营商环境，创造更宽松的创新创业环境，尽快形成多元的数据市场主体，并重点培育数据中间商的发展。

（2）推动数据要素市场基本制度的形成。政府应积极推动市场交易规则的创新和形成，协调国内数据要素市场形成统一的交易规则与制度体系。应积极进行数据开放银行、数据信托、数据竞价交易等数据商业模式创新，通过市场创新和政府制度供给来逐步解决数据要素市场发展中出现的各种问题。

（3）积极推进数据要素市场化改革试点。国家要鼓励地方积极进行数据要素市场的制度创新，完善市场交易的价格机制、交易规则、交易模式等交易制度。

讨论案例：杭州聚客通群控软件案 [①]

杭州聚客通群控软件案是全国首例涉及微信数据权益认定的案件，涉及数据权益归属及数据抓取行为的正当性认定等影响互联网产业竞争秩序的热点问题，引发社会广泛关注。

深圳腾讯计算机系统有限公司、腾讯科技（深圳）有限公司（以下简称"两原告"）共同开发运营个人微信产品，为消费者提供即时社交通信服务。个人微信产品中的数据内容主要为个人微信用户的用户账号数据、好友关系链数据、用户操作数据等个人身份数据和个人行为数据。浙江搜道网络技术有限公司、杭州聚客通科技有限公司（以下简称"两被告"）开发运营"聚客通群控软件"，利用 Xposed 外挂技术将该软件中的"个人号"功能模块嵌套于个人微信产品中运行，为购买该软件服务的微信用户在个人微信平台中开展商业营销、商业管理活动提供帮助。两原告认为其对自己所控制的微信平台数据享有数据权益，两被告擅自获取、使用涉案数据，已构成不正当竞争，遂诉至杭州铁路运输法院，请求判令两被告停止侵害、赔礼道歉并连带赔偿经济损失（含合理费用）500万元。

杭州铁路运输法院经审理认为：首先，本案中两原告主张享有数据权益的涉案数据均为微信用户的个人身份数据或个人行为数据。该部分数据只是将微信用户信息作了数字化记录后形成的原始数据，并非微信产品所产生的衍生数据。其次，两

---

① 根据浙江省高级人民法院发布的《2020年度浙江法院加强知识产权司法保护典型案例》编辑整理。

原告主张数据权益的微信数据，可以分为两种数据形态。一是原始数据个体，二是数据资源整体。网络平台方对于原始数据个体与数据资源整体所享有的是不同的数据权益。就微信平台中的单一原始数据而言，数据控制主体只能依附于用户信息权益，依据其与用户的约定享有原始数据的有限使用权。未经许可使用他人控制的单一原始数据只要不违反"合法、必要、征得用户同意"原则，一般不应被认定为侵权行为。因此，两被告擅自收集、存储或使用单一微信用户数据仅涉嫌侵害该微信用户的个人信息权，两原告不能因此而主张损失赔偿。就微信平台数据资源整体而言，微信数据资源系两原告经过长期经营积累聚集而成的，能够给两原告带来竞争优势，两原告对于微信数据资源应当享有竞争性权益。如果两被告未经许可，规模化破坏性使用该数据资源，则构成不正当竞争，两原告有权要求获得赔偿。

本案中，被诉侵权软件具有收集、存储及监控微信产品数据的功能。涉案微信数据并非相关经营性用户单方信息，还涉及作为经营性用户微信好友的其他微信用户的个人身份数据，以及经营性用户与其微信好友通过相互交集而共同提供的用户行为数据。两被告擅自将该部分并不知情的微信用户的数据进行存储或使用，违反了《网络安全法》的相关规定，构成了对微信用户信息权益的侵害，且势必导致微信用户对微信产品丧失应有的安全感及基本信任，减损微信产品的用户关注度及对用户数据流量的吸引力，损害两原告对微信数据资源享有的竞争性权益。两被告的行为不仅有违商业道德，且违反了《网络安全法》的相关规定，构成《中华人民共和国反不正当竞争法》（以下简称《反不正当竞争法》）第二条规定的不正当竞争行为。

关于被诉行为是否属于创新性竞争，法院认为，网络竞争行为应当符合"合法、适度、征得用户同意、有效率"的原则。如果一项网络竞争行为对竞争效能的破坏性大于建设性，即便这种网络竞争行为能够给部分消费者带来某些福利，但若不加以禁止，其不仅会损害其他多数消费者的福利，同时还将损害其他市场主体的创造积极性，进而影响消费者整体与长远利益的提升。本案中，微信产品作为一款社交产品在国内外拥有巨量的活跃用户，深受广大消费者的欢迎，其对于市场的贡献是显而易见的。被诉侵权软件虽然提升了少数经营性用户使用微信产品的体验，但恶化了多数用户使用微信产品的体验，如果不加以禁止，就会危及微信产品的整体效能发挥与后续发展，进而影响广大消费者的福祉。两被告的此种所谓创新竞争活动，在竞争效能上明显弊大于利，不是效率的创新竞争，不具有正当性。杭州铁路运输法院遂于2020年6月2日判决：两被告立即停止涉案的不正当竞争行为，共同赔偿两原告经济损失及合理费用260万元。

一审判决后，两被告不服，向杭州市中级人民法院提起上诉，后申请撤回上诉。该院于2020年8月25日裁定予以准许。

讨论问题：

1. 本案是如何区分不同类型数据并作出裁决的？
2. 本案是如何确定数据权益的？

■ 本章总结

　　数据是数字经济的关键投入要素，数据要素具有非竞争性等独特的经济属性。由于数据产权制度和数据市场不完善，以及存在个人数据隐私侵犯、数据安全风险和数据垄断行为等市场失灵问题，所以需要政府实行有效的数据监管。数据监管制度应以数据确权和数据要素市场完善为基础，通过保护网络与数据安全和个人数据隐私安全，消除阻碍数据开放共享的各种障碍，以促进数据开放共享为重点。

■ 关键词

　　数据　大数据　数据非竞争性　个人数据　商业数据　公共数据　数据产权　数据市场

■ 复习思考题

1. 数据的经济属性是什么？
2. 数据监管的需求是什么？
3. 数据监管的制度构成是什么？
4. 如何确立数据产权制度？
5. 如何培育数据要素市场？

第三章
网络与数据安全监管

第一节 网络与数据安全概念

一、网络安全

网络安全（network security）指网络系统的硬件、软件及其系统中的数据信息受到安全保护，不因偶然的或恶意的行为而遭受到破坏、更改、泄露，系统能够连续可靠正常地运行，网络服务不中断。

网络安全实际是确保网络通信系统不受任何外部的威胁与侵害，能安全地实现系统运行和数据信息传输。广义的网络安全包括网络系统安全和网络数据安全，即确保网络系统的硬件、软件及其数据信息的安全。网络安全包含两个层次的安全：一是要保证网络的硬件、软件安全运行；二是要保证数据信息交换的安全，重点是保证数据信息的保密性、真实性和完整性。

中国《网络安全法》第五条规定："国家采取措施，监测、防御、处置来源于中华人民共和国境内外的网络安全风险和威胁，保护关键信息基础设施免受攻击、侵入、干扰和破坏，依法惩治网络违法犯罪活动，维护网络空间安全和秩序。"

二、数据安全

数据安全（data security）指保护数据在其整个生命周期中免受未经授权的访问和数据损坏。《数据安全法》第三条指出："数据安全，是指通过采取必要措施，确保数据处于有效保护和合法利用的状态，以及具备保障持续安全状态的能力。"数据安全意味着保护数据免受破坏性力量和未经用户授权的不良行为攻击，其重点是防止外部攻击等对数据保密性、真实性和完整性造成破坏。

在现实当中，数据安全和个人数据保护是两个容易被混淆的概念。数据安全既包括企业组织、公共机构等组织的数据安全，也包括个人数据保护，但其重点关注的是关注国家公共利益的数据安全。个人数据保护则主要是对私人企业或公共机关采集、处理、使用和分享消费者或公民个人数据行为进行规范，重点是确保个人数据隐私，防止企业或政府机构非法采集和使用个人数据，其多属于私人民事侵权问题。

因此，数据安全具有狭义和广义两种概念。狭义的数据安全主要是针对对社会公共利益构成损害的宏观数据的安全问题，通常不包括个人数据隐私保护问题。广义的数据安全包括个人隐私数据安全、商业数据安全、国家数据主权或国家数据安全。广义的数据安全主要是基于国家安全来系统构建的体系，是国家出于维护国家公共安全和保护公民隐私数据权而实行的系统性监管，既包括规范个人与数据使用者之间的数据使用关系，也包括规范数据使用者与政府之间的数据使用关系，协调国家之间的数据流动关系和国家整体数据安全风险防控。《数据安全法》第一条指出："为了规范数据处理活动，保障数据安全，促进数据开发利用，保护个人、组织的合法权益，维护国家主权、安全和发展利益，制定本法。"

第二节　网络与数据安全监管框架

随着数字经济的发展，网络空间成为国家经济社会运行的新空间，是国家主权新的重要组成部分，同时数据资源日益成为世界各国争先抢占的战略要地，数据安全成为数字经济发展和国家安全的重大问题。在日益严峻的国际网络与数据争夺战的背景下，我国迫切需要加快构建网络与数据安全监管体系，全面提升网络与数据安全监管能力，维护国家安全，以便更好地促进数字经济发展和人民福祉。在国家"十四五"规划和2035年远景目标纲要中，数据安全建设融入了各个篇章，对建设数字化中国和打造网络安全强国作出了重要部署。

一、网络与数据安全监管需求

（一）网络与数据安全是维护国家主权的需要

在数字经济时代，网络空间已经成为与陆地、海洋、天空、太空同等重要的人类活动新领域，国家主权自然拓展延伸到网络空间，网络空间主权成为国家主权的重要组成部分。2013年，北大西洋公约组织出台的《塔林手册：适用于网络战的国际法》和2017年2月出台的《塔林手册2.0》，都以主权概念作为基础，明确规定"国家主权原则适用于网络空间"，即一国不得从事侵犯他国主权的网络行动，并基于主权原则衍生出管辖权、尊重他国特定豁免义务、审慎原则等基本原则规则。习近平总书记指出，《联合国宪章》确立的主权平等原则是当代国际关系的基本准则，覆盖国与国交往的各个领域，其原则和精神也应该适用于网络空间。各国自主选择网络发展道路、网络管理模式、互联网公共政策和平等参与国际网络空间治理的权利应当得到尊重。我国《网络安全法》第一条指出："为了保障网络安全，维护网络空间主权和国家安全、社会公共利益，保护公民、法人和其他组织的合法权益，促进经济社会信息化健康发展，制定本法。"

在数字经济时代，数据是关键生产要素，整个国家的产业经济发展和社会运行都是建立在大数据的基础上的。数据的开发应用不仅会极大地促进技术变革和产业升级，而且还是一个国家经济社会发展的重要战略资源。在数字经济背景下，一个国家数据资源的拥有量和掌控能力成为决定数字经济国际竞争力的重要因素，特别是对于中国这样的数据资源大国和数字经济发展强国来说，保护本国的数据资源成为国家战略的重要内容，对维护国家经济安全和保持数字经济的国际竞争优势具有特别重要的意义。为此，2015年国务院印发的《促进大数据发展行动纲要》中明确表示，大数据已类似石油和电力，成为世界上关键的战略性基础资源。2020年12月出台的《关于加快构建全国一体化大数据中心协同创新体系的指导意见》明确提出了数据是国家基础性、战略性资源。因此，数据成为国家主权的新的重要组成部分。数据主权是一国享有对本国数据进行独立自主管理和利用的权力，享有对内和对外双重效力。《数据安全法》第一条指出："为了规范数据处理活动，保障数据安全，促进数据开发利用，保护个人、组织的合法权益，维护国家主权、安全和发展利益，制定本法。"

（二）网络与数据安全关乎国家公共安全和政治安全

在数字经济中，网络和数据信息系统已经成为关键基础设施。网络是数字经济发展、公民生活和社会有效运行的重要基础，网络空间是国家安全和经济社会发展的关键领域。在数字经济时代，网络安全与国家安全同许多其他方面的安全都有着密切关系，涉及广泛的国家公共利益。数据与国家经济运作、社会治理、城市管理、公共服务、军工国防等方面息息相关，数据采集、处理和分析技术的迅速迭代发展，以及大量的网络攻击和违法犯罪行为，都增加了网络信息系统的安全风险，数据泄露或滥用将直接威胁国家经济利益、国家安全、社会稳定和文化价值。

网络与数据日益成为影响国家政治安全的因素。国家网信办在 2016 年 12 月发布的《国家网络空间安全战略》指出："政治稳定是国家发展、人民幸福的基本前提。利用网络干涉他国内政、攻击他国政治制度、煽动社会动乱、颠覆他国政权，以及大规模网络监控、网络窃密等活动严重危害国家政治安全和用户信息安全。"为了维护政治安全，《网络安全法》第十二条指出："任何个人和组织使用网络应当遵守宪法法律，遵守公共秩序，尊重社会公德，不得危害网络安全，不得利用网络从事危害国家安全、荣誉和利益，煽动颠覆国家政权、推翻社会主义制度，煽动分裂国家、破坏国家统一等活动。"

（三）网络与数据安全关乎个人隐私和企业财产安全

个人隐私数据是人格权的重要组成部分，对维护个人尊严和财产安全具有重要的意义。近年来，很多企业非法采集和销售个人数据，一些组织滥用个人隐私数据，以及黑客攻击等导致的大量隐私数据被泄露事件频发，这都要求政府加强对个人隐私数据的安全监管。在数字经济中，数据成为企业重要的竞争战略性资产，数据不仅会给企业带来商业价值，也会显著提升竞争优势。在此情况下：一些企业或组织会采取不正当的手段或方式来恶意盗取其他企业的商业数字资产来谋取利益。一些组织甚至恶意攻击特定企业的商业数据，盗取商业数据或商业机密，从而对企业利益造成严重损害，阻碍了数据驱动的商业创新。因此，迫切需要强化对个人数据和商业数据的保护。面对层出不穷的数据安全事件，我国陆续出台了《网络安全法》《数据安全法》《个人信息保护法》等法律法规来保障个人隐私安全和企业数字资产安全，各级法院也判处了多起恶意采集使用个人数据和盗窃企业商业数据的违法案件。

（四）网络与数据安全事故高发潜藏高安全风险

网络和信息系统已经成为关键基础设施乃至整个经济社会的神经中枢，如果其遭受攻击破坏、发生重大安全事件，将导致能源、交通、通信、金融等基础设施瘫痪，造成灾难性后果，会严重危害国家经济安全和公共利益。例如，计算机病毒等在网络空间的传播蔓延，网络欺诈、黑客攻击、侵犯知识产权、滥用个人信息等不法行为的大量存在，一些组织肆意窃取用户信息、交易数据、位置信息及企业商业秘密，会严重损害国家、企业和个人利益，影响社会和谐稳定。从全球范围看，2020 年一年的全球数据泄露数量超过去 15 年的总和，政务、医疗及生物识别信息等高价值的特殊敏感的数据泄露风险加剧，云端数据安全威胁居高不下，数据交易黑色地下产业链活动猖獗。随着工业互联网的快速发展，大量企业的数据存在云端。虽然技术的发展使"云"本身的安全性在不断加强，但接入云端的第三方应用软件、系统和接口的安全性都可能存在隐患，可能导致企业的系统漏洞和数据泄露事件。网络与数据安全事件的高发及其可能带来的巨大经济社会损失，说明政府迫切需要全面加强网络与数据安全监管。

二、网络与数据安全监管基本理念

（1）坚持总体国家安全观统领。总体国家安全观为网络安全和数据安全的立法和执法工作提供了根本指引。总体国家安全观是习近平总书记于2014年4月15日在中国共产党中央国家安全委员会第一次会议上提出的，它是新时代国家安全工作的总指导思想。中国《数据安全法》第四条明确指出："维护数据安全，应当坚持总体国家安全观，建立健全数据安全治理体系，提高数据安全保障能力。"

（2）坚持维护网络安全与促进创新发展并重。网络与数据安全监管要正确处理发展和安全的关系，坚持以安全保发展，以发展促安全。安全是发展的前提，任何以牺牲安全为代价的发展都是国家和社会所不能承受的。发展是安全的基础，不发展是最大的不安全。没有创新发展，网络安全也就没有保障，已有的安全甚至会丧失。维护网络与数据安全既是为了促进创新发展，同时创新发展也会显著增强网络与数据安全的保障能力。因此，网络与数据安全监管应统筹安全和发展，坚持以网络技术创新和数据开发利用来促进和提升网络与数据安全，以网络与数据安全来保障数据开发利用和产业创新发展。

（3）坚持网络系统安全和网络与数据安全相统一。网络运行安全是重要的技术基础保障，网络信息安全是重点内容。网络安全运行是数据信息安全的基础，只有网络安全才能保证数据信息安全。网络安全是为了促进数据信息更好地传输，从而促进数字经济发展和社会和谐。网络与数据安全应该坚持国家数据安全、商业数据安全、个人数据安全的统一，网络安全监管应实现保障国家安全、企业安全和个人安全的统一，由此才能形成利益相关者多元参与的网络与数据安全监管治理体系。

（4）坚持政府主导与多元治理相协同。网络与数据安全监管要充分保障政府监管的主导作用，制定科学的国家网络数据安全战略规划，完善网络数据安全监管体制。为更好地发挥政府监管的作用，需要坚持依法监管的基本原则，全面推进网络空间法治化，明确网络空间有关主体的行为规则和需要承担的责任与义务，建立执行有力的监管机构体制。与此同时，要构建利益相关者参与的多元治理体制，鼓励利益相关者参与治理。在具体的监管实施中，要协同运用行政、司法、经济、技术、标准、伦理等多种政策手段，以实现最佳的监管。

（5）坚持维护国家主权与推进国际合作相结合。网络和数据是国际合作交流的新纽带，是商品、资本、劳动、知识信息等国际流动的新渠道。重视国家网络与数据主权保护，强化网络与数据安全监管，不是搞自我封闭，而是在保障安全的基础上促进更大范围和更深层次的国际合作交流，推动各国和平利用网络空间，促进数字贸易的发展，造福人类社会。

三、网络与数据安全监管的总体框架

网络与数据安全监管的总体框架由 4 个方面构成，如图 3.1 所示。

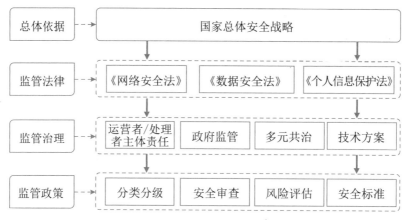

图 3.1　网络与数据安全监管框架

（一）网络与数据安全监管的总依据

网络与数据安全是国家总体安全战略的重要组成部分，网络与数据安全监管应该在国家总体安全战略的指引下进行，国家总体安全战略是网络与数据安全监管的根本指导。

（二）网络与数据安全监管的法律法规

网络与数据安全监管作为一种行政执法体制，必须依法行政，体现法治思想，同时完备的法律法规也有利于构建稳定可预期的政策环境，促进企业和公共机构合规运行网络和采集使用数据。网络与数据安全监管的基本法规主要对网络与数据安全监管的基本目标、基本体制、相关主体责任、监管体制和法律责任等做出基本规定。目前，中国网络数据安全监管的基础性法律法规是保护网络安全的《网络安全法》，保护数据安全的《数据安全法》，保护个人数据安全的《个人信息保护法》，这 3 部法律确立了中国网络与数据安全监管的基本框架。

（三）网络与数据安全监管治理体系

网络与数据安全监管目标的实现需要以科学有效的监管治理体系为保障。网络与数据安全监管治理体系主要是由网络运营者或数据使用者的自我监管、政府监管机构的行政监管、多元主体参与的共同治理以及技术性治理方案形成的多轨的监管治理体系。

（1）高效的政府监管体制。政府监管始终是维护公共利益的最重要政策，高效能的政府监管机构体制始终发挥关键的作用。为了提高政府监管的效能：需要建立职权配置科学、定位合理、能力充足、决策科学、政策精准、执法有力的监管机构；需要建立跨部门协同监管体制，形成国家集中统一监管与行业 / 地区分业分级监管相结合的高效能监管执法体制；需要强化依法行政，建立执法有据、程序公正、公开透明和可问责的法律法规，实现公正执法。

（2）科学配置的运营者或处理者的主体责任体制。网络与数据安全监管应该充分发挥网络运营者和数据使用者自我监管的基础性作用，明确相关企业或机构应该承担的网络与数据安全的主体责任，要求其完善保证网络安全的技术和组织保障，履行必要的安全风险评估和报告义务，建立公开透明的网络安全管理制度，并建立与监管机构的良好的信息共享和合作机制。

（3）多元利益相关者参与的监管治理体制。网络与数据安全的政策供给涉及多个利益相关主体，需要通过多元主体间的协同共治形成一套完善的、覆盖多个维度的网络与数据安全监管治理体系。要明确并合理配置不同利益相关者的责任，明确相关主体在网络空间和数据采集利用方面的行为规则，鼓励利益相关者参与并积极发挥各自独特的作用和履行相应的社会责任，推动政府机关、行业组织、科研机构、企业、个人等共同参与和良好合作，形成全社会共同维护网络与数据安全的良好生态。

（4）强创新能力为基础的技术支撑体系。数字经济监管必须发挥技术创新的独特作用，通过加强网络与数据安全技术创新和技术应用，全面提升网络与数据安全技术保障水平。具体来说，一是鼓励网络与数据安全技术创新及其应用。区块链、可信学习等网络与数据安全技术的开发与应用能极大地提高网络与数据安全的保障能力，在一定程度上能替代政府监管的职能；二是提升政府监管中大数据人工智能技术的应用，通过现代技术手段的应用来提高政府监管的效能。为此，需要大力发展网络与数据安全产业，加大网络与数据安全技术研发投入，提升网络与数据安全创新能力，实现对网络与数据安全技术的自主控制，确保网络与数据安全技术的全球领先，全面提升网络安全技术保障能力。

（四）网络与数据安全监管政策工具

网络与数据安全监管需要灵活有效的监管政策工具，具体来说主要包括分类分级监管制度、安全审查制度、风险评估制度、风险监测与预警、安全认证制度、安全标准、安全治理报告、违法违规处罚制度等。在网络安全监管中，需要综合运用多种政策工具来实现全周期、全方位的监管，通过有效的监管政策实施来形成具有复原能力、防御能力和威慑能力的网络安全体系。

第三节　网络与数据安全监管制度

确立基于国家安全的网络与数据安全监管制度是一个非常具有差别的监管制度设计问题，不同国家需要根据本国的战略目标和网络与数据安全状况来设计相适应的监管制度和政策工具。

一、网络与数据安全监管的国际经验

（一）美国网络与数据安全监管体系

1.网络与数据安全立法

美国网络与数据安全监管立法主要分为联邦层面的立法和各州层面的立法（见

表 3.1）。美国非常重视网络安全的立法，2009 年以来，美国制定并颁布了多部法律，形成了全方位覆盖的完备的网络与数据安全监管法律体系。此外，美国一些州也制定了自己的网络与数据保护法，对网络与数据安全监管主要体现在各州的消费者保护法或隐私保护法中。

表 3.1　美国联邦与各州的网络与数据安全相关法律汇总

	法 律 名 称	监管部门
美国联邦	《计算机欺诈与滥用法》《电子通信隐私法》《计算机安全法》《国家信息基础设施保护法》《计算机安全增强法》《网络空间电子信息安全法》《政府信息安全改革法》《关键基础设施保护法》《网络安全研究与发展法》《联邦信息安全管理法》《电子政务法》《国土安全法》《网络安全法》《国土安全及基础设施保护法》《网络安全增强法》《国家网络安全保护法》《加强美国网络安全法》	国家安全局、国土安全部
纽约州	《网络安全法》	州监管机构
加利福尼亚州	《电子通信隐私法》	
弗吉尼亚州	《消费者数据保护法》	
康涅狄格州	《数据隐私法》	

资料来源：作者根据有关法律政策整理。

2. 网络与数据安全监管机构

美国国家安全局（National Security Agency，NSA）和国土安全部（United States Department of Homeland Security，DHS）负责网络信息安全监管总体战略指导和协调整合联邦政府机构来协同执法，具体包括评估国家安全能力与挑战、分析和识别各种危险与威胁、制定网络安全战略与政策、协调政府部门。美国国家安全局主要负责制定和实施与网络信息安全有关的政策，美国国土安全部负责协调和指导网络安全具体工作的实施。美国国家安全局和国土安全部利用美国的互联网数据中心（Internet Data Center，IDC），通过在全球范围内进行互联网数据监测和分析，积极推进数据整合，不断加强对美国网络数据安全的保护。为了加强关键信息基础设施的网络安全监管，美国还成立专门负责该领域监管的监管机构——网络安全与基础设施安全局（Cybersecurity and Infrastructure Security Agency，CISA）。

3. 网络与数据安全监管手段

美国维护网络安全的手段囊括了技术、情报、外交、行政、执法、经济等。首先，美国强调网络安全技术保障，将网络安全建立在由强大的科技支撑的基础上。为此，美国非常重视网络安全技术研发，由国土安全部和科技部牵头来组织美国网络安全技术研发，加大政府对相关研发的投入支持，构建网络安全技术防御体系。其次，美国注重执法国际合作。美国网络信息安全执法非常注重国际合作。例如，加强与网络安全威胁来源国分享网络威胁的信息，注重与盟国建立网络犯罪共同追查合作机制。

（二）欧盟网络与数据安全监管体系

1. 网络与数据安全立法

在网络安全监管方面，欧盟持续出台网络安全法律政策，以适应网络信息安全形势变化的需要（见表 3.2）。2016 年，欧盟发布了《网络与信息系统安全指令》（以下简称"NIS 指令"）。NIS 指令强调要加强各国网络信息安全能力建设，强化成员国之间的战略合作以形成共同的网络安全政策，并对能源、交通、供水、金融、卫生健康、数字基础设施等关键设施行业运营者提出了相应的安全义务。2017 年发布的《欧盟网络安全战略》指出，欧盟网络安全战略强调复原力、防御力与威慑力"三力一体"的网络安全体系。2019 年，欧盟公布的《网络安全法》重点是建立了网络安全认证制度，并进一步明确了网络安全监管机构欧盟网络安全局（European Union Agency for Cybersecurity，ENISA）的职责权限、机构组成与运行规则。2022 年新修订的《关键实体复原力指令》重新界定了 10 个关键实体行业：能源、交通、银行、金融市场基础设施、卫生健康、饮用水、污水、数字化基础设施、政府公共管理、空间。《关键实体复原力指令》重点规定了关键实体的风险管理，风险管理措施包括风险评估、风险防控的技术和组织措施、应急管理措施等。2022 年 9 月 15 日，欧盟委员会公布了《欧盟网络复原力法》的立法建议，对具有数字化要素产品的生产者、进口商和经销商提出了强制性的网络安全要求，在产品生命周期内履行注意义务。为此，要求这些企业对贯彻产品生命周期网络安全要求进行评价。在数据安全方面，欧盟数据安全监管主要是以保护个人隐私数据安全为重心，数据安全监管的主要法律依据是《通用数据保护条例》，网络与数据安全监管政策主要是围绕《通用数据保护条例》来进行设计，并没有制定专门的《数据安全法》。

表 3.2　欧盟网络安全监管主要法规政策

年　　份	网络安全政策及法律
2001	《欧盟网络刑事犯罪公约》
2006	《确保信息社会安全战略》
2009	修订《电子通信指令》
2011	《保护关键信息基础设施——面向全球网络安全的成就和下一步行动》
2013	《欧盟网络安全战略：开放、安全和可靠的网络空间》
2015	《欧洲安全议程（2015—2020）》
2016	《网络与信息系统安全指令》
2019	《网络安全法》
2022	《关键实体复原力指令》（新修订）、《欧盟网络复原力法（草案）》

资料来源：作者根据欧盟有关法律政策整理。

2. 网络与数据安全监管机构

欧盟的网络与数据监管机构主要由欧盟层面的机构和各成员国层面的机构组成，网络安全和数据安全分别由不同的监管机构负责。欧盟负责网络安全监管的机构是欧盟网络安全局，其主要负责网络和信息安全监管，具体包括推进网络安全立法、负责网络安全认证制度的实施、推动网络安全标准的开发与应用、促进网络安全技术开发、开展网络安全教育、推进国际合作等。欧盟数据保护机构是欧洲数据保护委员会（European Data Protection Board，EDPB），它由欧洲数据保护监管局（European Data Protection Supervisor，EDPS）和欧盟各成员国数据保护机构负责人组成，以确保数据保护规则在整个欧盟的一致应用。欧洲数据保护监管局是欧盟层面的一个独立数据保护机构，负责监督欧洲机构内数据保护规则的应用，并调查投诉。根据《通用数据保护条例》第五十一条，每个成员国应设立数据保护机构（Data Protection Agency，DPA），成员国数据保护机构具有调查权、纠正权及罚款权，负责本国违法案件的执法。

3. 网络与数据安全监管主要手段

对网络安全监管而言，欧盟主要采用网络安全认证制度。2019 年，欧盟公布的《网络安全法》建立了网络安全认证制度，要求信息通信（information and communications technology，ICT）产品、服务和过程需要获得认证。对数据安全监管而言，欧洲数据保护监管局可以采取调查、建议、提供咨询等手段，成员国数据监管机构常用的手段包括警告、训斥、暂时性业务中断或明确的业务限制、行政罚款等，其中行政罚款具有较高的威慑力。

二、中国网络与数据安全监管制度

（一）总体国家安全观统领的网络与数据安全监管

中国现行的网络与数据安全监管主要是以维护网络空间主权、数据主权和国家安全为根本目标，在总体国家安全观的统领下，建立了完备有效的网络与数据安全监管制度，具有鲜明的中国特色。

在 2014 年 4 月 15 日召开的中国共产党中央国家安全委员会第一次会议上，习近平总书记阐述了总体国家安全观。贯彻落实总体国家安全观，必须既重视外部安全，又重视内部安全，对内求发展、求变革、求稳定，建设平安中国，对外求和平、求合作、求共赢，建设和谐世界；既重视国土安全，又重视国民安全，坚持以民为本、以人为本，坚持国家安全一切为了人民、一切依靠人民，真正夯实国家安全的群众基础；既重视传统安全，又重视非传统安全，构建集政治安全、国土安全、军事安全、经济安全、文化安全、社会安全、科技安全、信息安全、生态安全、资源安全、核安全等于一体的国家安全体系；既重视发展问题，又重视安全问题，发展是安全的基础，安全是发展的条件，富国才能强兵，强兵才能卫国；既重视自身安全，又重视共同安全，打造命运共同体，推动各方朝着互利互惠、共同安全的目标相向而行。

2022 年 10 月 16 日，习近平总书记在中国共产党第二十次全国代表大会上的报告中进一步指出："国家安全是民族复兴的根基，社会稳定是国家强盛的前提。必须坚定不移贯彻总体国家安全观，把维护国家安全贯穿党和国家工作各方面全过程，确保国家安全和社会稳定。要健全国家安全体系。坚持党中央对国家安全工作的集中统一领导，完善高效权威的国家安全领导体制。强化国家安全工作协调机制，完善国家安全法治体系、战略体系、政策体系、风险监测预警体系、国家应急管理体系，完善重点领域安全保障体系和重要专项协调指挥体系，强化经济、重大基础设施、金融、网络、数据、生物、资源、核、太空、海洋等安全保障体系建设。完善国家安全力量布局，构建全域联动、立体高效的国家安全防护体系。"

（二）网络与数据安全监管立法与监管重点

1. 网络与数据安全监管法规

目前，中国网络与数据安全立法形成了以《国家安全法》为根本，以《网络安全法》《数据安全法》《个人信息保护法》为基础性法律，以相关行政法规和部门规章为补充的中国特色网络与数据安全法律体系框架（见表3.3）。为保障《网络安全法》《数据安全法》《个人信息保护法》的落实，2021年4月，国务院发布的《关键信息基础设施安全保护条例》涵盖了总则、关键信息基础设施认定、运营者责任义务、保障和促进、法律责任等诸多方面，旨在保障关键信息基础设施安全，维护网络安全。2022年7月，国家网信办公布了《数据出境安全评估办法》，对数据出境监管做出了具体的规定。

表3.3　中国网络与数据安全主要法律政策

类型	发布机关	法律名称
法律	全国人民代表大会常务委员会	《国家安全法》《网络安全法》《数据安全法》《个人信息保护法》
行政法规	国务院	《关键信息基础设施安全保护条例》
部门规章	国家互联网信息办公室	《网络安全审查办法》《汽车数据安全管理若干规定（试行）》《数据出境安全评估办法》
	中国银行保险监督管理委员会	《关于银行业保险业数字化转型的指导意见》《银行业金融机构数据治理指引》
	公安部	《贯彻落实网络安全等级保护制度和关键信息基础设施安全保护制度的指导意见》

资料来源：作者根据有关法律政策整理。

2. 网络与数据安全监管重点：关键信息基础设施

《网络安全法》《数据安全法》等多部法律法规中明文规定，重点保护重要行业或领域、关键信息基础设施和关系国家安全的核心数据（见表3.4）。2016年11月颁布的《网络安全法》第三十一条指出："国家对公共通信和信息服务、能源、交通、水利、金融、公共服务、电子政务等重要行业和领域，以及其他一旦遭到破坏、丧失功能或者数据泄露，可能严重危害国家安全、国计民生、公共利益的关键信息基础设施，在网络安全等级保护制度的基础上，实行重点保护。"2020年6月，中国共产党中央网络安全和信息化委员会发布的《关于关键信息基础设施安全保护工作有关事项的通知》规定，中国网络安全的重点行业是电信、广播电视、能源、金融、公路水路运输、铁路、民航、邮政、水利、应急管理、卫生健康、社会保障、国防科技工业等行业。2021年7月，国务院发布的《关键信息基础设施安全保护条例》指出："本条例所称关键信息基础设施，是指公共通信和信息服务、能源、交通、水利、金融、公共服务、电子政务、国防科技工业等重要行业和领域，以及其他一旦遭到破坏、丧失功能或者数据泄露，可能严重危害国家安全、国计民生、公共利益的重要网络设施、信息系统等。"2020 年，12 部门联合发布的《网络安全审查办法》第二条规定："关键信息基础设施运营者采购网络产品和服务，网络平台运营者开展数据处理活动，影响或者可能影响国家安全的，应当按照本办法进行网络安全审查。"2021 年 6 月，全国人大通过的《数据安全法》的第二十一条界定了国家核心数据，即关系国家安全、国民经济命脉、重要民生、重大公共利益等的数据。

表 3.4　中国网络与数据安全监管主要法律法规的重要条款

法律名称	法律条款	具体规定
《网络安全法》	第三十一条	国家对重要行业和领域，以及可能严重危害国家安全、国计民生、公共利益的关键信息基础设施，在网络安全等级保护制度的基础上，实行重点保护
	第三十五条	关键信息基础设施的运营者采购网络产品和服务，可能影响国家安全的，应当通过国家网信部门会同国务院有关部门组织的国家安全审查
《数据安全法》	第二十一条	关系国家安全、国民经济命脉、重要民生、重大公共利益等数据属于国家核心数据，实行更加严格管理制度
	第二十四条	国家建立数据安全审查制度，对影响或者可能影响国家安全的数据处理活动进行国家安全审查
《科学数据管理办法》	第二十六条	主管部门和法人单位应建立健全涉及国家秘密的科学数据管理与使用制度
《关键信息基础设施安全保护条例》	第五条	国家对关键信息基础设施实行重点保护，采取措施，保护关键信息基础设施免受攻击、侵入、干扰和破坏
《网络安全审查办法》	第二条	关键信息基础设施运营者采购网络产品和服务，影响或可能影响国家安全的，应当进行网络安全审查

资料来源：作者根据有关文件整理。

（三）网络与数据安全监管机构体制

1. 国家网信办负责的多部门分工协作监管机构体制

强化集中统一的监管机构执法体制。《数据安全法》第五条和第六条确立了中国特色数据安全监管机构体制，即中央统一领导，国家网信办负责统筹协调，各地区和各部门分头负责执行的监管机构体制。《数据安全法》第五条指出："中央国家安全领导机构负责国家数据安全工作的决策和议事协调，研究制定、指导实施国家数据安全战略和有关重大方针政策，统筹协调国家数据安全的重大事项和重要工作，建立国家数据安全工作协调机制。"第六条指出："各地区、各部门对本地区、本部门工作中收集和产生的数据及数据安全负责。"其中，工业、电信、交通、金融、自然资源、卫生健康、教育、科技等主管部门承担本行业、本领域数据安全监管职责；公安机关、国家安全机关等依照本法和有关法律、行政法规的规定，在各自职责范围内承担数据安全监管职责；国家网信部门依照本法和有关法律、行政法规的规定，负责统筹协调网络数据安全和相关监管工作。

网络安全监管是典型的多部门协同执法体制。《网络安全等级保护条例》确立了各部门统筹协作、分工负责的监管机制，所涉及的监管部门包括中央网络安全和信息化领导机构（统一领导）、国家网信部门（统筹协调）、国务院公安部门（主管等级保护工作）、国家保密行政管理部门（主管涉密网络分级保护工作）、国家密码管理部门（负责网络安全等级保护工作中有关密码管理工作）、国务院其他相关部门，以及县级以上地方人民政府有关部门、行业主管部门等。2022 年 1 月修订后的《网络安全审查办法》第四条指出："在中央网络安全和信息化委员会领导下，国家互联网信息办公室会同中华人民共和国国家发展和改革委员会、中华人民共和国工业和信息化部、中华人民共和国公安部、中华人民共和国国家安全部、中华人民共和国财政部、中华人民共和国商务部、中国人民银行、国家市场监督管理总局、国家广播电视总局、中国证券监督管理委员会、国家保密局、国家密码管理局建立国家网络安全审查工作机制。网络安全审查办公室设在国家互联网信息办公室，负责制定网络安全审查相关制度规范，组织网络安全审查。"

2. 强化网络运营者和数据处理者的安全保护主体责任

网络运营者和数据处理者主要是私人组织和政府公共机构，国家有关法律都对上述主体提出了相应的主体责任要求。《网络安全法》重点对网络运营者提出了要建立个人信息保护制度和关键信息基础设施运营者的风险评估制度。《网络安全法》规定："网络运营者应当对其收集的用户信息严格保密，并建立健全用户信息保护制度。网络运营者收集、使用个人信息应当遵循合法、正当、必要的原则，公开收集、使用规则，明示收集、使用信息的目的、方式和范围，并经被收集者同意。网络运营者不得泄露、篡改、毁损其收集的个人信息；网络运营者未经被收集者同意，不得向他人提供个人信息等。"《网络安全法》第三十八条规定："关键信息基础设施的运营者应当自行或者委托网络安全服务机构对其网络的安全性和可能存在的风险每年至少进行一次检测评估，并将检测评估情况和改进措施报送相关负责关键信息基础设施安全保护工作的部门。"《数据安全法》则对数据处理者的主体责任做出了具体的规定，数据处理者主体责任包括建立健全全流程数据安全管理制度，加强风险监测和进行风险评估，以合法正当的方式采集数据，数据交易中介服务机构要保留有关记录等。

（四）网络与数据安全监管政策措施

中国对网络与数据安全监管的重点是采用了等级保护制度，网络安全认证、检测和风险评估，网络安全监测预警和信息通报制度，数据安全审查制度，实施安全标准体系，促进网络安全技术创新、网络安全教育以及网络与数据安全法律责任等政策措施。

1. 网络与数据安全的等级保护制度

《网络安全法》提出国家实行网络安全等级保护制度，并据此对网络运营者保障网络安全提出了相应的要求。《数据安全法》第二十一条规定："国家建立数据分类分级保护制度，数据分类分级主要根据数据在经济社会发展中的重要程度，以及风险发生造成的危害程度来进行。"2019 年 5 月，国家市场监管总局、中国国家标准化管理委员会颁布了《信息安全技术网络安全等级保护基本要求》等国家标准，共同确立了网络安全等级保护 2.0（以下简称"等保 2.0"）制度。第一，明确分级标准。按照重要性和受破坏后的危害性将网络分为五级，要求网络运营者按照安全等级保护制度的要求履行安全保护义务，政府监管重点是三级以上的网络经营者（见表3.5）。第二，根据风险等级，法规还对网络经营者提出了具体的安全保障措施要求。

表 3.5 等级保护制度中的网络信息安全等级划分

信息系统等级	信息系统重要性	监管管理等级	安全保护能力级别
第一级	一般信息系统	自主保护级	一级安全保护能力
第二级	一般信息系统	指导保护级	二级安全保护能力
第三级	重要信息系统	监督保护级	三级安全保护能力
第四级	重要信息系统	强制保护级	四级安全保护能力
第五级	极端重要信息系统	专控保护级	—

资料来源：作者根据有关文件整理。

2. 网络与数据安全审查制度

2020 年，12 部门联合发布的《网络安全审查办法》建立了网络安全审查制度，要求关键信息基础设施运营者和掌握超大量用户个人数据的网络平台运营者在海外上市时，必须进行网络安全审查。《网络安全审查办法》第十条规定："网络安全审查重点评估相关对象或者情形的以下国家安全风险因素：（一）产品和服务使用后带来的关键信息基础设施被非法控制、遭受干扰或者破坏的风险；（二）产品和服务供应中断对关键信息基础设施业务连续性的危害；（三）产品和服务的安全性、开放性、透明性、来源的多样性，供应渠道的可靠性以及因为政治、外交、贸易等因素导致供应中断的风险；（四）产品和服务提供者遵守中国法律、行政法规、部门规章情况；（五）核心数据、重要数据或者大量个人信息被窃取、泄露、毁损以及非法利用、非法出境的风险；（六）上市存在关键信息基础设施、核心数据、重要数据或者大量个人信息被外国政府影响、控制、恶意利用的风险，以及网络信息安全风险；（七）其他可能危害关键信息基础设施安全、网络安全和数据安全的因素。"2020 年，全国人大通过的《数据安全法》第二十四条规定："国家建立数据安全审查制度，对影响或者可能影响国家安全的数据处理活动进行国家安全审查。"但对于如何进行数据安全审查的详细规定则有待相关法规做出进一步的明确。

3. 网络与数据安全风险监测预警与应急管理体系

网络与数据安全监管建立了风险监测预警体系和应急管理体系，以防范和化解网络与数据安全风险及其危害。《网络安全法》第五十一条至第五十五条规定：国家建立网络安全监测预警和信息通报制度，加强网络安全信息收集、分析和通报，按照规定统一发布网络安全监测预警信息。网络安全监管机构建立健全网络安全风险评估和应急工作机制，制定网络安全事件应急预案，并定期组织演练。在重大网络安全事件发生时，应当立即启动网络安全事件应急预案，采取有效措施来消除安全隐患。《数据安全法》第二十二条至第二十五条确立了数据安全风险监测预警机制、应急处置机制和出口管制制度。数据安全风险监测预警机制，国家数据安全监管机构负责加强数据安全风险信息的获取、分析、研判、预警工作；国家建立数据安全应急处置机制，当发生数据安全重大事件时，依法启动应急预案并采取相应的应急处置措施，防止风险危害扩大并消除安全隐患；对关乎国家安全与重大利益的数据出境依法实行出口管制。

4. 网络与数据安全监管的法律责任

《网络安全法》《数据安全法》《个人信息保护法》都对违法违规行为采取了比较严格的处罚措施（见表 3.6）。《网络安全法》《数据安全法》《个人信息保护法》等规定，监管机构可以采取约谈、责令改正、警告、通报批评、罚款、责令暂停相关业务、停业整顿、关闭网站、下架、吊销相关业务许可证、处理责任人等处置处罚措施，构成犯罪的，应当依法追究刑事责任。

表 3.6　中国网络与数据安全相关法律规定的处罚措施

法　　律	处罚方式	罚款额度
《网络安全法》	责令改正、警告、罚款、拘留、断网、职业禁入等	（1）对于违法单位可处以最高处违法所得 10 倍的罚款；（2）对直接负责的主管人员和其他直接责任人员可处以最高 10 万元罚款
《数据安全法》	约谈、整改、罚款、吊销营业执照等	（1）对于违法单位可处以最高 1000 万元罚款；（2）对直接负责的主管人员和其他直接责任人员可处以最高 100 万元罚款
《个人信息保护法》	责令改正、给予警告、罚款、吊销营业执照等	（1）没收违法所得，并处以最高 5000 万元或上一年度营业额 5% 的罚款；（2）对直接负责的主管和其他直接责任人处以 10 万 ~100 万元罚款

资料来源：作者根据有关文件整理。

第四节　数据本地化与跨境流动

一、数据本地化政策

（一）数据本地化政策的定义

伴随着信息技术的发展和国际贸易的往来，更大规模和更复杂的数据跨境流动越来越频繁。出于对数据隐私保护、对国家主权完整性及国家安全等公共政策目标考虑，各国不同程度地对跨境数据流动加以政策或法律法规的限制，实施数据本地化政策。数据本地化政策指一个国家政府要求在本国市场经营的企业将数据保存在其本国境内。例如，如果一个企业或组织在中国采集数据，其应将数据存储在中国境内，而不是传输到另一个国家进行处理。

根据数据本地化政策的严格程度，其可以被划分为 4 种类型：一是完全禁止本国数据出境，国内企业和跨国公司在本国境内产生的数据必须存储在国内，不得出境；二是禁止本国特定数据出境，国家立法明确特定类型的本国数据必须存储在国内，不得出境；三是有条件的本国数据出境，本国数据出境必须满足相应的数据安全要求，或者政府之间、企业之间签署了符合法律要求的数据流动协议；四是本国数据在境内备份情况下出境，国家要求本国数据必须在境内备份，而不对数据跨境流动施加各种限制。

（二）主要国家和地区数据本地化政策

1. 美国数据本地化政策

美国目前通过国际治理机构以及双边和多边贸易协定制定来推行数据本地化政策，并于 2020 年 7 月生效并取代了北美自由贸易协定的"美国—墨西哥—加拿大协定"，禁止数据本地化并正式确定各成员国之间的数据自由流动。相对于欧盟审慎的数据本地化监管态度，美国总体上对数据本地化持反对态度，支持数据自由流动。但这不代表美国对数据跨境流动完全不加以限制，相反，美国对一部分重要数据采取了跨境流动管制措施。此外，美国于 1996 年颁布的《健康保险便利和责任法案》对电子健康记录（electronic health record，EHR）的访问、传输、存储制定了严格的限制条件。依据《出口管理条例》（*Export Administration Regulations*，EAR）美国对军用、非军用技术数据和关键领域数据实行跨境实施许可管理，未经许可不得将受管控的物项出口至其他国家。此外，美国的外资安全审查制度要求在美国境内开展电信服务的国外网络运营商需要将通信数据、交易数据、用户信息等存储在美国境内。

2. 欧盟数据本地化政策

欧盟对数据安全的立法保护，较早的有 1995 年颁布的《数据保护指令》，第二十五条提出了"充分保护"标准，即规定只有当第三国能够为个人数据提供充分保护时，才能向第三国转移个人数据。2016 年颁布的《通用数据保护条例》规定，个人数据可以在欧洲经济区国家及被认为在数据保护方面足够安全的选定国家之间自由流动。若要将数据传输到任何其他国家，必须有具有约束力的合同协议和数据主体的同意，或者数据传输对于执行数据主体的合同是必要的。此外，在欧盟成员国中的德国，在 2004 年颁布的《电子通信法》（*Telekommunikationsgesetz*，TKG）对原始数据的本地存储进行了规定，要求境内企业将交通数据存储在欧洲甚至本国境内的数据中心。意大利、匈牙利等国家也限制重要数据出境，禁止将政府数据存储于国外的云服务提供商。

3. 中国数据本地化政策

目前，中国已经初步构建了数据本地化法律体系，形成了以《网络安全法》《数据安全法》《个人信息保护法》为基础，以行业法规为补充的政策体系。《网络安全法》第三十七条规定："关键信息基础设施的运营者在中华人民共和国境内运营中收集和产生的个人信息和重要数据应当在境内存储。"这意味着关键信息基础设施的运营者是数据跨境监管的责任主体，需在本地存储的数据类型为关键信息基础设施的运营者收集和产生的个人信息和重要数据。《数据安全法》第三十一条明确了关键信息基础设施的运营者收集和产生的重要数据仍适用《网络安全法》的规定。《个人信息保护法》第四十条规定："关键信息基础设施运营者和处理个人信息达到国家网信部门规定数量的个人信息处理者，应当将在中华人民共和国境内收集和产生的个人信息存储在境内。"另外，《征信业管理条例》《人口健康信息管理办法（试行）》《网络预约出租汽车经营服务管理暂行办法》《汽车数据安全管理若干规定（试行）》等行业法规也都有规定，重要数据应当依法在境内存储（表 3.7）。

表 3.7 中国数据本地化相关法规的主要监管条款

名　　称	条　　款	具体规定
《网络安全法》	第三十七条	关键信息基础设施的运营者收集和产生的个人信息和重要数据应当在境内存储。因业务需要，确需向境外提供的，应当进行安全评估
《数据安全法》	第三十一条	关键信息基础设施的运营者收集和产生的重要数据的出境安全管理，适用《网络安全法》的规定；其他数据处理者在中国境内运营中收集和产生的重要数据出境适用数据安全管理办法
《个人信息保护法》	第四十条	关键信息基础设施运营者和处理个人信息达到国家网信部门规定数量的个人信息处理者，应当将在中国境内收集和产生的个人信息存储在境内。确需向境外提供的，应通过国家网信部门组织的安全评估
《征信业管理条例》	第二十四条	征信机构在中国境内采集的信息的整理、保存和加工，应当在中国境内进行
《人口健康信息管理办法（试行）》	第十条	不得将人口健康信息在境外的服务器中存储，不得托管、租赁在境外的服务器
《网络预约出租汽车经营服务管理暂行办法》	第二十七条	网约车平台公司应当遵守国家网络和信息安全有关规定，所采集的个人信息和生成的业务数据，应当在中国内地存储和使用，保存期限不少于两年
《数据出境安全评估办法》	第四条	数据处理者向境外提供数据，有规定情形之一的，应当通过所在地省级网信部门向国家网信部门申报数据出境安全评估
《汽车数据安全管理若干规定（试行）》	第十一条	重要数据应当依法在境内存储，因业务需要确需向境外提供的，应当通过国家网信部门会同国务院有关部门组织的安全评估
《个人信息出境安全评估办法（征求意见稿）》	第二条	经安全评估认定个人信息出境可能影响国家安全、损害公共利益，或者难以有效保障个人信息安全的，不得出境

资料来源：作者根据有关文件整理。

中国对关键信息基础设施运营中搜集和产生的个人信息和重要数据，提出数据本地化的要求主要是出于国家安全需要。中国总体上支持数据跨境流动，具体体现为：首先，法律规定需要本地存储的数据类型仅涉及关键基础设施运营者搜集和产生的重要数据和个人信息；其次，对数据本地化监管原则上规定境内存储，如需跨境传输须通过安全评估，这意味着只要通过法定的安全评估，数据仍然可以传输至境外。

（三）数据本地化政策的代价

限制数据流动的数据本地化政策对一个国家的经济增长具有显著的负面影响，会大幅减少其贸易总量，降低生产率和经济增长率，会提高越来越依赖数据的下游产业的最终产品价格，从而损害消费者利益。目前有多个机构或学者对数据本地化政策经济代价进行了测算。

马蒂亚斯·鲍尔（Matthias Bauer）等对样本国家测算结果显示，数据本地化保护政策对所有样本国家的 GDP 都产生了重大负面影响：巴西 GDP 下降了 0.2%，中国 GDP 下降了 1.1%，欧盟 GDP 下降了 0.4%，印度 GDP 下降了 0.1%，印度尼西亚 GDP 下降了 0.5%，韩国 GDP 下降了 0.4%，越南 GDP 下降了 1.7%（见图 3.2）。数据本地化政策对国内总投资的影响也是巨大的：数据本地化政策使中国国内总投资下降了 1.8%，欧盟下降了 3.9%；数据本地化政策使中国总出口贸易额下降了 1.7%，欧盟出口贸易额下降了 0.4%。总体来说，数据本地化政策给中国造成的福利损失约为 638 亿美元，这一数据在欧盟甚至高达 1930 亿美元。

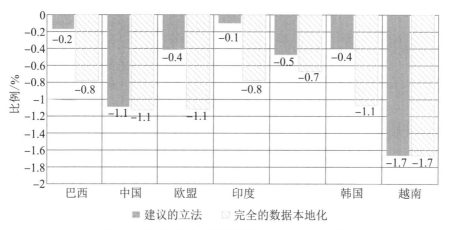

图 3.2　数据本地化对样本国家 GDP 的负面影响

国际治理创新中心和查塔姆研究所将数据本地化政策实施后的全要素生产率纳入可计算一般均衡模型（computable general equilibrium model），展示了数据监管对宏观经济的影响。在其他条件相同的情况下，可计算一般均衡模型模拟结果表明，在中长期内，数据本地化政策对样本国家实际 GDP 造成的损失为：欧盟 GDP 下降了 0.48%，巴西 GDP 下降了 0.10%，中国 GDP 下降了 0.55%，印度 GDP 下降了 0.25%，印度尼西亚 GDP 下降了 0.23%，韩国 GDP 下降了 0.58%，越南 GDP 下降了 0.24%。

信息技术与创新基金会（Information Technology and Innovation Foundation，ITIF）运用基于经济合作与发展组织（Organization for Economic Cooperation and Development，OECD，以下简称"经合组织"）市场监管数据的经济计量模型发现，一个国家的数据限制指数（data restrictiveness index，DRI）每增加 1%，5 年内其贸易总产值将下降 7%，下游产业的商品和服务价格将上升 1.5%，其经济生产率将下降 2.9%（见表 3.8）。报告发现，中国、印度尼西亚、俄罗斯和南非这些国家日益增加的数据限制正导致其经济经历价格上涨、贸易下降和生产率下降。

表 3.8　数据限制指数变化对样本国家的经济带来的损失

国　　家	2018 年数据限制指数	2018 年数据限制指数	总产出增长率（2013—2018 年）	生产率增长率（2013—2018 年）	价格水平增长率（2013—2018 年）
中国	3.88	4.13	−1.7%	−0.7%	0.4%
印度尼西亚	2.03	3.14	−7.8%	−3.2%	1.6%
俄罗斯	1.38	2.08	−4.9%	−2.0%	1.0%
南非	2.17	3.47	−9.1%	−3.7%	1.9%

注：数据限制指数排名指在 2013 年和 2018 年均参与经合组织数据库的 46 个国家中的排名。因此，该排名缺少印度、阿根廷等国家。

总体来说，对跨境数据流动采取极端立场是徒劳无益的。因为不论是严格的本地化，抑或是完全自由的数据流动，都不可能满足国家实现各种目标的需求。因此，需要重新思考数据跨境流动的监管问题。随着数据和跨境数据的流动在世界经济中变得越发重要，构建数据跨境流动的全球治理框架也就变得更加迫切。

二、数据跨境流动监管政策的国际经验

（一）美国

美国对重要数据实行严格的跨境流动限制。《2018 年出口管制改革法案》规定，民用和军民两用科技数据出境应当符合一定条件。对于国防数据、联邦税务数据等，美国则通过立法要求这些重要数据仅在美国领土内存储。美国政府还通过制定"受控非密"信息清单，界定了"重要数据"的范围，其中包括农业、受控技术信息、关键基础设施、应急管理、出口控制、金融、地理产品信息等 17 个门类。

美国在数据跨境监管中实施"长臂管辖"，要求在境外开展业务的美资企业和在美经营的企业要向美国政府开放数据。2018 年，美国出台了《澄清境外数据的合法使用法案》并修订了《外国情报监视法》，确立"谁拥有数据谁就拥有数据控制权"原则，打破传统的"服务器"标准，实施"数据控制者"标准，确保政府可跨境调取数据。2019 年，《在外国投资风险审查现代化法》中，美国进一步扩大了"涵盖交易"范围，不仅涉及"关键技术""关键基础设施"，还涉及"关键或敏感数据"，并明确将保存或收集美国公民敏感个人数据的外资背景公司纳入审查范围。

美国利用多边和双边协议来积极推进数据跨境流动。2004 年，美国主导促成签订亚太地区第一份关于跨境数据流动规则的指导性文件——《APEC 隐私框架》，文件要求各成员国消除跨境数据流动障碍。2013 年，美国主导通过《APEC 隐私框架》下的《跨境隐私规则体系》，要求签约国保障个人数据跨境自由流动。2016 年，美欧签订的《隐私盾协议》对美国和欧盟间跨境数据流动做出了规范，在一定程度上打通了美欧跨境数据流动的通道。[①]

（二）欧盟

2016 年，欧洲议会和欧盟理事会通过的《通用数据保护条例》详尽地对个人数据跨境流动问题进行了规定，力求在促进跨境数据流动和个人数据保护之间进行平衡。根据《通用数据保护条例》，数据跨境流动分为 3 种情况。

（1）基于获得充分性协议的数据跨境流动。根据《通用数据保护条例》第四十五条规定，如果第三国或其他组织获得了欧盟委员会的充分性决议，能够确保充分的保护程度，则意味着已经对该国的整个法律体系进行了充分的评估，数据可以跨境转移至这些国家或组织。欧盟委员会在评估保护程度是否充分时应考虑以下 3 个因素：第三国的数据保护相

---

① 2020 年，欧盟法院判定《隐私盾协议》无效。欧盟法院认为，美国纵容公权力访问转移到美国的欧盟公民个人数据，不符合欧盟相关法律的要求，美国政府实施的监控项目也不符合"严格必要"的原则，并且司法救济渠道不畅。

关的法律体系是否完备；第三国境内是否存在有效运作的独立监管机构；第三国是否做出与个人数据有关的国际承诺，承担相关义务。

（2）基于标准合同文本或约束性公司规则的数据跨境流动。如果没有获得充分性决议，但可以通过标准合同文本或约束性公司规则等建立一些保障"充分性"的小岛，即采取了适当的保护性措施，则数据就可以进行跨境传输。这些适当保护措施包括：制定约束性公司规则；采用标准数据保护条款；根据经批准的行为准则以及数据控制者、处理者所做的承诺提供的适当保护；根据经批准的认证机制以及数据控制者、处理者所做的承诺提供的适当保护。

（3）满足特殊情形的数据跨境流动。欧盟《通用数据保护条例》规定了在没有"充分性决议"和"适当保护措施"的法定例外，只要满足了这些法定特殊情形，则可以向第三国或国际组织进行数据跨境转移。

（三）中国数据跨境流动监管政策

中国数据跨境流动监管主要以《网络安全法》《数据安全法》《个人信息保护法》3部法律为基础，并以《网络安全审查办法》《数据出境安全评估办法》等细则为辅助。2022年1月修订后的《网络安全审查办法》第七条规定："掌握超过100万用户个人信息的网络平台运营者赴国外上市，必须向网络安全审查办公室申报网络安全审查。"2022年7月7日，国家网信办颁布的《数据出境安全评估办法》明确提出数据出境安全评估制度。目前，数据出境安全评估制度是中国数据跨境流动监管的主要政策手段。

（1）数据出境安全评估适用的情形。《数据出境安全评估办法》规定了应当申报数据出境安全评估的4种情形：一是数据处理者向境外提供重要数据；二是关键信息基础设施运营者和处理100万人以上个人信息的数据处理者向境外提供个人信息；三是自上年1月1日起累计向境外提供10万人个人信息或1万人敏感个人信息的数据处理者向境外提供个人信息；四是国家网信部门规定的其他需要申报数据出境安全评估的情形。

（2）数据出境安全评估的具体要求。《数据出境安全评估办法》规定了数据处理者在申报数据出境安全评估前，应当开展数据出境风险自评估并明确了重点评估事项；数据处理者在与境外接收方订立的法律文件中，明确约定数据安全保护责任义务，在数据出境安全评估有效期内发生影响数据出境安全的情形应当重新申报评估；此外，还明确了数据出境安全评估程序、监督管理制度、法律责任及合规整改要求等。

（3）数据出境安全评估主要评估内容。数据出境安全评估的重点是评估数据出境活动可能给国家安全、公共利益、个人或组织合法权益带来的风险，主要包括以下事项：一是数据出境的目的、范围、方式等的合法性、正当性、必要性。二是境外接收方所在国家或地区的数据安全保护政策法规和网络安全环境对出境数据安全的影响；境外接收方的数据保护水平是否达到中国法律、行政法规的规定和强制性国家标准的要求。三是出境数据的规模、范围、种类、敏感程度，出境中和出境后遭到篡改、破坏、泄露、丢失、转移或被非法获取、非法利用等风险。四是数据安全和个人信息权益是否能够得到充分有效保障。五是数据处理者与境外接收方拟订立的法律文件中是否充分约定了数据安全保护责任义务。六是遵守中国法律、行政法规、部门规章情况。七是国家网信部门认为需要评估的其他事项。

三、促进数据跨境流动的政策路径

数据本地化政策在全球迅速蔓延，从全球来看，越来越多的国家已经采取了数据本地化政策，一些国家则正在考虑采用本地化政策。世界各国如果都实行严格的数据本地化政策则会限制数字贸易的发展，形成"数字壁垒"，不利于国际交流合作和国际数字贸易的发展。同时，由于各国的利益诉求不同，数据治理规则的冲突有可能成为国家间冲突的新热点问题。因此，需要各国共同努力推进数据跨境流动，遏制数据本地化的浪潮，建设一个开放、有序、创新的全球数字经济体系。

（一）中国的政策路径

在各国都实行数据跨境流动限制，并且美欧实施长臂管辖的背景下，中国要完善和加强数据跨境流动管理，重点加强对关键数据信息跨境流动的监管，以维护国家数据主权，在保证数据安全的前提下积极推动数据跨境流动。具体来说，有以下内容。

（1）实施基于风险的数据跨境流动分类分级监管。拓展个人信息和重要数据之外的监管框架，完善相应的跨境流动管理措施，根据数据的风险安全属性进行梯度性管理，对不同性质的数据采取分类监管。

（2）建立数据跨境流动的白名单机制，根据数据保护状况及对等措施，将部分国家和地区纳入为可自由流动的国家与地区。同时，建立白名单的灵活调整机制，定期评估与临时评估相结合，保证数据流入国始终保持高标准的数据保护水平。而且，要积极参与数据跨境流动全球治理体系构建，推进跨境数据流动国际合作机制的建立，保障中国国家利益和数字经济全球化发展。

（3）利用"一带一路"和自贸区政策来推动数据跨境流动。探索推动与"一带一路"主要国家和地区开展数据跨境流动合作与规则互认，建设"数字丝绸之路"数据跨境自由流动圈，逐步构建高水平的数据跨境流动体系。同时探索基于自由贸易试验区的数据跨境流动机制，根据地区发展优势和建设所需，利用其区位和产业优势，与其他国家开展"点对点"的数据跨境传输合作试点，并通过建立直达境外国家和地区的安全、便捷、高性能的信息专用通道，便利于国内外企业顺利开展国际贸易。

（二）国际的政策路径

从国际视野来看，各国应该建立促进数据跨境流动和数字贸易发展的全球治理体系，基本的路径如下。

（1）应在联合国、世界贸易组织等国际组织及地区组织的倡导下，通过多种国际协调机制来推动制定各国可接受的数据跨境流动准则和规范。

（2）各国政府应通过多方利益相关者论坛和政府间论坛（如经合组织）等，鼓励全球的、市场主导的、自愿的和协商一致的行动，开发和使用数据及数字技术标准。各国政府应为个人数据的跨境流动提供多种机制，这些机制应适用于各种规模的企业。各国政府应鼓励企业在全球范围内提高数据监管方式的透明度，如定期披露政府所要求的数据信息。

（3）政府应确保云服务提供商通过国家和国际标准、行业特定法规（如医疗保健和金融）、国家认证（如美国 FedRAMP、德国 C5、澳大利亚 IRAP）和全球认证（如 ISO27001 和 ISO27018）等审查，保护基于云服务的政府数据和公共服务系统。

（4）数字自由贸易国家应该提倡更高的数字监管透明度和更好的数字监管实践，并将其作为贸易协定的一部分。例如，允许各缔约国要求公开监管政策的影响评估信息——以期确保数据监管政策恰当、合理和有效。

讨论案例：滴滴公司的数据安全审查

在网络安全审查方面，2021 年，中国有 4 家已赴美上市的互联网平台企业被实施网络安全审查。2021 年 7 月 2 日，网络安全审查办公室发布公告称，对"滴滴出行"实施网络安全审查，审查期间暂停"滴滴出行"新用户注册。7 月 4 日，国家网信办发布通报，"滴滴出行"App 在各应用商店下架。7 月 5 日，网络安全审查办公室对"运满满""货车帮""BOSS 直聘"实施网络安全审查，审查期间"运满满""货车帮""BOSS 直聘"停止新用户注册。7 月 16 日，国家网信办会同公安部、国家安全部等部门联合进驻滴滴出行科技有限公司，开展网络安全审查。

国家网信办进行了调查询问、技术取证，责令滴滴公司提交了相关证据材料，对本案证据材料深入核查分析，并充分听取滴滴公司的意见，保障滴滴公司的合法权利。经查明，滴滴公司共存在 16 项违法事实，归纳起来主要是 8 个方面：一是违法收集用户手机相册中的截图信息 1196.39 万条；二是过度收集用户剪切板信息、应用列表信息 83.23 亿条；三是过度收集乘客人脸识别信息 1.07 亿条、年龄段信息 5350.92 万条、职业信息 1633.56 万条、亲情关系信息 138.29 万条、"家"和"公司"打车地址信息 1.53 亿条；四是过度收集乘客评价代驾服务时、App 后台运行时、手机连接桔视记录仪设备时的精准位置（经纬度）信息 1.67 亿条；五是过度收集司机学历信息 14.29 万条，以明文形式存储司机身份证号信息 5780.26 万条；六是在未明确告知乘客的情况下分析乘客出行意图信息 539.76 亿条、常驻城市信息 15.38 亿条、异地商务/异地旅游信息 3.04 亿条；七是在乘客使用顺风车服务时频繁索取无关的"电话权限"；八是未准确、清晰说明用户设备信息等 19 项个人信息处理目的。此前，网络安全审查还发现，滴滴公司存在严重影响国家安全的数据处理活动，以及拒不履行监管部门的明确要求，阳奉阴违、恶意逃避监管等其他违法违规问题。

滴滴公司因违法违规运营给国家关键信息基础设施安全和数据安全带来了严重的风险隐患。滴滴公司违反《网络安全法》《数据安全法》《个人信息保护法》的违法违规行为事实清楚、证据确凿、情节严重、性质恶劣，应当从严从重予以处罚。2022 年 7 月 21 日，国家网信办依法对滴滴全球股份有限公司处人民币 80.26 亿元罚款，对滴滴全球股份有限公司董事长兼首席执行官（chief executive officer，CEO）

程维、总裁柳青各处人民币 100 万元罚款。国家网信办对滴滴出行审查和处罚的目的非常明确，那就是"防范国家数据安全风险，维护国家安全，保障公共利益"。

讨论问题：

1. 滴滴公司的海外上市为何会威胁中国的国家安全和公共利益？

2. 中国数据商务企业如何避免违反国家网络与数据安全的风险？

■本章总结

网络与数据安全的监管需求体现为：网络与数据安全是维护国家主权的需要，网络与数据安全关乎国家公共安全和政治安全，网络与数据安全关乎个人隐私和商业企业财产安全，网络与数据安全事故高发潜藏高安全风险。

网络与数据安全监管应该坚持如下的基本原则：总体国家安全观统领，维护网络与数据安全与促进创新发展并重，网络系统安全和网络数据信息内容安全相统一，政府主导的依法监管与多轨治理方式协同，维护国家主权与推进国际合作相结合。网络与数据安全监管框架构成包括：网络数据安全监管总依据，网络与数据安全监管的法律法规，网络与数据安全监管治理体系，网络与数据安全监管政策工具。

数据本地化政策指一个国家政府要求在本国市场经营的企业将数据保存在其本国境内。数据本地化政策在维护国家数据安全的同时也会具有较高的经济代价，因此需要确保维护国家安全与促进数据跨境流动之间的平衡。

■关键词

网络安全　数据安全　数据主权　总体国家安全观　数据本地化政策

■复习思考题

1. 为什么网络与数据成为国家主权与安全新的重要组成部分？

2. 网络与数据安全监管的总体框架是什么？

3. 中国网络与数据安全监管的制度特色与制度优势是什么？

4. 数据本地化政策如何平衡数据安全与数据跨境流动？

第四章
数据开放共享监管

第一节　数据开放共享监管需求

一、数据开放共享的含义

数据开放共享指数据控制者基于技术标准、商业需要和法律规定向其他数据使用者提供数据接入和彼此共享数据的行为。数据开放共享实际包含两个方面：一是数据开放，其主要指数据控制者向数据使用者提供数据接入，以使接入者能够使用数据控制者的数据或使其互补性系统或服务能够在数据控制者的平台运行或实现其功能；二是数据共享，其主要指不同数据控制者之间彼此开放数据接入并实现数据再用或整合再用。

从主体间关系来说，数据开放共享具有 4 个层次：一是政府数据向商业企业开放接入；二是私人企业之间数据共享；三是商业企业数据向政府开放接入；四是政府内不同部门之间的数据共享（government to government，G2G）。

从数据开放共享方式来说，数据的开放共享主要通过数据接入和数据流动来实现，具体的方式包括：市场化的私人数据接入协议、通过数据市场的私人数据交易、公共数据的社会开放、个人授权的数据接入、个人数据携带权、强制性数据接入救济政策、国家间的数据跨境流动协议等。从各国实践来说，公共数据开放共享主要是通过政府的行政手段来加以推进，非公共数据开放共享则主要是通过市场化方式来实现。

二、数据开放共享的需求

（一）数据开放共享会提高数据开发利用的效率

首先，数据具有通用性，即同一数据可以被多人使用。如果在不能共享的情况下，则每个数据使用者都要支出较高的成本来采集、清洗、存储和挖掘数据，从而产生严重的重复投入，带来数据开发利用的低效率。但数据开放共享则会消除重复投入，提高数据采集利用的效率。其次，数据再用具有显著的零边际成本特征，同一数据被多人使用并不会增加成本，却会带来巨大的再用收益，因此，数据开放共享会提高数据的价值。最后，数据具有非竞争性属性，同一数据被多人使用不会降低已有使用者的价值。因此，数据开放共享会带来数据使用的规模收益递增。

（二）数据开放共享会提高数据开发利用的价值

数据的价值在很大程度上取决于数据的数量和维度。数据开放共享会将多个主体占有的数据整合在一起，从而提高使用者的数据数量，进而显著提高数据的价值。在不同数据占有者的数据具有互补性的情况下，不同维度的数据整合在一起可以提供更有价值的信息，从而提高数据价值。数据开放共享为众多主体提供了丰富的大数据资源，从而促进数据驱动的创新，促进经济高质量增长。经合组织的报告分析显示，在经合组织国家，公共数据的开放再用产生的收益平均将占这些国家 GDP 的 1.5%，公共数据和私人商业数据合在一起共享再用产生的收益将占这些国家 GDP 的 1%~5%。[①]

（三）数据开放共享会促进市场竞争

数据开放共享是促进数字市场竞争和打破数据垄断的重要政策。由于数据开发利用的规模经济、范围经济和网络效应，大数据成为大型数字平台维护市场支配地位的重要资源基础，也是进入者在进入市场并参与竞争时所面临的主要障碍。数据开放共享会消除数据壁垒，使进入者快速获得用户基础和实现网络效应，从而与在位企业展开有效竞争。一个竞争的市场会促进企业提高经济效率和创新。

（四）数据开放共享会提高消费者福利和社会福利

数据开放共享会使商务企业更精准地对单个消费者进行画像，从而为单个消费者提供更具个性化的服务，提高消费者的消费体验。政府部门间的数据共享、政府与商业企业间的数据共享会极大地提高政府行政效率和公共服务能力，能更好地为公众服务，并显著提高政府的社会治理能力和治理水平，创造更安全、稳定、和谐的社会。

第二节　公共数据开放共享

一、公共数据开放共享

公共数据指政府机构或公共财政支持的机构或组织采集、加工、存储、使用的各种数据。公共数据不仅包括各级政府部门及公用事业运营单位在依法履职或提供公共服务过程中产生的数据，同时也包括政府公共财政支持的研发、学术、社会组织等机构在相关活动中产生的数据，如大学、公共研究机构、公共文化机构等拥有的数据。

政府数据也称为政务数据或政务信息。2016 年，国务院发布的《政务信息资源共享管理暂行办法》对政务信息资源的概念界定为：政务信息资源指政务部门在履行职责过程中制作或获取的，以一定形式记录、保存的文件、资料、图表和数据等各类信息资源，包括政务部门直接或通过第三方依法采集的、依法授权管理的和因履行职责需要依托政务信息系统形成的信息资源等，典型的如经济统计数据、交通、能源、环境、资源、公安司法、人口统计、健康医疗、劳动与社会保障、教育文化等部门拥有的大量数据。

目前，世界各国都在积极推动政务数据开放，开放政务数据已经成为各国政府的一项运动，是各国建设数字政府的重要举措，也是促进数字经济发展的重要政策。经合组织指出，开放政府数据既是一种理念也是一套政策，通过向所有人提供政府数据来促进政府公共行政的透明度和问责性，从而更好地实现以公民为中心的公共服务，并通过政府数据的商业应用来促进企业创新并创造价值。

欧盟于 2019 年生效的《开放数据指令》针对政府数据开放界定了"开放数据"的概念，即开放数据通常被理解为以开放格式存在的数据，任何人都可以出于任何目的的自由使

---

① OECD. *Enhancing Access to and Sharing of Data: Reconciling Risks and Benefits for Data Re-use across Societies*, OECD Publishing, Paris, 2019.

用、重复再用和与他人共享该数据。开放数据政策要求对数据接入再用和流转共享设定最少的法律、技术或财务限制，鼓励广泛的公共数据可获得性和出于商业、私人或公共目的的再用，从而促进商业创新和社会进步。为此，经合组织认为开放政府数据主要体现为政务数据的开放程度、有用程度和再用程度。为此，经合组织构建了包含数据可获得性、数据接入性和政府促进数据再用 3 个方面的评价指标体系，来对一个国家的政府数据开放进行经验评价[①]。

根据国际经验和中国的公共数据开放实践，公共数据开放共享重点集中在以下 3 个方面：一是打破横向部门之间、纵向中央与地方之间的信息孤岛，消除信息共享的制度和技术障碍，实现政府部门之间的信息共享；二是在保证数据隐私安全和有效数据治理的基础上促进政府部门的公共数据向社会开放，包括向商业企业、各类社会组织等的开放；三是政府财政资金资助的公共部门（大学、研究机构等）的数据向企业或社会开放。由于政务数据是公共数据的主体，政务数据是最有价值的、有待深入开发利用的数据资源，因此公共数据开放共享主要是政务数据开放共享，相关政策也被称为开放政府数据政策。

从中国的现实来说，政府数据开放共享包括两个层次。

（1）政府机构内部不同部门之间的数据开放共享。政府间的数据开放共享指政府内不同部门和不同层级间的数据开放共享。它包括横向政府各部门间的数据开放共享，也包括纵向各层级政府间的数据开放共享。政府间的数据开放共享是提升公共行政效率、优化政府公共服务职能、提高公共治理能力的重要举措。

（2）政府向社会的数据开放共享。政府拥有的公共数据向商业企业和社会组织的开放共享是政府数据对外的开放共享。政府数据向社会的开放共享是实现政务数据资源的深度开发利用，促进数据驱动的创新，释放政务数据经济价值，实现经济高质量增长的重要举措。

从数据经济属性来说，公共数据本身属于公共产品，公共数据是使用公共资金所形成的，其被采集利用的目的是实现公共利益，政务数据汇总所形成的数据集更多地反映宏观的公共信息，因此公益性成为公共数据的基本特征。据此，只要不涉及自然人隐私、不涉及保密要求或公开不会影响公共安全，公共数据都应该向社会免费开放。

二、公共数据开放共享的价值

公共数据开放共享对促进经济高质量增长和创新具有重要的作用，同时对促进公共健康和公共安全，提高公共治理效率和治理能力都具有重要的作用。

（一）公共数据开放共享能极大地释放数据的经济价值

公共数据开放共享是推动数字经济高质量发展的重要驱动力。首先，公共数据是国家最为重要的数据资源，并且公共数据具有显著的公益性，公共数据免费向社会开放会向各类企业和经济组织提供海量的大数据资源，从而使中国的大数据资源优势转化为大数据产

[①]　OECD, *OECD Open, useful and re-usable data (OURdata) index: 2019.* https://www.oecd.org/digital/digital-government/open-government-data.htm.

业优势，进而增强数字经济发展的驱动力。其次，公共数据的采集、存储花费了大量的公共财政支出，由于数据的非竞争性特征，公共数据向商业企业开放可以实现数据要素的重复再用，最大化释放数据的经济价值。最后，公共数据向商业企业开放会促进创新。公共数据的开放共享对促进社会创新和知识共享具有重要的作用，会促进商业企业更多地进行数据驱动的创新，实现经济的创新发展。

（二）公共数据共享会显著提高政府效能和社会治理能力

数据是数字政府建设的核心要素，构建多源汇聚、关联融合、高效共享和有序开发利用的数据资源体系是实现数字化赋能治理现代化目标的基础。

公共数据共享会显著提高政府机构的行政效能。具体来说：第一，政务数据共享能够避免数据的重复采集。政府部门间的业务存在一定程度的交叉，因此，各部门的政务数据也存在一定程度的重复采集和低度开发利用的低效率问题。实现政务数据共享后，同一数据就无须重复采集，能够共享互通，降低了行政运行成本，提高了行政机构的运行效率。第二，政务数据共享能够简化审批流程，促进流程再造。目前，审批材料繁多、审批程序冗长、审批时间过长的现象较为突出。实现政务数据共享后，各部门间可以通过数据共享来优化行政业务流程和简化行政业务环节。这一方面为公众提供了更便捷的服务，另一方面也提升了行政效率。第三，政务数据共享能够帮助政府部门完善和创新服务。实现数据共享后，各部门能够接触到来源更丰富、形式更多样的数据，有利于其结合实际业务需求，完善现有的服务，进而为公众提供更多创新服务。第四，政务数据共享能够实现政府部门间的业务协同。实现数据共享后，部门间能够以数据为纽带来加强合作，整合业务流程，实现业务的协同，提升政府的整体协调性。

公共数据共享会提高公共治理能力。具体来说：第一，数据共享能提高政府决策的科学性。随着社会和经济的发展，政府决策面临的环境愈加复杂，需要考虑的因素也越趋繁多，以往仅依靠决策者的知识和经验来进行决策的方式已经不能满足需求。实现政务数据共享后，决策者能够综合社会方方面面的信息，挖掘其中存在的关键问题，并能够利用数据分析实现事前预测，对社会的重大问题进行及时的监测和引导，从而提高决策的科学性和针对性。第二，数据共享能提升公共服务能力。政务数据涵盖社会民生的方方面面，政务数据实现共享后，政府能够为公众提供更丰富、更便捷的民生服务。第三，提升安全治理能力需要政务数据共享。数据共享能提高政府在国家安全、社会稳定、打击犯罪、治安联动等方面出现的各类风险的预测、预警、预防能力，能优化完善应急指挥通信网络，全面提升应急监督管理、指挥救援、物资保障、社会动员的能力。

三、公共数据开放的国际经验与中国实践

目前，公共数据开放是各国发挥数据要素增长潜能和实施数字经济战略的政策重点。美国、欧盟、中国等国家或地区都出台了相关的法规。

（一）美国

美国于 1966 年通过的《信息自由法》是规定美国联邦政府各机构公开政府信息的基

础性法律，其规定的政府信息公开的基本原则是"以公开为原则、不公开为例外"，并据此确定了"任何人享有平等的公开请求权"，即民众有获得行政信息方面的权利，政府行政机关有向民众提供行政信息的义务。《信息自由法》的主要条款明确指出，所有"机构"都要保证"任何人"都可利用所有"文档"，公众有权向联邦政府机关索取任何材料，政府机关有义务对公众的请求做出决定。如果政府拒绝公众的某项申请，则必须说明理由，公众对政府的任何决定都可以提起复议和司法审查，即寻求司法救济来维护自己的权益。《信息自由法》要求联邦行政机关以及独立的管理机构在《联邦登记》上公布各种信息，并向公众提供不属于该法特别规定的免予公布范围的文件和记录。

美国政府于 2009 年出台的《开放政府指令》（*Open Government Directive*）目的是鼓励联邦部门向社会公开更多符合《信息自由法》的数据，并使公众更容易获取公开的政府数据信息。《开放政府指令》明确政府数据开放应坚持透明、参与和合作的 3 项原则。透明原则指通过提高政府公共行政透明度以增强政府行政行为的可问责性；参与原则指政府应鼓励社会公众参与并提供思想与专业知识以促进政府制定更好的政策；合作原则指鼓励联邦政府部门之间、各层级政府之间、政府部门和私人组织之间的合作以提升政府效能。据此，《开放政府指令》要求政府机构应在网站公布开放数据的有关信息，提高政府数据的信息质量，构建制度化的开放政府文化，建立促进开放政府的制度框架。

2018 年 12 月 22 日，美国国会两院通过了《开放、公开、电子化及必要政府数据法》（*The Open, Public, Electronic, and Necessary Government Data Act*）（以下简称《数据法》），该法案对美国政府数据开放做出了新的规定，主要体现在 3 个方面：一是强化政府数据管理。《数据法》增加了政府数据管理的新的考虑因素，特别是数据安全风险问题；并提出政府机构应建立和维护一个战略信息资源管理计划，以促进政府数据向社会开放。二是强化数据资产管理。《数据法》对政府数据采用了数据资产的定义，丰富了数据存储的内容，提出建立联邦数据目录并公开的要求，从而促进政府数据的可获得性。三是设立首席数据官。《数据法》要求在各联邦机构新设首席数据官，负责政府数据管理。

（二）欧盟

欧盟于 2003 年颁布的《开放数据指令》对公共数据的开放再用提出了基本的要求。为了更好地适应数字经济发展的现实，2019 年，欧盟颁布了修订后的《开放数据指令》，对政府公共数据开放提出了进一步明确的要求，具体来说：第一，明确公共数据开放再用的范围。《开放数据指令》规定，公共数据开放再用适用于所有政府机构和财政支持的公共机构所占有的数据，但不包括公共机构履行公共职责外的数据，第三方拥有知识产权的数据，涉及国家安全、商业秘密和个人隐私的数据。第二，确保公共数据的可获得性规定。《开放数据指令》明确了处理数据接入再用申请的流程，提出了确保公共数据可获得性要求，如采用标准化数据格式、贯彻"通过设计和预装"来保证可获得性原则，不得对数据接入提出不合理、不成比例、歧视性和缺乏公共利益目标理由的限制等。第三，明确公共数据接入收费规则。《开放数据指令》规定，公共数据在开放总体上应该实行免费，图书馆、博物馆等机构可以实行基于边际成本定价的收费。收费标准应该公开公示，遵循合理、透明和可证实原则。

为促进公共数据开放共享，欧盟于 2018 年提出了"欧盟公共数据空间"设想并被纳入"欧洲数字战略"，其主要内容是整合成员国政府数据、产业数据和科学数据来组成一个无缝衔接的公共数据空间，以促进基于数据的创新和公共治理。[①]

2022 年 5 月，欧洲议会通过的《数据治理法》主要是试图建立强有力的制度以促进公共数据的开放再用体制，建立监管框架以增进数据共享中介的信任，建立自愿注册框架以促进欧洲范围内的数据利他主义。其中对公共数据开放再用的重点提出如下的规定：第一，公共数据开放监管的重点是禁止排他性接入协议，明确公示哪些数据可以开放再用，且数据接入协议应该是非歧视性的。第二，开放再用的公共数据应该不侵犯个人隐私，公共机构可以对数据接入方提出相应的数据安全要求。第三，公共数据开放收费应非歧视、比例相称、客观合理和不扭曲市场竞争，收费水准应该是以提供接入服务成本为依据。

（三）中国的立法

2007 年 4 月，国务院颁布的《政府信息公开条例》对政府的信息公开范围和程序做了初步的规定。2015 年，国务院办公厅印发了《2015 年政府信息公开工作要点》，提出要积极稳妥地推进政府数据公开。2015 年 8 月，国务院常务会议通过的《关于促进大数据发展的行动纲要》将加快政府数据开放共享作为重要任务，明确大力推动政府部门数据共享和稳步推动公共数据资源开放这两个重点。2016 年 1 月，国家发展和改革委员会印发了《关于组织实施促进大数据发展重大工程的通知》，重点支持大数据共享开放，提出建立完善公共数据开放制度和建立统一的公共数据共享开放平台体系，探索构建国家数据中心体系，从而优化公共资源配置和提升公共服务水平。

2016 年，国务院发布的《政务信息资源共享管理暂行办法》对政府部门之间的政务信息资源共享做出了具体的规定，其主要内容如下。

（1）明确政务信息资源共享应遵循的原则为：以共享为原则，不共享为例外；需求导向，无偿使用；统一标准，统筹建设；建立机制，保障安全。

（2）建立政务信息资源目录管理制度。

（3）政务信息资源按共享类型分为无条件共享、有条件共享、不予共享等 3 种类型。

（4）组织推动国家共享平台及全国共享平台体系建设。

（5）促进大数据发展部际联席会议（以下简称"联席会议"）负责组织、指导、协调和监督政务信息资源共享工作。

2019 年 4 月，国务院公布修订后的《政府信息公开条例》是对政府数据信息公开的最新全面规定。《政府信息公开条例》的第一条明确指出，制定条例的目的是保障公民、法人和其他组织依法获取政府信息，提高政府工作的透明度，建设法治政府，充分发挥政府信息对人民群众生产、生活和经济社会活动的服务作用。

（1）明确政府信息公开的范围。《政府信息公开条例》第五条明确规定："行政机关公

[①] European Commission. *Towards a Common European Data Space, Communication to the European Parliament and Council*, 2018.

开政府信息，应当坚持以公开为常态、不公开为例外，遵循公正、公平、合法、便民的原则。"不予公开的信息主要是：依法确定为国家秘密的政府信息，法律、行政法规禁止公开的政府信息，以及公开后可能危及国家安全、公共安全、经济安全、社会稳定的政府信息；涉及商业秘密、个人隐私等公开会对第三方合法权益造成损害的政府信息[①]；行政机关的内部事务信息，包括人事管理、后勤管理、内部工作流程等方面的信息，可以不予公开；行政机关在履行行政管理职能过程中形成的讨论记录、过程稿、磋商信函、请示报告等过程性信息及行政执法案卷信息，可以不予公开，但法律、法规、规章规定上述信息应当公开的，从其规定。

（2）明确政府信息公开的主体。行政机关制作的政府信息，由制作该政府信息的行政机关负责公开；行政机关从公民、法人和其他组织获取的政府信息，由保存该政府信息的行政机关负责公开；行政机关获取的其他行政机关的政府信息，由制作或最初获取该政府信息的行政机关负责公开。法律、法规对政府信息公开的权限另有规定的，从其规定。

（3）细化不同政府信息公开方式的实施。《政府信息公开条例》规定行政机关公开政府信息应采取主动公开和依法申请公开这两种方式。对涉及公众利益调整、需要公众广泛知晓或需要公众参与决策的政府信息，行政机关应当主动公开。除了行政机关主动公开的政府信息，公民、法人或其他组织可以向各级政府部门申请获取政府相关信息。

（四）中国政府数据开放共享的主要障碍

（1）不愿数据开放共享。在政府部门，各个部门都将本部门拥有的政务数据看作是一种部门资产，一些部门甚至把自己占有的数据看作是一种独特的"信息权力"。但是数据共享整合后，各个部门都可以无差别地使用政务数据池中的数据，部门基于数据信息垄断的特权会消失，拥有数据的部门主体地位会相对弱化，由此，一些部门不愿意实现数据开放共享。

（2）不能数据开放共享。政务数据开放共享主要面临着标准障碍和体制机制障碍。①缺乏数据标准。长期以来，政务数据缺乏统一的数据采集标准、数据接口标准、数据存储标准、数据共享标准等，各部门的业务数据编码方式不统一，数据标准的缺乏导致不同部门间的数据难以进行有效整合和共享利用。②体制机制障碍。政务数据开放共享的制度不完善，政务数据权属关系不明，部门间管理边界和职责权限不清晰，限制了数据开放共享。③平台支撑能力不足。数据开放共享需要以坚实的开放共享平台为基础，但平台软硬件建设还不能充分满足快捷、方便、实时的大数据开放共享需要。

（3）不敢数据开放共享。政府部门不敢实施数据开放共享的原因主要有内外两个。从内部来看，数据开放共享会提高政府部门行政行为的透明度，导致部门存在的低绩效、行政不作为等问题暴露出来，因此，部门不敢共享数据信息。从外部来看，数据开放共享涉及大量的数据安全问题，由于目前国家对政务数据安全没有分类细化，单个部门无法确定一些数据的开放共享是否会带来安全风险，为规避数据安全责任，很多部门以安全为由不去实施数据开放共享。

---

① 第三方同意公开或行政机关认为不公开会对公共利益造成重大影响的，予以公开。

四、中国公共数据开放共享政策体系

（一）公共数据开放共享的基本导向

推进中国公共数据开放共享，需要尽快完善公共数据开放共享的立法和构建统一的政府数据开放共享平台，实行公共数据开放负面清单管理，除不能公开的数据外，其他数据都应向社会公开。

（1）以完善法律为先导。首先，公共数据开放共享应通过立法将促进政府数据开放和建设数字政府的国家战略转化为具体的政治行动，充分贯彻政治决断力。其次，通过立法明确政府公共数据开放共享的基本原则、开放范围、开放程序和使用规则等基本制度，明确哪些数据不能开放、哪些数据必须开放，消除公共数据开放共享的法律和行政障碍，并确保公共数据开放共享的"竞争中立"。

（2）以数据可获得性和再用为目标。数据开放共享的根本目标是促进公共数据资源的开发利用，最大化市场数据要素促进数字经济创新发展、促进政府行政效能提高的作用。为促进公共数据共享再用，需要采用有效措施来消除阻碍政务数据可获得性的各种技术和制度上的障碍，将促进可获得性嵌入数字政府系统设计当中，完善政务数据共享再用的治理制度和促进政府数据可获得性的服务体系。

（3）以体制创新为动力。公共数据的开放共享是数字政府建设的重要组成部分，其不仅仅是不同层级政府之间和同一层级不同政府部门之间的数据开放共享，还是政府机构组织职能配置和机构运行体制的重构。在此过程中，会涉及不同地区和不同部门的利益，并引发地区和部门之间的利益冲突。为此，需要重构政府公共机构的组织运行体制，建立能够平衡不同机构间权责关系的新机制，通过体制机制创新来实现激励相容和协同并进的数据开放共享新格局。

（4）以平台建设为支撑。为促进公共数据开放共享，国家应加快建设公共数据统一开放平台。重点建设国家数据资源公共平台，整合各个部门和各个地方政府的公共数据，构建全国性"公共数据空间"，实现多源异构数据的汇集和整合，促进全国公共数据的开放和共享，并为企业的数据接入提供集中的单一接入点。

（5）以数据安全为保障。相对于商业数据，公共数据涉及更为复杂的数据安全关系。公共数据的采集和使用既涉及个人数据和商业数据，又涉及纯公共数据（如公安、交通、气象环境等）。因此，公共数据同时涉及个人数据隐私、商业数据安全和国家公共安全。公共数据安全事件的发生会带来更大的经济社会风险，需要重点强化公共数据开放共享的安全监管体系，在确保数据安全的基础上，促进公共数据的共享再用。

（二）公共数据开放共享的基本原则

（1）全面开放原则。公共数据开放共享应遵循"以开放为常态，不开放为例外"的原则。国家需要通过立法明确不开放的数据，建立政务数据开放的目录式和清单化管理体系，只要国家没有规定不应开放的数据，各级政府部门都要依法开放，不得扩大不开放数据的范围。

（2）整体协同原则。政务数据开放共享首先需要实现政府内部不同部门和不同层级间的开放共享，这需要各个部门和各级政府摒弃部门或地区利益，树立整体政府理念，建立数据开放共享协同机制，共同实现政务数据开放共享体系和数字政府建设目标。

（3）平等对待准则。政务数据开放共享应确保各类社会主体有平等获取与利用政务数据的权利，不能仅对特定商业企业或社会组织开放数据，不能对不同类型的商业企业或社会组织实施差别化的接入条款或差别化的数据共享质量。因此，政府数据向社会开放应遵循非歧视性原则，确保竞争中立。为此，政府需要增强政务数据开放规则的透明度，将数据开放的非歧视性纳入部门考核和公平竞争审查制度中，以增强可问责性。

（4）数据安全原则。政府拥有的公共数据不仅涉及国家资源、能源、交通、经济、社会等宏观的总体数据，也涉及大量的公民个人数据。因此，公共数据不仅影响国家总体安全，也影响个人隐私数据安全。政务数据开放共享会增加数据安全风险，需要通过强化数据安全技术保障和监管制度来确保数据安全，重点落实数据分类分级监管体制，重点加强对关键设施和关键数据的监管，强化各个部门的数据安全主体责任。

（三）公共数据开放共享的政策重点

1. 完善公共数据开放共享法律法规

推动形成与全面建设数字政府相适应的法律法规体系，依法依规推进技术应用、流程优化和制度创新，加强数据治理，依法依规促进数据高效共享和有序开发利用，充分释放数据要素价值。根据政务数据开放共享的现实需要，及早制定出台《公共数据公开法》，对公共数据开放共享做出更高层级的法律规定，以进一步规范公共数据开放共享行为，促进公共数据的开放共享。制定政务数据开放黑名单，对不能公开的公共数据做出明确的规定，明确因涉及国家安全或公共安全而不能公开的数据名单目录，对于名单目录外的数据，政府机构应当向社会公开。

2. 创新政务数据开放共享治理体制

强化政府部门数据管理职责，明确相关部门数据的归集、共享、开放、应用、安全、存储、销毁等责任，鼓励各部门采用负责任的数据治理，形成推动公共数据开放共享的治理体制。推进政务数据标准化工作，建立全国统一的数据格式标准、数据库建设标准、数据开放共享协议标准和数据开放共享处理流程标准。建立有效的政府数据资产管理制度，明确政府数据目录，并向社会公示。建立健全政务数据质量管理机制，完善数据质量标准和数据治理标准规范，制定数据分类分级标准以及相应的管理职责要求。基于整体政府理念，强化政务数据开放共享的统一领导，完善政务数据开放共享的协同机制。

3. 建设政务数据开放共享平台

充分利用现有政务信息平台，整合构建结构合理、智能集约的政务数据开放共享平台，增强政务数据开放共享的平台支撑。依托全国一体化的政务大数据体系，统筹整合现有政务云资源，构建全国一体化政务云平台体系，实现政务云资源统筹建设、互联互通、集约共享。充分发挥全国一体化政务服务平台的数据共享枢纽作用，持续提升国家数据共享交换平台支撑保障能力，实现政府信息系统与党委、人大、政协、法院、检察院等信息系统互联互通和数据按需共享。有序推进国务院部门垂直管理业务系统与地方数据平台、业务系统数据双向共享。以应用场景为牵引，建立健全政务数据供需对接机制，推动数据精准高效共享，大力提升数据共享的实效性。

4. 促进数据有序开发利用

数据开放共享的目的是促进数据被更好地开发利用。政府应该编制公共数据开放目录及相关责任清单，构建统一规范、互联互通、安全可控的国家公共数据开放平台，分类分级开放公共数据，有序推动公共数据资源开发利用，提升各行业各领域运用公共数据推动经济社会发展的能力。打破政府数据开发利用的部门和地区障碍，推进社会数据"统采共用"，实现数据跨地区、跨部门、跨层级共享共用，提升数据资源使用效益。政府应推进公共数据、社会数据融合应用，促进数据流通利用，鼓励商业企业利用公共数据进行商业创新，鼓励研究机构利用公共数据进行技术创新和产品创新。

5. 提升数据安全保障能力

公共数据具有更为显著的公共安全影响，所以政府需要重点提升公共数据安全保障能力。要完善公共数据安全主体责任，强化各级政府部门的安全保障主体责任，明确数据开放共享和确保数据安全的权责关系，建立全生命周期的机构内部安全管理制度，并增强其透明度和问责性。要加强数据安全技术创新与应用，强化数据安全技术保障，充分利用现代安全技术来防范和治理各种安全风险。

（四）公共数据开放共享的安全监管体系

1. 全面提升公共数据安全监管保障

全面强化数字政府安全管理责任，落实安全管理制度，加快关键核心技术攻关，加强关键信息基础设施安全保障，强化安全防护技术应用，切实筑牢数字政府建设安全防线。

（1）强化安全管理责任。各地区、各部门按照职责分工，统筹做好数字政府建设安全和保密工作，落实主体责任和监督责任，构建全方位、多层级、一体化的安全防护体系，形成跨地区、跨部门、跨层级的协同联动机制。建立数字政府安全评估、责任落实和重大事件处置机制，加强对参与政府信息化建设、运营企业的规范管理，确保政务系统和数据安全管理边界清晰、职责明确、责任落实。

（2）落实安全管理制度。政务数据安全监管的重点是健全数据分类分级保护、风险评估、检测认证等制度，形成政务数据全生命周期的安全管理和坚实的安全技术保障。加大对涉及国家秘密、商业秘密、个人隐私信息等数据的保护力度，加强关键信息基础设施安全保护，依法加强关键数据出境安全管理。加强网络安全等级保护，建立健全网络安全、保密监测预警和密码应用安全性评估的机制，定期开展网络安全、保密和密码应用检查，确保网络安全。

（3）提升安全技术保障。建立健全动态监控、主动防御、协同响应的数字政府安全技术保障体系。充分运用主动监测、智能感知、威胁预测等安全技术，强化日常监测、通报预警、应急处置，拓展网络安全态势感知监测范围，增强大规模网络安全事件、网络泄密事件预警和发现能力。

2. 建立政务数据全生命周期监管

（1）事前监管。在事前阶段，数据安全监管重在强化制度和技术防范。数据安全监管的最好方法是从源头即数据来进行控制，在数据接入平台还未开始共享时排除可能的风险，降低后续监管的难度。首先，实行网络数据系统安全审核制度。网络数据安全需要以可靠的网络数据技术系统安全为基础，对政府公共数据系统的投入使用实行安全达标审核。其次，进行数据安全性评估。对接入共享平台的目标数据进行安全风险评估，利用政务数据的分类分级体系对数据在共享过程中可能出现的风险进行识别，评估目标数据可能出现的风险及风险的等级。最后，明确数据占有机构和使用机构的主体责任。对政务数据占有机构和使用机构的数据安全责任加以明确，对其履行数据安全责任应该具备的内部治理制度做出要求。

（2）事中监管。在事中阶段，数据安全监管的主要任务是保障数据开放共享过程中各类安全风险可以被及时发现和有效处理。首先，强化风险监测。技术性监测主要包括：针对病毒植入、黑客攻击、间谍窃取等外部恶意攻击的监测；对可能引起外部恶意攻击的系统漏洞的监测；对持续时间长、频率高的数据下载、上传等操作的监测。其次，强化安全监管审计。对整个数据信息系统的主要代码进行定期检查，及时发现、修补程序中的错误；定期收集数据使用部门的阶段性数据使用报告；定期检查共享平台的管理人员、技术人员等对平台的操作和运营情况，做好合理记录，发现问题并及时整改；定期向监管机构提交数据安全报告。最后，强化突发事件的风险应对。要建立突发风险事件的应急管理制度，建立多方协同的应急管理机制。

（3）事后监管。在事后阶段，数据安全监管的主要任务是强化问责和风险防控整改机制。首先，强化问责机制。政府公共数据的占有者和使用者在数据采集、存储、传输、使用、销毁过程中履行的安全保障责任情况应该成为政府部门绩效考评的重要内容，对存在明显失职并造成严重损失的部门及其责任人要追究相应的责任。其次，建立等级处罚制度。对于操作不当、恶意破坏、谋取私利等违法违规行为，要结合政务数据安全风险的分级分类体系，来判定失职行为导致的危害程度，做出相应的惩罚。最后，建立民事救济制度。违法违规行为导致的数据安全风险，给公民、企业或其他社会组织等造成损害的，公民、企业或社会组织可通过民事调解、民事诉讼等合法方式提出赔偿，维护自身的权益。

第三节　商业数据开放共享

商业数据开放共享主要指商业企业之间的数据开放接入。从主体来看，商业数据的开放共享包括企业与竞争性企业之间的开放共享、企业与互补性合作企业之间的开放共享；从实现方式来看，商业数据开放共享包括基于数据要素市场价格机制、基于企业之间的强制协议、基于消费者授权、基于消费者个人数据可携带权、政府强制数据开放接入等多种路径。

一、商业数据开放共享的障碍

（一）支配企业缺乏开放共享的激励（不愿开放共享）

在数字市场中，数据是企业获取和保持竞争优势的战略资产，大数据在很大程度上决定了一个企业的竞争优势。在此背景下，支配企业与竞争企业的数据开放共享会使竞争企业获得大数据并迅速缩小与支配企业之间的竞争差距，更为激烈的市场竞争会使支配企业的利润迅速流失。为了保持竞争优势以及由此带来的高利润，支配企业缺乏与竞争企业进行互联互通的激励。在政府实施数据开放共享政策的情况下，支配企业有激励实施歧视性条款、拖延接入或降低接入服务质量等行为，从而阻碍数据的开放共享。

（二）数据安全风险使企业不敢实行开放共享（不敢开放共享）

数据开放共享会带来更多主体接入和使用数据，并显著增加数据流转的环节。由于不同主体的数据安全保障能力存在差异，不同数据流转环节在使用数据中面临的安全风险因素存在较大的差异，所以这都会显著增加数据安全风险。在数据接入提供者承担更多的数据安全风险责任的情况下，为了规避数据安全风险责任，数据接入提供者不敢实行数据开放共享。

（三）制度和技术障碍导致无法实现数据开放共享（不能开放共享）

由于制度不完善，数据开放共享面临诸多制度障碍：一是涉及个人数据的开放共享需要获得个人的同意授权，一个接入者要获得众多用户的授权往往面临着非常高的交易成本；二是数据市场不完善，导致无法通过数据要素市场来实现充分的流转交易；三是数据开放共享受到政府监管政策限制，国家对特定行业或领域的数据开放共享实行禁止，或者实行数据本地化政策对数据的跨境流动共享加以限制。此外，不同企业采用不同的数据格式和应用程序接口（application program interface，API）标准以及缺乏标准化的合约格式规范，导致数据无法实现开放共享。

二、商业数据开放共享的多轨路径

由于数据要素的特殊性，数据要素开放共享制度设计不应采用传统的土地、资本等实物要素配置方式。数据要素市场化配置不等于所有数据都要进入市场，因为并不是所有类型的数据要素的共享再用都要通过价格机制来实现，有一些类型的数据并不适合在市场中通过价格机制来实现共享再用，并且有时基于价格机制的数据共享会面临更高的交易成本，数据要素市场化配置不应将市场价格机制看作是实现数据开放共享的唯一路径，更不应简单地将建立数据交易中心作为政策重心。数据要素开放共享应采取多轨并进的促进路径，重在形成不同主体数据开放共享的激励机制，并通过完善治理制度来降低数据开放共享的交易成本和各种不确定性风险。

（一）企业之间基于数据要素市场的数据共享

市场机制是促进数据要素实现开放共享的基础，数据开放共享战略重在通过培育数据市场以促进私人主体之间通过价格机制来实现数据要素的流转交易、开放接入和重复再用。

商业数据主要是数据企业对数据采集和处理付出了较大投资并包含智力活动的数据，是对个人原始数据经过加工处理后的衍生数据，构成了企业有价值的商业资产和可市场化交易的数据产品。商业企业之间的数据开放共享则主要依靠市场化的私人合约来实现，通过培育数据市场来促进私人企业之间的数据交易。目前，由于商业数据市场交易面临的障碍相对较少，以及交易机制相对成熟，因此商业数据成为数据市场交易的主数据体。

数据要素市场交易的数据不仅包括商业数据开放共享，也包括个人数据。个人数据是一个国家数据要素的资源基础。目前由于个人数据市场交易面临着隐私保护、数据产权不明确、个人数据价值不确定、信息不对称与高交易成本等问题，因此个人尚不能进入市场从事个人数据的销售或回购。个人数据应主要是在强化个人隐私保护的同时积极进行个人数据市场化交易的信托制度试点，消费者通过授权委托人（信托人）来处理个人数据的使用，缓解单个消费者参与数据市场交易的各种障碍，逐步推进个人数据的市场化交易。

（二）企业之间基于合约的数据开放

（1）基于互补性的生态内数据共享路径。在数据生态中，数据占有企业与其合作伙伴基于数据或业务的互补性，出于共同利益而实施主动性数据共享。例如，平台商业生态中的核心平台主动向平台商家提供接入，以及向物流、支付等互补性第三方应用服务提供商开放数据接入，实现数据共享。在这种路径下，提供核心服务的平台与平台商家之间是利益互补的关系，以彼此合作来共同创造价值，因此平台会主动向平台商家提供接入。平台针对第三方的接入主要有两种形式：一是第三方提供互补性服务会增加平台生态对用户的吸引力，如在线零售平台与物流、支付企业之间的数据接入；二是第三方提供的增值服务可以增强核心平台的用户黏性和数据资产的商业价值。在此路径下分享的数据既包括经过授权的个人数据，也包括匿名化处理后的原始数据集和衍生数据，核心平台与第三方之间的数据共享应具有非歧视性和竞争中立，不应歧视性对待特定企业，不应扭曲平台内的市场竞争。

（2）基于私人协议的平台间数据开放接入路径。数据企业占有的商业衍生数据、投入巨额成本采集汇聚的数据、企业基于机器产生的非个人数据等更多地具有私人物品属性。在此情况下，企业之间可以基于私人协议在利益相关企业之间实现数据开放接入。在基于私人协议的数据开放接入路径下，多个企业或平台相互开放数据，通过组建数据共享联盟或共建"数据池"来实时共享数据，此时数据成为一种俱乐部产品。在此路径下，数据接入共享要遵守共同的隐私保护和数据安全义务，接入收费要遵循"公平、合理、无歧视"的基本原则，同时也要求相互竞争的企业之间不能分享竞争敏感数据信息，从而防止出现价格合谋的结果，以维护数字平台市场竞争。

（三）基于消费者授权的数据接入

消费者授权的数据接入指企业 B 在获得消费者同意授权其接入消费者在平台 A 在线活动中所产生的原始数据后，平台 A 就向企业 B 开放接入消费者的原始数据，企业 B 则可以使用这些原始数据来实施数据驱动的创新和商业决策，并为消费者提供更好的服务来促进市场竞争。基于消费者授权的数据接入需要解决两个问题：一是通过制定法律来确立消费者对个人数据信息拥有允许第三方接入权，为消费者授权第三方接入提供法律保障。二是协调隐私保护和市场竞争关系。隐私保护要求数据接入需要获得消费者同意，由于消费者惰性和支配平台缺乏激励，一个新进入企业要获得足够数量的消费者授权同意有时会面临较大困难，支配平台会以此为由拒绝竞争者或第三方数据接入。由此，支配平台具有在位者先动优势，隐私保护可能会强化支配平台数据封锁，扭曲数据开放接入和市场竞争。

（四）基于消费者个人数据可携带权的数据跨平台流动

目前，用户个人数据可携带权是促进数据开放接入最重要的政策基础。欧盟的《通用数据保护条例》、美国《加利福尼亚消费者隐私法案》（*California Consumer Privacy Act*，CCPA）和中国的《个人信息法》都明确了消费者的个人数据可携带权。《通用数据保护条例》第二十条确定了个人数据可携带权，即"数据主体有权以结构化、通常使用和机器可读的格式接收与其自身有关并且是自己向数据控制者提供的个人数据，并有权将这些数据无障碍地转移给另一个数据控制者"。中国《个人信息保护法》第四十五条明确指出："个人请求将个人信息转移至其指定的个人信息处理者，符合国家网信部门规定条件的，个人信息处理者应当提供转移的途径。"

个人数据可携带权具有以下3个突出的作用。

（1）数据可携带权是一种获得信息自决的方式。个人隐私保护的关键是提高个人对自己数据的控制，个人数据可携带权可以有效提高个人对其数据的控制能力。

（2）数据可携带权是一种促进市场竞争的重要方式。数据可携带权可以降低消费者的转换成本，促进消费者的平台多属，从而打破支配平台基于大数据的市场势力，促进平台之间的竞争。

（3）数据可携带权会促进数据驱动的创新。数据可携带权会促进数据的开放接入，让新进入企业或第三方接入消费者数据，这有利于数据要素的重复再用和促进创新。

（五）强制性数据开放接入

强制性数据开放接入主要针对具有市场支配地位的数字平台，在其实施了严重损害市场竞争——拒绝接入行为的情况下，反垄断机关将强制性数据开放接入作为一种救济政策。强制性数据开放接入分为以下两个层次。

（1）支配平台与商家、第三方服务提供商之间的数据接入。由于支配平台是商家或第三方服务提供商进入市场并向消费者用户提供新产品的必要通道，接入支配平台的数据通常符合必要设施原理的要件，即接入数据是开展商业活动不可或缺的、拒绝排除了具有潜在需求的新产品出现、拒绝缺乏客观合理理由、拒绝可能排除二级市场的竞争。

（2）平台与平台之间的数据接入。由于平台之间是竞争性关系，接入数据的要求往往是由竞争者提出的，监管机关应该仔细分析数据接入是不是竞争者参与市场竞争所不可或缺的，如果有明确的证据显示，接入数据并不是竞争者进入市场和参与竞争所必不可少的条件并且数据具有可替代性，则监管机关就不应实施强制性数据接入政策。只有在满足必要设施原理的条件下，监管机关才能实施强制性数据接入。

因此，政府监管下的强制性数据开放接入不应是一种普遍适用的政策，应该仅限于少数特定情况。另外，对于金融、医疗、能源等特殊行业，由于数据的独特性和涉及重大的公共利益，可以通过行业专门法对数据开放接入做出特别规定，并通过有效的行业监管来加以落实。

三、商业数据开放共享的监管体系

（一）构建激励数据采集利用和创新的数据权属

数据确权是数据市场化配置的基础性制度，数据确权的重点是明确依附于数据的利益相关者的权益，激发相关主体的数据开放接入和从事数据驱动的创新。由于不同类型数据具有明显不同的经济属性和利益关系，数据确权要分类治理。个人原始数据主要强调隐私权保护，以保护个人人格权；公共数据主要强调公共产权（国家所有），以服务于公共利益；商业数据主要强调财产权保护，以激励企业从事数据采集加工和数据商业创新。商业数据的财产权保护可以采用版权、商业秘密等知识产权形式。

（二）培育数据要素市场化配置机制

数据市场的培育发展和交易机制的形成受到多种因素影响并充满不确定性，政府应避免过早地设定数据市场交易制度，应更多地赋予微观主体更大的自由决策权和更大的自由选择空间，赋予微观主体更大的合约自由，通过市场的试错和自我创新来自动演化出更有效的市场交易制度体系，政府应避免过早制定统一的数据交易模式和交易机制。数据市场培育发展应始终注重发挥市场在促进资源优化配置和交易机制创新中的基础性地位，避免不恰当的政府干预阻碍市场发展、数据开放共享和数据驱动的创新。政府要完善数据要素开发利用的生态体系，形成鼓励数据驱动创新的制度环境，通过增强数据商业的发展来带动数据开放共享。

（三）加强个人数据隐私保护

加强对个人数据隐私保护是构建信任的数字生态的重要基础，它不仅有利于充分保护消费者权益，也有利于促进数据开放共享和数字经济创新发展。政府为提高个人数据隐私保护的效能，应综合运用经济、法律、行政、私人治理等多种政策手段，并特别重视隐私增强技术的开发与应用，突出技术性解决方案在保护消费者隐私中的特殊作用，形成多种手段组合应用的隐私保护监管体系，构建信任的数据生态。

（四）建立匹配的数据开放共享监管体制

数据开放共享监管的重点是维护公平、竞争的商业数据流转交易市场环境和安全、非歧视的公共数据开放共享体制。首先，应强化对数字平台实施的各种数据垄断行为的反垄断执法，重点禁止数据封锁、歧视性用户链接导流、强制性捆绑或搭售等数据垄断行为，维护数据市场竞争；其次，应强化守门人平台主体责任，对具有守门人地位的平台提出相对高的数据开放接入义务要求；再次，在金融、能源、公用事业、智能汽车等行业制定专门的数据开放共享政策，更深入地促进数据开放接入和保护数据安全。

第四节　数据互操性政策

数据开放共享需要以互操作为基本前提。只有不同组织或平台拥有的数据能够实现互操作,才能实现实时的数据接入、数据整合和数据开发利用。

一、互操作政策的含义

(一)互操作的概念

国家标准化组织电气电子工程师学会(Institute of Electrical and Electronics Engineers, IEEE)对互操作给出了如下的定义:互操作指两个或多个系统或组成部分之间交换信息以及对已经交换的信息加以使用的能力。在数字经济背景下,互操作主要指不同网络系统或服务提供商基于共同的标准实现信息、图片、视频等数据信息的接入和传输。

互操作基本的要素包括规定的数据格式、通信协议、程序界面或数据信息接口等。互操作实现的基础是所有企业采用相同的技术标准。一个简单的例子是,希望加入万维网的因特网服务提供者(internet service provider, ISP)可以采用传输控制协议/互联协议(transmission control protocol/internet protocal, TCP/IP)等开放的技术标准来实现接入,并提供与竞争对手因特网服务提供者相同的功能或服务。

(二)互操作政策

在传统网络产业中,互操作政策也被称为互联互通政策或网络接入政策,是一种事前监管政策。因此,互操作并不是一个新的政策思路,而是网络产业互联互通政策在数字经济领域的新运用。互操作政策思路最先于1912年在美国的密西西比河铁路桥案中被提出,美国联邦法院裁决指出,铁路公司联合拥有的铁路桥是其他铁路公司参与竞争的必要设施,若拒绝竞争对手接入就构成了非法滥用。因此,美国联邦法院要求铁路公司将密西西比河铁路桥开放接入,允许竞争对手使用该铁路桥。根据必要设施原理,美国和欧盟反垄断执法中都将开放接入作为重要的反垄断救济措施。同时,互操作也是重要公用事业行业的监管政策,在美国、欧盟、中国等国家和地区的电信业、电力等网络产业改革过程中,美国的《1996年电信法》、欧盟的《2002/19电信指令》、中国国务院于2000年发布的《中华人民共和国电信条例》都对电信网络运营商提出了互操作性要求。《中华人民共和国电信条例》第十七条规定:"电信网之间应当按照技术可行、经济合理、公平公正、相互配合的原则,实现互联互通。主导的电信业务经营者不得拒绝其他电信业务经营者和专用网运营单位提出的互联互通要求。"

在数字经济市场,互操作既可以作为一种反垄断的事后救济政策,也可以作为针对大型数字平台或特定行业的事前监管政策。首先,欧盟微软垄断案是典型的将互操作作为一种反垄断事后救济政策的案例。2004年,欧盟委员会认定,微软滥用其市场支配力,故意限制视窗操作系统与非微软工作组服务器之间的互操作,以维护其在操作系统市场的支配地位。欧盟要求微软公开其完整准确的界面接口文件,即实施互操作救济措施。其次,将互操作作为特定行业事前监管政策的典型应用是英国银行业实施的"开放银行"政策。这一政策的出台是基于英国竞争与市场监管局（Competition and Markets Authority，CMA）对英国商业银行市场的调查，该调查发现消费者低跨行转移率是市场竞争不充分的主要原因，为此"开放银行"政策要求英国九大商业银行在顾客授权同意的情况下实现顾客数据共享，即银行顾客可以授权第三方接入自己在特定银行的交易和账户数据信息。这一政策极大地降低了金融科技企业的市场进入壁垒，使其迅速获得数据并实现网络效应，实现了快速成长，并由此极大地促进了金融业的市场竞争，提高了英国银行业的效率并促进了创新，这是英国金融科技成为全球重要领导者的重要决定因素。由于"开放银行"政策涉及繁重的标准设定、精确的治理规则设计与监督实施，为此英国竞争与市场监管局下设专门负责这些事务的监管机构"开放银行实施实体"（open banking implementation entity，OBIE）。

二、互操作的类型

（一）基于业务关系的分类

（1）横向互操作。横向互操作指相互竞争的数字服务系统或企业之间的连接，它指在数据价值链同一层次的产品或服务之间的互操作能力，即产品或服务之间是替代关系。例如，不同的用户使用相互竞争的电子邮件系统——网易邮箱用户可以直接向新浪邮箱用户发送邮件。横向互操作的主要收益是能够促进网络效应，并缩小竞争者之间的网络效应差距，从而促进竞争。

（2）纵向互操作。纵向互操作指上下游企业或互补性服务之间的数据、内容、功能的接入与互操作，如在线零售平台与在线支付系统之间的互操作、不同开发者开发的 App 与智能手机操作系统之间的互操作。纵向互操作性的最主要功能是实现互补性系统组件之间的最佳匹配。互操作性是数字平台生态互补性企业之间高效运营和价值共创的重要基础。纵向互操作性使用户能够选择不同数字平台、产品和服务的组合，而不是被迫选择单一服务提供商提供的产品。

（二）基于实现方式的分类

在欧盟委员会于 2019 年发布的报告《数字时代的竞争》中，欧盟委员会区分了 4 类互操作。

（1）协议互操作。协议互操作是确保平台与其互补性服务之间的互操作，它属于纵向互操作。在此情况下，平台构成了互补性服务提供商进入市场的必要设施，当平台实施拒绝接入行为时就构成了对反垄断法的违反，反垄断机关可以对此采取强制接入政策。

（2）完全协议互操作。完全协议互操作是要求相互竞争的平台之间实现完全的互操作，此时消费者可以在不同平台之间很容易地转换。与协议互操作仅作为一种反垄断救济措施不同，完全协议互操作是一种政府行业监管政策。

（3）数据可携带。数据可携带指平台消费者用户将个人数据从一个平台转移到另一个平台。根据欧盟的《通用数据保护条例》第二十条的规定，个人有权将个人数据进行跨平台转移。

（4）数据互操作。数据互操作指竞争平台之间实现持续和实时的数据接入。数据互操作主要是通过信息接口、技术标准、数据池等来实现。数据互操作通常需要满足一定的隐私保护要求，否则会造成对个人隐私的侵犯。

三、互操作政策的收益与风险

（一）互操作政策的收益

1. 互操作会促进市场可竞争性

互操作是维护和促进数字平台市场竞争的重要政策工具。在数字经济中，大数据的规模经济、范围经济和需求侧网络效应会赋予在位大企业显著的先动者优势，使进入者面临巨大的进入壁垒。互操作性主要是降低或消除在位者用户基础或大数据给进入者带来的进入壁垒，促进竞争者的市场进入并强化市场竞争；互操作不仅会使消费者实现平台多属，商家也能实现平台多属，还会更大地促进竞争者实现交叉网络效应，促进市场中现有竞争者之间的竞争。总体来说，互操作性既可能促进平台/生态间竞争，也可能促进平台内竞争。

2. 互操作会促进交易公平性

在多边平台市场中，消费者用户和商家用户是平台生态价值创造的重要共享者。在缺乏互操作性情况下，平台用户或互补性商家往往处于被锁定的状态，面临着较高的转换成本，由此平台获得了较强的相对市场势力，会对平台商家征收比较高的费用和过度采集使用消费者用户数据。在互操作情况下，进入者一样可以分享支配平台拥有的网络效应，从而带来更强的竞争约束并削弱支配平台的相对优势地位，此时市场竞争会使平台为了吸引商家而主动降低向商家征收的佣金。由于双边平台市场的价值创造主要是来自交叉网络效应，作为交叉网络效应贡献的重要主体，平台两端用户此时将获得更为合理的平台价值分配。因此，互操作会缓解平台用户在平台生态租金分配中的不利地位，削弱守门人平台拥有的相对市场势力，从而有助于改进平台生态租金的不合理分配，进而促进分配公平。

3. 互操作会促进创新

互操作可以使更多的企业都迅速实现网络效应，从而更好地释放网络效应的效率促进效应。互操作性会便利于消费者的平台多属，扩大消费者的选择空间，从而提升了消费者的效用。互操作使平台商家在一个平台发布的信息可以无成本地在多个平台展示，会大幅度降低商家在多平台的经营成本。互操作性使快递公司等互补服务提供商可以更好地优化整合多平台业务，降低仓储和物流的配送成本。另外，互操作性促使企业间的竞争由占有更多数据转向以增强消费者体验为主，由通过向商家高收费来获取收入转向通过创新来获取利润，这会促进创新。

（二）互操作政策的风险

1. 互操作可能会扭曲市场竞争

当互操作要求适用于所有规模企业时，特别是也适用于小企业或初创企业时，该政策可能会削弱竞争并最终损害消费者。由于互操作使支配地位平台能够更多地占有小规模平台的采集数据以及数据接入整合的好处，这会降低小规模平台投资于数据采集的积极性，以及通过数据开发利用以获取竞争优势的激励。在互操作性使大平台更好地整合运用数据并占据更多的数据利用价值时，消费者会形成较强的预期，从而更愿意向大平台提供数据而不愿意向小平台提供数据，由于大平台拥有大数据优势以及更好的消费体验，所以这会降低消费者实行平台多属的意愿，从而强化在位大平台的支配地位。

2. 互操作可能会扭曲创新激励

互操作政策会扭曲创新激励，从而不利于创新。这主要体现在如下两个方面：一是互操作限制了产品差别化。过度的互操作会限制产品差别化，互操作性的标准化会要求所有企业采用相同的标准和界面，这会限制单个企业开发自己的具有个性化的产品或服务，从而不利于创新。因此，互操作政策应避免对产品差别化产生不必要的限制。二是互操作的实现需要所有企业采用相同的技术标准。由于标准是技术开发的重要框架约束，在创新速度迅速的行业中，刚性的标准会阻碍突破标准技术框架限制的重大创新。因此，互操作措施应该谨慎适用于快速创新的市场，其更适用于产品创新不太迅速的市场。

3. 互操作可能会带来隐私和安全问题

在一个企业占有数据并处理、使用数据的情况下，由于权责明晰，比较有利于维护网络与数据安全。但在多主体接入和共享数据的情况下，主体责任难以明确并难以得到有效监督，难以发现和识别侵权者，因此过度互操作会带来更高的隐私泄露和隐私侵害风险。在多主体互联的情况下，由于不同主体安全保障能力和业务风险程度存在较大的差异，单个主体的局部风险有可能扩散到整个系统中，因此过度互操作以及向互补性产品或服务提供接入会增加系统性风险。

四、互操作监管政策设计

（一）互操作政策仅针对守门人平台

互操作政策应该主要针对守门人平台，由于守门人平台具有非常大的经济规模和较强的市场势力，以及守门人平台是重要的交易中介，其拒绝互操作会对市场竞争和社会福利产生严重的负面影响。因此，守门人平台应该成为政策关注的重点对象，需要对守门人平台提出互操作要求。由于守门人平台大多从事多业务领域经营，互操作义务应该重点针对守门人平台的核心业务，对于守门人平台的非核心业务和从事的整个市场都处在新兴发展阶段的业务，则不应提出互操作要求。由于守门人平台在非核心市场并不具有市场势力，其拒绝互联互通并不会影响市场竞争，因此没必要提出互操作要求。在新兴业务市场中，由于市场中的企业处于快速发展和激烈竞争的阶段，市场格局处在变化当中，不同技术或商业模式处在差别化竞争中，此时要求互操作会不利于创新发展。

（二）互操作政策应主要针对纵向互操作

互操作政策需要区分横向互操作和纵向互操作并实施不同的政策措施，重点禁止纵向拒绝接入行为，谨慎实施横向互操作行为。一是纵向互操作应该作为政策重点。纵向互操作主要是针对一体化经营且具有守门人地位的平台，当该平台实施了歧视性交易、自我优待、拒绝接入等垄断杠杆化行为或市场封锁行为时，纵向互操作就构成了一个有效的反垄断救济政策工具。二是谨慎实施横向互操作政策。横向互操作的竞争效应受多种因素影响，同时由于横向互操作可能会降低用户平台多属激励而降低市场竞争，从而增强支配企业的市场势力，而且还会对在位企业的创新激励产生负面影响。总体来说，政府实施强制的横向互操作政策具有诸多负面影响，包括增强在位企业的市场势力、不利于创新和差别化。因此，强制性横向互操作政策应仅限少数特别情况。

（三）强化互操作的安全保障

解决互操作安全问题的重点在于建立数据接入控制机制。政府、行业组织和大型数字平台可以合作制定互操作性网络与数据安全标准，对接入方的网络设备安全的技术和组织管理制度规范应该达到的标准做出明确规定，并可实行接入许可制度，由信任的第三方来对接入方在个人隐私保护、网络与数据安全标准、国家公共安全等方面的达标情况进行评估，根据评估审查结果来决定是否发放接入许可。作为接入提供方的平台可以制定必要、合理的数据安全标准和系统安全标准，并对接入申请方的安全标准进行核验，对达到标准的企业准许接入，对没有达到数据安全标准的企业，平台有权拒绝其互操作请求。同时，在互操作的数据涉及消费者个人数据的情况下，根据个人数据保护法律要求，数据接入必须首先获得消费者授权，未经消费者授权的企业不得接入消费者个人数据。

（四）推动互操作标准化工作

标准化是实现互操作的前提，互操作政策需要相关主体采用相同的标准。为此，政府监管机构应对标准做出统一的要求。具体来说：一是设计应用程序接口。不同系统之间的互操作性是以标准化的接入界面为基础，界面主要涉及的是技术标准问题。在数字平台中，应用程序接口是标准的核心，它提供了平台之间数据接入和功能实现的渠道，使它们能够共同协作。当一个平台向第三方提供应用程序接口时，它实际上是向第三方提供了获取信息和获得平台服务功能的能力，从而使第三方得以通过平台实现与另一端用户的互动；同时，互操作还会使第三方围绕标准开发自己的系统，从而促进创新和竞争者成长。二是数据格式标准化。监管机构应鼓励行业标准化组织来协调制定统一的数据格式标准，实现相同类型数据（如图片、视频、搜索日志等）能够以相同的格式实现在不同系统间的传输和使用。三是数据接入合约的标准化。为减少数据接入的合约谈判障碍，降低数据接入共享的交易成本，政府可以提供推荐的数据接入共享格式化合约。另外，互操作合约也要对传输数据的及时性、动态性等质量标准一并做出要求。

讨论案例：美国 FTC 诉 Facebook 拒绝互操作案

2020 年 12 月 9 日，美国联邦贸易委员会（Federal Trade Commission，FTC）和 48 个州及地区总检察长对 Facebook（已更名为 Meta）发起反垄断诉讼，指控 Facebook 通过收购 Instagram 和 WhatsApp，以及拒绝向特定竞争对手开放数据接口，以维持其在个人社交媒体市场的支配地位。

在本案中，Facebook 拒绝向竞争对手开放应用程序接口的事实是 FTC 提起起诉关注的焦点。在平台发展之初，Facebook 非常鼓励第三方软件开发者参与平台生态系统，为此开放了 Open Graph 等一系列的应用程序接口，以允许开发者在第三方产品与 Facebook 之间实现互操作。在此政策下的平台、第三方应用软件开发者、用户实现了三方互利共赢。但随着业务的飞速发展，Facebook 的开放政策产生了重大转弯。Facebook 关闭了对竞争者有重要商业价值的应用程序接口，仅向不会对 Facebook 构成竞争威胁的第三方应用软件开放应用程序接口。具体而言，FTC 将竞争者归纳为三类：一是提供个人社交网络服务、从而与 Facebook 构成直接竞争关系的有潜力的 App，如 Path；二是具备一定社交功能但尚未构成 Facebook 的完全竞争对手的有潜力的 App，如 Twitter 所有的视频分享应用 Vine 和本地社交网络 Circle；三是移动通信 App。

FTC 认为 Facebook 的上述拒绝接入行为扼杀了市场竞争和创新，为此向法院提起诉讼。2021 年 6 月 28 日，美国哥伦比亚特区地方法院以证据不充分为由裁定驳回诉讼，但允许 FTC 补充材料后再次提交诉状。2021 年 8 月 19 日，FTC 向法院提交了修改后的诉状，针对 Facebook 的市场支配地位认定提供了更加具体的证据和论证，并且围绕 Facebook 的排除限制竞争行为展开论述。2022 年 1 月 11 日，Facebook 要求撤销 FTC 对其反垄断诉讼的动议遭到法院的驳回，法院裁定指控 Facebook 实施垄断行为的诉讼可以继续进行。

法院在 2021 年 6 月的裁定中认定：FTC 未能证明 Facebook 的垄断地位，况且其所指控的应用程序接口封禁行为已停止实施数年且不能证明 Facebook 有再犯的可能性，因而不具备法律规定的"正在实施或将要实施"的起诉要件，因此驳回 FTC 的此项控诉。同时，法院还认为，虽然 Facebook 不具有向其他应用开发者开放应用程序接口的义务，但 FTC 控告的部分特定拒绝交易事实可能构成了垄断行为法。在案件裁决中，美国法院指出基于 Facebook 先开放接口而后又撤销的行为事实，可以认定其行为并非出于正常的商业经营需要，而是为了限制已有竞争对手和潜在竞争对手的发展。

讨论问题：

1. 支配平台实施的拒绝数据接入行为会带来哪些危害？

2. 支配平台拒绝竞争对手接入是否一定构成非法？

3. 为防止支配平台实施拒绝数据接入行为，政府实行强制性数据互操作是不是好的政策选择？

■ 本章总结

　　数据开放共享会提高数据开发利用的效率、提高数据开发利用的价值、促进市场竞争、提高消费者福利和社会福利。数据开放共享主要是公共数据的开放共享和私人商业数据的开放共享。公共数据开放共享应遵循"以开放为常态，不开放为例外"的基本原则，通过完善法律法规、创新政务数据开放共享治理体制、建设政务数据开放共享平台、促进数据有序开发利用、提升数据安全保障能力等措施来实现公共数据的开放共享。商业数据开放共享可以通过企业之间基于数据要素市场的数据共享、企业之间基于合约的数据开放、基于消费者授权的数据接入、基于消费者个人数据可携带权的数据跨平台流动、强制性数据开放接入等多种路径。互操作是实现数据开放共享的重要前提。互操作政策会极大地促进竞争和创新，但也会带来负面的限制竞争和创新效应。因此，需要科学设计互操作政策。互操作要求应主要针对守门人平台，重点针对纵向互操作，强化互操作的网络与数据安全保障，推动互操作标准化工作。

■ 关键词

　　数据开放共享　　政府数据　　个人数据可携带权　　互操作性　　横向互操作　　纵向互操作

■ 复习思考题

　　1. 数据开放共享的层次？

　　2. 数据开放共享的需求？

　　3. 公共数据开放共享的障碍与路径？

　　4. 商业数据开放共享的路径？

　　5. 互操作政策应如何设计？

第五章
个人数据隐私保护监管

第一节 个人数据隐私保护相关概念

一、隐私、个人数据与个人信息

隐私权（right to privacy）指自然人就其隐私所享有的不受侵害的权利，是一种具体的人格权。隐私权的概念是由美国学者塞缪尔·D.沃伦（Samuel D. Warren）和路易斯·D.布兰代斯（Louis D. Brandeis）于1890年发表在《哈佛法学评论》题为《论隐私权》的论文中提出的，法律应该保护个人保留其个人思想、情感、情绪及私生活不对公众公开的权利，他们将心灵的平静作为隐私权的核心内容。在此基础上，普罗索提出了4种侵害他人隐私权的典型行为：①对于他人生活安逸的侵害，包括侵入他人住宅、偷听他人私谈、窥探他人行动等；②公开他人不愿为人所知的私人事实，如揭发他人不愿为人所知的私人资料等；③使他人处于被人误解的状况；④侵犯他人姓名或其他人格利益。普罗索关于侵害隐私领域的划分是美国司法实践中判断隐私侵权的基础。

《中华人民共和国民法典》第一千零三十二条将隐私界定为"自然人的私人生活安宁和不愿为他人知晓的私密空间、私密活动、私密信息"。据此，个人隐私指公民个人生活中不愿为他人（一定范围以外的人）所公开或知悉的秘密，且这一秘密与其他人及社会利益无关。隐私产生的价值基础是对人格尊严和人格自由的保护，隐私是人的基本权利，即个人免受他人打扰的权利。从某种意义上来说，隐私概念是奠基于人格尊严之上的，隐私既是人格尊严的具体展开，也是以维护人格尊严为目的的。很多国家的隐私法都明确规定政府机构、企业或个人不得在未经许可的情况下侵犯个人隐私。

个人隐私信息权通常被界定为个人决定自己何时、如何以及在何种程度上与他人沟通信息的权利，即个人有权决定隐藏有关自己的信息或选择性地披露部分个人信息。个人信息权是重要的人格权，是对他人获取和使用个人数据信息的控制能力，是个人信息的自决权，需要得到有效保护。《中华人民共和国民法典》第一百一十条和第一百一十一条明确指出，隐私权是民事主体人格权中的一项；自然人的个人信息受法律保护，任何组织和个人不得非法收集、使用、加工、传输他人个人信息，不得非法买卖、提供或公开他人个人信息。2021年颁布的中国《个人信息保护法》第二条明确指出："自然人的个人信息受法律保护，任何组织、个人不得侵害自然人的个人信息权益。"

在大数据时代，数字技术可以大量获取用户个人数据并进行存储，由此衍生出了"数据隐私"的概念。数据隐私被界定为"数据中直接或间接蕴含的涉及个人不宜公开的，需要在数据收集、数据存储、数据查询和分析、数据发布等过程中加以保护的信息"。由于数据隐私主要针对的是与自然人相关的数据或信息，因此也被称为"个人数据"。个人数据是个人隐私权的重要组成部分，也是个人隐私权在数字经济背景下的重要体现。欧盟于2016年颁布的《通用数据保护条例》第一条规定："本条例旨在保护自然人的基本权利和自由，尤其是个人数据保护权利。"

二、个人数据 / 信息

欧盟的《通用数据保护条例》第四条对个人数据进行了界定：个人数据指与已识别或可识别的自然人（数据主体）相关的任何数据。对特定自然人的识别包括姓名、身份证号码、企业处理数据赋予个人的身份码、在线 IP 地址等信息、GPS 或电子地图的定位数据、网络标识符号，以及与特定自然人相关的基因、种族、性行为、心理、身体识别等生物体征信息，以及宗教信仰、经济背景等经济社会信息。

中国《个人信息保护法》第四条将个人信息界定为："个人信息是以电子或者其他方式记录的与已识别或者可识别的自然人有关的各种信息，不包括匿名化处理后的信息。"个人信息保护的重点是个人敏感信息，为此《个人信息保护法》第二十八条规定："敏感个人信息是一旦泄露或者非法使用，容易导致自然人的人格尊严受到侵害或者人身、财产安全受到危害的个人信息，包括生物识别、宗教信仰、特定身份、医疗健康、金融账户、行踪轨迹等信息，以及不满十四周岁未成年人的个人信息。"

第二节　个人数据隐私保护监管需求

一、隐私市场完美理论

以杰克·赫舒拉发（Jack Hirshleifer）、理查德·艾伦·波斯纳（Richard Allen Posner）、乔治·斯蒂格勒（George Joseph Stigler）、哈尔·范里安（Hal Ronald Varian）为代表的芝加哥学派经济学家将隐私问题看作是消费者的理性决策问题，即隐私经济学分析主要关注于理性消费者的最优隐私决策问题，即理性消费者对个人隐私信息披露的成本与收益进行权衡问题。消费者既希望避免商家过度使用或滥用其信息，但同时他们也希望适度分享信息以实现与商家或平台的满意的互动。因此，理性消费者的成本—收益权衡会产生最佳的信息公开。

消费者数据隐私信息本质上是消费者和商家之间的数据信息披露问题，适当地与商家分享某些信息会降低消费者搜寻成本并提高消费者福利。由于信息是由商家或第三方来收集并交易的，因此信息披露也会给消费者带来一定的负外部性，烦人的广告营销等会给消费者带来成本并降低其福利。为此，消费者应理性地进行隐私信息的成本—收益权衡决策，适度地向商家披露部分类型的个人信息并对其他类型的个人信息进行保密，或者控制个人隐私信息的开放幅度或范围。

在隐私保护市场模式下，隐私保护完全是通过不同主体之间利益机制的作用来实现的。芝加哥学派经济学家认为，市场机制之所以能提供最优的隐私保护，是因为隐私信息可以是一种通过私人谈判进行交易的商品，理性的私人主体之间的私人谈判可以实现最优的资源配置结果。从隐私信息市场运行来说，企业之所以重视隐私保护，不仅是因为隐私信息是一种投入品，而且隐私保护也是一种重要的无形资产或声誉，即一个企业的隐私政策可能构成其开发品牌声誉或产品服务质量的重要组成部分，好的隐私保护会如同好的声誉或高质量服务一样给其带来高回报。一个企业在隐私保护上的不良表现会使其失去良好的声誉，并由此招致企业收入的下降。因此，在竞争市场中，市场竞争机制也为平台企业提供高质量的隐私保护提供了重要的激励约束机制。

芝加哥学派经济学家主张通过有组织的数据隐私信息市场交易来实现最佳的隐私保护或个人信息披露。他们通常反对政府对信息自由流动和数据隐私进行监管，认为隐私保护监管会增加市场运行成本，降低市场机制的有效性。由于隐私保护可能阻碍提高交易效率的信息流动并增加市场运行成本，因此隐私保护监管会损害经济效率。

芝加哥学派经济学家指出，政府对数据隐私进行监管会产生3种效率损害效应：一是信息自由流动是市场竞争和实现经济效率最重要的因素，隐私监管限制信息自由流动，提高了市场交易的信息成本，会阻碍实现有效率的交易匹配，带来市场资源配置的扭曲和低效率；二是隐私保护增强了信息不对称，会增加交易成本，阻碍有效率的交易实现；三是隐私保护会降低生产性投资激励并带来分配的不公平。

因此，芝加哥学派经济学家反对政府干预个人信息市场，认为政府干预信息流动的监管政策往往是无效的，更多的时候甚至是有害的，政府监管会带来资源配置低效率和不公平的再分配结果。政府对隐私信息的干预不仅不会有正面效果，反而会产生严重降低市场效率和社会福利的"既无效率又无公平"的结果。

二、隐私市场失灵理论

市场机制实现有效隐私保护主要来自两个重要的约束机制：一是消费者的理性偏好。对于消费者来说，数据隐私保护是个人隐私安全成本与数据分享收益之间的权衡问题。越多的消费者愿意根据企业的隐私保护表现来进行购买决策，则市场机制对企业的约束越强。二是市场的有效运行。在市场竞争结构下，企业之间的竞争不仅体现为产品本身，也体现为不同企业的隐私保护水平，一个不注重隐私保护的企业将被竞争对手替代，竞争压力会激励企业不断改进隐私保护工作。在现实当中，由于存在隐私保护的市场失灵，市场机制并不能充分实现最优的隐私保护。

（一）隐私悖论：消费者隐私决策的非理性

消费者隐私披露理性决策的观点受到大多数经济学家的质疑，并认为消费者隐私决策是非理性的，其理论观点的起点是"隐私悖论"。"隐私悖论"指"消费者通常声称关注自己的隐私，但是在很多情况下其行为表现却与其所宣称的相反，其对私人隐私披露比较轻率并且也不积极采取提高隐私保护技术"的言行不一的现象。在现实当中，隐私悖论现象主要体现为消费者声称自己很关心自己的数据隐私问题，但是却不愿意支付成本或采取措施来保护个人隐私，有时是一边抱怨隐私问题，一边又向企业免费提供隐私数据。隐私悖论的存在显示了两种市场失灵：一是消费者可能并不关心数据隐私保护问题；二是消费者不愿意采取措施来保护个人数据隐私。在现实当中，存在大量的隐私悖论现象，消费者在在线活动中通常并不认真阅读商家给出的告知 - 同意条款，而是简单地同意。

（二）消费者面临严重的信息不对称

数据市场具有显著的信息不对称问题，即隐私问题的透明度严重不足，消费者通常对个人信息在什么时间、以何种方式和何种程度被数字商务企业收集和使用，以及是否被转让或与第三方共享并不知情。由于数据收集处理过程缺乏透明度或缺乏明确的告知程序，消费者对于其隐私数据的被使用通常并不知情，消费者和商家之间在数据隐私信息上存在严重的信息不对称，即消费者通常并不知道自己的数据信息被收集，以及事后商家如何使用这些信息，因此无法实现最优的隐私保护谈判解。

在现实当中，很多数字商务企业提供的隐私政策太长或以用户不太容易理解的方式描述或呈现，造成尽管消费者同意其政策，但是并没有充分理解有关的条款。数字商务企业隐私政策的不透明，以及消费者面临较高的隐私政策学习和监督成本，导致消费者通常无法做出最优的理性隐私决策，从而产生决策行为偏差，使基于私人合约谈判的隐私交易机制无法有效发挥作用，这会导致数字商务企业过度披露用户隐私信息，进而必然出现隐私保护不足的问题。同时，由于数字商务企业大量收集多维度个人数据，以及对于如何使用这些数据缺乏透明度，这有可能导致其滥用消费者隐私数据信息，并给消费者用户造成损失。很多消费者用户由于担心其个人隐私安全风险，从而对数字商务交易产生不信任，进而影响数字经济的发展。

（三）不完全竞争与谈判力不对等

隐私市场完美观点成立的一个重要前提是，隐私信息双方的私人合约谈判是基于双方谈判力对等分配的，即任何一方都不可能多占有双方交易的租金，对等谈判的结果一定是双方平均分配交易租金的纳什谈判解。但是在现实当中，数据企业往往是居于市场支配地位的大型平台企业，由于谈判势力的不对等分配，一个消费者用户要与一个大的数字平台企业进行谈判，其成本往往是高昂的，尤其是在数字平台具有明显的市场支配地位和消费者用户面临较高的转换成本的情况下，消费者用户往往缺乏对等谈判的能力，无法通过合约谈判来达成最优的隐私合约，这阻止了科斯谈判解的出现。因此，单纯的市场化隐私谈判交易不会带来社会福利最大化的隐私信息分配。同时，隐私保护具有公共产品属性，单个消费者会有搭便车的激励，希望其他人与数字平台企业谈判，自己免费享受好的隐私保护政策。对于任何单个人来说，其参与合约谈判以争取高水平隐私保护的成本可能会超过其预期收益，缺乏谈判的激励。搭便车问题的存在进一步降低了私人交易合约的有效性。由于上述原因，企业在采集和使用消费者数据信息时就会产生过度采集和隐私保护不足的问题。

（四）个人数据市场有效运行面临制度性障碍

由于个人数据市场的运行存在障碍，在现实当中市场机制无法有效解决最优的隐私保护问题。首先，单个个体数据的价值非常低。在数字经济中，单个数据通常是没有价值的，只有足够数量的数据汇总在一起并经过深度挖掘才能产生有价值的信息或知识。其次，单个个体的数据交易可能面临较高的交易成本。相对于单个数据的低价值，较高的单个数据交易成本可能会导致市场机制失灵。再次，即使个体数据交易是有效的，但是由于个体数据的价格机制形成主要是由个人偏好所决定的，而非由成本所决定，所以在不同个体对数据价值的偏好存在较大差别的情况下，个人数据市场交易的价格机制很难形成。最后，个人数据信息的人格权属性也限制了市场机制的作用。欧盟的《通用数据保护条例》等隐私保护法规都将公民的隐私界定为一项基本的人权，而人格权往往是不可交易的。这在一定程度上排斥了将个人数据隐私作为一种可交易的商品，因为作为一种基本的人格权，个人隐私数据本身是不可以通过金钱来进行交易的。

三、个人数据隐私面临较高侵害风险

个人数据是国家大数据资源中最重要的组成部分，个人数据安全是影响和制约数据要素价值释放的重要因素，也是数据开放共享面临的重大挑战。即数据的采集、开发利用、流转交易必须建立在确保个人隐私保护的基础上。

个人数据隐私侵害主要表现为数字商务企业在未获得消费者同意的情况下过度采集和使用消费者用户数据信息，以及因技术限制或安全漏洞而引发的个人数据泄露问题。国内大型平台运营中大量存在侵犯用户隐私的行为。例如，圆通速递、华住集团、智联招聘被曝光暗售用户信息。在此背景下，国内公众对于个人数据隐私安全的担忧正日益增强，北京大学互联网发展研究中心和360集团联合发布的《中国公众"大安全"感知报告(2021)》显示，公众在数字环境中的安全感最弱：有五成公众担心下载的App不安全，存在数据泄露风险；有七成公众感到算法能获取自己的喜好、兴趣，进而进行精准"算计"。[①] 个人数据泄露等违法行为会给个人和社会带来非常高的经济成本。根据Statista 2022年发布的数据，通过对全球主要个人数据违法案件的数据分析发现，个人数据违法事件造成的平均经济成本由2014年的350万美元上升到2022年的435万美元（见图5.1）。[②]

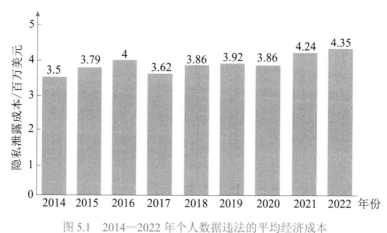

图 5.1　2014—2022 年个人数据违法的平均经济成本

个人隐私数据既是重要的经济资源和企业战略资产，也是消费者人格权的重要组成部

---

① https://m.gmw.cn/baijia/2021-12/31/35420833.html.

② https://www.statista.com/statistics/987474/global-average-cost-data-breach/.

分。对消费者而言，大量的隐私侵害问题不仅损害消费者的基本权益，而且所引发的公众对在线交易的担忧还将损害市场信心，最终影响数字经济的发展。因此，个人数据隐私保护既是保护消费者基本人格权的需要，也是释放要素价值、促进经济高质量增长潜能的重要条件。个人数据隐私保护监管政策应妥善平衡数据开放共享与个人信息保护的关系，通过对数据隐私涉及的消费者人格权的保护，规范数据控制者的数据采集和使用行为，有效维护消费者的合法权益，增加消费者信心，促进数字经济的健康有序发展。

第三节　个人数据隐私保护监管制度

一、个人数据隐私保护监管制度框架

（一）个人数据隐私保护法律

国家制定统一的个人数据保护的法律是个人隐私数据保护制度的重要基础。个人数据保护的立法重在界定个人享有的基本个人数据隐私权利，明确个人数据收集、转让和使用应遵循的基本原则。

个人数据隐私是个人人格权的基本组成部分，是公民享有的受国家宪法保护的基本权利。个人数据保护立法和制度建设必须以保护公民基本人格权为根本依据，以充分赋能个人对个人数据控制权为根本目标。

任何组织在个人数据采集利用中应遵循如下的基本原则：一是知情同意原则，即任何组织在采集和利用个人数据时都需要明确告知当事人并获得个人同意，未经个人授权同意的就构成非法；二是目的限制原则，即采集和使用个人数据应仅限于实现特定目的，该目的通常是法律规定的并且是当事人知情同意的；三是最小化原则，即数据采集必须与目的相称，即满足"最小必要"的要求，避免不必要的过度采集；四是公平透明原则，即采集和利用个人数据应该公平和透明；五是准确性原则，即个人数据应该精确并反映最新的情况；六是可问责原则，即采集和利用个人数据应该被合理监督。

（二）个人数据保护监管机构

个人数据保护监管机构主要是代表全体公民的利益来进行执法的，切实保障公民的个人数据隐私不受侵犯。为此，需要建立科学的个人数据保护监管机构体制。

首先，个人数据保护监管机构应该具有明确的监管职权。个人数据保护监管机构主要负责以下内容：对个人数据保护法的实施，对违法案件进行调查并做出行政处罚；制定具体的实施细则和使用者行为规则，推动个人隐私保护的立法完善；通过与数字企业的合作帮助企业完善个人隐私保护制度，加强平台企业的私人规制，促进企业更好地合规；加强对公众的隐私权宣传，让消费者充分了解个人数据隐私权，并通过创新制度来简化个人维权的程序，降低个人维权成本。

其次，个人数据保护监管机构执法应遵守公正的执法行政程序。当监管机构制定个人信息保护政策时，监管机构要进行影响评价或成本—收益分析，特别是对数字企业合规成本的影响评价；同时政府部门出台的有关收集使用个人数据信息的政策或行政行为也要进行隐私影响评估。

最后，个人数据保护监管机构运行需要多部门协同体制。个人数据保护往往涉及多个部门，个人数据保护监管机构需要与消费者保护机构、竞争执法机构和电信等行业主管机构之间建立有效的跨部门合作机制，同时个人数据保护监管机构还应帮助电信、金融、医疗等特定行业，制定完善行业个人数据隐私保护规则并指导行业监管。

（三）个人数据使用者和处理者的主体责任

在现实当中，个人数据使用者和处理者主要是政府机关和私人企业。为切实保护公民的个人数据，采集和利用个人数据的政府或私人企业必须承担保证个人数据安全的主体责任，加强内部个人数据保护治理制度体系建设，提升保护个人数据安全的能力。为此，个人数据保护监管需要通过立法和制定配套政策来要求个人数据使用者或处理者建立合法透明的收集、处理和转让个人数据的流程和规则，完善企业内部隐私保护治理机制和治理体系，实行个人隐私保护风险管理，强化对高风险活动的安全管理，确保个人数据保护治理的透明度和可问责性。从国际经验来看，各国通常都是对作为个人数据使用者或处理者的政府机构和大型企业提出较为严格的主体责任要求，但是对小企业的责任要求则相对较弱。

（四）个人数据隐私违法的法律责任

个人数据保护目标的实现需要有有效的法律责任制度作为保障。在大多数情况下，个人数据隐私侵犯主要涉及消费者个人与企业、公民个人与政府机构之间的关系，本质上属于民事关系。因此，个人数据保护的重点是建立个人数据隐私侵犯的民事保护制度，不应完全由政府监管来替代公民个人民事侵权诉讼。当政府机关、私人企业或其他组织过度采集和利用个人数据，并由此给特定人造成严重损害时，当事人有权向法院提起民事诉讼并要求获得相应的赔偿。因此，个人数据保护需要在增强政府行政机关对个人数据侵犯案件执法的同时，也要建立相应的个人数据侵犯案件的民事赔偿制度，从而实现通过执法既能威慑违法犯罪行为，也能合理补偿个人利益损失的目标。

二、个人数据隐私保护的国际经验

（一）欧盟个人数据隐私保护制度

欧盟对于隐私的保护始于对人格权的维护，因此欧盟的隐私保护体制以严格的政府行政监管为核心。在欧盟"单一数字市场战略"的指引下，欧盟于2016年制定颁布了《通用数据保护条例》，它对个人数据隐私保护做出了综合性的法律规定，基于严格的人格权保护路径设计了具体的个人数据保护基本框架，重点是明确个人数据采集利用的基本原则、个人数据权、数据占有者和使用者保护个人数据的义务和监管体制。

2021年，欧盟发布了修订后的《电子隐私条例》。《电子隐私条例》是对《通用数据保护条例》在电子通信领域的适用做出的细化和补充规定，《通用数据保护条例》与《电子隐私条例》是一般法与特别法的关系。《电子隐私条例》扩大了法律适用的范围，法律保护的数据不仅包括电子通信内容，也包括元数据（metadata）[1]，并对法人和自然人的数据实行同等保护。《电子隐私条例》规定，处理电子通信数据的用途被限定在提供通信服务需要、保护网络安全、遵守公法规定以及其他法定特殊用途且无法匿名使用的情况下。《电子隐私条例》规定，对电子通信内容的处理，需要获得终端用户的同意，且仅能服务于个人使用目的，处理该内容不能对他人的基本权利和利益产生消极影响。另外，除非有用户同意或服务需要等特殊情况，否则禁止擅自使用终端设备的处理和存储功能或从用户的终端设备收集信息。即用户的私人活动和个人终端不应当在未经允许的情况下受到监控或任何形式的侵犯。

根据《通用数据保护条例》的法律规定，欧盟数据隐私保护基本制度框架包括如下几个方面。

1. 适用对象

《通用数据保护条例》适用的主体主要是数据控制者和数据处理者。《通用数据保护条例》第四条第（6）款规定，能够单独或与其他主体一起决定个人数据处理目的和方法的自然人、法人或者公权力机关、机构或者其他主体，是个人数据的控制者。《通用数据保护条例》第四条第（7）款规定，代表控制者处理个人数据的自然人、法人、公权力机关、机构或者其他主体，是个人数据的处理者。《通用数据保护条例》第三条对适用的地域范围做出了规定：一是营业场所设在欧盟境内的数据控制者和处理者所进行的个人数据处理活动，而不论该处理行为是否发生在欧盟境内；二是营业场所设立在欧盟以外地区，但其处理的是欧盟境内数据主体数据的数据控制者和处理者。

2. 数据主体权利

《通用数据保护条例》基于《欧洲宪章》对人权保护的基本规定，充分赋予公民个人隐私权。《通用数据保护条例》第十五条至第二十二条对个人隐私数据赋予了如下的权利：知情权、访问权、修改权、删除权、限制处理权、被遗忘权、拒绝权、可携带权、免受自动化决策权等，并对企业数据收集、处理、存储、利用行为进行全周期规范，严格保护消费者的个人数据隐私信息。

3. 个人数据处理应遵循的原则

《通用数据保护条例》第五条确定了数据控制者和处理者在进行数据处理的过程中应当遵循如下的基本原则：合法性原则，公平性和透明性原则，目的限制原则，数据最小化原则，数据准确性原则，存储限制原则，诚实和保密性原则。

4. 数据控制者和处理者的义务

《通用数据保护条例》对数据控制者和处理者提出了一系列的义务要求，具体来说，有以下内容：一是一般性义务，包括数据系统保护和默认保护、数据处理活动记录、与监管机构合作等；二是个人数据安全义务，包括安全处理个人数据、向监管机构报告个人数据泄露、向数据主体报告个人数据泄露等；三是数据保护影响评估与事前咨询；四是设立

---

① 元数据指用于传输、分发或交换电子通信内容的数据，包括用于追踪和识别通信来源和目的的数据，以及通信时间、位置等记录通信状态的数据。

专门负责数据保护的数据保护专员；五是数据保护行为规则与数据保护认证等；六是数据跨境转移的有关要求。

在具体实施当中，《通用数据保护条例》支持以数据处理者自治为主的隐私保护自我实施体制。《通用数据保护条例》的立法采用"原则指引"的策略，法律规则设计多是强调所要达到的效果，数据处理者可以根据立法的原则指引结合自身业务特点来制定数据治理制度，通过企业不断完善用户隐私保护治理制度建设来实现合规经营。

5. 个人数据保护监管机构

欧盟数据保护委员会由欧盟数据保护监管代表、成员国数据保护监管机构代表组成。为保证欧盟数据保护委员会的公正性，每个成员国都必须派出其监管机构的代表作为成员参与欧盟数据保护委员会。欧盟数据保护委员会主要是确保《通用数据保护条例》的实施，提出修改完善的政策建议，负责《通用数据保护条例》实施指南的制定，推动企业合规机制和监管政策工具的创新，统一《通用数据保护条例》在各成员国之间的实施标准，促进各成员国监管机构之间的合作等。

欧盟个人数据隐私保护的具体执法主要是由成员国数据保护监管机构来执行。《通用数据保护条例》第六章专门对隐私数据保护监管机构做出了明确的规定，要求每个成员国依法设立负责数据保护的独立监管机构来负责隐私数据保护监管，监管机构应保持完全的独立性，明确监管机构的权限、职责与执法权力，从而保证其能够对公共机构和私人主体的数据处理行为进行监管。第七章还对监管机构和其他相关监管机构的合作方式、联合行动、一致性机制等做出了规定。

自欧盟《通用数据保护条例》实施以来，欧盟各成员国的数据保护监管机构开展了积极的执法行动。典型的案件有：2018 年 6 月，英国航空公司因缺乏保障信息安全的技术和组织措施，导致 50 万英航乘客的个人信息被泄露而被监管机构——英国信息专员办公室（Information Commissioner's Office，ICO）处以约 2 亿欧元的罚款；2019 年，Facebook公司因为与剑桥数据分析公司合作，导致用户隐私信息泄露而被英国信息专员办公室处以50 万英镑（约 1860 万美元）的罚款；2022 年 3 月，Facebook 的母公司 Meta 因一系列的数据泄露事件被爱尔兰数据保护委员会（Data Prote Commission，DPC）罚款 1700 万欧元；2019 年 1 月，谷歌公司由于在处理个人用户数据中存在缺乏透明度和个性化广告推送没有遵循自愿原则等问题，遭到法国国家信息与自由委员会 5000 万欧元的罚款处罚。

6. 法律责任与救济方式

针对不遵守个人数据隐私保护义务要求和违反法律规定的行为，《通用数据保护条例》第八十三条设置了两档行政罚款规定：一是最高处以 1000 万欧元或上一财年全球营业额2% 的罚款，最终罚款额取两者中的最高者；二是最高处以 2000 万欧元或上一财年全球营业额 4% 的罚款，最终罚款额取两者中的最高者。在上述两档罚款额中，第一档主要是针对数据控制者或处理者违反相关义务的行为；第二档主要是针对数据控制者或处理者违反《通用数据保护条例》规定的基本原则并造成损害的行为。除了行政罚款，《通用数据保护条例》还建立了司法救济，赋予数据主体就个人数据隐私被侵犯向法院提起诉讼的权利，为数据主体提供了多种救济途径，以更好地维护自身的数据权益。

（二）美国个人数据隐私保护制度

美国非常重视对个人隐私信息的保护，主要是通过严格的立法和有效的法律实施来进行，并注重多元主体参与和多种手段综合运用。

美国是世界上最先通过立法明确了个人隐私信息权并实行有效隐私保护的国家，美国隐私保护突出个人隐私信息权的不可侵犯，对政府公共机构和私人组织都做出了严格的责任要求，实现了公共机构和私人组织在保护个人隐私中的平衡。

1. 政府公共机构的个人隐私保护监管：《隐私法》

美国对个人信息隐私保护的综合性法律规定是 1974 年的《隐私法》，该法主要是针对政府机构在采集、使用、开放公民个人数据时为保护个人隐私信息做出的比较详细的规定，以严格规范政府机构采集处理个人信息的行为，防止政府机关侵犯公民个人隐私。美国《隐私法》的核心内容主要有 3 点。

（1）明确个人隐私信息权。作为《隐私法》重要组成部分的《公平信息实践法则》成为个人隐私数据保护制度的基石，该法则规定个人有权知晓他人收集和使用关于自己的个人信息，个人有权拒绝个人信息的被使用，个人有权更正不准确的个人信息等个人信息权利。

（2）明确政府机构保护个人信息的主要义务。《隐私法》对政府机构的个人信息保护义务做出如下要求：①政府机关收集个人信息，如果可能导致对个人做出不利决定时，必须尽可能地由当事人本人提供。②政府机关在收集个人信息、建立个人信息数据库时，必须对当事人告知以下内容：收集目的，使用范围，保持资料机密、完整和正确的方法，提供或不提供数据信息的后果，任何更正、补救的权利。③除非法律规定的公共利益目的，否则政府机关只能在履行职责相关和必要的范围内采集和使用，不得超出必要使用范围。④政府机关必须保持个人信息的准确性、及时性和完整性，并保障个人信息安全。

（3）明确民事救济措施。《隐私法》规定，任何机关因为没有应要求更改、复查特定主体的信息记录，持有的个人信息不符合"准确、相关、及时、完整"的原则，导致在做出关于资质、权利、机会、利益等决策的时候，由于存在偏见而对该个人产生不利的影响，受侵害的当事人可以到法院提起民事诉讼，要求民事赔偿。

2. 私人组织数据隐私保护监管：分散立法

对于私人企业处理个人数据行为监管的法律，美国目前没有进行全国性的统一立法，而是分散在州立法和重点行业监管立法中。

2022 年，美国众议院和参议院发布了《美国数据隐私和保护法》（*American Data Privacy and Protection Act*）草案，试图制定美国联邦层面的个人数据隐私保护法律以充分保护消费者的数据隐私。草案提出了如下的个人数据保护要求。

（1）明确个人生物信息的概念。通过对个人独特的生物、物理或生理特征进行技术处理而产生的与个人相关或合理相关的任何覆盖的数据，具体包括指纹、声纹、虹膜或视网膜扫描、面部映射或手部映射、几何图形或模板、步态或个人识别的身体动作等，不包括数字化照片或视频。

（2）监管重点针对大型数据持有人。大型数据持有人的认定标准是在最近年度年总收入超过 2.5 亿美元，并且采集处理或转让的个人数据涉及的个人人数超过 500 万人或个人敏感数据涉及的个人人数超过 20 万人，但上述数据标准不包括个人邮件地址、电话号码或设备管理的注册数据。

（3）重点明确个人数据采集利用应坚持的基本原则。具体来说：①数据采集最小化原则。法案规定企业对用户的数据收集应满足合理必要、与目的相称的原则，从而限制了用于处理和传输的数据收集量。②忠实义务。不能采集处理或向第三方转移个人社保账号数据和个人敏感数据，也不能采集处理汇总的个人在线搜索或浏览历史数据。③通过设计来保护隐私。法案规定在产品设计和应用阶段应考虑用户隐私保护，并通过内部培训及维护来推动产品设计在隐私保护方面的合规性，以减少数据处理过程中的隐私风险。④在关于个人定价方面应遵循对用户的忠实义务，禁止企业进行有条件的服务或定价，即禁止企业将服务范围、价格水平与用户的隐私权利挂钩，不允许企业在任何情况下改变法案赋予用户的合法权益，不能依据消费者不接受其提出的条件来拒绝提供服务或实行差别化服务。⑤明确企业不得通过价格策略引导用户让渡隐私。

（4）明确消费者数据权。在法律通过后，监管机构将制定具体的细则来对有关问题做出说明。法律规定相关机构或组织应该明确公示其隐私保护政策，确保消费者知晓、比较容易地阅读和准确理解。个人数据权主要是接入权、更正权、删除权、可携带权、同意权等，并重点强调要保证个人数据自决权。

（5）强化了针对特殊群体的隐私保护义务。条款要求禁止向未成年人投放定向广告，禁止在父母不知情的前提下将未成年人的数据传给第三方，鼓励企业内部设立青少年隐私保护专项部门。

（6）规定了禁止算法歧视并对算法进行设计评价及影响评估。法案充分重视算法对用户隐私的影响，提出应对数据处理者进行算法设计评估，同时针对大型数据控制者还应开展算法影响评估。

目前美国一些州都制定了自己的个人数据隐私保护法，最具影响力和代表性的是加利福尼亚州于 2018 年通过的 CCPA。CCPA 借鉴了欧盟《通用数据保护条例》的立法模式，但在具体规则上与《通用数据保护条例》主要存在以下几点不同：一是提出隐私保护的经济性激励措施。CCPA 鼓励企业采用经济手段来平衡个人隐私保护与数字经济发展的关系，即鼓励企业通过向消费者支付合理的价格来换取或购买消费者隐私信息，并且企业向消费者支付的价格需要给出相应的估值方式以保证公正与透明。二是赋予个人隐私损害赔偿权。CCPA 明确了消费者具有私人诉讼权和获得赔偿权，突出对消费者个人经济性损害赔偿在约束数据滥用和保护消费者权益中的主导作用。三是相对有限的监管对象。CCPA 的约束对象为具有一定规模的数据控制者，只有在年收入、处理个人信息量以及数据依赖收入占比上达到一定要求的企业才会被纳入监管范围，小规模企业则一般不会受到监管。

除此之外，美国政府部门还出台了一些重要行业领域的个人隐私信息保护专门法律。例如：1996 年的《健康保险可携带和问责法》（*Health Insurance Portability and Accountability Act*，HIPAA）中对医疗信息（包括个人可识别信息）的收集和流动中的隐私保护进行了法律规定；1999 年通过的《格雷姆—里奇—比利雷法案》（*Gramm-Leach-Bliley Act*）对金融机构采集和使用非公开个人信息进行了规范；2000 年 4 月生效的《儿童在线隐私保护法》（*Children's Online Privacy Protection Act*，COPPA）主要针对受众为 13 岁以下儿童的网站或在线服务的运营商提出了一系列保护儿童隐私数据安全的要求。

3. FTC 的个人隐私保护执法

美国联邦层面的隐私保护监管机构是 FTC，FTC 拥有立法权和执法权，其主要是根据《联邦贸易委员会法》第五条关于禁止不公平竞争行为的条款以及《儿童在线隐私保护法》的执法。在此情况下，FTC 宣布了企业隐私保护应该遵循的 5 个基本原则：告知 / 知晓，选择 / 同意，接入 / 参与，一体化 / 安全，执行 / 赔偿。[①] 针对 Facebook 公司的个人隐私数据泄露事件，FTC 经过调查后认为违法，并在 2019 年 FTC 与 Facebook 公司就 Facebook 公司与剑桥数据分析公司数据共享导致 8700 万用户数据泄露问题达成和解协议，Facebook 公司为此支付了 50 亿英镑的罚款。

4. 美国个人数据隐私保护体制的特点

美国的隐私保护监管体制是由政府和行业构成的合作监管模式，具体形式为政府提供基本的原则性指导，行业协会权衡自身利益及业务特点制定具体的行为准则，企业通过自我管理落实政府的隐私保护原则。相较于欧盟由政府主导的强行政监管模式，美国的监管模式充分强调企业、行业协会等微观主体自我监管的基础作用，呈现较为灵活的"自下而上"的监管格局，通过互联网企业的自我治理实现个人隐私保护与行业创新发展的平衡。

三、隐私保护监管中的政府失灵

（一）政府失灵的原因

在政府监管理论中，支持政府监管会纠正市场失灵观点的重要前提假设是政府监管机构能实现公共利益目标，并且监管行政成本和产业的合规成本不会过高。但在数字经济中，隐私保护监管很难满足上述最优监管的条件。

（1）数字经济是一个快速创新发展的领域。在动态的经济环境中，政府监管政策往往会面临较大的政策过时的失效风险，政府干预往往会扭曲市场竞争并阻碍技术创新，因此政府监管机构缺乏充分实现公共利益目标的能力和政策工具。

（2）不恰当的数据隐私保护会扭曲数字经济的商业模式并不利于消费者福利。数字经济的典型商业模式是数字平台企业通过向消费者提供免费服务来免费获取消费者用户数据，这是一种典型的双向免费商业模式。如果对消费者个人数据实行严格的保护或赋予消费者对个人数据的产权，则数字企业采集消费者用户数据就需要支付更高的数据成本和谈判交易成本，而且这势必会改变多边平台市场的免费服务的商业模式，转而向消费者收费来获得利润。

---

① Federal Trade Commission Statement before the Committee on Commerce, Science, and Transportation, Washington, DC, May 25, 2000.

（3）政府过度的隐私监管往往会给企业带来过高的合规成本，增加企业负担和降低企业竞争力，并阻碍数字经济的创新发展。例如，欧盟《通用数据保护条例》的实施就明显增加了数字企业的合规成本，对美国谷歌、Facebook 等企业在欧盟的创新发展带来较大的不利影响，具有明显的产业保护主义色彩。

（二）政府失灵的表现

对于政府隐私监管政策实施的效果，更多的学者进行了针对特定行业的经验分析，发现不恰当的政府监管会产生如下几个方面的负面结果。

（1）过度隐私保护会扭曲市场机制并阻碍数字经济发展。个人数据的本质是市场交易不可或缺的投入——信息，过度隐私保护会减少市场有效运行所需要的信息，增加了信息不完全和信息不对称程度，不利于市场机制实现资源优化配置。

（2）不恰当的隐私保护会扭曲数字市场竞争。隐私保护监管可能会带来有利于大企业而不利于小企业的竞争扭曲后果。例如，在采取消费者"知情—同意"的隐私监管规则下，消费者更偏爱具有宽业务范围的大规模网络平台，由此消费者"知情—同意"监管政策会给小企业和新进入者带来进入壁垒，同时强化大规模多元化平台的市场势力，从而产生扭曲市场竞争的负面效应。

（3）过度的隐私保护会阻碍数据驱动的创新。在数字经济中，隐私数据是企业进行创新的重要投入，适度的隐私保护会增进消费者的信心并促进数据采集利用，而过度的隐私保护则会增加企业获取数据和开发利用数据的难度，从而限制数据驱动的创新。由于隐私监管对技术创新具有异质性影响，其既可能促进创新也可能阻碍创新，而这主要取决于具体的隐私监管法规或政策的具体规定。因此，政府隐私保护政策需要避免一刀切的过度监管，同时根据不同行业或应用场景来进行差别化设计，并遵循必要的政策影响评估程序。

（4）隐私保护监管会影响再分配。由于隐私保护具有天然的再分配影响，不恰当的隐私保护反而会降低消费者福利。在完全的强隐私保护体制下，由于完全隐私保护禁止企业收集消费者隐私信息，所以强隐私保护体制严重阻碍了基于经济价值补偿的市场化数据采集交易机制的发展，这不仅会弱化企业之间的竞争和阻碍企业创新，而且消费者的数据无法获得价值补偿，以及无法通过数据来交换数字平台免费服务或享受高质量个性化推荐服务，导致消费者剩余也会降低。

（三）隐私保护监管中的政府与市场

隐私保护的市场机制和政府监管并不是替代关系，市场机制和政府监管实际上是一种互补的关系并且呈现出动态的组合变化，政府监管强度往往受技术手段、市场发育程度（交易成本）的变化而变化。因此，个人隐私信息保护要实现市场机制与政府监管的合理组合和动态优化。个人数据隐私保护需要充分发挥市场机制的基础性作用，政府监管不应取代或限制市场化的私人合约机制，而应该促进市场机制发育和完善。因此，隐私保护政策设计的核心是消除隐私市场失灵。一方面，政府要完善个人数据隐私保护相关法律制度，通过向消费者合理赋权和明确企业采集使用个人数据信息规则，增强消费者对个人信息的自决权和控制力，并综合运用隐私保护法、竞争法等法律来规范强势数字商务企业的数据采集处理行为；另一方面，政府要积极培育发展数据要素市场，大力培育个人数据市场交易中介组织，降低个人与企业之间的交易成本，充分发挥市场机制在实现最佳隐私保护中的决定性作用。

第四节　中国个人数据隐私保护制度

一、个人隐私保护监管法律体系

在全面发展数字经济的背景下，中国近年来逐步重视消费者数据隐私保护，突出的体现为 2021 年 8 月，第十三届全国人民代表大会常务委员会第三十次会议通过的《个人信息保护法》。除了《个人信息保护法》，针对个人信息保护的相关法规还散见在其他法律、行政法规、部门规章、部门工作文件、国家标准中（见表 5.1），这些多层次、多领域、结构复杂的个人信息保护政策法规组成了我国目前的个人信息保护政府监管法规体系。

表 5.1　中国个人信息保护的相关法律法规

类型	名　　称	发布部门	主要监管对象
法律	《个人信息保护法》	全国人民代表大会	在中国境内处理自然人个人信息的主体
	《数据安全法》	全国人民代表大会	在中国境内开展数据处理活动的主体
行政法规	《个人信用信息基础数据库管理暂行办法》	中国人民银行	中国人民银行、商业银行及其工作人员
	《征信业管理条例》	国务院	在中国境内从事征信业务活动的机构
部门规章	《儿童个人信息网络保护规定》	国家网信办	网络运营者
	《个人金融信息（数据）保护试行办法》	中国人民银行	金融机构与第三方征信业务活动
	《寄递服务用户个人信息安全管理规定》	国家邮政局	邮政行业寄递服务
	《中国铁路总公司网络信息保护管理试行办法》	中国国家铁路集团有限公司	中国铁路总公司的业务活动
	《电信和互联网用户个人信息保护规定》	工信部	电信服务和互联网信息服务
部门工作文件	《App 违法违规收集使用个人信息行为认定方法》	国家网信办	App 运营企业

类型	名　称	发布部门	主要监管对象
国家标准	《信息安全技术个人信息安全规范》	国家市场监管总局、中国国家标准化管理委员会	个人信息控制者
	《信息安全技术公共及商用服务信息系统个人信息保护指南》	全国信息安全标准化技术委员会	行使公共管理职责机构以外的各类组织和机构
	《信息安全技术网络安全等级保护基本要求》	国家市场监管总局、中国国家标准化管理委员会	非涉密对象
	《常见类型移动互联网应用程序必要个人信息范围规定》	国家网信办、工信部、公安部、国家市场监管总局	App 运营者
	《互联网信息服务算法推荐管理规定》	国家网信办、工信部、公安部、国家市场监管总局	实施互联网算法推荐服务的主体

资料来源：作者根据有关法规整理。

二、中国《个人信息保护法》确定的个人信息保护制度

《个人信息保护法》是统一个人信息利用规范、明确相关主体责任及法律救济原则的专门法。

（一）适用对象

《个人信息保护法》第三条指出，个人信息保护监管适用的对象为两类：一类是在中华人民共和国境内处理自然人个人信息的活动；另一类是在中华人民共和国境外处理中华人民共和国境内自然人个人信息的活动。

（二）个人信息处理的原则

《个人信息保护法》对处理个人信息提出了如下的基本原则：知情—同意原则，合法、正当、必要和诚信原则，合理目的原则，最小化原则，公开、透明原则，信息质量原则，安全保障原则（见表5.2）。

表 5.2　《个人信息保护法》确定的个人信息处理原则

原　则	法律条款	具体规定
知情—同意原则	第十三条~第二十七条	个人信息处理需取得个人单独同意，该同意应当由个人在充分知情的前提下自愿、明确作出，并有权撤回同意
合法、正当、必要和诚信原则	第五条	处理个人信息应当遵循合法、正当、必要和诚信原则，不得通过误导、欺诈、胁迫等方式处理个人信息
合理目的原则	第六条	处理个人信息应当具有明确、合理的目的，并应当与处理目的直接相关
最小化原则	第六条	收集个人信息，应当限于实现处理目的的最小范围，不得过度收集个人信息

原　则	法律条款	具体规定
公开、透明原则	第七条	处理个人信息应当遵循公开、透明原则，公开个人信息处理规则，明示处理的目的、方式和范围
信息质量原则	第八条	处理个人信息应当保证个人信息的质量，避免因个人信息不准确、不完整对个人权益造成不利影响
安全保障原则	第九条	个人信息处理者应当对其个人信息处理活动负责，并采取必要措施保障所处理的个人信息的安全

资料来源：根据《个人信息保护法》有关条款整理。

（三）个人信息权利

《个人信息保护法》赋予了个人对个人信息的知情权、决定权，查阅复制权，更正权，删除权，要求解释权等（见表 5.3）。

表 5.3　《个人信息保护法》确定的个人信息权

权　利	法律条款	具体规定
知情权、决定权	第四十四条	个人对其个人信息的处理享有知情权、决定权，有权限制或者拒绝他人对其个人信息进行处理
查阅复制权	第四十五条	个人有权向个人信息处理者查阅、复制其个人信息
更正权	第四十六条	个人发现其个人信息不准确或者不完整的，有权请求个人信息处理者更正、补充
删除权	第四十七条	在规定情形下，个人信息处理者应当主动删除个人信息；个人信息处理者未删除的，个人有权请求删除
要求解释权	第四十八条	个人有权要求个人信息处理者对其个人信息处理规则进行解释说明

资料来源：根据《个人信息保护法》有关条款整理。

（四）个人信息处理者的义务

《个人信息保护法》第五章对个人信息处理者的义务提出了要求，具体包括建立内部个人信息安全管理制度、指定个人信息保护负责人、境外信息处理者需要在境内设立专门机构或代表、进行合规审计、进行个人信息保护影响评估、及时处理安全事故并告知监管部门和个人等。

此外，《个人信息保护法》对提供重要互联网平台服务、用户数量巨大、业务类型复杂的个人信息处理者提出了特别的义务要求，具体包括：①按照国家规定建立健全个人信息保护合规制度体系，成立主要由外部成员组成的独立机构对个人信息保护情况进行监督；②遵循公开、公平、公正的原则，制定平台规则，明确平台内产品或服务提供者处理个人信息的规范和保护个人信息的义务；③对严重违反法律、行政法规处理个人信息的平台内的产品或服务提供者，停止提供服务；④定期发布个人信息保护社会责任报告，接受社会监督（见表 5.4）。

表 5.4 《个人信息保护法》规定的信息处理者义务

权　利	法律条款	具体规定
建立内部个人信息安全管理制度	第五十一条	个人信息处理者有义务建立内部管理制度、对个人信息分类管理、采取安全技术措施、确定操作权限和定期培训、制定应急预案等
指定个人信息保护负责人	第五十二条	处理个人信息达到规定数量的个人信息处理者应当指定个人信息保护负责人
在境内设立专门机构或代表	第五十三条	境外个人信息处理者应在中国境内设立专门机构或指定代表来负责处理个人信息保护相关事务
进行合规审计	第五十四条	个人信息处理者应当定期对其处理个人信息遵守法律、行政法规的情况进行合规审计
进行个人信息保护影响评估	第五十五条	在法律规定的情形下，个人信息处理者应当事前进行个人信息保护影响评估，并对处理情况进行记录
及时处理安全事故并告知监管部门和个人	第五十七条	发生或者可能发生个人信息泄露、篡改、丢失的，个人信息处理者应当立即采取补救措施，并通知履行个人信息保护职责的部门和个人

资料来源：根据《个人信息保护法》有关条款整理。

（五）监管机构体制

根据《个人信息保护法》的规定，个人信息保护监管机构体制主要涉及如下几个方面。

（1）明确国家网信办是个人信息保护的监管机构。国家个人信息保护监管机构为国家网信部门，其负责统筹协调个人信息保护工作和相关监督管理工作。

（2）明确部门协同执法体制。国务院有关部门依照本法和有关法律、行政法规的规定，在各自职责范围内负责个人信息保护和监督管理工作。

（3）明确国家与地方的纵向监管职权关系。县级以上地方人民政府有关部门的个人信息保护和监督管理职责，按照国家有关规定确定。

（4）明确个人信息保护监管机构的职责权限（如表 5.5 所示）。

表 5.5 《个人信息保护法》确定的监管机构的职责权限

职责权限	具体规定
个人信息保护职责	（1）开展个人信息保护宣传教育，指导、监督个人信息处理者开展个人信息保护工作；（2）接受、处理与个人信息保护有关的投诉、举报；（3）组织对应用程序等个人信息保护情况进行测评，并公布测评结果；（4）调查、处理违法个人信息处理活动；（5）法律、行政法规规定的其他职责
个人信息保护工作	（1）制定个人信息保护具体规则、标准；（2）针对小型个人信息处理者、处理敏感个人信息，以及人脸识别、人工智能等新技术、新应用，制定专门个人信息保护规则、标准；（3）支持研究开发和推广应用安全、方便的电子身份认证技术，推进网络身份认证公共服务建设；（4）推进个人信息保护社会化服务体系建设，支持有关机构开展个人信息保护评估、认证服务；（5）完善个人信息保护投诉、举报工作机制

续表

职责权限	具体规定
个人信息保护的措施	（1）询问有关当事人，调查与个人信息处理活动有关的情况；（2）查阅、复制当事人与个人信息处理活动有关的合同、记录、账簿及其他有关资料；（3）实施现场检查，对涉嫌违法的个人信息处理活动进行调查；（4）检查与个人信息处理活动有关的设备、物品，对有证据证明是用于违法活动的设备、物品，可以查封或扣押

资料来源：根据《个人信息保护法》第六十一条、第六十二条和第六十三条的规定整理。

（六）法律责任

针对侵害个人信息的行为，《个人信息保护法》规定了多种处罚措施。

（1）《个人信息保护法》规定了责令整改、警告、暂停或终止服务、没收违法所得、行政罚款、吊销相关业务许可或吊销营业执照、记录信用档案并公示等行政处罚措施。

（2）对于未履行个人信息保护义务的信息处理者处以100万元以下罚款，直接负责人处以1万~10万元罚款；对于违法行为情节严重的信息处理者处以没收违法所得并处以5000万元以下或上一年度营业额5%以下罚款，对直接负责人处以10万~100万元罚款。

（3）对未履行个人信息保护义务的国家机关规定了由其上级机关或个人信息保护监管机构责令改正，对直接负责的主管人员和其他直接责任人员依法给予处分，对工作人员玩忽职守、滥用职权、徇私舞弊但尚不构成犯罪的，依法给予处分。

（4）对处理个人信息给个人造成损害的，个人信息处理者在不能证明自己没有过错的情况下，应承担损害赔偿等侵权责任。

三、中国个人隐私保护监管政策完善

尽管中国正在积极推进个人数据隐私保护的各项工作，制定了专门法及各项行政法规，并开展了一系列监管执法活动，但目前国内个人数据隐私被侵犯现象还大量存在，隐私安全问题并没有得到彻底解决。总体而言，个人隐私保护还需要进一步完善，具体来说有以下内容。

（1）完备个人数据隐私保护的政策法规体系。在统一立法前颁布实施的行政法规、部门规章及国家标准等存在条款不统一、重复监管等问题的，需要在《个人信息保护法》的统领下进一步优化整合。同时，为确保《个人信息保护法》的真正落地，还需要出台一系列的配套以细化法律的各项规则。

（2）健全个人数据隐私保护监管机构体制。首先，目前中国个人隐私保护监管机构是国家网信办，但是从执法定位来说，国家网信办是以维护国家公共安全为主的网络信息监管机构，其对个人数据隐私保护任务所需要的职权定位和资源配备还不是很充分，出现明显的"重公共数据安全、弱个人数据保护"的现象。为此，建议未来在国家网信办下设分工合作的机构：一个机构负责影响国家公共安全的网络与数据监管，如打击网络犯罪、加强关键信息基础设施行业监管、数据出境监管等工作；另一个机构则主要负责公民个人数据隐私保护监管，重点是督促数据占有者和处理者完善个人数据保护的技术与组织保障、处理有关的投诉、查处侵犯公民个人隐私的案件、加强对未成年人隐私保护、加强公民个人隐私保护教育等。其次，目前中国个人隐私保护采取的是网信办统筹下的多部门联合执法，数据隐私保护的法规制定、投诉受理、宣传教育、监督执法等相关工作以多部门协同的方式开展。为进一步提高监管效能，应加强不同部门机构之间的联动机制，对内明晰职权划分，对外明确投诉受理渠道，优化组织机构职能和协同执法体制。

（3）建立个人数据隐私保护的多元监管治理机制。依赖单一的行政监管机制并不能平衡数据保护与数据流通的关系，未来应该积极探索由政府 - 企业组成的合作监管机制及数据市场治理制度，强化数据占有者和处理者的主体责任，增强各类数据占有者和处理者采集利用个人数据的透明度和可问责性，建立对各类主体相同的法律责任体制并完善制度，充分保证公民个人对个人数据的自决权和有效的维权渠道，创新社会组织参与治理的途径和方式，构建多元主体参与的个人数据隐私保护监管治理机制。

（4）创新个人数据隐私保护的政策工具。目前的个人数据隐私保护主要是采取以政府行政监管为主的执法方式，并主要采用传统的行政命令—控制方式。首先，个人数据保护应该创新政府监管方式，更多采用软监管的方式来进行，并培育个人数据市场和鼓励基于经济补偿的个人数据采集和使用。其次，为防止政府监管阻碍创新，要完善政策影响评估制度，更多采用监管沙盒等试验性监管方式。最后，个人数据保护应注重发挥技术性治理的独特作用，要求政府机关、企业等个人数据控制者与处理者将个人数据保护嵌入系统设计当中，通过设计来保护用户隐私，并大力推进个人隐私保护技术的开发与应用。

讨论案例：杭州余杭区检察院诉某网络科技公司个人信息民事公益诉讼案 [①]

案涉 App 是被告某网络科技有限公司开发、运营的一款音乐视频教学类手机应用程序，主要功能为在线音乐教育，通过直播教学，提供热门乐器线上教学视频。该 App 在安装、使用过程中存在以下对用户个人信息的违法、违规现象：

（1）该 App 在下载安装及使用过程中未显示隐私政策条款，未通过弹窗等明显方式提示用户阅读隐私政策等个人信息收集使用规则，且没有具体的隐私政策内容；

（2）该 App 因用户不同意收集非必要个人信息或打开非必要权限，而拒绝提供业务功能；

（3）该 App 在申请打开可收集用户行踪轨迹等个人敏感信息时，未同步告知用户其目的、方式和范围。

在审理过程中，经法院组织调解，双方当事人达成调解协议：

（1）被告立即停止实施侵害案涉 App 用户个人信息的违法违规行为，按照国家有关法律法规的要求，于 2020 年 9 月 9 日前对该 App 进行全面整改；

（2）被告于 2020 年 9 月 9 日完成前述第一项承诺的整改内容，并由辖区内行

---

① 杭州互联网法院（2020）浙 0192 民初 4252 号。

政监管部门认可的第三方检测机构对整改情况进行全面的 App 个人信息收集合规检测，若第三方检测机构提供的检测报告显示该 App 仍存在违法违规收集用户个人信息的行为，则被告应立即对该 App 做全面下架整改直至检测通过；

（3）被告应立即删除违法违规收集、存储的全部用户个人信息，包括用户精确定位信息（经纬度信息）、手机设备号信息等，相关信息删除情况由辖区内行政监管部门认可的第三方检测机构在检测报告中予以查询、确认；

（4）被告就侵害案涉 App 用户个人信息的行为，向社会公众做公开赔礼道歉；

（5）被告承诺在今后的运营过程中严格遵守个人信息保护的法律、法规，不再有违法违规收集使用个人信息的行为，并自觉接受辖区内行政监管部门的监督检查；

（6）若被告未按前述协议约定的内容履行，存在违反本协议约定的行为，其相关违法违规收集用户个人信息的行为一经行政主管部门或司法机关确认，将自愿向公益诉讼起诉人——杭州市余杭区人民检察院支付 50 万元违约金。

讨论问题：

1. 本案中被告的行为为什么构成违法？
2. 如果本案是民事诉讼，被告会面临何种处罚？

本章总结

由于个人数据是个人隐私权的重要组成部分，因此个人数据是个人人格权的体现。芝加哥学派认为，在市场机制有效发挥作用的情况下，个人隐私数据市场可以实现最佳个人信息披露和隐私保护，因此不需要政府介入。但是由于隐私悖论、信息不对称、谈判力不对等、个人数据市场不完善，市场机制并不足以提供最优的个人数据保护，因此需要政府监管来保护个人数据隐私。但是政府实施个人数据隐私保护监管也可能会带来政府失灵，阻碍数据要素的开发利用和创新。个人数据隐私保护要合理平衡个人隐私保护与数据驱动的创新之间的关系，构建包括完备法律、有效机构、明确主体责任和严厉法律责任在内的个人数据保护监管体制。

关键词

个人隐私 隐私信息 个人数据 个人信息 隐私悖论 隐私市场失灵

复习思考题

1. 隐私市场失灵的原因有哪些？
2. 隐私保护监管为何会有政府失灵？
3. 请说明个人隐私保护的监管制度框架。
4. 中国《个人信息保护法》对处理个人信息确立哪些基本原则？

第六章
人工智能监管

第一节　人工智能概念

近年来，人工智能技术发展快速并获得了广泛的应用。典型的人工智能技术应用包括人脸识别、智能翻译、AI 换脸、图像识别、语音合成、导航系统、个性化推送、智能零售、AI 教育、AI 气候预测、AI 主播等。人工智能是相对于人脑等自然智能的一个概念，它指利用数字计算机或由数字计算机控制的机器来模拟、延伸和扩展人类的智能，感知环境、获取知识并使用知识获得最佳结果的系统。因此，人工智能指使用一种或多种相关技术和方法开发的软件，对于给定的一系列预设目标，能够产生影响其交互环境的内容、预测、建议或决策等的输出。人工智能主要是基于数据分析来对现实世界进行模型化，并运用这些模型来预测未来的事件。在数字经济中，人工智能系统的产出结果通常为信息内容、预测、推荐、识别、分类等。

从具体运行来说，人工智能需要将一系列的算法结合起来，以便处理数据并进行决策。算法就是执行计算或解决特定问题时要遵循的一组规则，它包含求解所需的一系列步骤。算法实质上是一种快捷地告诉计算机下一步要做什么的方式，通过使用"and"（与）、"or"（或）或"not"（非）语句给出指令。

机器学习是人工智能的一个分支，是实现人工智能的一种方法。机器学习指人工智能算法在没有人的指令或程序干预的情况下通过数据分析来自主学习，生成新的算法模型，并决定如何执行特定任务。机器学习技术采用神经网络架构来分析处理数据投入，进行深度自主学习和建立数据变量之间的关系并做出决策。它使用算法来解析数据并从中学习，然后对真实世界中的事件做出预测和决策。和传统的为解决特定任务而专门进行编程的思路不同，机器学习让计算机在没有明确编程的条件下拥有学习的能力，通过对大量数据的学习找出完成任务的方法。

现代人工智能主要是以深度学习为核心的机器学习技术来执行任务并实现持续的动态优化。深度学习是机器学习的一个研究分支，它利用多层神经网络进行学习，通过组合低层特征形成更加抽象的高层表示属性类别或特征，以发现数据的分布式特征表示。

人工智能、机器学习与深度学习的关系如图 6.1 所示。

图 6.1　人工智能、机器学习与深度学习的关系

目前，人工智能技术对经济发展、社会进步、国际政治格局等诸多方面产生重大而深远的作用。在经济社会中，不仅数字技术产业和传统制造业在普及应用人工智能，金融、交通、医疗、教育、公共管理、公安司法等领域也都在大力应用人工智能，采用人工智能

进行预测与决策。人工智能正在对生产、消费、交易、社会治理和私人生活等产生深刻的影响，正在全面重构整个经济社会体系。人工智能的广泛应用在带来社会经济增长和居民便利的同时，也不断暴露出各种风险隐患，因此迫切需要加强对人工智能的监管。

人工智能监管指通过制定一系列的法律、规则、政策和构建多元主体参与的治理体系，促进人工智能以安全、信任和有益于社会的方式被开发与应用，从而确保人工智能应用造福于人类。在理论研究和政策应用中，人工智能监管有时也称"算法监管"。

第二节　人工智能应用风险

人工智能在很大程度上超越了人类的数据分析能力，具有了更为超级的智能。人工智能的快速发展和人类认知能力的局限造成了人工智能技术能力和人类认知能力之间的差距日益扩大。由于人工智能系统的黑箱模式（black box）及其内在的风险，人工智能的大范围应用会给经济与社会带来诸多的风险。

一、人工智能"黑箱"模式及潜在风险

（一）人工智能黑箱模式

机器学习人工智能主要是采用黑箱模式，因为人无法确切知晓其运行情况，无法解释算法自主决策结果是如何产生的，所以机器学习具有显著的决策模糊性和结果不可解释性。简单来说，黑箱模式指人工智能算法的运行对用户或其他相关方是不可见的。即算法模型在做出预测和决策的过程中所进行的一系列操作是未知的，或者即使人类很清楚模型在进行决策的过程中的每一步具体的操作，但是所进行的操作无法用人类可以理解的语义来描述。

在人工智能发展中，一个长期坚持的观点是，由于人工智能算法结构的复杂性和多维度性，即使最精确的算法模型也内在地具有不可解释性和复杂性，即不可解释性是实现决策精确度所必需的。对于采用黑箱模式的机器学习人工智能来说，即使是系统开发者、数据专家，他们通常也无法解释清楚各个变量是如何组合在一起并相互作用从而导致最终决策结果的。

人工智能的黑箱模式主要体现在如下几个方面：首先，人工智能算法的技术不可解释性。人工智能算法主要指对大数据进行分析并找出数据变量之间的相关性，但是其本身无法解释数据变量之间的因果关系，体现出一定的技术不可解释性。其次，人工智能算法的结果不可解释性。人工智能决策是机器自主完成的，人工智能算法的运行并不像人类具有相同或相似的推理逻辑，人无法充分了解人工智能算法的运行过程，以及产出结果是如何产生的，难以对运算结果的正确性做出准确判断。再次，人工智能算法运行的动态性和结果的不确定性。人工智能算法主要是采用机器自主的深度学习，并且根据环境变化来自主学习和优化，这使人工智能算法处于持续的动态变化过程当中，人无法对算法运行结果进行准确预测。最后，人工智能使用者有意地对算法决策过程实行封锁所带来的模糊性。由

于知识产权法律保护和人工智能系统使用者出于商业秘密保护等原因，外界无法知晓人工智能算法软件的源代码及其运行逻辑。

（二）人工智能系统的潜在风险

人工智能算法是解决问题的编码程序，它基于复杂的计算和程序运行将投入的数据转变为有用的产出，以帮助人们更好地决策。人工智能系统包括算法设计开发、数据投入、算法运算与决策、算法决策结果输出与应用等环节。因此，人工智能算法在本质上是一个投入产出的过程，包括算法设计开发、数据投入、算法运算与决策、算法决策结果输出与应用等，各个环节的缺陷都会产生风险。由于数据投入和算法运行决定了最终的算法结果，算法的运行可能存在不正确或偏差的结果，同时如果人类错误解读算法结果或错误运用算法结果来进行决策，也会对经济社会带来损害。根据人工智能系统的开发应用流程，我们将各个环节的潜在风险具体总结在图 6.2 中。

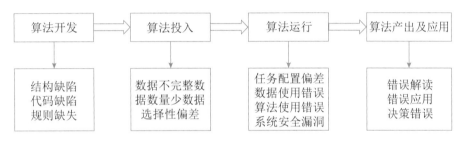

图 6.2　人工智能系统各个环节的潜在风险

（1）人工智能算法开发风险。人工智能系统开发设计风险主要体现为：一是算法结构缺陷，即由于人的认知能力的局限性而造成的算法设计缺陷，典型的如算法逻辑结构缺陷、错误的假设等；二是算法技术代码缺陷，如不恰当的模型技术、代码错误、算法程序设计中的错误等，这些缺陷会导致算法运行得出有偏差的结果；三是算法技术的开发单纯地关注技术或经济目的，缺失社会规则和伦理规范，由此导致在算法开发中将人的偏见带入人工智能算法程序。

（2）人工智能算法投入风险。数据是人工智能的重要投入，数据质量在很大程度上决定了人工智能算法训练及决策结果质量。算法使用的数据分为三类：投入数据、训练数据、反馈数据。如果数据不完整、不及时、不相关、存在选择性偏差，数据量不够，使用了不恰当的数据采集技术，以及偏见的长期存在导致数据本身就包含历史性偏差或行为性偏差，都会造成数据集存在质量缺陷。在人工智能算法依赖数据来训练算法和进行决策的过程中，数据集的一个小缺陷也会导致系统性偏差结果，从而产生算法决策偏差风险。

（3）人工智能算法运行风险。人工智能运行风险主要体现为：一是任务配置的偏差，这主要是使用者错误地理解了算法程序的使用目的或错误地分配了任务，导致人工智能系统运行偏离使用的初衷；二是人工智能训练与验证存在虚假模式等，在人工智能算法训练、测试或验证过程中因缺乏技术严密性或概念合理性而导致不正确输出，出现数据使用或算法使用错误；三是人工智能系统安全漏洞，人工智能算法设计存在的安全漏洞为黑客攻击等提供了可能，外部攻击造成算法系统运行出现问题或产生错误的结果。

（4）人工智能算法产出及应用风险。人工智能算法产出结果的应用风险主要是不恰当地解读算法结果，忽视算法结果应用的前提假设而不恰当地使用算法结果，忽视算法结果应用的场景要求而造成错误的场景应用，算法使用者错误地使用或过度依赖算法导致决策错误。典型的例子有，汽车司机过度相信自动驾驶系统从而产生交通事故。另外，在人机交互的人工智能系统中将人的偏见带入，人工智能系统使用者的恶意应用、滥用或选择性使用都会带来风险。

二、人工智能应用的潜在经济社会风险

（一）人工智能应用的经济性风险

（1）人工智能应用可能会扭曲消费者决策。首先，企业有可能利用人工智能算法来操纵信息从而误导消费者决策。消费者决策在很大程度上取决于其所获取的信息，人工智能算法加剧了消费者与平台企业之间的信息不对称，具有大数据信息优势的平台有能力通过操纵信息来误导消费者以获取利益，如算法实施的具有偏差性的用户评价与排名，误导性信息发布或广告推送、过滤性信息推送、机器合成的虚假信息等。其次，企业有可能利用人工智能算法对消费者实施剥削性定价。数字平台基于消费者个人数据来实行个性化定价，甚至制定接近完全价格歧视的价格，以完全占有消费者剩余。总之，借助于人工智能算法，平台企业可以实行更加普遍的个性化营销和定价策略，更广泛地操纵消费者的选择，从而达到更多或全部占有消费者剩余的目的。

（2）人工智能应用可能会扭曲市场竞争。人工智能应用提高了数字寡头企业实施各种垄断行为的风险。首先，人工智能算法会促进企业之间的价格合谋。算法可以做到实时跟踪竞争对手的价格变化，并迅速采取相应的跟进策略。人工智能算法降低了市场的不确定性，降低了价格协调的成本，提高了对单个企业背叛行为的处罚有效性，从而可以在不需要寡头企业之间相互直接协调和高成本监督的情况下实现价格合谋。其次，支配地位平台通过算法滥用来封锁商家或第三方合作商。平台可以通过算法歧视，以及不公平的排名、搜索结果展示、链接导引等来歧视性对待特定商家或第三方合作商，维持自己的垄断势力。最后，人工智能算法为支配地位平台实施各种垄断滥用行为提供了更有效的机制。支配地位平台通过实施算法封锁等行为来排挤竞争对手。

（3）人工智能应用可能会影响就业与收入公平。人工智能系统应用对就业的影响不同于工业经济时代机器代替人的劳动，因为人工智能应用并不是部分代替人的重体力劳动，而是全面替代人的劳动。人工智能应用会导致经济增长出现日益突出的资本替代劳动的趋势，企业具有内在的过度自动化激励，这会导致严重的失业问题。人工智能应用不仅替代传统的低技能劳动者，而且会替代高技能劳动者，缩短高技能劳动者的职业生命周期。更严重的是，人工智能应用会恶化收入分配的公平问题，人工智能应用会增加资本收入在国家总收入中的比重，降低劳动收入的比重，并且高技能群体的收入和低技能群体的收入差距将明显拉大。

（4）人工智能应用可能会带来经济运行风险。首先，人工智能在经济社会活动中日益

融合发展是建立在社会对人工智能充分信任的基础上的，即人们普遍相信人工智能系统的应用会提高自己的福利。因此，信任是人工智能应用发展的重要基础，但是人工智能的潜在风险一旦大规模爆发便会造成严重的经济社会危害，从而会严重动摇社会信任基础，进而成为产业发展的巨大风险。其次，人工智能系统的大范围应用会增加经济发展的系统性风险。例如，股票市场中人工智能的"高频率交易系统（high frequency trading，HFT）"的应用会增加市场的波动性，显著增加市场的系统性风险。

（二）人工智能应用的社会性风险

（1）侵犯个人隐私。人工智能算法依据大数据来追踪和分析每个人的日常行为轨迹，日益深入地侵入私人空间。人工智能算法往往过度采集个人数据、对个人进行识别和行为足迹追踪，基于个人数据深度分析来实现更精准的个人画像，可以更全面深入地了解个人隐私信息并预测个人行为或对个人进行分类分组，特别是人脸识别、语音识别等生物识别系统的非授权同意使用，会造成严重的对个人隐私的侵犯，以及一些情感识别类人工智能系统的应用会对个人精神状态产生影响或操控。面对生物识别技术和侵入性监视技术的快速发展和各类组织无序的大规模应用，保护公民个人隐私成为日益突出的问题。①

（2）损害人的生命健康。首先，人工智能算法会扭曲老人、儿童、残疾人等特定弱势群体的行为。例如，视频游戏、智能玩具等包含色情、暴力等内容，甚至包括一些有损生命健康的危险行为（如自残、自杀等），可能会导致未成年人过度迷恋人工智能，或诱导未成年人做出威胁生命健康或威胁社会安全的行为。其次，人工智能应用会控制和操纵特定个体或群体诱导其实施超负荷的劳动，损害劳动者权益。算法的过度诱导导致行为人或劳动者实施超越生理或心理承受力的行为，会强化对劳动者的监督考核和提高劳动强度，损害行为人的身体与精神健康，或增强企业对普通劳动者的压榨，恶化劳动者的工作状态。

（3）导致社会性歧视。人工智能算法可能会歧视性地对待特定群体，排除了特定公民个人或群体参与重要经济社会活动的机会，影响社会公平正义。例如，人工智能算法设计的偏见、低质量数据带来的结果偏差等原因造成的人工智能算法使特定公民个人或群体在教育录取、就业招聘、职业岗位绩效评价、购买保险、公共服务、司法裁决等方面面临被歧视性对待的风险，使特定公民个人或群体在社会活动中无法平等参与或被不平等对待。另外，由于不同群体的认知、知识水平或生理原因差异，人工智能算法会产生"人工智能鸿沟"问题，使老年人、儿童等特定群体在人工智能算法决定的经济社会活动中处于弱势地位，被边缘化。

（4）侵犯个人人格尊严。特定领域的个人评分或评价被扩大应用到其他领域，严重损害个人声誉，构成对个人尊严的侵犯，严重侵害了个人平等参与社会活动的机会或能力。例如，依据人工智能算法的个人"信用评分"来进行群体分类或社会性排序，或者"文明码""健康码"在未经严格审查或个人同意的情况下被超范围使用，造成对公民个人私权的侵犯，不合理地限制个人行动自由，使个人在就学、就业等活动中受到歧视，限制公民

---

① 这里不包括出于公共利益需要依法实施的个人数据信息采集。

应当享有的平等参与经济和社会活动的基本权利。

（5）影响公共安全。首先，产生安全事故。人工智能系统的设计缺陷、运行稳定性差、抗外部风险能力不足或人工智能应用主体对系统缺陷与风险的人为忽视，使人工智能在智慧城市、无人驾驶汽车、基础设施等领域的广泛应用和过度依赖会明显增加公共安全风险，在特殊情况下会危及公民的生命健康，甚至影响整个社会的有序运行。其次，威胁社会伦理价值。人工智能算法通过过滤、筛选、屏蔽或定向推送具有倾向性信息的内容，并且人类在网络信息空间为了追求流量而出现的低俗有害信息、虚假信息和极端思想的泛滥，都会强化偏见或极端意识，损害社会伦理道德。最后，影响国家政治安全。算法正成为一种左右公众舆论与政治观点的工具，从而对一个国家的政治安全构成威胁。例如：在美国政治选举中，人工智能算法推送的信息影响了选民的政治判断；在英国退出欧盟的过程中，媒体平台借助人工智能算法严重误导公众的意见。

第三节　人工智能监管制度

面对人工智能可能带来的诸多风险，若不能有效加以监管，将对经济、社会产生巨大损害。由于人工智能算法的模糊性和系统使用者对私利目标的追求，仅依靠企业或用户的力量显然不能很好地应对人工智能系统应用所引发的风险。因此，政府必须发挥人工智能监管的主体角色，对人工智能系统做出有效的监管治理，防范各种潜在的风险，让技术更好地促进社会进步，更有力地维护公共利益。

一、人工智能监管的价值准则

人工智能监管应确保人工智能开发与应用遵循基本的价值准则，即"以人为中心"。

首先，人工智能系统应该始终在人的控制之下。技术应该服务于人，人工智能系统的开发与应用应确保人是技术的主人，确保人对技术的控制，防止技术失控或人被超级智能技术控制或胁迫，使人成为被技术统治的对象或成为技术的奴隶。决策过程和结果不应该完全由人工智能算法所决定，而应该保证人工智能的可控性。为此，应强化人对人工智能系统的控制力，人既可以在系统运行中进行实时干预，也可以在事后对系统运行结果进行干预。

其次，人工智能监管重在保护人的自决权。人工智能监管需要保持人对技术的了解，切实维护人拥有是否使用人工智能的自决权，应由个人自主决定是否使用人工智能系统以及如何使用，而不是由技术决定或技术使用者来迫使个人接受。具体来说，人工智能系统采集和使用个人数据信息应遵循"知情同意"和"合法正当"等基本要求；消费者有权决定是否采用人工智能系统及其产品或服务，并有权撤回已做出的承诺或退出使用系统，以充分保证消费者主权；人工智能应用不能限制公民的活动自由，不能造成对特定群体的歧视性对待。

最后，人工智能技术发展和应用应以促进人的福祉为根本目标。人工智能系统的开发设计和应用应遵循基本的伦理准则，伦理准则应该被嵌入系统设计和应用中，不能伤害公民的人格权和损害人的尊严，应有效保护隐私与数据安全，维护消费者权益，促进社会平等与社会公正，构建安全、信任的人工智能治理体系，促进人类福祉的全面提升。

二、人工智能监管原则

为了维护以人为中心的核心价值准则，人工智能系统开发、安装和运行应遵循如下4个基本原则（见图6.3）。

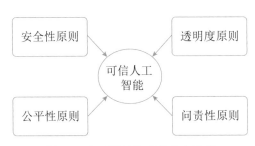

图 6.3　人工智能治理的基本原则

（1）安全性原则。人工智能系统设计和运行应将安全风险最小化，人工智能使用者应采取有效的措施确保用户隐私安全、数据安全和网络系统安全。人工智能治理的重点是通过技术、组织、制度等多种途径来实现人工智能应用的整体安全。为此，应强化安全技术保障，即建立人工智能全生命周期的风险防控体系和安全治理体系，对人工智能应用中的风险能及时识别与纠正并有效地防控，而且在风险发生时能及时采取有效的应急措施，确保人工智能系统的动态安全和安全保障水平的持续提高。

（2）公平性原则。人工智能系统的开发与应用应该遵循基本的伦理准则，消除各种不合理的歧视或不公平、不平等问题。人工智能系统的开发与应用应确保决策结果不会对特定个人或群体造成偏见或歧视，从而使其丧失平等参与经济和社会活动的机会或处于明显不利的地位。人工智能应用应确保所有人都被平等对待，任何人都不应被歧视性对待，从而确保社会公平，维护人的尊严和社会正义，构建更包容的社会。

（3）透明度原则。人工智能系统的开发与应用应该打破人工智能黑箱和运行结果的不可解释性。首先，透明度原则要保证消费者用户的知情权。在人工智能系统运行中，使用人工智能系统方应明确告知消费者或用户，与其交互的是人工智能系统或消费的产品、服务由人工智能系统提供，受人工智能系统运行结果影响的利益相关方对结果产生的过程能够了解或可以要求使用人工智能系统方做出解释。其次，透明度原则最主要体现在可解释性。人工智能系统应增强人工智能算法模型、过程和结果的可解释性，提供充分信息让当事人明白决策是如何产生的，并且当事人在认为结果有偏差时有权要求使用人工智能系统方给予解释。

（4）问责性原则。在人工智能算法决策的情况下，法律责任应该配置给最有可能产生风险并能最有效管控风险的一方。根据这一原则，在人工智能系统开发者、系统使用者、消费者等利益相关者中，将法律责任主要配置给算法程序使用者是最佳的。问责性原则要求人工智能系统使用者应当对算法程序使用产生的结果负责。在明确人工智能系统使用者的主体责任的同时，也要强化系统开发者和用户的治理责任。

三、人工智能监管实施体制

（一）实行以风险为基础的分级分类监管

预防和消除人工智能应用的各种潜在风险是人工智能监管的重点。为此，人工智能监管应该采用以风险为基础的方法，对不同风险等级的人工智能实行分级分类监管。根据风险危害程度，人工智能系统可被分成 4 个等级：不可接受的风险、高风险、低风险和极低风险。

首先，对于严重损害经济社会安全、威胁人类生命和人类伦理的，具有不可接受的风险的人工智能，政府应该通过立法直接加以明令禁止，从而明确人工智能开发和应用的禁区和红线。

其次，对于具有高风险的人工智能系统，政府应实行高强度监管，政府监管的重点是强化事前质量认证的准入监管，明确人工智能应用主体必须遵守的基本原则和法定义务，强化人工智能系统运行监测和合规审计，对违法违规行为实现有效的处罚。

再次，对于低风险人工智能，政府应实行低强度监管，鼓励企业保持透明度，鼓励企业主动采取同高风险相一致的合规行动，鼓励企业主动参与质量认证工作，通过获得质量认证来赢得用户信任。[①]

最后，对于不太可能产生经济、社会、伦理风险的极低风险人工智能，政府不对其进行监管。

以风险为基础的分级监管应该通过立法对政府重点干预的不可接受风险或高风险的人工智能系统做出明确规定。欧盟《人工智能法》明令禁止的人工智能系统主要包括 4 类。

（1）人工智能系统通过采用个人无法察觉的技术来试图扭曲一个人的行为，并且该行为会对该人或他人造成身体或精神损害的。

（2）人工智能系统是针对儿童、老年人、残疾人等弱势群体所开发的，并且其应用会扭曲这些弱势群体中个人行为，而且该行为会对该主体或他人造成损害的。

（3）人工智能系统的应用是基于对自然人过去的行为或个人特征的评价或评级分类的"社会性评分"，从而造成自然人或特定群体在教育、就业等经济社会活动中面临不公正对待并给其造成损害的。

（4）使用远程实时生物识别技术的人工智能应用[②]。从高风险行业来看，欧盟重点关注的行业领域包括医疗健康、信用机构、保险行业、人类生物识别（如人脸识别、语音识别、情感分析）、自动驾驶、影响公众决策判断的合成信息（如在线用户评价、用户流量、深度合成新闻、算法形成的数据报告等）、招生与就业、司法和政府行政管理。

---

① 政府对达到要求的人工智能系统颁发专门的标签，用户可以直接看到认证标签，从而提升用户对该系统使用者的信任，增加其收益。

② 法律明确规定的出于公共利益目的的远程生物识别是被允许的，但其应用必须严格依法进行并确保数据安全。

（二）全生命周期人工智能监管

事前实施安全标准和评估认证制度。为了防患于未然，应该对人工智能系统的开发和应用设定基本的质量安全标准，并实行必要的安全认证制度，对高风险人工智能系统实行必要的认证批准程序要求。建立由第三方实施的人工智能安全达标评估认证制度，高风险人工智能系统必须通过专业机构的人工智能系统安全评估认证，没有通过安全评估的或不达标的人工智能系统不能被直接应用。达标认证评估不仅包括人工智能系统本身的技术设计保障，也包括人工智能应用组织的人员、技术、制度等保障措施。

事中强化企业风险管理责任和加强政府对人工智能应用的风险监测与审计。事中主要是强化企业主体责任，要求企业建立有效的内部风险管理技术和组织保障，同时重点强化监管机构对人工智能系统使用中可能的风险监测及企业合规审计。由于人工智能系统是一个动态的系统，这意味着一次性审计可能很快就会过时。因此，需要对人工智能系统进行持续的监测和全生命周期的动态审计。算法审计主要是审查数据质量、审查算法命令执行中各个因素及其权重、数据或事实与结果之间的相关性等，以及对算法使用者在应用中是否遵守监管要求进行合规审计。为了方便监管机构的监测和审计，人工智能系统使用者有义务向监管机构开放数据界面、算法源代码、算法学习机制和算法运行结果等，以方便监管机构实施监测和进行审计。对于监测和审计中发现的风险问题，监管机构要督促人工智能系统使用者及时整改。

事后强化违法行为的责任追究。加强对人工智能违法行为的处罚，重点是解决如下几个问题：一是明确主体治理责任。尽管人工智能的运行是机器基于神经网络自主学习实现的，并不是在人为干预下实现的，但是人工智能使用者不能借此免责，其负有保证人工智能算法安全可信的主体责任。二是强化对人工智能使用者落实主体治理责任、及时发现和处理各种风险问题情况的监督检查。三是对违规行为处罚。强化对于违背"红线"要求和不遵守数据治理规则要求的违规企业给予相应的处罚。根据法经济学的最优处罚理论，在违法行为被发现的概率给定的情况下，提高罚款额度会降低企业的违法激励。例如，欧盟《人工智能法》规定对违法企业可以处以最高3000万欧元或违法企业上一年度全球市场营业额6%的罚款。四是确立民事损害赔偿制度。如果违法行为对公民个人的权益造成严重损害，公民应有权提起民事诉讼来维护自己的权益。

（三）多元共治的监管治理制度

除了通过行政、司法等公共监管主体，私人主体也应在人工智能监管中发挥重要的治理作用。政府不仅是人工智能算法治理的规则制定者和实施者，同时也是人工智能算法多元治理的重要主体，政府与其他利益相关者应该构建良好的伙伴关系，构建多元共治的监管体制。人工智能监管治理中的多元主体包括行业组织、行业标准化机构、学术界、技术专家、公民组织、消费者组织等。

人工智能监管应鼓励公众积极参与。人工智能监管要充分保障个人权益，对个人隐私等基本的人格权提供充分的法律保障，并且政府监管应该建立多元的社会公众参与渠道，及时沟通反馈有关信息，鼓励利益相关者参与监管政策制定。为促进个人权益保护，政府除了完善立法和强化执法，也需要采取各种措施来提升公民的数字化素养，特别是对老年人等群体的教育。

人工智能监管要充分发挥行业组织的私人"自我监管"作用。政府应鼓励和支持行业协会或标准化组织来协调制定相关的人工智能行业规范或标准，与监管机构合作制定行业企业行为指南和实施企业合规评估工作。政府应鼓励大型数字平台企业承担更多的社会责任，主动强化人工智能自我监管。

四、强化人工智能系统使用者的主体责任

人工智能系统的风险产生涉及多个主体，如何在这些主体之间配置责任是人工智能监管的一个难题。根据法经济学的思想，为了实现最佳风险防范，责任应该配置给能以最高效率实现最佳目标结果的主体。人工智能系统涉及的主体包括系统开发者、系统使用者、系统用户等，在这些主体中人工智能系统的使用者是能够高效率且有强激励实现对系统设计、数据投入、系统运行与应用进行管理的主体。因此系统安全责任应主要配置给人工智能系统的使用者，即应用人工智能系统的企业、政府机构和社会组织。

（1）高风险人工智能系统使用者应充分履行透明度义务。高风险人工智能系统应确保具有足够的透明度，使用户能够理解并正确使用系统的输出结果。具体来说：①应当明确告知用户与其相互作用的是人工智能系统；②应当明确告知用户人工智能系统具有生物识别和情感识别功能；③对深度合成的信息应当做出清晰的标签标注；④应尽可能促进用户对人工智能系统运行的了解，并使受人工智能系统产出结果影响的利益相关者了解结果是如何产生的；⑤应将人工智能系统的目的、应用条件及其局限性等信息明确告知受影响的主体，不能虚假宣传人工智能系统的功能及其结果。

（2）强化人工智能系统使用者的数据治理要求。数据质量是影响人工智能决策质量的重要投入。高风险人工智能系统在进行数据训练、验证和测试时应该遵守数据治理规则。具体来说：①数据必须达到质量要求。人工智能系统使用的数据应该满足"相关性、代表性、完整性、正确性"标准，即人工智能系统不能采用不相关、有偏差、不完整乃至错误的数据来进行算法训练，从而产生有偏差的结果并造成歧视。②数据符合目的性和应用场景要求。数据的训练、验证和测试应该考虑目的要求以及人工智能系统使用应用场景的行为特征或功能设置。③数据安全要求。人工智能系统处理使用数据应对自然人的基本权利给予合理保障，并采用最新的数据安全和隐私保护技术来保证个人隐私数据安全。④数据修正义务。高风险人工智能系统必须采取严格的措施来监测数据结果偏差，查找偏差产生的原因并加以及时修正。

（3）人工智能系统使用者应建立全生命周期风险管理体系。由于人工智能算法的动态性，风险管理体制需要在高风险系统的整个生命周期内定期进行系统化更新，以便进行风险识别、评估、维护、纠正、应急处理等。风险管理体制是包括风险管理目标、原则、程序、实施、监督、责任体制等在内的完整系统，它贯穿人工智能系统设计开发、系统投入、系统运行、产出结果的整个流程。具体来说：①算法开发阶段的管理重点是强化算法程序架构与代码设计审查，确保程序代码设计的合规；②算法投入阶段的管理重点是强化

数据治理，确保数据质量，避免算法结果偏差；③算法运行阶段的管理重点是强化流程管理和运行风险监测，并完善风险应对方案；④算法产出阶段的管理重点是强化结果质量监测，建立有效的风险溯源的可追溯机制和风险发生后的应急管理机制，并强化内部问责机制与风险管控的整改优化机制；⑤算法产出应用环节的管理重点是强化网络系统安全以增强技术支撑，并重点提升操控人员的专业素质，加强人工智能系统使用者或消费者培训，确保正确的人机交互，防止不恰当使用带来的各种损害。

（4）强化人工智能系统使用者的组织保障。人工智能系统使用者的组织内部需要设立专门的数据算法负责人或行政官，加强员工培训和提高员工技能和治理意识，完善有关的管理制度，建立科学规范的工作方法和工作流程。为便于监管和对结果质疑的解释，以及在发生风险的情况下对原因进行追踪溯源，企业需要对相关的数据集、数据使用处理方式、程序代码、算法训练方法、系统验证管理文件等进行保存，并需要建立及时有效的用户投诉处理机制。

五、提升人工智能监管的技术保障

（1）构建技术合规监管体系。人工智能程序设计是安全的基础，为此需要强化人工智能程序设计环节的治理，确保人工智能算法设计遵守基本的治理原则。即采取"通过技术设计来合规"的监管路径，将安全、伦理责任嵌入人工智能算法程序代码设计中，增强人工智能的弹性和抗攻击能力，最小化各种可能的风险。为此，人工智能算法设计应避免狭窄的技术视野，强化人工智能框架设计和程序开发中的伦理责任，强化技术伦理审查。为了更好地实现技术合规，政府监管部门、行业协会或私人企业等主体应共同制定可信的人工智能技术标准，实施可信的人工智能技术标准化。

（2）强化技术性应对方案对人工智能监管的支持。人工智能系统的风险属于技术创新快速发展所带来的风险，本质上属于技术不完善和技术治理体系滞后所带来的问题，应通过不断强化人工智能系统技术创新来提供安全可信的人工智能系统。因此，需要坚持以技术创新来保证技术安全可信的治理路径，开发应用可解释的机器学习技术、隐私保护的联邦学习技术等。安全可信的人工智能技术主要是聚焦于通过技术开发来提高人工智能系统的安全性、可解释性、隐私保护、公平与公正性等，从而为构建安全可信的人工智能系统提供坚实的技术支撑。

（3）构建人工智能创新促进体系来实现以创新促进人工智能安全可信。人工智能治理应构建更为确定的人工智能的政策环境和更为信任的商业环境，通过构建激励相容和合作治理的人工智能生态和多元治理体系来降低或消除人工智能算法应用的潜在风险，从而更好地促进人工智能的创新发展。为更好地协调人工智能算法可信、安全与创新发展的关系，政府可以采用"监管沙箱"等试验性或试点性政策工具，以政策创新来激励技术创新，从而实现更安全可信的人工智能开发与应用。

第四节　人工智能监管实践

面对广泛扩张的"算法权力"和日益凸显的"人工智能黑箱",加强人工智能监管治理已经成为全球共识。

一、美国人工智能监管

2019年以来,美国先后发布了《2019年算法问责法案》和《人工智能应用监管指南备忘录(草案)》;2020年,美国总统执行办公室发布了《人工智能应用监管指南》;2022年3月,美国国会通过了新的《2022年算法问责法》。除了上述一般法律规定,美国还通过专门法对儿童、医疗健康、金融等特定领域的人工智能应用作出了针对性监管法律规定。

(一)《人工智能应用监管指南》

《人工智能应用监管指南》责成美国管理与预算办公室、科学技术办公室等部门负责研究制定人工智能的监管与非监管政策,以降低人工智能技术发展的障碍,构建良好的创新生态,促进技术创新,从而确保美国在人工智能技术领域的全球领先地位。因此,该指南是将创新发展作为目标,监管则是手段,即通过监管来促进美国人工智能的创新发展。

《人工智能应用监管指南》重点针对政府监管机构的监管行为提出了一系列的要求,以此确保政府监管不会损害人工智能的创新发展。《人工智能应用监管指南》明确指出,联邦机构应避免监管或非监管政策非必要地阻碍人工智能的创新发展。为此,政府监管政策制定需要进行政策影响评价和成本—收益分析,监管政策应该具有明确的问题针对性,监管政策的制定应该基于明确的行业现实情况和可识别的风险,政府监管应避免采取过高标准的预防性控制政策。

《人工智能应用监管指南》重点提出了人工智能应用监管应该坚持的原则,具体来说有以下几方面。

(1)公众信任原则。政府对人工智能事实的监管或非监管政策应当促进可靠、坚实、值得信赖的人工智能应用,从而促进公众对人工智能的信任。

(2)公众参与原则。政府监管必须包含公众参与程序,通过各种方式向公众公开有关信息,确保公众的参与权与知情权,提高监管的透明度和问责性。

(3)科学诚信与信息质量原则。在监管政策制定和实施过程中,应该坚持科学诚信、全面客观地评价人工智能应用的优缺点和潜在的各种风险。

(4)风险评估与管理原则。人工智能监管应该基于所有监管机构一致的风险评估和风险管理方法,重点是确定哪些风险是不可接受的,据此确定是否需要监管及监管强度。

(5)成本收益原则。人工智能监管应进行细致的成本—收益分析,以最大化政府监管的净收益。

(6)灵活性原则。政府监管机构应该采取基于绩效和灵活的方法,不实施会严重损害企业创新的硬性监管政策。由于人工智能技术的快速发展,刚性的监管政策往往无法有效实施。

（7）公平非歧视原则。政府人工智能监管应保证人工智能结果及决策的公平与非歧视性，不违反非歧视性法律要求。

（8）披露和透明原则。政府监管应确保人工智能应用的信息披露和透明度，让技术专家明白人工智能的决策过程，让非技术专家明白人工智能是如何工作以及如何影响终端用户的。

（9）安全原则。政府监管应确保人工智能系统的安全，安全理念应该贯穿人工智能系统设计、开发、安装、运行的整个过程，确保人工智能系统在处理、存储和传输信息方面的机密性、完整性和可用性。

（10）机构协调原则。人工智能监管机构应紧密合作，构建整体政府。

《人工智能应用监管指南》特别提出了人工智能监管的软监管方法，具体如下。

（1）部门指南或政策框架，政府监管机构通过指南或政策框架对特定行业的监管问题进一步明确并提高针对性。

（2）政策试点和实验，对于一些人工智能技术可以设立安全区制度的，政府监管机构应依法给予监管豁免，鼓励人工智能技术开发与应用，通过实验来获得有关的信息，从而有助于制定更为科学的监管政策。

（3）自愿同意的私人标准，政府应该鼓励和参与私人组织开发与应用自愿同意的人工智能标准。

（4）自愿的框架，监管机构应与利益相关者合作来考虑如何通过促进、利用或发展已有的数据集、工具、框架、认证和指南来促进理解、创新与信任。

此外，《人工智能应用监管指南》还对联邦政府数据向人工智能研发开放、政府信息公开、国际合作、依法行政等问题做出了说明。

（二）《2022年算法问责法》

《2022年算法问责法》主要针对采用人工智能决策的私人企业的人工智能系统应用做出监管规定。具体来说有如下内容。

（1）人工智能监管适用对象。《2022年算法问责法》主要针对达到一定规模的私人企业，具体标准为在过去3个纳税年度中年均总收入超过5000万美元或公司市值超过2.5亿美元的企业，以及拥有、处理、使用涉及超过100万条个人数据信息的企业。

（2）人工智能监管针对的应用场景。《2022年算法问责法》主要针对的是"重要决策"的人工智能应用。"重要决策"指对消费者生活中的"进入、成本或可获得性"造成任何法律、实质或类似重大影响的决定或判断。具体的场景包括教育与职业培训中的评价认证，雇用与员工管理，水电气、交通、通信等公用设施，金融服务，医疗健康，房屋租赁，法律服务以及执法机关认定的其他应用。

（3）人工智能监管的影响评估制度。影响评估制度是《2022年算法问责法》的主要内容，也是人工智能监管的主要政策手段。《2022年算法问责法》要求达到适用对象标准的企业必须进行影响评估。人工智能影响评估主要是针对应用人工智能进行重要决策的决策系统、决策过程及其对消费者的影响。影响评估包括人工智能系统采用前的事前评估和人工智能系统采用后的事后评估，评估的内容包括决策过程描述，系统存在的损害、不足及对消费者造成的不利影响，系统决策的动机、预期好处，数据质量，隐私保护，数据安全情况等。企业需要将相关评估文件保留 3 年，同时要保证评估的透明度并向监管机构提交初始影响评估报告和年度评估报告。企业在评估过程中要及时征询相关利益方的意见，对评估中发现的问题应及时处理，以消除其存在的问题，防止对消费者的生活造成不利影响。企业要保持对消费者的透明度和可解释性，及时告知消费者有关信息并保证消费者的自由决策权。

（4）人工智能监管的主管机关。《2022 年算法问责法》明确了 FTC 是负责人工智能系统应用监管的联邦行政执法机关，其有权制定和解释相关的法律说明或制定具体的政策指南，确定监管适用对象，裁定监管对象的报告提交时间以及对企业提交的报告进行评价。

二、欧盟人工智能监管

2018 年，欧盟委员会制定了《欧盟人工智能政策》（*Artificial Intelligent for Europe*）；2019 年，欧洲议会发布了《算法问责和透明治理框架》（*A Governance Framework for Algorithmic Accountability and Transparency*）、欧盟专家组发布了《可信 AI 伦理指南》（*Ethics Guidelines for Trustworthy AI*）；自 2020 年以来，先后颁布了《欧盟数据战略》和《人工智能和民事责任》（*Artificial Intelligence and Civil Liability*）；2021 年，欧盟委员会制定了《人工智能法》。上述研究报告、战略规划和政策法规都显示，欧盟在人工智能方面，致力于加强人工智能监管，构建稳定和有利于创新发展的人工智能生态，促进人工智能创新和国际竞争力提升。

（一）欧盟《算法问责和透明治理框架》

欧洲议会于 2019 年通过的《算法问责与透明治理框架》主要针对人工智能算法应用的透明和问责问题做出了说明，指出了实现人工智能算法公平是透明和问责的基本目标。

《算法问责与透明治理框架》重点提出了 5 种监管强度差别的算法治理机制，具体来说：一是市场化解决机制，其中包括需求侧机制和供给侧机制，需求侧机制主要是消费者对算法应用存在的风险进行的行为选择对应用主体构成的约束，供给侧机制主要是企业通过技术创新来消除算法应用中的风险。二是企业自组织，主要是单个企业通过采取有效的内部措施来降低算法风险。三是行业组织的自我监管，主要是行业组织制定行为规则、制定推行行业管理或技术标准、开展行业算法认证、从事算法伦理倡导。四是政府与行业的合作监管，其主要包括自上而下和自下而上两种方式。自上而下方式指政府机构授权行业组织来制定行业治理细则、制定推行行业标准等；自下而上指行业组织先行创新和推行标准化等政策，政府机构对此提供法律支持或吸收其成功经验而上升为行业标准或规范。五是政府监管，主要的政府监管措施包括信息披露、通过财政税收优惠来鼓励可信的算法开发、采取命令控制措施[①] 等。

《算法问责与透明治理框架》提出政府部门应实施算法影响评估制度，评估流程包括：

---

① 命令控制措施又分为标准化措施、软监管措施和硬监管措施。

信息披露，主要是披露算法的目的、范围、预期用途等；自我评估，主要是针对算法的不准确性、偏差、损害沟通等问题进行评估，并说明针对发现问题的整改措施；外部评价，主要是征询外部专家和利益相关者的意见；公众参与，履行公众参与程序，公布评估结果，吸收公众的意见；发布评估报告；公众对报告进行评估。

《算法问责与透明治理框架》还提出了包括强化公民教育、保护举报人、增强公共部门执法能力和强化公共部门算法决策的问责性、实施有效的监督和违法企业法律责任、加强国际合作等政策建议。

（二）欧盟《人工智能法》

欧盟《人工智能法》是最具代表性的针对商业企业人工智能应用的监管法案。该法案旨在建立关于人工智能技术的统一规则，重点是构建基于风险的人工智能监管体制，根据风险等级将人工智能系统分为不可接受风险、高风险、有限风险、极小风险四类，并对不同风险等级采取不同的监管强度和政策（见图6.4）。

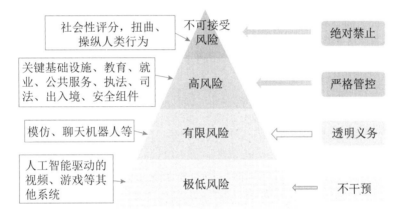

图 6.4　欧盟《人工智能法》确立的基于风险等级的监管制度

（1）不可接受风险的人工智能。欧盟将对公民的安全、日常生活和基本权利构成明显威胁的人工智能系统定义为不可接受风险的人工智能，主要包括扭曲、操纵人类行为的人工智能系统、政府进行社会评分的人工智能系统和远程生物识别的人工智能系统。对于不可接受风险的人工智能系统，政府应立法加以明令禁止。

（2）高风险的人工智能。欧盟将高风险人工智能划分为八类：关键基础设施（如交通）、教育或职业培训、产品的安全组件、就业、公共服务、执法、出入境、司法等。法案还详细规定了高风险人工智能系统使用者需要履行的 7 项义务，具体包括：具有完备的风险评估系统，数据集的风险和歧视降至最低，记录活动以实现结果可追溯，向政府当局提供证明系统符合相关要求的技术信息，向用户提供清晰、充分的信息，采取适当的监管措施，具有高水平的安全性和准确性。

（3）有限风险的人工智能。它指具有透明公开义务的人工智能系统，即当用户使用人工智能系统时，应能够意识到其正与人工智能系统进行交互，并具有继续或返回的权利，典型的如聊天机器人。

（4）极低风险的人工智能。它指此类风险对公民的权利或社会安全产生的风险极小，甚至不会产生风险，故政府不对此进行干预。

三、中国人工智能监管

（一）构建人工智能监管法规体系

近年来，我国在人工智能监管领域里集中出台了一系列法律与政策文件，初步形成具有中国特色的人工智能法律体系（见表 6.1）。目前，我国已经初步形成主要由法律法规、标准指南和行业自律公约构成的人工智能监管规则体系。其中 2019 年 6 月，国家新一代人工智能治理专业委员会发布的《新一代人工智能治理原则——发展负责任的人工智能》强调了和谐友好、公平公正、包容共享、尊重隐私、安全可控、共担责任、开放协作、敏捷治理 8 条原则。

表 6.1　人工智能监管的相关政策文件

文件类型	具体文件
法律法规	《网络安全法》《数据安全法》《电子商务法》《个人信息保护法》《互联网信息服务算法推荐管理规定》《网络信息内容生态治理规定》《关于加强互联网信息服务算法综合治理的指导意见》等
标准指南	《新一代人工智能伦理规范》《新一代人工智能治理原则——发展负责任的人工智能》《个人信息安全规范》《人工智能伦理安全风险防范指引》《人工智能标准化白皮书（2021 版）》《人工智能深度学习算法评估规范》《信息安全技术远程人脸识别系统技术要求》等
行业自律公约	《人工智能北京共识》《面向儿童的人工智能北京共识》《新一代人工智能行业自律公约》等

（二）注重人工智能伦理规则

2021 年 9 月 25 日，国家新一代人工智能治理专业委员会发布了《新一代人工智能伦理规范》，旨在将伦理道德融入人工智能全生命周期，为从事人工智能管理、研发、供应、使用等相关活动的自然人、法人和其他相关机构提供伦理规范。

《新一代人工智能伦理规范》提出 6 项基本伦理要求。一是增进人类福祉。坚持以人为本，尊重人权和人类根本利益诉求，坚持公共利益优先，推动经济、社会及生态可持续发展。二是促进公平公正。坚持普惠性和包容性，充分尊重和帮助弱势群体、特殊群体，推动全社会公平共享人工智能带来的好处。三是保护隐私安全。充分尊重个人信息知情、同意等权利，依照合法、正当、必要和诚信原则处理个人信息，保障个人隐私和数据安全。四是确保可控可信。保障人类拥有充分自主决策权，有权决定是否接受人工智能服务，有权随时退出和终止人工智能系统。五是强化责任担当。坚持人类是最终主体责任，明确利益相关者的责任，在人工智能全生命周期各环节中自省自律，建立人工智能问责机制。六是提升伦理素养。积极学习和普及人工智能伦理知识，主动开展人工智能伦理问题讨论，深入推动人工智能伦理治理实践。

　　《新一代人工智能伦理规范》还对人工智能活动应遵守的管理规范、研发规范、供应规范、使用规范提出了要求（见表6.2）。在管理方面，要尊重人工智能发展规律，主动将人工智能伦理道德融入管理全过程，明确人工智能相关管理活动的职责和权利边界，建立有效的风险预警机制，充分重视各利益相关主体的权益和诉求，鼓励跨学科、跨领域的交流与合作。在研发方面，要加强自我约束，主动将人工智能伦理道德融入技术研发各环节，在数据采集和算法开发中，加强伦理审查，提升数据质量和算法安全透明。在供应方面，要营造有利于人工智能发展的市场环境，强化人工智能产品与服务的质量检测和使用评估，在人工智能技术应用中，应保障用户知情、同意等权利，并研究制定应急机制和损失补偿方案，及时防范系统性风险。在使用方面，要加强人工智能产品与服务使用前的论证和评估，充分了解适用范围和负面影响，及时反馈使用中发现的问题。

表6.2　人工智能伦理规范

管理规范	研发规范	供应规范	使用规范
推动敏捷治理 积极实践示范 正确行权用权 加强风险防范 促进开放包容	强化自律意识 提升数据质量 增强安全透明 避免偏见歧视	尊重市场规则 加强质量管控 保障用户权益 强化应急保障	提倡善意使用 避免误用滥用 禁止违规恶用 及时主动反馈 提高使用能力

资料来源：根据《新一代人工智能伦理规范》整理。

（三）强化人工智能算法推荐行为的监管

　　2022年3月1日起施行的《互联网信息服务算法推荐管理规定》（以下简称《算法推荐管理规定》）重点对算法推荐行为做出了明确的规定。《算法推荐管理规定》明确禁止下列行为：禁止利用算法从事违法活动和传播违法信息；禁止设置诱导用户沉迷、过度消费等违反法律法规或违背伦理道德的算法模型；禁止将违法和不良信息关键词计入用户兴趣点或作为用户标签并据以推送信息；禁止生成和传播合成虚假新闻信息；禁止利用算法虚假注册账号、非法交易账号、操纵用户账号或虚假点赞、评论、转发，不得利用算法屏蔽信息、过度推荐、操纵榜单或检索结果排序、控制热搜或精选等干预信息呈现，不得实施影响网络舆论或规避监督管理行为；禁止利用算法实施垄断和不正当竞争行为；禁止向未成年人推送不良诱导信息；禁止实施"大数据杀熟"行为等。《算法推荐管理规定》还要求算法推荐服务提供者要充分保护老年人、劳动者、消费者的权益。

　　概括来说，《算法推荐管理规定》构建了算法备案、算法安全评估、算法安全主体责任、算法违法违规行为处罚和多元主体参与等多维一体的监管框架。

　　（1）算法备案。《算法推荐管理规定》要求具有舆论属性或社会动员能力的算法推荐服务提供者通过互联网信息服务算法备案系统进行备案，备案内容包括服务提供者的名称、服务形式、应用领域、算法类型、算法自评估报告、拟公示内容等信息，并在其对外提供服务的网站、应用程序等的显著位置标明其备案编号并提供公示信息链接。

　　（2）算法安全评估。《算法推荐管理规定》明确了算法安全评估包括算法推荐服务提供者定期开展的自评估和监管部门对算法推荐服务依法开展的安全评估。网信部门会同电信、公安、市场监管等有关部门对算法推荐服务依法开展安全评估和监督检查工作，对发现的问题及时提出整改意见并限期整改。算法推荐服务提供者应当依法留存网络日志，配合有关部门监督检查工作，并提供必要的技术、数据等支持和协助。

（3）算法安全主体责任。《算法推荐管理规定》提出算法推荐服务提供者应落实算法安全主体责任，建立健全算法机制机理审核、科技伦理审查、用户注册、信息发布审核、数据安全和个人信息保护、反电信网络诈骗、安全评估监测、安全事件应急处置等管理制度和技术措施，制定并公开算法推荐服务相关规则，配备与算法推荐服务规模相适应的专业人员和技术支撑。

（4）算法违法违规行为处罚。《算法推荐管理规定》根据违法违规行为情节的严重程度提出了给予警告、通报批评，责令限期改正，责令暂停信息更新，处以一万元以上十万元以下罚款等处罚措施。构成违反治安管理行为的，依法给予治安管理处罚；构成犯罪的，依法追究刑事责任。

（5）多元主体参与。《算法推荐管理规定》在明确算法推荐服务提供者主体责任和政府监管职责的基础上，还明确指出，鼓励相关行业组织加强行业自律，建立健全行业标准、行业准则和自律管理制度，督促指导算法推荐服务提供者制定并完善服务规范、依法提供服务并接受社会监督。

■ 本章总结

由于人工智能系统的黑箱模式及其内在的风险，人工智能的大范围应用会给经济与社会带来诸多的风险。因此政府必须发挥人工智能监管的主体角色，对人工智能系统做出有效的监管治理，防范各种潜在的风险，让技术更好地促进社会进步，更有力地维护公共利益。

人工智能监管应确保人工智能开发与应用遵循"以人为中心"的理念，人工智能系统开发、安装和运行应遵循安全性原则、公平性原则、透明度原则、问责性原则。人工智能监管实施体制应实行以风险为基础的分级分类监管，建立全生命周期人工智能监管体制，形成多元共治的监管治理格局，强化人工智能系统使用者的主体责任，提升人工智能监管的技术保障。

■ 关键词

人工智能　深度学习　算法　机器学习　黑箱模式　人工智能监管　以人为中心
基于风险的监管

■ 复习思考题

1. 人工智能的应用风险体现在哪些方面？

2. 人工智能监管应坚持的基本理念和基本原则是什么？

3. 如何构建有效的人工智能监管体制？

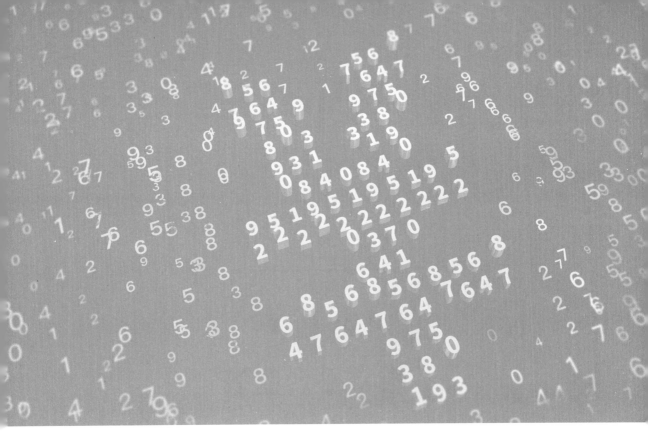

第三篇
数字平台竞争秩序监管

第七章
数字平台监管

第一节　数字平台概念

一、数字平台与双边市场

在信息通信技术领域，平台指用于托管应用程序或服务的任何硬件或软件，它的基本功能是提供不同程序数据信息运行和交互的界面基础，确保系统成功运行以完成预定的任务目标。例如，应用平台由硬件、操作系统和协调程序组成，使用特定处理器或微处理器的指令集。

数字平台是数字经济最重要的商业主体。在数字经济中，数字平台主要是基于现代信息通信技术来构建一个数字化的虚拟空间以促进不同群体实现交易、合作或相互作用的中介。

根据平台经济学理论，平台也被称为"双边市场"或"多边市场"。双边市场（two-sided market）或多边市场（multi-sided market）指，通过某个交易平台进行交易，使不同终端用户形成互动，并通过适当的定价，使市场的每一端都能够参与的一类市场。也就是说，交易平台既要吸引每一端的用户，同时也要在总体上保持盈利或至少保持盈亏平衡。

经济学家罗切特（Rochat）和泰勒尔（Tirole）将双边（或多边）市场定义为，通过一个或几个平台能够使最终用户"相遇"或相互作用，并通过合理地向每一方收费而试图把双方（或多方）最终用户群吸引到平台上并进行交易或相互作用的市场。在经济学意义上，双边市场更确切的定义是：给定每一端市场的定价总和，如果交易平台上实现的交易与在总价格水平不变情况下的市场两侧的价格结构或两侧的相对价格有关，这样的市场就是双边市场。反之，如果交易平台上实现的交易量只与买方和买方支付的总价格有关而与其相对价格无关，这样的市场就是单边市场。在这里，价格结构指在总体价格给定的情况下，总体价格在买方和卖方之间的分配状况。在数字平台商业中，数字平台向一方多收费而向另一方少收费的非对称价格结构会实现交易量扩大，促进数字平台市场的经济增长，具有显著的经济效率促进效应。

双边市场包括 3 个参与主体：平台企业和两侧（或多侧）不同的用户群体。在双边市场中，平台企业独立于买卖双方，是买卖双方实现交易的中介平台。在单边市场中，所有的用户或消费者在使用或消费某一产品或服务时是相同的；而在双边市场中，市场交易涉及两种类型截然不同的用户，每一类用户通过平台与另一类用户相互作用而获得价值，平台是不同侧用户实现相互作用的重要中介。双边市场的基本结构如图 7.1 所示。比如，在淘宝平台，买方 B 向商家 S 购买了一款产品，买方和商家都需要使用平台来实现并完成交易。

图 7.1　平台双边市场的基本结构

作为双边市场的数字平台具有 4 个显著的特征：一是平台是数据信息的节点，是数字经济的重要基础设施；二是平台的不同侧用户之间具有交叉网络效应，平台两侧的用户彼此相互产生外部性，一端用户数量的增加往往会提高另一侧用户的价值；三是平台实行不平衡价格结构，对一侧用户高收费而同时对另一侧用户低收费；四是平台扮演生态规制者角色，通过治理规则设计等来实现不同群体间的外部性内部化，为不同群体创造递增价值并实现平台生态的价值最大化。

二、数字平台的类型

在现实经济生活中，双边平台广泛存在，它们在现代经济系统中具有非常大的重要性，而且这样的重要性会越来越大。数字经济平台包括很多形式，如在线零售平台、在线广告平台、搜索引擎平台、社交媒体平台、系统与软件平台、支付系统平台、分享经济平台、数字内容平台、云平台等。依据不同的标准，平台有多种类型划分。

（一）依据平台业务类型划分

2021 年 10 月，国家市场监管总局发布的《互联网平台分类分级指南（征求意见稿）》，结合了我国平台发展现状，依据平台的连接对象和主要功能，将平台分为以下六大类：网络销售类平台、生活服务类平台、社交娱乐类平台、信息资讯类平台、金融服务类平台、计算应用类平台（见表 7.1）。

表 7.1　国家市场监管总局对平台的分类

平台类别	具体的子平台
网络销售类平台	综合商品交易类、垂直商品交易类、商超团购类
生活服务类平台	出行服务类、旅游服务类、配送服务类、家政服务类、房屋经纪类
社交娱乐类平台	即时通信类、游戏休闲类、视听服务类、直播视频类、短视频类、文学类
信息资讯类平台	新闻门户类、搜索引擎类、用户内容生成类、视听资讯类、新闻机构类
金融服务类平台	综合金融服务类、支付结算类、消费金融类、金融资讯类、证券投资类
计算应用类平台	智能终端类、操作系统类、手机软件（App）应用商店类、信息管理类、云计算类、网络服务类、工业互联网类

资料来源：根据国家市场监管总局发布的《互联网平台分类分级指南（征求意见稿）》整理。

（二）依据平台功能的类型划分

从双边市场产生的目的和功能出发，双边市场可以分为如下 4 种，如表 7-2 所示。

（1）市场创造型。这种双边市场的特点是方便双边用户的交易，通过交易平台提高搜寻交易对象的效率和交易双方匹配成功的可能性。拍卖行、房屋中介、股票和期货交易所、购物中心等都属于这类双边市场。

（2）需求协调型。这种双边市场能帮助两侧用户通过交易平台来满足相互需求。视窗操作系统、银行卡系统、移动增值业务平台、浏览器、网络游戏等都属于这类双边市场。

（3）受众创造型。这种双边市场的主要职能是吸引观众、读者和网民等，因为只有这样企业才愿意到交易平台上发布广告和产品信息。社交媒体平台、短视频平台等就属于这类双边市场。

（4）匹配促进型。这种双边市场的功能主要是促进不同主体或差异化需求实现最佳匹配。例如，搜索引擎让用户迅速找到最佳的搜索结果，在线交友让用户快速找到符合其期望的目标对象。

表7.2　基于功能的双边平台分类

类型	市场创造型	需求协调型	受众创造型	匹配促进型
具体产业	在线零售、网约车、在线外卖、在线旅游、网络房屋短租	操作系统、支付系统、网络游戏平台	广播、门户网站、网络新闻、在线视频、在线音乐	在线交友、搜索引擎、即时通信、在线招聘、维基百科、知乎

（三）依据平台主要收入结构的类型划分

依据平台的主要收入结构，平台可以分为如下4种类型。

1. 以佣金为收入基础的平台

以佣金为收入基础的平台主要是在线数字商务平台，也被称为"在线市场"或"交易场所"平台，典型的如电子商务平台、第三方支付、在线旅游预订平台、滴滴、Uber、App 商店。平台一般是向商家收费。例如：网约车平台 Uber 每完成一笔订单，平台收取交易额的 25% 作为佣金；苹果应用商店对每笔 App 交易收取 30% 的佣金；Booking.com 对每笔交易收取的佣金比例为 10%~25%。这种收费机制是一种收益分享机制，佣金总额与单笔交易额和交易数量有关。

2. 以广告费为收入基础的平台

以广告费为收入基础的平台主要包括搜索引擎、社交媒体、新闻门户网站等。平台通常向广告商收费，对消费者用户免费乃至负价格（补贴）。例如，Facebook 收入中的 90% 来自在线广告的广告费。以广告费为收入基础的平台具有非常强的跨侧网络效应，消费者的需求价格弹性比较大。平台通过向消费者用户提供内容并实行不平衡的价格结构吸引大量消费者用户，获得海量的关于消费者用户的大数据，从而为广告商提供更有针对性的目标广告，通过更高的广告投放价值来吸引广告商并向其收费。

3. 以注册费为收入基础的平台

以注册费为收入基础的平台主要为数字内容和系统软件平台，如数字音乐、在线视频、在线视频游戏、视窗软件等。这些平台的重要特征是提供创新性产品，这些产品通常受到知识产权的保护。注册费的征收通常是针对消费者用户，并且往往向用户收取的是固定费，注册费总额往往与使用数量无关。

4. 以赞助费为收入基础的平台

以赞助费为收入基础的平台主要是提供公共服务或促进知识扩散，具有利他主义平台的收费模式，平台运行经费主要靠社会捐助来实现平衡，典型的如美国的维基百科、社会科学研究网（Social Science Research Network，SSRN）等。在 SSRN 平台，论文作者免费向 SSRN 平台提供自己的工作论文，读者则可以免费下载和阅读平台的学术论文，平台的收入主要是来自平台作者、用户或社会捐助。

（四）依据平台业务结构的类型划分

根据平台的业务特点，Filistrucchi 等将平台分为交易型平台和非交易型平台。首先，交易型平台指平台两侧用户参与平台的目的是通过平台实现直接的交易，缺少任何一方的参与则交易将无法实现。此时两侧用户之间具有双向的交叉网络效应，存在"鸡与蛋相生"的问题。其次，非交易型平台指平台用户参与平台并不一定是为了完成特定的交易，不同用户具有不同的目的，两侧用户之间的交叉网络效应往往是单向的，即只有一侧用户从另一侧用户的数量增长中获得益处。

针对上述两种类型的平台来说，由于交易型平台两侧用户具有强相互依赖性，市场界定和反垄断审查必须同时考虑两侧市场；而对于非交易型平台，由于两侧用户不具有强相互依赖性，市场界定和反垄断审查可以只考虑单边市场。上述划分方法的缺陷是，对于匹配促进型平台来说，其主要是促进不同用户的匹配，并具有双向的交叉网络效应，用户之间既可能进行特定的直接交易也可能完全不发生直接交易，因此很难纳入上述两种类型的划分当中。[①]

第二节　数字平台监管需求与监管体制

一、数字平台的三重角色与监管需求

在数字经济背景下，数字平台往往具有多种角色，按其属性我们将其概括为 3 种基础性角色：技术性角色、经济性角色和制度性角色。与之相应的是平台具有的 3 种具体的角色：网络数据信息节点的技术性角色，交易中介的经济性角色、生态规制者的制度性角色（见表 7.3）。

表 7.3　平台的 3 种角色及监管问题

角色属性	技术性角色	经济性角色	制度性角色
具体角色	网络数据信息节点	交易中介	生态规制者
市场风险	技术瓶颈势力滥用	中介势力滥用	规则势力滥用
风险行为	拒绝接入、侵犯隐私、网络不安全	剥削性行为、排他性行为	歧视性交易条件、剥削合作方
监管目标	技术安全与开放共享	中立性与"公平、合理、无歧视"原则	激励相容与共赢发展

[①]　BKartA, B6-113/15, Working Paper – Market Power of Platforms and Networks, June 2016.

（一）平台的技术性角色

平台是互联网的网络数据信息的节点，汇聚和处理大量的数据信息，通过大数据、算法、算力等大数据技术和云技术来支撑平台商务的顺畅高效运营。对于作为网络数据信息节点的平台来说，其面临的市场失灵风险是两个：一是网络数据信息安全问题，既包括个人隐私安全，也包括国家网络安全；二是数据信息垄断问题，即支配平台利用对数据信息的垄断来索要高价格、拒绝竞争对手或第三方的接入、拒绝兼容或互操作性的实现，从而阻碍具有非竞争性属性的数据要素的重复再用。由此，政府监管的重点是防止平台滥用技术性"瓶颈"市场势力，以维护数据信息安全和保证数据开放共享。

（二）平台的经济性角色

平台是不同用户群体实现交易或相互作用的中介，它主要是通过撮合不同用户群体的交易或相互作用，实现最佳的供需匹配，并通过不平衡价格结构来实现对交易量的放大效应，从而创造更大的价值。对于作为交易中介的平台来说，政府监管主要是防止支配平台利用中介市场势力来剥削平台用户或排斥竞争对手。在平台拥有中介市场势力的情况下，消费者用户或商家用户往往是平台单属的，平台一侧用户要与另一侧用户交易或相互作用必须通过平台才能完成，此时平台成为"守门人"。这种市场势力既包括垄断平台的绝对市场势力，也包括非支配平台通过对用户的锁定所形成的相对市场势力。政府监管的目标是确保作为中介的平台能够保持客观的中立性，构建公平交易的市场环境，平台的经营应遵循"公平、合理、无歧视"的原则。

（三）平台的制度性角色

在双边市场中，平台还扮演价格规制者、许可管理者、竞争组织者、交易规则制定者等制度性角色。平台是整个生态的私人规制者，它通过进入资格审查、平台交易规则制定、声誉机制和信用机制设计、有效的争端解决机制等来构建信任、安全、共赢的平台交易环境。对于作为生态规制者的平台来说，平台有义务确保其制定的平台生态规则不会扭曲平台内部的市场竞争，在缺乏合理的客观效率理由的情况下，其不能利用规则制定权来影响和扭曲平台内商家之间的竞争和剥削性占有商家或第三方合作商的正当利益。政府监管主要是防止平台滥用规则制定权来扭曲市场竞争，防止平台对平台生态利益相关者实施封锁、歧视或剥削，以确保形成多方共赢（风险共担与收益共享）的平台生态，促进平台生态激励相容的协同发展。

二、数字平台多重利益侵害风险与监管政策应对

从数字平台经营活动所涉及的利益关系来说，平台经营涉及多重利益关系，需要依据多部法律来进行系统监管。数字平台经营涉及的利益关系主要包括平台与消费者，平台与商家、合作商，平台与平台，平台与社会四重利益关系，政府监管需要针对不同利益关系的主要问题来明确监管的目标和重点，进而完备针对性的平台监管法律体系（见表7.4）。

表7.4　数字平台多重利益关系的侵害风险及监管政策应对

关系维度	平台与消费者	平台与商家、供应商	平台与平台	平台与社会
利益侵害风险	侵害消费者权益	剥削商家或第三方供应商	排斥竞争对手	损害公共利益
利益侵害发生基础	绝对市场势力＋相对市场势力	绝对市场势力＋相对市场势力	绝对市场势力	平台利润最大化的负外部性
监管重点	保护消费者权益	保护平台商家、第三方公平交易权	维护市场自由竞争	维护社会公共利益
监管目标	消费者权益保护	公平交易	经济效率	社会公共利益
监管主要法律依据	《消费者权益保护法》《个人信息保护法》《反垄断法》	《公平交易法》《反垄断法》《反不正当竞争法》《电子商务法》《合同法》	《反垄断法》	《网络安全法》《金融科技法》《网络信息法》

（一）平台与消费者的关系：消费者权益保护

平台与消费者用户之间的关系是一种中介服务关系。政府监管的重点是消费者权益保护和消费者个人隐私信息保护，为消费者营造安全、信任的在线交易环境，防止平台销售假冒伪劣商品、进行虚假信息宣传、进行虚假评价或刷单、利用不合理的算法产生个人化高价格、应用软件强制安装或默认设置、非法过度采集或滥用消费者数据信息、限制消费者平台多属或数据可携带。

保护消费者权益导向的政府监管法律依据主要是《中华人民共和国消费者权益保护法》（以下简称《消费者权益保护法》）、《个人信息保护法》，以及《反垄断法》中关于价格合谋和剥削性滥用的条款。政府监管路径有两个：一是强化平台消费者权益保护的主体责任，督促平台完善平台生态治理机制，消除各种损害消费者权益的经营行为。平台与消费者用户之间关系的监管并不特别针对支配平台，而是针对所有规模平台实施的侵犯消费者利益的行为。二是完善制度和加强消费者教育。通过监管赋能消费者，尤其是通过监管提升消费者的知情权、同意权、自由选择权、自主决策权；完善投诉处理机制和民事损害赔偿制度，从而增强消费者保护自身权益的能力。

（二）平台与商家、合作商的关系：公平交易

平台与平台商家、第三方互补性服务提供商之间的关系是一种经济合作的合约关系，应该是平台主体之间基于私人谈判的公平交易和共赢合作关系。但是由于平台具有较强的相对垄断势力，即由于平台商家和第三方合作商严重依赖平台来实现交易，甚至成为实现交易的唯一通道，平台有激励利用"守门人"势力实行不公平交易行为来剥削合作商家。因此，具有"守门人"地位的平台负有不能滥用中介垄断势力来剥削商家和扭曲商家之间竞争的义务。

对于平台与商家之间关系的监管，各国主要是依据《公平交易法》的基本原则来进行，欧盟于2019年专门制定了《关于促进在线中介服务商业用户的公平和透明指令》（以下简称《P2B指令》），并于2020年进一步制定了《数字市场法》。目前中国对平台与商业用户间关系监管的法律依据主要是《反不正当竞争法》《电子商务法》《反垄断法》《合

同法》等。

政府监管的目标是维护交易合约公平，重点是防止剥削性滥用，营造共赢的生态发展格局。政府监管重点禁止的不公平交易行为包括：没有合理理由地终止、暂停用户服务等不公平合约条款，没有合理理由地拒绝商家或第三方合作商接入平台，向商家用户或第三方合作商征收不公平高价格，通过不公平交易条款将商业风险转嫁给商家或第三方合作商，通过操纵排名、网页展示位置、声誉机制等来扭曲商家之间的竞争，以及通过自我优待、捆绑等垄断杠杆化来排斥下游市场竞争者（商家或第三方合作商）。

（三）平台与平台之间的竞争关系：市场竞争

平台与平台之间是市场竞争关系，主要是维护市场自由竞争，防止平台利用支配地位来限制市场竞争。由于数字平台商业模式具有显著的规模经济、范围经济和网络效应，市场非常容易出现一家独大的"冒尖"市场结构，具有市场垄断地位的平台有激励实施各种维护和强化垄断势力的垄断行为。因此，反垄断监管是政府监管的重点。

保护竞争导向的反垄断监管的目的是维持市场的自由竞争，保持市场的创新活力，监管的法律依据主要是《反垄断法》，监管对象的重点是具有支配地位的企业。政府反垄断监管主要是防止支配平台利用自己的绝对市场势力来实施各种排斥竞争对手的行为，从而严重扭曲和损害市场竞争。保护竞争导向的反垄断监管主要是禁止具有绝对市场势力的支配平台实施各种严重扭曲平台间竞争的滥用支配地位行为，如"二选一"独占交易、自我优待、最惠国条款（Most Favoured Nation，MFN）、大数据杀熟的个人化定价、数据封锁、算法合谋等排他行为，以及以消灭竞争对手为目的的企业并购，特别是消灭新创企业的"杀手并购"。

（四）平台与社会的关系：社会责任

平台与社会的关系主要是平台应该承担相应的社会责任。随着数字平台的快速发展，以及平台经营业务对经济社会各个领域的扩张，数字平台不再是简单的仅仅从事实务产品生产供应单位，数字平台对社会精神文化、伦理价值和国家安全等都具有重大的影响力，成为现代社会中重要的权力主体。由于平台始终是追求私人利益最大化的主体，为了追求利润最大化，有时其经营行为可能会给社会公共利益带来较大的负外部性影响。为此，需要强化数字平台的社会责任，使平台发展更好地促进社会繁荣进步。

社会价值导向的政府监管的法律依据主要是《网络安全法》《数据安全法》《金融科技法》《网络信息法》等，以及针对关键领域和儿童等弱势群体的专门法。目前中国平台社会性监管的立法严重滞后，立法缺失问题突出，应着手开始研究制定《金融科技法》《网络信息法》等相关法律。社会价值导向的政府监管的重点是维护公共利益和社会价值，如金融安全、网络数据安全、网络信息内容健康、国家网络安全等，从而营造安全、清洁的网络空间，确保经济社会安全。由于不同规模的平台都可能对社会公共利益造成损害，因此维护公共利益的政府监管并不特别针对大平台企业，而是对所有行业的平台企业实行监管，但在具体执法中为提高监管有效性，需要依据风险评估来确定监管的重点领域和重点企业，实行分级分类监管。

三、数字平台监管制度

（一）数字平台监管目标

数字平台监管的目标应该聚焦于确保网络与数据安全、交易公平、市场可竞争性上，确立以"安全、公平、可竞争"为核心的有限多元价值目标。

1.维护网络与数据安全

由于大型数字平台采集和存储了大量的数据，是整个国家重要的"数字资源矿"，在数据成为国家和企业重要战略资源的背景下，网络与数据安全重大事故会给国家、企业和消费者用户带来重大的经济社会损害。因此，维护网络与数据安全是数字平台监管的重要目标。政府监管通过构建稳健的网络与数据安全技术保障和完备的网络与数据安全组织制度保障来实现网络与数据安全目标。为此，政府监管主要是强化数字平台维护网络与数据安全的技术保障和组织制度保障，通过政府监管消除数字平台过度采集和违规使用个人隐私数据信息的隐私侵犯行为、非法传播非法有害网络信息内容行为、非法的数据跨境流动、非法海外上市造成数据大量外泄等违法行为，以及落实网络安全和数据安全保护责任要求不到位、未充分履行个人隐私保护责任要求等违规行为等。目前，我国网络与数据安全监管主要是依据《个人信息保护法》《网络安全法》《数据安全法》等法律来实施监管，主要是由国家网信办来负责牵头并协同相关部门来共同执法，数字平台则是重要的责任主体，需要建立政府监管机构和平台合作监管机制。

2.维护平台与消费者和商家的公平交易

公平交易监管主要是防止数字平台滥用相对垄断势力来剥削平台用户、第三方合作商、平台从业者等相对弱势群体，维护平台生态内的公平交易，充分保护消费者权益，合理平衡消费者、商家和平台三方之间的成本和收益，构建价值共创和公平分配的平台生态。交易公平主要体现为交易自愿原则和分配公平原则。首先，公平要求平台不能限制消费者的选择自由和商家的经营自由。平台不能限制消费者的平台多属，不能限制消费者在不同平台之间转移个人数据信息，不能在消费者不知情、被信息误导或未授权的情况下实施针对消费者的特定商业行为。平台不能限制商家和第三方合作商的平台多属，不能对商家和第三方合作商施加不合理限制条款或歧视性条款，平台不能实施不透明的治理规则，造成商家和第三方合作商平台之间出现明显的权利与义务不对等，使商家和第三方合作商丧失了经营自由或平等参与竞争的能力。其次，公平要求平台获取的收益不能明显超过其价值贡献。平台经营行为的公平指平台从用户身上获取的收益应该与其做出的价值贡献相称，事前监管应促进构建价值公平分享的平台生态。据此，平台一方面要完善治理制度来保护消费者的合法权益，防止平台商家各种侵害消费者权益的经营行为；另一方面平台不能向消费者或商家征收不公平的高价格或实施不公平交易条款，平台不能将经营风险转嫁给平台商家或第三方合作商。

3.维护市场可竞争性

市场可竞争性监管主要是防止长期可维持的市场垄断势力形成及滥用绝对垄断势力。市场可竞争性既要维护市场内竞争，也要维护争夺市场的竞争。一方面通过数据互操作性政策、个人数据可携带政策等来打破数据垄断和数据壁垒，以及严厉查处限制商家平台多属的"二选一"独占交易行为和限制平台间价格竞争的最惠国条款等，从而促进平台之间的竞争；另一方面是降低市场进入壁垒，发挥潜在竞争在促进市场可竞争性中的突出作用，重点是禁止一体化数字平台自我优待和利用商家数据开发与其相竞争业务行为，平台实施包络战略来消除跨界竞争者行为，以及消除潜在的创新性进入者的杀手并购行为。各国反垄断机构的市场研究和反垄断执法案件都显示，超大型数字平台更有能力和激励实施上述严重损害市场竞争的行为，并且垄断行为对市场竞争造成的损害更大。因此，各国反垄断监管都将具有强垄断势力的超大型平台作为监管重点，在事前对其提出特别的行为规则要求，明确禁止其实施具有较大可能会严重损害市场竞争的行为，并强化对这些平台的反垄断执法。

（二）数字平台监管应采取"平台＋政府"的双中心监管体制

随着数字平台的崛起和日益凸显的生态规则制定者角色，数字平台日益成为重要的监管主体。首先，数字平台具有大数据和算法优势，可以实时掌握生态运行情况，可以更为及时有效地发现问题并采取应对措施；其次，数字平台具有强的实施监管激励，通过实施有效的生态监管来构建安全、信任的在线空间，并可以实现平台利益的最大化；最后，数字平台具有多种政策手段来实施有效的平台生态监管，可以以更低的成本和更精准的施策来实现监管目的。

平台经济监管体制应由传统的以单一政府为中心的监管体制转向"平台＋政府"的双中心监管体制，平台经济监管需要构建"平台私人监管"与"政府公共监管"的合作监管体制，即平台来负责对通过平台进行相互作用的相关交易主体实行必要的微观监管，政府公共监管则主要是明确平台经济运行规则，强化平台落实私人监管责任的监督，严格禁止平台滥用垄断势力来扭曲竞争、损害交易相对人的合理利益和有损社会公共利益的经营行为。

"平台＋政府"的双中心监管体制的重点是合理分配平台和政府的职责，既不能对平台提出过度的主体责任要求，把政府的职责转嫁到平台身上，从而严重阻碍平台的创新发展，也不能对平台应该承担的责任给予豁免，放纵平台野蛮生长和无序扩张。因此，应坚持"规范与发展并重"的要求，遵循比例相称原则来合理配置平台应该承担的自我监管主体责任，并同时明确政府的公共监管职责和强化政府的监管能力，实现平台自我监管与政府公共监管的最佳组合。

（三）数字平台监管应将事前监管与事后执法紧密结合

在"事前监管＋事后执法"监管新体制中，事前监管与事后执法二者是互补的关系。事前监管重在明确企业主体责任和行为规则，促进平台积极履行自我治理决策，确保平台合规经营，维护多元价值目标。事前监管是以预防为导向，是一种"面向未来"的执法思维，它通过立法明确具有严重损害市场竞争能力的守门人平台应该承担的义务与责任，遵守基本的行为规则，以维护可竞争的市场、公平的交易和在线空间安全。事后执法则是最后的监管机制，对于超大型平台已经实施并且对消费者、平台商家或第三方合作商、社会造成严重损害的违法违规行为，通过事后追究相应的法律责任来实现最后的纠偏和威慑违法行为。事前监管不仅追求经济效率目标，也追求公平等非经济目标，这有利于弥补事后监管执法的不足，更好地应对平台势力多重损害。因此，"事前监管＋事后执法"的监管新体制能更有效维护多元价值目标，全面提升政府监管效能。

"事前监管＋事后执法"的监管新体制不是传统的公用事业行业监管，依然是普适的市场监管。平台监管新体制不是行业监管，不针对特定行业或追求行业利益，而是追求普遍的基于市场竞争所带来的社会总福利最大化。平台监管新体制是以追求和维护市场可竞争性为目标，促进实现安全、公平、竞争和创新等多元目标。因此，平台监管新体制主要是多部门分工合作的协同执法体制。平台监管新体制不直接介入平台企业的具体经营活动，而是通过明确行为规则来实行规则监管，重在发挥平台自我治理的基础性作用。

平台监管新体制主要是以预防性监管为主，其重点不是事后对违法行为的严厉处罚，而是侧重于从根本上消除垄断势力的出现及其滥用，并重在促进平台企业合规经营，降低平台企业经营的法律风险，促进平台经济更好地创新发展。因此，平台监管新体制不是以严厉禁止和严格处罚为核心的硬监管，而是注重发挥数字平台私人自我治理的基础作用，通过强化平台主体责任和促进平台完善私人监管治理体系，注重标准化、倡导竞争、强化指导等软监管手段来促进平台经营行为的合规，是典型的以软监管为主要政策手段的监管。

（四）数字平台监管应该实行分类分级监管

数字平台监管应避免一刀切的政策制定和实施，应该针对不同类型的平台实施分类分级监管。

分类监管是应对平台商业模式多样化的需要。不同数字平台具有不同的商业模式，不同商业模式的运行逻辑具有非常大的差别，在具体监管政策实施中应针对不同平台的商业模式特点实施差别化的监管政策，提高监管政策的针对性和精准性。目前，各国并没有一个统一的平台监管分类标准，不同国家都根据本国数字平台的实际情况来对平台进行分类。

分级监管是确保监管效能的需要。不同类型平台经营带来的风险程度存在明显的差别，并且不同规模平台运行潜在的经济社会损害也具有较大的差别，为此需要政府监管根据监管目标和执法侧重，重点关注那些社会关切度高、风险损害大的平台及其经营行为，从而做到有效防控。由于政府监管都是在预算约束下进行的，所以在执法能力优先的情况下，根据风险损害程度来配置政府监管资源，明确政府监管的优先关注点，能提高政府监管的效率和效果。

从欧盟、美国和中国的监管实践来看，各国（地区）监管不是对所有规模的数字平台都实行相同的监管强度，而是将监管的重点放在少数大型数字平台，对大型数字平台提出更高的责任义务要求，并实行更高强度的监管。比如，欧盟对数字平台的监管主要针对具有守门人地位的平台，中国则主要针对超大型平台，并主要针对"二选一"独占交易、大数据杀熟等行为。

第三节　数字平台自我监管

一、平台的生态监管者角色

平台的核心角色是交易中介，平台的中介能力决定了平台的成长和市场竞争力。多边平台价值创造和生态成长不仅受到不同侧用户参与或使用平台的数量影响，同时也受到平台促进不同用户群体相互作用的中介能力的影响，在某些情况下这种能力可能更是决定性的，它不仅决定了平台能否成功建立并快速发展，也决定了平台的市场竞争能力。平台中介能力不仅指其处理大数据并做出高效科学决策，从而促进不同利益主体相互作用的能力，也指其解决平台生态中大量不同主体之间相互作用的各种冲突的规制治理能力。

数字平台是一个平台生态的规则制定者和监管者。为提高不同主体之间相互作用的有效性从而吸引更多的用户，平台有激励通过交易规则制定等来影响平台不同侧用户之间的相互作用，从而促进平台生态发展并获得高收益。由此，平台自我监管（self-regulation）也称为"自我治理"，指平台通过制定和实施有效的生态规则来消除影响不同用户群体相互作用的各种制度性障碍，构建信任的生态环境。

在具体实施中，平台采用的自我治理措施包括准入限制、交易规则、担保或保险机制、投诉处理机制、违规处罚措施等。例如，淘宝已经形成了一套完整的平台治理规则，基本上涵盖了在淘宝上从注册到交易完成会遇到的所有问题，其处罚措施具体分为行为限制类、信息限制类、永久处罚类，如扣分、屏蔽店铺、限制交易等。[①] 又，Uber 对司机和车辆的准入都提出了明确的质量标准，要求司机需要提供相关的车辆证明文件，并对司机的背景进行审查，防止有危险倾向的司机进入。因此，在某种程度上，平台生态是自我治理的市场。

一般来说，平台实施的治理规则主要包括 4 大类：①平台设计选项。包括网络或数据格式与标准、应用程序接口标准；平台特定功能的访问规则、反馈和推荐系统；排名（使用的标准和权重）、默认选项和搜索过滤器等。②平台商家的关系规则。包括商家的市场准入条件、交易结算规则、接入费规则、绩效评价、惩罚机制。③平台与用户关系规则。包括用户支付、信息发布或推送、声誉评价、争端解决机制等。④平台市场交易规则。包括平台的行为规则、市场交易规则、第三方关系规则等，如规范卖家提交报价、交付和退货政策，规定格式合同、定价规则、支付方式、担保机制、争议裁决等。这些规则和"市场设计"影响了消费者的选择和平台内市场的竞争状况。

二、平台声誉治理机制

（一）声誉机制的治理作用

数字平台在线交易本身是一种信任经济，构建和维护多边之间的信任是平台生态需要解决的核心治理问题。在多边平台市场运行中仍然存在明显的市场失灵，较突出的为信息不对称，消费者在在线交易当中面临非常大的信息劣势，商家有激励实施各种欺骗消费者

---

① 阿里研究院、德勤研究：平台经济协同治理三大议题，2017 年 10 月。

的行为，典型的如在线零售平台的假冒伪劣商品问题。信息不对称所引发的逆向选择和道德风险问题会严重影响消费者的信任感，当消费者信任度较低的时候，其在特定平台的交易意愿将非常低。

在线交易在本质上面临两类信息不对称：一是涉及对交易主体或相对人身份识别的信息不对称，如身份不明、匿名、无法与自然人联系等；二是涉及交换对象（商品或服务）的质量的信息不对称。由于信息不对称，消费者、企业、广告商、平台运营商等都受到机会主义行为、网络欺诈、盗版侵权等行为的影响，这会对平台商业交易产生抑制。为了克服这些问题，在线平台需要设计一个适当的制度环境，以有效地消除潜在的成本和风险，增加信任，进而扩大平台交易量。由此，平台要构建成功的不同侧用户相互作用的虚拟市场，不仅需要解决搜索匹配、供需平衡、需求引导等交易阻碍问题以促进更高效率的市场交易，同时也需要解决由于信息不对称存在的机会主义行为问题，保证在线交易安全可靠，以增进市场信任。从这个意义上来说，平台本身就是一个信任制度体系或声誉体制。此时，有效的平台规制治理制度能够吸引更多的消费者来参与平台并实现高频率相互作用，形成良好运行的生态。

在线声誉机制是数字平台解决信息不对称问题的重要机制。在传统的线下市场中，声誉机制主要是通过"口口相传"的方式来进行的，并通过消费者理性决策的重复购买机制实现对维持好声誉的激励。在数字经济背景下，数字平台的声誉机制主要是在线声誉评价机制。在线声誉机制（reputation systems）指允许在线用户对商家或交易对象进行评价从而形成激励有关主体从事维护良好声誉的行为的程序或算法。

目前平台采用的最主要的声誉机制是消费者评分与评论机制。例如，在在线零售平台，消费者在平台消费后会对平台商家的商品、服务等质量进行在线评价，消费者的评价会在系统中公开显示，其他消费者在进行商品搜寻时会参考其他已购买消费者的评价，这会对商家经营行为提供有效的激励和约束。在实施声誉机制当中，声誉机制主要是借助程序或算法设计来实现的。

（二）平台声誉机制的实践

声誉评价机制是由易贝（eBay）在 1998 年最先建立的，是最具代表性平台的声誉机制。eBay 的声誉机制由 3 部分组成：①反馈评价分。在每笔拍卖交易完成后，买家对卖家非匿名地进行评价，通常好评为 1，中评为 0，差评为 –1。每一个卖家的净声誉分为总的正评价分减去总的负评价分。过去 1 个月、6 个月和 12 个月的反馈评价总分自动显示在页面中，所有潜在的买家都可以看到这些信息。②详细的卖家星标评价（detail seller rating，DSR）。卖家星标评价制度是由 4 个方面因素构成的买家对卖家的评价机制，包括商品描述、沟通、配送时间、配送费。买家在交易后对卖家在上述 4 个方面的表现给出 1~5 星的评价。买家的这一评价是匿名进行的。③文字评论。买家可以在评论区对卖家存在的问题给出具体的文字评论。如果卖家感觉买家的评论不公平，则可以对此做出回应。

2009 年，eBay 升级了声誉机制，引入了"杰出卖家"（top rated seller，TRS）徽章制度，平台对满足条件的卖家给予 20% 的交易费减免，这些条件包括：①好评率 98% 以上；

②详细的卖家星标评价为 4.6/5.0；③低详细的卖家星标评价（低于 1%）；④在过去的 12 个月中，销售 100 个商品或完成 3000 美元的营业额；⑤在过去连续 3 个月中，每月销售 100 个商品或完成 1000 美元的销售额；⑥低投诉率。2010 年，eBay 推出"买家保护"政策来保护买家的权益。如果买家收到的商品与卖家在网上描述的不一致或买家购买后根本没有收到商品，则卖家必须无条件全额退款（含运费）。这一政策相当于为买家提供了免费的购物保险，降低了伪劣产品或欺诈行为给买家带来损失的风险。

在现实当中，由于不同平台商业模式差异以及所面对的市场失灵问题，声誉机制分为单向评价和双向评价。典型的单向评价如亚马逊，消费者在购物后对卖家进行评价；而 Uber 则是双向评价，交易完成后乘客评价司机，司机也可以评价乘客。在评价机制设计中是采用单向还是双向，主要是基于市场两侧的信任问题及相关制度。在爱彼迎（Airbnb），由于存在房东提供的房屋与网站不符、房屋不卫生、交钥匙不及时的风险，同时也存在房客对房东财产恶意损害、弄脏房屋、制造噪音的风险，因此平台实行双向评价。在 eBay 平台建立的初期，由于买家的支付采用支票或汇票，而在卖家付货后并且支票或汇票没有交割前，存在买家取消支票或汇票的诈骗风险，同时卖家也存在实际配送的商品与网上描述的不一致的情况，因此 eBay 采用双向评价。当 eBay 并购 PayPal 后，在线支付消除了买家收款的风险，因此 eBay 取消了卖家对买家的评价（见表 7.5）。

表7.5　主要数字经济市场的信任问题与声誉机制

行　　业	典型平台	主要信任问题	信任机制特征
在线拍卖交易	eBay	买家的支付信用和卖家的商品信用	双向评价、单向评价
网约车	Uber	乘客与司机的安全、乘客乘车体验的质量	双向评价
在线零售	亚马逊	产品或服务质量与交易支付安全	单向评价
在线房屋租赁	Airbnb	房客居住安全、房东财产安全	双向评价

（三）平台声誉评价机制的有效性

声誉机制是多边平台市场构建的重要组成部分，它促进了以信任为基础的市场交易，从而促进了多边平台市场的形成和发展。声誉机制理论的核心假设是声誉是有价值的，它能够影响特定商品或服务的市场交易规模。当市场中的交易主体彼此完全陌生的时候，声誉机制能够消除阻碍市场交易的不利因素从而促进彼此之间构建信任。声誉机制能有效缓解信息不对称带来的市场失灵问题，是一种基于市场的纠正市场失灵的私人治理机制，并在很大程度上替代了政府监管。平台采取的声誉机制也被称为用户反馈评价机制，通过购买商品的消费者用户对商家的商品或服务的评价可以为市场其他消费者提供信息，从而迅速识别低质量的商品或服务，消除低质量商品企业实施欺骗行为的激励。声誉评价机制之所以能有效约束机会主义行为，是因为其本身就具有激励约束作用。例如，在滴滴公司对网约车司机的评价中，一个乘客评价分高的司机会获得平台优先派单的奖励，差评多的司机则在平台派单中处于后面排队的状态，从而使差评多的司机面临收入下降的处罚。

声誉机制作用的有效发挥往往受到如下两个因素的干扰：一是消费者声誉评价激励不足。消费者基于成本—收益分析而缺乏评分评价激励，导致声誉机制供给不足。在消费过程中很失望的消费者通常并不会做出反馈，这可能是因为单个消费者不愿意花时间或成本，也可能是担心商家的威胁或报复，从而使消费者评价反馈系统的分值无法反映真实的情况。而且，由于声誉评价提供的信息是一种公共物品，提供者往往具有较强的搭便车效应，因此缺乏对购买商品或商家服务的质量做出反馈评价的激励。二是商家策略性操纵声誉评价机制。在中国电子商务等在线市场中，一些商家为了获得好评甚至通过付费的方式来让第三方完成假的订单并做出不符合实际的好评，网络恶意刷单与虚假好评、买家和卖家之间的串谋行为严重扭曲了评价反馈机制的声誉效应。在平台一体化经营或与特定商家具有利益关系的情况下，其有可能采取有利于特定商家的反馈评价机制或操纵反馈评价结果来偏向特定商家。

第四节 数字平台事前监管

一、强化数字平台事前监管成为国际趋势

由于垄断性数字平台同时具有绝对垄断势力、相对垄断势力和生态垄断势力，并且在一定时期内市场自身无法有效约束守门人平台的强市场势力，守门人平台有激励实施垄断行为来维持和强化垄断地位，实施剥削性行为来侵害消费者用户和平台商家用户的权益，从而对市场竞争和交易公平产生严重损害。因此，防止守门人平台滥用市场势力成为各国数字平台监管的重点。由于传统的反垄断事后执法无法有效消除守门人平台的强市场势力，以维护公平和可竞争的市场，因此数字平台监管需要强化事前监管，促进数字平台合规经营。

数字平台事前监管（ex-ante regulation）指为防止大型数字平台实施各种损害消费者利益、商家利益和社会公共利益的行为，政府对大型数字平台的经营行为做出的预防性规定，确保其以合规的方式来经营。目前，加强对大型数字平台的事前监管成为各国加强数字经济监管的重要政策和普遍做法。欧盟、美国、中国等地区或国家都对守门人平台提出了相应的事前监管政策，并对其提出更高的责任与义务要求。

欧盟对数字平台事前监管的法规主要是在 2022 年，欧盟理事会通过的《数字市场法》和《数字服务法》，其中《数字市场法》重点对守门人平台的经营行为提出了明确的规定，《数字服务法》主要对平台在在线信息内容传输中的责任做出了规定。

美国对大型数字平台事前监管的法规主要是在 2021 年，众议院表决通过的《终止平台垄断法案》《美国创新与选择在线法案》《平台竞争和机会法案》《通过赋能服务转换来促进兼容和竞争法案》和《收购兼并申请费现代化法案》这 5 部法案。其中《终止平台垄断法案》针对的是支配平台实施的自我优待和强制交易行为；《美国创新与选择在线法案》针对的是支配平台侵害平台商家利益的歧视性行为；《平台竞争和机会法案》针对的是支配平台实施的杀手并购等损害市场竞争的行为；《通过赋能服务转换来促进兼容和竞争法案》主要是要求支配平台要促进个人用户数据可携带和竞争商业之间的互操作，强化数据可携带和互操作以促进市场竞争；《收购兼并申请费现代化法案》旨在增加反垄断审查费

用和反垄断机构执法预算，以提高反垄断机构的执法能力。

中国对大型数字平台事前监管的法规主要是国家市场监管总局在 2021 年 10 月发布的《互联网平台分类分级指南（征求意见稿）》和《互联网平台落实主体责任指南（征求意见稿）》，对不同类型平台的认定和平台主体责任做出了全面的规定。

二、数字平台事前监管体制

（一）数字平台事前监管对象的认定标准

数字平台事前监管应该具有有限的适用范围，针对的对象主要是具有强垄断势力的数字平台，欧盟称之为"守门人平台"，中国则称之为"超级平台"。

一般来说，守门人平台的认定应主要依据如下 4 个条件：一是平台具有巨大的经济规模，对相关市场和经济社会具有重要的影响；二是平台提供的核心服务是不同用户群体实现相互作用的必要通道；三是平台具有长期稳固的市场支配地位；四是平台通过跨界经营进入多个相关市场，具有生态控制力。

欧盟的《数字市场法》对平台"守门人"地位认定的标准为：一是具有重要的经济地位；二是具有重要的中介地位，运营一个核心的平台服务并且该服务是商业用户实现与终端用户交易的重要通道；三是具有稳固和可持续的市场地位。

美国《美国创新与选择在线法案》对平台"守门人"地位认定标准主要考虑 3 个方面：重要市场影响、较大经济规模和重要中介地位。中国国家市场监管总局发布的《互联网平台分类分级指南（征求意见稿）》对超级平台的认定依据 4 个标准：超大用户规模、超广业务种类、超高经济体量、超强限制能力。总体来说，欧盟、美国、中国都将平台的中介地位、经济规模、用户数量作为认定守门人平台的主要依据（见表 7.6）。

表 7.6　欧盟、美国、中国对数字平台事前监管对象的认定标准

国家/地区	依　据	数　量　标　准
欧盟	重要经济地位	在过去 3 个财年中，年营业额在 75 亿欧元以上或市值超过 750 亿欧元
	重要中介地位	在上一个财年中每个月的活跃终端用户数超过 4500 万人并且年活跃商业用户数超过 1 万家
	稳固市场地位	在过去 3 年中，始终满足重要中介地位数量门槛标准
美国	重要市场影响	在过去 12 个月中，平台每个月至少拥有 5000 万活跃用户或每月至少拥有 10 万个活跃商户
	较大经济规模	在过去 2 年中，平台的年净销售收入大于 5500 亿美元
	重要中介地位	在过去 2 年中，平台是产品或服务提供者实现交易的重要伙伴
中国	超大用户规模	上年度中，在中国的年活跃用户不低于 5 亿人
	超广业务种类	核心业务至少涉及两类平台业务
	超高经济体量	上年年底市值（估值）不低于 10 000 亿元人民币
	超强限制能力	具有超强的限制商户接触消费者（用户）的能力

资料来源：根据欧盟的《数字市场法》第三条、美国的《美国创新与选择在线法案》第二条和国家市场监管总局发布的《互联网平台分类分级指南（征求意见稿）》整理。

根据欧盟的《数字市场法》对守门人平台认定的数量标准，其主要针对的是谷歌、Facebook、亚马逊、苹果、微软、阿里巴巴、抖音等数字平台企业。根据中国国家市场监管总局发布的《平台分类分级指南（征求意见稿）》认定超级平台经营者的数量门槛标准，满足超级平台标准的国内平台企业主要是阿里巴巴、腾讯、美团、字节跳动等数字平台企业。

（二）数字平台事前监管的重点是明确平台行为规则

1. 数字平台的行为规则监管

数字平台事前监管属于行为监管，重点是明确守门人平台的行为规则，既要明确守门人平台不得从事的行为，也要明确平台必须从事的行为。为了确保事前监管的科学性，防止监管失误，并更好地指导平台企业合规经营，事前行为监管应对守门人平台不得从事的行为做出分类规定。具体来说：首先，对于那些明确具有严重损害竞争效果的行为适用"本身违法"原则，明确规定守门人平台不得实施；其次，对于那些具有较大可能会严重损害竞争效果，但在少数例外的情况下可能会具有效率效应的行为则适用"可抗辩的本身违法"原则。

为避免一刀切的禁止带来执法错误，事前监管禁止的行为必须具有充分的反垄断执法判例或市场调查基础，即有充分证据证明在特定市场中，守门人平台的行为具有或较大可能具有严重损害竞争的效果；对于在特定市场或特别情况下具有较大可能产生严重损害竞争效果的特定行为，还要进一步明确该行为禁止适用所针对的特定场景。

2. 支配平台事前行为监管的基本规则

数字平台监管工作应重点明确平台经营行为基本规则，强化规则监管，提高监管政策的适应性和灵活性，并为企业合规经营和创新发展提供稳定可预期的政策环境。根据国内外监管实践，数字平台监管应突出对大型数字平台如下所示的基本行为规则要求。

（1）规则透明。对于消费者来说，平台不能在不告知的情况下对消费者实行个人化定价，不能在消费者不知情的情况下采集或利用消费者个人隐私信息，不能随意关停用户账号等，即对消费者的服务或交易规则要透明。对商家来说，平台的收费定价机制、交易条款或条件、声誉排名机制、暂停或终止服务等规则要公开透明，上述内容的更改要提前明确告知商家或第三方合作者。为增进平台经营行为的透明度，平台需要定期提交或发布透明度报告，在特定情况下，平台算法需要接受监管机构的算法审查。

（2）交易公平。平台作为交易中介和生态协调者，有责任构建一个多赢的局面。平台生态不应仅仅是核心平台独占生态收益而使其他用户和商家利益受损，即平台应该是生态价值创造的推动者和生态利益兼容的协调者，而不应是生态价值的独占者和生态利益的攫取者。交易公平性要求平台应实行公平合理的交易条款。不能采取和实施剥削性滥用行为或不公平的剥削性收费；不能强制或过度采集用户信息；不能强迫用户接受其提供的服务或附属服务，如以同意作为获得服务的先决条件、实行强制捆绑附属服务、恶意安装应用软件等；不能在消费者不知情的情况下实行个人化高价格；平台不对合作商家实行不合理的高收费或交易条款；不能在没有合理理由的情况下拒绝商业用户的交易；不得限制平台用户与其他平台的交易行为。

（3）安全信任。平台作为交易中介和重要的生态规制者，其有义务通过技术配备和交易制度设计来保证平台不同用户之间的交易安全，构建信任的平台交易环境。平台的交易安全包括对平台商家或经营者的背景审查、交易商品或服务的质量安全、交易结算的支付安全以及消费者隐私信息和商家的数据资产安全等。平台的义务主要有3个方面：一是对平台商家或第三方供应商的资质进行审查；二是对平台信息内容负有过滤审查义务，不能恶意传播盗版侵权和非法有害内容，对具有较高风险的内容要做出明确的标识以提醒用户，并切实履行"告知—行动"义务；三是与政府监管机构积极合作，建立快速的报警机制，并积极配合执法机关的执法。

（4）客观中立。平台不能利用信息发布或算法推荐来误导消费者做出决策或判断，如发布大量虚假广告、虚假营销、虚假新闻等；平台不能操纵数据算法或声誉排名机制来偏向于自己的关联业务而造成对竞争对手的排斥；平台应该非歧视性地对待所有的商家，不能在缺乏合理理由的情况下对特定商家实行歧视性的政策或对特定商家实行特别的优惠政策；跨市场经营的平台不能将核心业务市场的市场势力运用到相关业务市场来扭曲相关市场的竞争；数字新闻、在线视频等数字内容平台不能依据平台的偏好来呈现或推送数字内容，从而偏误性地影响或左右公众的价值判断。

（5）开放接入。平台作为数字经济最大的数据资源占有者，其不应该通过垄断社会数据资源来谋求平台垄断利润最大化，数字平台不可以不合理地拒绝第三方的数据接入、人为限制消费者用户的跨平台个人数据转移（限制个人数据可携带权）、排斥或阻碍平台之间的数据互操作性。作为数字经济具有"准基础设施"属性的平台和具有"守门人"势力的平台，其应该保持平台的开放接入，不应在缺乏客观合理理由的情况下对特定用户的接入实行限制，或不合理地设定或提高一些用户的接入门槛，从而限制市场竞争和数字商务的广泛发展。

（三）欧盟、美国、中国对大型数字平台行为的法律规定

欧盟的《数字市场法》第五条和第六条对守门人平台提出了9项本身违法禁止行为（黑名单）和10项可抗辩本身违法行为（灰名单），美国的《美国创新与选择在线法案》对守门人平台提出了3项本身违法禁止行为和7项可抗辩本身违法行为（见表7.7）。总体来说，欧盟和美国事前监管立法严格禁止的守门人平台行为主要集中在如下几种：自我优待、歧视性平台条款、独占交易协议、最惠国条款、未获授权的多源数据整合、强制性捆绑等，对这些行为适用近似本身违法原则。欧盟和美国事前监管立法对于一般的捆绑或搭售、拒绝数据接入或兼容、阻碍互操作、限制数据可携带、歧视性数据接入等行为则适用可抗辩的本身违法原则，在当事平台企业有可信的证据显示该行为具有显著的效率效应的情况下，其并不构成违法。

表7.7 欧盟《数字市场法》与美国《美国创新与选择在线法案》监管的平台行为

	《数字市场法》	《美国创新与选择在线法案》
黑名单	未授权的个人数据处理、最惠国条款、限制商业用户接触终端用户、限制终端用户接触商业用户、限制用户举报、独占交易、强制性服务捆绑、限制广告商接入数据信息、限制发行商接入数据信息	不公平的自我优待，限制平台用户竞争能力，歧视性平台条款
灰名单	利用不对称数据集、软件捆绑、App独占交易、自我优待、限制终端用户多属、阻碍互补性服务互操作性、拒绝接入广告绩效衡量工具及数据、阻碍个人数据可携带、拒绝商业用户接入数据、拒绝与搜索服务提供者分享数据、歧视性商业用户接入条件、不提供合理且方便的核心服务终止条款	限制平台商家接入或互操作性，捆绑搭售行为，使用平台商家的平台交易数据来与商家进行竞争，限制商家接入或转移在平台的交易数据，限制卸载预装应用程序（默认设置），搜索结果展示违背中立、公平、非歧视，对向政府举报的商家进行报复

资料来源：根据欧盟的《数字市场法》第五条、第六条以及美国的《美国创新与选择在线法案》第二条整理。

中国对数字平台的事前监管并不仅仅局限在维护市场可竞争性和重点禁止超级平台的市场势力滥用行为，而是包含了更广泛的目标。因此，中国的数字平台事前监管体制对超级平台提出了更为严格的一揽子责任和义务要求，压实平台主体责任成为政府实施数字平台监管的重要路径。国家市场监管总局发布的《互联网平台落实主体责任指南（征求意见稿）》对超级平台提出了更为宽泛的34条责任要求，大体分为4类：数据治理规范、经营行为规范、平台治理责任、社会利益要求（见表7.8）。

表7.8 《互联网平台落实主体责任指南（征求意见稿）》的平台行为规定

内　容	具　体　规　定
数据治理规范	互操作性、数据治理、数据隔离、算法规制、网络安全、数据安全、隐私保护
经营行为规范	多源数据整合、捆绑搭售、自我优待、反垄断、反不正当竞争、价格行为、广告行为、知识产权保护、禁止传销
平台治理责任	内部治理、风险评估、风险防控、安全审计、信息审核、用户管理、内容管理、禁限售管控、协议透明、信用评价、黑灰产治理
社会利益要求	促进创新、消费者保护、平台内经营者保护、劳动者保护、特殊群体保护、环境保护、纳税、配合执法

资料来源：根据《互联网平台落实主体责任指南（征求意见稿）》整理。

讨论案例：中国平台经济反垄断监管

面对数字平台垄断问题，2020年12月11日，中共中央政治局首次提出"强化反垄断和防止资本无序扩张"，由此拉开了中国平台经济反垄断运动的序幕。中国平台经济反垄断监管采取如下主要举措：

一是完善立法。2021年2月，国务院反垄断委员会颁布了《关于平台经济领域的反垄断指南》，对平台经济领域突出的垄断问题作出了具体的立法规定。2022年6月24日，十三届全国人大常委会第三十五次会议审议通过的《中华人民共和国反垄断法（2022修正）》（以下简称"新《反垄断法》"），对平台经济反垄断面临的突出问题做出了原则性专款规定。

二是强化执法。国家市场监督管理总局重点查处了阿里巴巴"二选一"案、美团"二选一"案、知网垄断案等典型案件。2021年4月，国家市场监督管理总局认定阿里巴巴集团实施的"二选一"行为严重限制了市场竞争，构成非法滥用市场支配地位行为，对其处以上一年度中国境内销售额4%（共计182.28亿元）的罚款。2021年10月，国家市场监督管理总局认定美团实施"二选一"构成非法滥用市场支配地位，对其处以34.42亿元罚款。2022年12月26日，国家市场监督管理总局认定中国知网滥用市场支配地位行为，实施了非法的独家协议和不公平高价格，据此责令其停止违法行为并对其处以8760万元罚款。

三是提升执法能力。2021年11月，国家市场监督管理总局加挂"国家反垄断局"牌子，反垄断机构升格为副部级国家局；同时，国家市场监督管理总局及地方反垄断执法机关都相应地进行了人员扩编、增加专项预算拨款等措施来提升执法能力。在执法过程当中，反垄断执法部门统筹使用合规指引、行政约谈指导、通报警示、行政处罚、信用监管等多种新的执法手段。另外，2021年12月国家反垄断局组建了竞争政策与大数据中心，以提高智慧监管能力。

2022年4月29日，中共中央政治局会议指出"要促进平台经济健康发展，完成平台经济专项整改，实施常态化监管，出台支持平台经济规范健康发展的具体措施"；2022年7月28日，中共中央政治局会议强调"要推动平台经济规范健康持续发展，完成平台经济专项整改，对平台经济实施常态化监管，集中推出一批'绿灯'投资案例"；2023年1月13日全国市场监管工作会议表示，要切实提高常态化监管水平，推动平台经济规范健康持续发展，支撑平台企业在引领发展、创造就业、国际竞争中大显身手。坚持规范与发展并重，实现常态化监管成为平台经济反垄断的新要求。但如何建立有效的制度保障，确保常态化监管，实现规范与发展并重，则尚未得到很好解决。

讨论问题：

1. 你如何评价中国平台经济的反垄断监管行动？
2. 如何建立平台经济常态化监管体制？

■ 本章总结

数字平台是不同主体实现有效相互作用的中介，具有典型的双边市场特征。数字平台具有3种基础性角色：技术性角色、经济性角色和制度性角色。数字平台经营涉及的利益关系主要包括平台与消费者用户，平台与商家、合作商，平台与平台，平台与社会四重利益关系，政府监管需要针对不同利益关系的主要问题来明确监管的目标和重点，进而完备针对性的平台监管法律体系。数字平台监管的目标应该聚焦于确保网络与数据安全、交易公平、市场可竞争性，确立以"安全、公平、可竞争"为核心的有限多元价值目标；采取"平台＋政府"的双中心监管体制；将事前监管与事后监管紧密结合，并实行分类分级监管。

数字平台是平台生态规则制定者和监管者。声誉机制是数字平台解决信息不对称和机会主义问题的重要机制。声誉机制能有效缓解信息不对称带来的市场失灵问题，是一种基于市场的纠正市场失灵的私人治理机制，并在很大程度上替代了政府监管。但搭便车和商家操纵声誉评价可能会降低声誉机制的有效性。

强化数字平台事前监管成为国际趋势，数字平台事前监管应主要针对具有强垄断势力的数字平台。数字平台事前监管属于行为监管，重点是明确守门人平台的行为规则，数字平台监管应突出对大型数字平台提出规则透明、交易公平、安全信任、客观中立、开放接入等行为规则要求。

■ 关键词

数字平台　双边市场　数字平台事前监管　平台自我监管　在线声誉机制

■ 复习思考题

1. 数字平台双边市场的特征是什么？
2. 数字平台的角色与监管需求是什么？
3. 如何评价平台声誉机制的作用？
4. 数字平台事前监管体制的主要构成是哪几方面？

第八章
数字经济反垄断监管

第一节　数字经济反垄断监管需求

一、反垄断监管的概念界定

反垄断政策指政府通过对各种严重限制竞争行为的监管，来维护自由竞争市场体制而制定的法律与政策。反垄断政策也被称为反垄断法或竞争法。

现代经济学理论已经证明，竞争能够为消费者提供价格更低、质量更好的产品，能够实现资源的优化配置，达到帕累托最优的效率结果。因此，维护竞争是实现经济效率和促进经济增长的最基本机制，是一个国家一项基本的政策。反垄断法的直接目标就是保护竞争自由，维护市场经济体制的有效运转。因此，反垄断法是市场经济国家基础性的经济政策，其主要目的是保护市场公平竞争，进而维护消费者利益及社会公共利益，促进社会创新。

一般说来，反垄断法的限制竞争行为主要由如下 3 个部分构成。

（1）企业间限制竞争的协议。企业之间横向限制竞争协议有时也称为合谋，指企业之间通过合同、决议或协调一致的行动，来共同实施划分市场、固定价格或产量、串通投标等限制竞争的行为。企业之间的合谋往往具有重大的伤害竞争的结果，因此它是各国反垄断执法重点打击的对象。

（2）企业滥用市场支配地位行为。滥用市场支配地位指具有市场支配地位的单个企业，为维护或扩大其市场势力，为竞争对手的市场进入或市场扩张设置障碍，以将竞争对手排挤出市场的各种行为，典型的如掠夺性定价、价格歧视、拒绝交易、搭售等行为。

（3）限制竞争的企业并购。由于企业并购带来的市场份额上升，可能会导致垄断性市场结构的出现和带来市场价格的明显提高，进而出现限制市场竞争和伤害社会福利的结果，所以并购控制制度是反垄断法的重要内容。

中国的《反垄断法》在上述一般内容的基础上，还对行政垄断问题做出了专门的规定。

数字平台是数字经济中重要的经济主体。数字平台的发展给消费者和社会带来了诸多的益处，但是数字平台日益凸显的市场垄断化趋势及实施的各种限制竞争的垄断行为，可能会对市场竞争和社会福利造成严重损害。因此，数字平台反垄断成为数字经济监管的重点。

二、数字经济市场垄断势力

（一）数字经济市场竞争特征

数字经济具有与传统经济明显不同的经济规律和市场竞争特征，给现行的反垄断政策带来诸多挑战。具体来说有如下内容。

（1）日益凸显的平台垄断势力。由于数字经济供给侧具有更强的规模经济、范围经济和需求侧的强网络效应，供给侧和需求侧具有显著的自强化机制，所以导致市场体现出明显的强者愈强、弱者愈弱的"冒尖"或"赢家通吃"现象，一家或少数几家平台企业占据大部分市场份额。例如，美国谷歌公司长期占全球搜索引擎市场 90% 以上的市场份额，美国的 Facebook 在全球社交媒体市场中占据 75 % 左右的市场份额。中国数字平台市场中，滴滴占网约车市场的份额为 92.5%，百度占搜索引擎市场的份额为 68.0%，美团占外卖市场的份额为 58.6%，天猫占在线零售市场的份额为 53.5%。

（2）数据与算法成为影响市场竞争的重要因素。在数字经济中，数据是数字平台从事各种商业活动的重要投入要素，也是企业获取和维持竞争优势的重要战略资产。大数据具有显著的规模经济与网络效应，往往会导致大数据控制者具有高市场份额和强垄断势力。一个拥有较少数据的企业将很难与掌握较多维度大数据集的支配企业展开有效竞争。由此，数据构成重要的市场进入壁垒，数据垄断企业可能基于大数据优势来实施各种垄断滥用行为，从而产生数据垄断问题。

（3）生态竞争成为竞争的主要形式。跨界经营已经成为谷歌、百度、阿里等数字平台企业普遍采用的经营战略，支配平台通过跨界经营构建了以核心平台为中心的产业生态。例如：美国谷歌公司的业务包括金融、地图、新闻、旅游、机票搜索、购物、图书、视频和云计算等；阿里的业务除了淘宝的在线零售，还投资了在线支付、物流、数字金融、社交媒体、数字娱乐、云计算等。数字平台的跨界经营为平台企业的市场进入提供了便利，平台企业可以利用其用户基础、大数据等资产迅速进入新的业务市场，为消费者提供更多样化服务。但平台生态也会对新进入企业构成重要的进入壁垒，新的平台企业较难进入市场，同时跨界经营的支配平台会将其在核心业务市场的垄断势力延伸到下游业务市场，对下游市场的竞争对手实施封杀行为，以实现对多市场的生态垄断。

（二）数字经济市场垄断势力

（1）市场垄断势力具有强可维持性。由于网络效应、大数据与算法的结合产生了明显的支配地位自强化机制，平台经济的垄断势力具有内在的自强化机制，赢家通吃成为基本的规律，市场自身缺乏打破在位支配平台垄断地位的力量，在位企业往往拥有长期可维持的强市场势力。在数字经济中，由于支配平台掌握大数据，大数据算法和网络效应会放大其数据优势和强化市场势力，形成市场冒尖现象，同时大数据和网络效应成为突出的进入壁垒，进入者也难以进入市场并与在位企业展开有效竞争。因此，数字经济市场竞争面临市场内竞争和市场进入竞争都受到削弱的风险。

（2）市场垄断势力具有多层次性。平台垄断势力包括 3 个层次：绝对垄断势力、相对垄断势力和生态垄断势力。首先，绝对垄断势力是一家企业在相关市场中占据绝对的优势地位，从而免受市场竞争有效约束的能力。绝对垄断势力是单个企业在相关市场中相对于竞争对手的势力，或免于市场竞争约束的能力，传统上通常采用价格偏离边际成本的程度（即勒纳指数）来衡量。其次，相对垄断势力主要源于平台的中介地位，即它是不同用户群体实现相互作用所必不可缺的通道，特别是平台商家，如果商家不接入平台将根本无法获得相应的商业交易机会。平台滥用相对垄断势力损害的是平台商家和消费者的权益，扭曲了平台与商家之间的公平交易。最后，生态垄断势力指平台利用核心业务优势来进入邻近市场，构建核心资源与价值体系紧密相连的平台生态，此时平台是生态系统的控制者，强化了平台对生态系统多个相关群体的控制。生态垄断势力产生的基础是大数据的范围经济和平台包络，它是跨市场垄断势力。由于跨界经营的平台具有多市场垄断势力，初创企业很难在单一市场或业务领域将创新成功地引入市场。

（3）市场垄断势力具有多重损害性。平台垄断势力的损害不再仅仅是以高价格为核心的经济性损害，也包括隐私、公平等社会性损害。首先，平台侵害消费者利益，主要体现为平台利用垄断势力来实施剥削性滥用行为——过度采集和使用个人数据造成的隐私侵犯、利用大数据算法实施个人化定价等严重损害消费者权益的行为。其次，平台侵害商家利益，主要体现为平台利用守门人地位，通过歧视性平台接入政策、歧视性搜索结果排名、歧视性链接、自我优待、采用平台商户经营数据来提供与商家竞争的产品等行为来扭曲平台内市场的公平竞争，以及实施不合理的高佣金、不公平的交易条款等来占有更多的商家租金，从而严重损害平台与商家之间的交易公平。再次，损害平台间市场竞争，平台可能会实施算法价格合谋、损害竞争的并购和实施各种排斥竞争对手的滥用行为。最后，平台垄断势力可能会对经济社会秩序造成损害，典型的如大型数字平台给数据安全带来的风险，算法应用所引发的社会性歧视，短视频平台中的低俗有害内容对社会伦理的冲击，数字新闻平台基于算法的定向推送和机器合成信息对社会偏见的强化及其对政治安全的影响等。

第二节　数字经济反垄断监管导向

一、强化数字经济反垄断成为全球趋势

（一）美国

为了强化对大型数字平台的反垄断执法，美国出台了系列法案。2021年6月23日，美国众议院表决通过了《终止平台垄断法案》《美国创新与选择在线法案》《平台竞争和机会法案》《通过赋能服务转换来促进兼容和竞争法案》《收购兼并申请费现代化法案》5部法案。其中：《终止平台垄断法案》《美国创新与选择在线法案》旨在消除支配地位平台滥用地位优势来侵害平台内经营者利益的行为；《平台竞争和机会法案》旨在打击支配地位平台实施的扼杀创新的杀手并购行为；《通过赋能服务转换来促进兼容和竞争法案》旨在通过强化数据可携带性和互操作性降低数字市场进入壁垒，以促进市场竞争；《收购兼并申请费现代化法案》旨在增加反垄断审查费用和反垄断机构执法预算，提高反垄断机构的执法能力。总体来说，5部法案集中体现了美国强化对大型数字平台反垄断的基本趋向。

（二）欧盟

为应对大型数字平台垄断问题，欧盟主要是重点强化对谷歌、Facebook、亚马逊、苹果等大型数字平台垄断行为的反垄断执法行动。

一是欧盟委员会查处了谷歌等相关案件。2017—2019年，欧盟委员会先后对谷歌作

出了 3 次反垄断处罚，涉及比价购物、在线广告和手机操作系统等市场，涉及的行为包括自我优待、独占交易、捆绑搭售，总计开出了共 82.5 亿欧元的罚款。

二是 2017 年 4 月，欧盟委员会对 2015 年 11 月开始的针对亚马逊在电子书市场实行非价格性最惠国条款行为的裁决结果，认定其上述行为损害了电子书市场的竞争，亚马逊做出了相应的整改承诺而避免了处罚。2019 年 7 月，欧盟委员会宣布对亚马逊滥用第三方卖家数据的行为和亚马逊的"Buy Box"服务展开反垄断调查，2020 年 10 月，欧盟委员会初步认定亚马逊使用平台商家数据并开展与平台商家相竞争业务的行为扭曲了在线零售市场的竞争。

三是 2021 年 6 月，欧盟委员会对 Facebook 公司展开反垄断调查。调查主要针对 Facebook 公司使用从广告商方收集的广告数据与广告商展开竞争，以及 Facebook 公司是否将其社交媒体业务与在线分类广告服务搭售在一起。欧盟委员会对案件的初步调查结论认为，Facebook 公司的上述行为扭曲了在线分类广告市场的竞争。

四是 2020 年 6 月，欧盟委员会宣布对苹果公司的应用商店及苹果公司支付服务展开反垄断调查，重点关注的是苹果公司强制软件开发者使用苹果公司专有的应用内购买系统（in-App purchase，IAP）来分发付费数字内容，并通过 IAP 向应用程序开发者收取所有订阅费用的 30% 作为佣金，以及限制应用软件开发者告知用户应用之外的其他购买方式（反导流条款）。2021 年 3 月，欧盟委员会发布的初步调查意见认为，苹果公司的上述行为扭曲了流媒体市场的竞争。

在立法层面上，2022 年 7 月，欧洲议会通过了《数字市场法》，强化对守门人地位平台的反垄断事前监管。《数字市场法》的重要特点是对守门人地位平台提出了明确的行为规则，构建了反垄断事前监管体制，并强化欧盟委员会与成员国的反垄断执法合作，以提高反垄断执法效能。

（三）中国

党的十八大以来，在以习近平同志为核心的党中央坚强领导下，市场监管部门不断完善公平竞争法律制度体系，持续加强和改进反垄断监管执法，为建设高标准市场体系、构建新发展格局、推动高质量发展做出积极贡献。

1. 反垄断立法

2020 年年底，中央经济工作会议上，习近平总书记明确指出要"强化反垄断和防止资本无序扩张"，"要完善平台反垄断监管"。为此，国家出台了一系列的平台经济反垄断监管政策。2021 年年初印发的《建设高标准市场体系行动方案》，明确了要加强平台经济等新业态领域的反垄断和反不正当竞争监管。2021 年 2 月，国务院反垄断委员会制定发布了《关于平台经济领域的反垄断指南》，对平台经济领域反垄断问题给出了较为具体的规定，对促进平台经济的健康发展具有重要意义。2022 年 6 月 24 日，第十三届全国人民代表大会常务委员会第三十五次会议审议通过的《反垄断法》，新增的第九条规定"经营者不得利用数据和算法、技术、资本优势以及平台规则等从事本法禁止的垄断行为"，并对算法合谋、算法价格歧视等新型垄断行为做出了规定，完善了并购控制政策，提高了对违法行为的处罚力度，对数字经济反垄断面临的突出问题作出了立法回应。随后国家市场监管总局公布了《禁止垄断协议规定（征求意见稿）》《禁止滥用市场支配地位行为规定（征求意见稿）》《经营者集中审查规定（征求意见稿）》《禁止滥用知识产权排除、限制竞争行为规定（征求意见稿）》《制止滥用行政权力排除、限制竞争行为规定（征求意见稿）》等，以进一步明确具体的反垄断政策。

2. 反垄断执法

在完善反垄断立法的同时，反垄断执法机构也在强化反垄断执法（见表8.1）。2021年4月，国家市场监管总局对阿里巴巴集团控股公司作出了行政处罚。国家市场监管总局认定阿里巴巴集团为限制其他竞争平台发展，滥用该集团在中国境内网络零售平台服务市场的支配地位，实施"二选一"行为，构成滥用市场支配地位行为，处以上一年度中国境内销售额4%的高额罚款（共182.28亿元）。2021年10月，国家市场监管总局也对美团实施"二选一"的行为做出了行政处罚，责令美团停止违法行为，并处以34.42亿元罚款。此外，国家市场监管总局加大对平台经济领域平台并购反垄断执法。2021年7月，市场监管总局依法禁止虎牙与斗鱼的合并案，国家市场监管总局认定合并后对中国游戏直播市场和网络游戏运营服务市场具有或可能具有排除、限制竞争效果而予以禁止。此外，国家市场监管总局还对一批平台企业不进行并购申报行为作出集中处罚。

表 8.1　中国数字平台反垄断典型案例

案件名称	问　题	判决结果
阿里巴巴滥用市场支配地位案	滥用市场支配地位	停止违法行为，处以182.28亿元罚款，并要求整改
美团滥用市场支配地位案	滥用市场支配地位	停止违法行为，退还保证金12.89亿元，处以34.42亿元罚款，并要求整改
虎牙公司与斗鱼国际控股有限公司合并案	经营者集中	禁止
腾讯公司收购中国音乐集团股权案	经营者集中	责令恢复相关市场竞争状态，处以50万元罚款，依法申报经营者集中

资料来源：作者根据相关反垄断执法案件整理。

二、数字经济反垄断政策基本导向

（1）坚守竞争政策的基础性地位。市场竞争是促进数字经济高效发展的根本动力，数字经济反垄断应坚守竞争政策的基础性地位。尽管数字经济具有相对独特的经济规律，但是竞争始终是促进经济高效率增长和消费者福利的基础机制，维护市场竞争机制和竞争过程始终是竞争政策的根本任务。坚守竞争政策基础性地位应重点消除严重扭曲市场竞争的产业政策、阻碍创新发展的政府监管政策和不作为的竞争政策。数字经济竞争政策应积极有为，对那些竞争损害证据明确的支配企业滥用行为和严重损害消费者福利的不正当竞争行为要及时采取有效的竞争政策加以纠正。数字经济竞争政策应确保竞争政策的基础性地位，营造公平竞争的市场环境，促进数字企业的创新发展。

（2）坚持消费者福利标准并扩展对非价格因素的审查。数字经济背景下仍应坚持反垄断消费者福利标准。长期以来，反垄断法都将促进消费者福利和防止消费者福利受到伤害作为反垄断法的根本目标。数字经济反垄断政策不仅要关注价格水平所决定的消费者福利，而且应更关注创新带来的新产品或新服务，以及产品质量提升、消费者隐私保护等非价格维度。特别是在平台向消费者免费供应的情况下，企业之间的竞争已经超越单一的价格竞争模式。在平台产品免费供应的情况下，消费者的选择更加关注产品质量、产品多样性选择、隐私保护等非价格因素。为此，数字经济反垄断法保护消费者福利，要求反垄断政策从传统的以价格为中心转向重视非价格因素，特别是对质量、创新和隐私的影响。

（3）将促进创新作为反垄断优先目标。创新是竞争和经济高质量发展的最重要的驱动力量。在数字经济中，创新带来的动态效率对提升消费者福利和社会总福利具有特别重要的意义。在数字经济中，创新既是维护市场竞争的动力，也是市场竞争的结果。因此，维护企业创新激励应该成为反垄断审查的最优先目标。创新优先的反垄断执法主要体现在以下几个方面：一是有利于创新的企业之间合作行为不宜适用本身违法原则。在数字经济中，企业之间的数据共享协议、联合制定技术标准、数字版权合作组织等合作行为往往是促进创新的，应实行宽松的反垄断政策。二是为维护企业创新激励，应谨慎干预知识产权许可中的高许可费、拒绝许可以及拒绝数据开放等行为，只有在案件所涉及的技术或数据满足该技术是其他企业参与竞争所不可或缺，并且其他企业无法合理复制的情况下，反垄断执法才应介入。三是审慎的反垄断监管，强化市场研究和程序正义，防止过度监管和错误执法造成对竞争的损害，特别是防止运动式执法和一刀切政策对企业创新发展造成的损害。例如，欧盟对数据隐私和数字平台严格的反垄断监管造成平台企业过高的合规成本，严重阻碍了企业创新，严重限制了欧盟数字平台的创新发展和国际竞争力的提高。因此，中国数字经济反垄断监管不能以牺牲创新为代价，而应更好地促进数字经济创新发展。

（4）数字经济反垄断要特别关注数据垄断行为。数据垄断成为数字经济反垄断需要特别关注的问题。支配平台数据驱动滥用行为主要有 3 个方面：一是非法数据采集利用行为。数字平台往往向消费者提供免费服务，但消费者同时也向平台提供了具有经济价值的数据。如果平台没有获得消费者授权同意，或者迫使消费者接受不合理的个人数据采集适用条款，则构成了一种剥削性滥用，是与传统垄断企业向消费者征收不公平高价格相似的一种垄断滥用行为。二是数据滥用封锁行为。支配平台企业实施的数据驱动排他行为会伤害市场竞争、阻碍创新，并影响用户隐私保护。典型的数据滥用行为包括支配平台采用平台商家数据来开发相关竞争产品、大数据价格歧视等行为。三是数据驱动的企业并购。支配平台企业通过并购来获取和控制不同来源的数据可能会增强在位者的市场势力，弱化市场竞争。

第三节　数字经济反垄断政策重点

一、算法合谋

在数字经济中，数字商务企业普遍采用大数据算法来进行决策。算法合谋指数字商务企业基于大数据算法来实现价格协调的行为。由于价格合谋一直被认为是企业垄断行为的首恶，并且算法合谋主要是通过人工智能的自我学习方式来实现的，对现有的反垄断政策提出了很多新的挑战，因此算法合谋问题成为各国反垄断机关面临的新课题。

（一）算法促进合谋的机制

算法定价促进企业合谋的机制主要体现在如下 3 个方面。

（1）基于算法的商业决策通常并不需要寡头企业之间通过直接的沟通来达成协议，算法会自动根据竞争对手的定价来制定使自己利润最大化的价格。尤其是基于深度学习技术的算法能在没有人工指令的情况下自动制定合谋的价格，为合谋提供了自动实现的工具；同时算法能对市场条件的变化和竞争对手的定价自动做出反应，实现动态定价，更容易在市场变化中实现默契合谋。

（2）大数据和算法的结合明显提高了企业间相互作用的频率和市场透明度。算法合谋通常是基于对大数据的动态处理和分析，算法使企业不仅可以实时地跟踪分析竞争对手的定价行为，而且可以有效区分市场价格变化是单个企业的定价行为还是市场波动造成的，避免了不确定性引发的价格战，使寡头企业更容易及时准确地识别单个企业的背叛行为。

（3）由于算法定价是基于对竞争对手的定价自动做出的反应，因此一旦发现单个企业的背叛行为，其他企业会快速自动实施惩罚性低价格，从而使惩罚有了严厉性。基于算法的价格合谋能够自动达成合谋协议，及时发现背叛行为，并迅速做出可信的严厉惩罚，从而使背叛合谋协议的行为变得无利可图，降低了单个企业的降价激励，促进了企业之间的价格合谋。

由于算法降低了企业之间的沟通协调和监督成本，增加了市场透明度，提高了对背叛行为的监督和惩罚的有效性，算法在一定程度上会降低传统价格合谋所要求的市场结构门槛。在企业数量相对较多、市场集中度门槛相对较低的寡头市场中，或者在市场价格和供求波动较大的不确定性市场中，企业之间也可能会实现相对稳定的价格合谋。因此，算法定价明显提高了价格合谋出现的可能性。

（二）算法合谋的类型

根据合谋机制的不同，算法合谋分为信息传递者算法合谋、轴辐协议算法合谋、可预测代理人算法合谋、自主学习算法合谋 4 种类型，不同类型的算法合谋具有不同的合谋机制并对反垄断政策提出不同的挑战。

1. 信息传递者算法合谋

信息传递者算法合谋指人有意识地采用算法作为工具来实现合谋，此时算法成为企业实施已有合谋协议的一种新的更有效的方式，使合谋企业更好地监督彼此和实施价格合谋，是促进企业合谋的便利机制。在 2015 年美国司法部查处的拓扑金斯（Topkins）案中，司法部发现以拓扑金斯所在公司为首的商家在亚马逊销售的海报经营中协商定价，为保证实施价格协调，这些商家采用专门的定价算法来收集竞争对手的价格信息并用来指导自己的定价，即借助算法协调彼此的定价，实施已达成的合谋协议。美国司法部据此认定其构成非法的价格合谋，并处以 2 万美元的罚款。

2. 轴辐协议算法合谋

轴辐协议算法合谋指竞争企业共同采用同一个第三方提供的定价算法，或者通过采用同一个算法定价的平台来完成结算交易。此时，第三方既可能是一个定价算法的软件开发者，也可能是一个支配性平台。在轴辐协议算法合谋情况下，合谋是相互竞争的企业通过采用共同算法来实现的，因此轴辐协议算法合谋与传统的采用共同定价公式的合谋方式在本质上相同，只不过此时的平台与其商业用户之间存在纵向协议。在 2015 年美国 Uber 公司案中，法院指控 Uber 公司与每个网约车司机都签订了纵向协议并要求网约车司机采用相同的定价算法，这样每个司机通过采用 Uber 平台提供的相同算法实现了非法价格合谋。

3. 可预测代理人算法合谋

可预测代理人算法合谋指行业中的每个企业都单独地采用最大化利润算法来提高市场透明度和增强对竞争对手竞争行为的预测，此时算法扮演监督竞争对手的价格、产量的变化和市场供求变化，并根据竞争对手的定价及时采取应对策略（包括合谋的惩罚措施等）的代理人角色。在此情况下，任何单个企业的降价都会被竞争对手及时发现并跟进，从而使单个企业的降价行为无利可图，最终产生价格合谋的结果。此时，尽管企业之间并不存在明确的沟通协调行为，但寡头企业采用算法定价包含合谋的动机或明显的具有导致合谋效果的可能，因此其实际上是一种有意识的平行行为。

4. 自主学习算法合谋

在基于人工智能自主学习算法合谋的情况下，每个企业各自采取长期利润最大化算法来定价。此时的算法主要是基于人工智能深度学习技术或 Q 学习技术，即在没有人类介入或明确的人工指令的情况下，算法深度神经网络模拟人脑功能，基于大数据和试错的实验，通过"探索—挖掘"机制来自动调整定价规则并对竞争对手的定价快速做出反应，市场透明度的大幅度提高和算法自主学习决策会，使追求利润最大化的算法根据竞争对手的定价自动实现寡头动态博弈的合谋均衡，从而产生协同定价的合谋结果。

自主学习算法合谋在本质上依然属于一种寡头平行定价行为，但是与上述有意识平行定价行为不同。此时的合谋完全是机器自己完成的而非人为的结果，是一种无意识的平行行为，对此反垄断执法部门无法获得企业采用最优算法定价来从事合谋的"协议"或"动机"证据，但是市场确实存在默契合谋的结果。各国现有的反垄断政策对自主学习算法价格协同行为违法性认定的审查依据和审查方法还存在空白，需要通过反垄断政策创新加以解决。

（三）算法合谋的反垄断政策

（1）科学界定反垄断意义上的非法垄断协议。反垄断法应对合谋的"协议"采取更宽泛的界定，而不是仅仅局限在企业之间存在明确的相互沟通证据上，应更多关注"一致行为"的事实和达成限制竞争合谋结果的事实，并加强附加证据因素的获取，从而确保竞争规则的科学适用。

（2）明确当事企业的法律主体责任。对于算法合谋，反垄断法律责任主体首先应该是由当事企业承担，在合谋事实成立的情况下，当事企业不能以自己不知情或未主动参与来免责。因此，不管何种形式的算法合谋，反垄断责任主体都应该是定价算法的使用者——当事企业和企业的直接责任人。

（3）实行有效的算法事前监管。事前监管将算法设计放在突出的位置，坚持"基于设计来遵从法律"的原则，要求算法程序设计要遵守和体现竞争原则，从源头来消除算法合谋违法行为的产生。基于设计来遵从法律的规则，要求算法开发者和算法使用者必须通过算法设计来确保算法设计遵守竞争法，即算法设计应该确保其不会带来反竞争的合谋效应。

二、纵向限制协议

（一）独占交易协议

数字经济反垄断中的独占交易协议指支配平台企业要求平台商家只能与其进行合作，不能与竞争对手平台开展业务。国家市场监管总局重点查处的阿里巴巴垄断案、美团垄断案都是涉及"二选一"的独占交易协议。数字平台独占交易协议具有独特的竞争损害效应：首先，"二选一"独占交易协议会使支配平台实现对商家的锁定，并且由于交叉网络效应会增加平台对消费者的黏性，从而使竞争对手无法有效获得与其竞争的用户规模，实现对竞争对手的封锁；其次，独占交易协议使商家失去了自由选择权和与平台讨价还价的能力，增强了平台剥削性占有商家剩余的能力；最后，在寡头平台都采用"二选一"要求的情况下，独占交易协议会产生"市场分割"效应，成为一种缓解价格竞争的合谋机制。

"二选一"独占交易协议的反垄断政策。多边平台独占交易协议的反垄断审查要素的重点：①支配平台的市场势力大小，重点是平台的用户规模、两侧用户的转换成本、交叉网络效应强度、平台市场结构等。②独占交易协议涉及的商家是否为具有较强的顾客吸引力的知名品牌商家，即独占交易签约商家是否具有较强的交叉网络效应或用户流量吸引力。③独占交易行为是否具有市场累积效应，独占交易是否已经成为行规或受其影响的商业在相关市场具有较高的市场份额比例。

（二）最惠国条款

最惠国条款也被称为最惠消费者条款，平台实施的最惠国条款有时也称为"跨平台价格校准协议"，通常指平台企业要求商家在其平台提供的报价不应低于在其他平台或销售渠道的报价，给予其他平台或销售渠道的更低报价或更优惠交易条件也要同时适用于该平台，即商家不能向其他平台或在自己的官网提供更低的价格或更优惠的交易条件，这一要求能使该平台始终获得最好的报价或交易条件，或者与其他平台或渠道等同的报价或交易条件。平台的最惠国条款实际上提供了一种平台之间价格校准的机制，它并不确定绝对价格水平，而是确立相对价格关系，即比价关系。

平台的最惠国条款既有效率促进效应，也有竞争损害效应，应采用合理推定原则。首先，在线平台实施最惠国条款要求，主要效率促进理由是消除搭便车问题、解决专用性投资套牢问题、降低合约谈判的交易成本。其次，平台企业主导实施的最惠国条款的竞争损害主要体现为两个方面：一是它可能成为寡头企业消除价格竞争和维持高价格的合谋机制；二是它是平台支配企业排斥竞争对手和实现市场封锁的排他机制。现有的关于支配平台实施最惠国条款竞争损害效应的理论和案例研究大都认为，最惠国条款具有较大的伤害市场竞争的可能，仅在特定情况下才会具有显著的效率效应，因此都主张对支配平台的最惠国条款采取严格的反垄断执法。

在基于个案适用合理推定原则的反垄断审查过程中，为了提高反垄断审查的效率，执法机构需要重点关注更可能产生严重损害竞争的平台最惠国条款。根据反垄断经济学理论和欧盟、美国的司法判例，在下列几种情况下的平台最惠国条款应该受到反垄断执法的严格禁止：一是支配平台强制实施的针对不同平台之间定价或交易条件的最惠国条款具有反竞争效应，商家主动实施的主要针对最终消费者的最惠国条款通常反竞争危害会较小。二是宽最惠国条款往往具有削弱价格竞争、促进价格协调或封锁竞争者的效应，应该受到反垄断执法的重点关注。窄最惠国条款是单一的委托人与代理人之间的关系，往往具有消除搭便车和专用性投资套牢的效率基础，通常不会产生严重限制竞争的结果。三是宽最惠国条款和代理模式的结合往往具有促进合谋的效应，更容易产生限制价格竞争的合谋结果。四是具有双重价格校准条款的最惠国条款具有非常严重的竞争损害效应，应特别受到严厉禁止。[①] 五是具有高市场累积率的最惠国条款。

（三）转售价格维持

转售价格维持指上游企业对下游企业的产品销售价格进行限定，包括固定转售价格、最高转售价格、最低转售价格、建议转售价格等形式。在数字经济中，反垄断关注的重点是在线商务市场中的转售价格维持。数字经济转售价格维持具有 3 个新特点：一是转售价格维持的实施主要是借助算法软件来实现；二是转售价格维持的实施主要发生在平台，由于独特的交叉网络效应，所以平台对一侧用户实施的定价限制会对另一侧用户的效用产生影响；三是转售价格维持的竞争影响涉及多个主体和多个市场层次，同时也影响消费者、生产商、经销商、平台等相关主体，转售价格维持对市场竞争的影响包括品牌内竞争、品牌间竞争、平台内竞争和平台间竞争 4 个层次。

数字经济转售价格维持的效率效应主要体现为：第一，消除搭便车行为。在在线交易市场中，品牌商品生产商往往会同时在线上和线下两个渠道进行经销。消费者往往在线浏览网店，然后到实体店进行实物体验，最后到网店以低价格购买，此时实体店则变成了单纯的"体验店"，"店选网购"中消费者"跳单"行为成为搭便车行为的新体现。消费者搭便车行为会对高成本、高价格的实体店带来巨大冲击，而实体店关闭则会对品牌商品的销售造成不利影响。为此，品牌商品供应商可能会实行转售价格维持。第二，促进网络效应。在流媒体、应用软件平台中，平台通常会对媒体生产商、软件开发者的零售价格实行转售价格维持。由于数字平台的双边市场属性，平台的定价既要考虑价格水平也要考虑价格结构。数字平台实施的转售价格维持可能是平台实现交叉网络外部性内部化的重要机制。由于平台担心发行商索要高价格从而降低对另一侧用户的吸引力，或者发行商之间的

---

① 双重价格校准条款的最惠国条款指不同平台或最终消费者之间的最惠国条款和不同商家之间最惠国条款的结合。

过度价格竞争会降低服务质量，为实现正确的激励，平台会实行转售价格维持来保持产品的低价格或促进经销商投资促销服务和创新，从而吸引另一侧用户的参与，创造更大的平台生态价值。

数字经济转售价格维持的反竞争效应主要体现为：第一，价格合谋效应。如果具有支配地位平台对在平台上经营的重要品牌生产商都要求实行跨平台最低转售价格维持，则会促进平台内和平台间不同品牌的价格合谋。如果寡头品牌生产商之间在单个支配平台或多个平台共同实施转售价格维持协议并借助算法定价实现对竞争对手定价的监督和及时反应，则会产生促进生产商之间合谋的效应。第二，市场封锁效应。如果支配平台要求所有品牌生产商或重要的品牌生产商在所有平台销售同一款商品时，都实行统一的最低零售价格，则生产商在其他平台的定价不能低于在本平台的报价。此时，平台要求品牌生产商实施的跨平台最低转售价格维持实际是一种跨平台价格校准机制，其不仅消除了跨平台价格竞争并带来合谋效应，也可能会封锁新进入平台通过低价格吸引更多用户以获得有效参与竞争的用户基础，会产生市场封锁效应。第三，剥削性滥用效应。如果实施企业是相关市场具有非常高的市场份额的支配企业，最低转售价格维持可能会成为维持市场势力和垄断性高价格的机制，会提高整个产品系列的零售价格，对消费者构成直接的伤害，是一种单方面的剥削性滥用。

数字经济转售价格维持反垄断政策：一是反垄断审查需要同时关注价格维度和非价格维度。在转售价格维持案件审查中，仅仅证明转售价格维持导致该品牌商品高价格并不足以证明其是反竞争的。如果转售价格维持导致品牌商品高价格时更好地促进了品牌商品之间的服务、声誉或创新竞争，则高价格本身就不是伤害消费者福利的。二是反垄断审查应重点关注限制品牌间和平台间竞争。数字经济转售价格维持不仅会限制品牌间竞争，也会限制平台间竞争，对这两种竞争的严重限制应该受到严格禁止。三是反垄断审查需要关注定价算法的作用。由于在线交易市场中转售价格维持是基于算法来实现的，反垄断审查应强化对算法的审查，特别是审查定价算法是一种品牌内的管理工具还是监测竞争对手价格变化并同步调整的便利合谋工具，对具有便利合谋效应的定价算法则应严格禁止。四是反垄断审查需要特别考虑数字平台市场的特点，包括平台的市场势力、交叉网络效应、消费者平台多属、平台商业模式等。

三、典型滥用支配地位行为

（一）自我优待

自我优待主要指一体化经营的平台企业将其在上游市场的垄断势力延伸到下游市场，并在下游市场实施偏向于自己下游部门而不利于下游市场竞争对手的行为。在支配平台日益一体化经营的情况下，其有激励将核心业务市场的平台垄断势力延伸到相关市场，对自己的下属部门和竞争对手实行差别化的政策——偏向自己的下属部门，歧视性对待下游市场的竞争对手，使下游相关市场的竞争对手处于不利的市场竞争地位。自我优待并不是单一的行为，往往涉及歧视性交易、捆绑、拒绝交易等相关行为。

自我优待行为有助于平台提高针对用户的服务质量，并且自我优待行为是搜索引擎等平台商业模式的重要支撑机制，在很多情况下是具有效率效应的。但是在特定情况下，支配平台实施的自我优待会产生市场封锁效应。支配平台自我优待行为的竞争损害理论主要是两个：一是为了维护核心业务市场的垄断势力，封锁潜在竞争对手进入其垄断的核心业务市场；二是将核心业务市场的垄断势力延伸到下游市场，即实行垄断杠杆化行为。因此，对自我优待行为的反垄断审查应该坚持合理推定原则。

自我优待行为的反垄断政策应该特别明确如下两点：第一，对于自我优待行为，可行的反垄断规制政策是制定平台基本的行为规则，特别是提出平台行为的"非歧视性"要求，即平台对其商家提供的中介服务不应实行歧视性待遇，不应偏向自己下属部门或特定商家，从而使竞争性商家处于明显不利的市场竞争地位。第二，反垄断审查需特别关注自我优待行为对创新激励的影响。反垄断执法机构在判定自我优待行为是否违法时需考虑自我优待行为对创新激励的影响，因为创新活动不仅能够提高用户的服务质量和在线体验，还能够提高商家与用户的匹配度和交易量。阻碍创新的自我优待行为会降低消费者的服务质量和其他商家参与市场竞争的能力。因此，反垄断法应禁止阻碍创新的自我优待行为。

（二）基于数据的个人化定价

基于数据的个人化定价也通俗地被称为"大数据杀熟"，它指企业基于大数据算法来对消费者实行个人化定价。大数据杀熟本身属于一种价格歧视定价。算法价格歧视可以使企业拥有近乎完全的信息，甚至可以实现一级价格歧视（完全价格歧视），使支配企业通过个人化定价来占有全部的消费者剩余，由此支配数字企业实行的算法个人化定价引起一些消费者反对并呼吁政府进行反垄断干预。

基于数据的个人化定价的反垄断政策重点是：第一，大数据杀熟的反垄断政策应综合运用多部法律和多种手段。大数据杀熟不仅涉及消费者权益和交易公平性问题，还涉及消费者隐私保护等问题。因此，需要依据《消费者权益保护法》《反不正当竞争法》《电子商务法》《个人信息保护法》等相关法律来执法。大数据算法价格歧视的反垄断规制政策，不仅包括政府的反垄断执法、隐私保护监管等行政行为，也要更多地采用市场化或技术性措施。第二，大数据杀熟的反垄断政策应突出消费者的"知情—同意"规则。大数据杀熟的福利损害在很大程度上取决于消费者的行为反应，特别是消费者的信息掌握程度或信息获取难度。增强消费者的知情权和信息获取能力能显著化解支配平台算法价格歧视的竞争损害。为此，应要求商家在使用消费者个人信息数据实行个人化定价时，需要明确告知消费者，针对该消费者的个人化价格必须获得消费者的知情同意，并且消费者拥有退出权。第三，大数据杀熟反垄断执法应该采取合理推定原则而非本身违法原则。大数据杀熟作为一种价格歧视方式并不总是违法的，反垄断执法需要基于个案的经济事实来权衡竞争损害效应和效率效应以作出裁定。

（三）不公平高价格

不公平高价格指具有市场支配地位的企业制定严重偏离成本和竞争性价格基准的高价格。数字经济中的不公平高价格的执法难点主要是数字平台对平台商家收取不公平高佣金。由于交叉网络效应，数字平台定价主要是采取不平衡价格结构，往往是对消费者用户免费而对商家用户实行较高的收费。平台确定价格水平和价格结构是出于对利润最大化而非社会总福利最大化的考虑，平台利润最大化定价价格结构并不一定符合社会总福利最大化目标。在特定情况下，支配平台的价格结构会产生降低社会福利的效果，成为一种更多占有商家交易价值创造的租金攫取机制，构成反垄断法所禁止的剥削性滥用行为。

数字平台不公平高价格的反垄断政策如下。由于支配平台不平衡价格结构既包含反映效率的因素，也包含市场势力滥用的因素，因此不应采用本身违法原则，而应采取合理推定原则。首先，反垄断审查需要同时考虑价格水平和价格结构。当支配平台通过提高单侧用户收费或同时提高两侧用户收费来提高总价格水平时，它是一种典型的非法不公平高价格；当支配平台提高一侧用户的收费，但同时降低另一侧用户的收费，总价格水平不变时，其福利效应是不确定的，需要采用合理推定原则来进一步权衡分析。其次，反垄断审查需要考虑价格结构对平台所有用户的总体影响。如果支配平台对一侧用户的高收费造成的损害无法被另一侧用户的收益增加抵消，则该行为就构成对竞争法的违反。最后，反垄断审查应重点关注交叉网络效应。单纯从相对价格来说，平台不平衡价格结构似乎是有人受益、有人受损。但是由于交叉网络效应，商家支付高价格并不一定是利益受损方，如果其支付的相对高价格是补偿对消费者用户的低价格，此时不平衡价格结构会吸引更多的消费者用户进行交易，则商家的总收益也会增加。因此，需要考虑对单侧用户高收费所引发的交叉效应给该侧用户带来的收益增加，即对单侧用户高收费是否严重背离实现交叉网络效应或吸引两侧用户参与交易的合理必要的程度。总体来说，如果平台对单侧用户的收费严重背离单侧交叉网络效应的贡献和平台服务成本，则该高收费主要是市场势力滥用的结果，应该受到禁止。如果对单侧用户收费没有包含显著的市场势力因素，则不平衡价格结构并不构成违法。因此，需要同时考虑服务成本、交叉网络效应和市场势力来做出判定。

（四）拒绝数据接入

拒绝数据接入指具有市场支配地位的平台为了维持市场垄断地位而拒绝其他企业接入其拥有的、其他企业进入市场并展开有效竞争所必需的数据。目前，对于反垄断机关是否需要对支配企业拒绝竞争对手接入其占有的数据行为进行干预还存在较大的争议。这主要有两个原因。一是强制性数据开放接入会降低企业实施数据驱动创新的激励。由于企业实施数据驱动创新的目的是获得竞争优势并取得高收益，而强制性数据接入则会降低创新收益，从而不利于创新。二是根据反垄断法，拒绝接入构成非法的条件是要满足"必要设施"原理，即要满足如下条件：拒绝接入的产品或服务是被拒绝企业参与市场竞争所不可或缺的；其他企业无法合理复制该必要设施；拒绝会消除下游市场竞争；拒绝不具有合理的理由。在数字经济中，由于可以通过不同方式来获取同一数据，因此数据往往不具有"必要设施"的经济特征，特别是在很多情况下数据并不满足"不可复制性"要求，因此拒绝接入数据构成非法，仅限于少数的特定情况。

总体来说，具有市场支配地位企业实施的拒绝接入数据行为分为两种类型：横向拒绝接入数据和纵向拒绝接入数据。首先，横向拒绝接入数据主要指支配企业拒绝向其竞争对手开放数据。美国和欧盟的竞争执法机构都主张，在大多数情况下，反垄断法不应强制要求企业与其竞争对手分享数据，企业没有与竞争对手分享数据的义务。在美国 Panhandle 东部管线公司案中，法院指出"垄断者没有必要对竞争对手或顾客提出的每一个需求都同意，垄断者的义务是消极的，而不是积极地促进竞争"。其次，纵向拒绝接入数据指支配平台企业拒绝向使用平台服务的商家、第三方合作商开放数据，此时平台与平台商家、第三方合作商之间是一种互补的关系，典型的如菜鸟网络与顺丰快递之间的数据接入、淘宝与腾讯财付通之间的数据接入。在纵向拒绝接入数据的情况下，支配平台企业的数据构成平台商家与第三方合作商进入市场的必要设施，此时纵向拒绝接入数据是一种典型滥用市场支配地位行为，其应该受到反垄断法禁止。

四、企业并购

并购是数字经济平台企业快速成长并实现跨界经营的重要方式。数字平台企业并购主要具有两个新的特征：一是大量并购初创企业。谷歌、Facebook 等支配平台的并购主要针对那些开发的技术在未来会成为强有力的竞争对手的初创企业，从而通过并购来消除潜在的竞争威胁，这种类型的并购也被称为"杀手并购"。二是大量进行跨界混合并购。谷歌、亚马逊、腾讯、阿里巴巴等大型数字平台通过建立新企业或收购初创企业而进入多个与平台核心业务并不直接相关的业务领域，形成庞大的平台生态。

数字平台企业并购往往具有较大的严重伤害竞争的可能。首先，由于数字经济市场内在的高集中化趋势，支配平台企业的并购往往会成为加剧市场集中和增加跨界经营的重要方式，从而严重降低现实的市场竞争。其次，支配平台企业对初创企业的"杀手并购"会严重损害市场的潜在竞争。由于"杀手并购"主要是针对具有潜在竞争威胁的创新型初创企业，并且并购后往往会终止对在位企业具有竞争威胁的研发项目，因此会对创新构成较大的损害。最后，数字平台的跨界并购会产生生态垄断势力。谷歌、亚马逊、腾讯、阿里巴巴等大型数字平台通过并购进入多个与其核心业务相关的业务领域或新的不相关业务领域，产生生态垄断势力。

数字经济企业并购的新特点，导致原有的企业并购控制政策无法有效规制，因此需要重建数字经济企业并购控制政策，对支配平台的并购实行更为严格的并购控制。总体来说，数字经济并购控制政策的重点如下。

（1）完善并购申报制度。并购申报是企业并购反垄断控制的第一道机制。目前中国并购控制政策明确规定，达到一定营业额标准的企业并购需要向反垄断机关进行申报，对于低于申报门槛要求的小规模企业来说，即使并购交易值比较高，其通常也不会受到反垄断法的干预。为了防止并购消除潜在竞争者或初创企业，并购申报标准应该在现有企业营业额标准的基础上增加补充性的并购交易值标准。同时，鉴于数字经济企业的高交易额与市值及其快速增长的特点，并购申报标准应该建立动态调整机制，提高并购控制政策弹性。

（2）创新损害应成为并购审查的优先关注点。创新是数字经济行业发展的根本驱动力，也是企业之间竞争的主要手段。数字市场的并购审查需要考虑并购是否会影响并购后的创新激励。一定要注意数字市场创新竞争的动态性影响，将并购对创新的影响作为重要的反垄断审查因素。对横向并购创新损害效应的分析应该适用单边效应方法。企业并购反垄断审查的单边效应主要是单边价格效应，即重点分析企业并购会在多大程度上内部化并购企业之间竞争产生的"商业盗窃效应"。商业盗窃效应指并购前企业 A 涨价会导致消费者流向被兼并企业 B 并给企业 A 带来的收入减少，因此在反垄断审查中通常采用"转移率"进行经济分析。由于反竞争的并购大都发生在具有显著商业盗窃效应的情况下，可以采用"单边创新效应"来分析企业并购对创新的影响，即首先分析并购企业之间在并购前是否存在显著的"创新商业盗窃效应"，如果创新商业盗窃效应显著，则应进一步分析并购特有的效率。在反垄断审查中，可以采用"创新转移率"进行分析，即如果产品 B 被成功研发，则会对企业 A 的利润造成的损失。创新转移率越高，商业盗窃效应越显著，两个企业并购后的企业越有激励限制产品 B 的创新。

（3）潜在竞争损害应成为并购审查的重点。保持市场的可竞争性，维持有效的潜在竞争，对维护数字经济市场竞争具有特别重要的意义。因此，会消除潜在竞争的企业并购应该受到禁止。数字市场并购反垄断审查要将并购可能消灭潜在竞争作为反垄断审查的重要因素，具体来说：一是并购是否会消除潜在的竞争者，二是并购是否会阻碍竞争者的成长或市场进入。如果支配企业要并购的对象是一个在未来有很大可能成为其强有力的竞争者，则该并购就可能会构成对市场竞争的严重损害。潜在竞争者通常包括具有快速成长性的企业，能在合理时期内进入市场并实现临界用户规模，能够以相同的成本来获取有效参与竞争所需的数据或风险资本支持。即潜在企业或新进入者的商业模式、潜在或现实的竞争优势能够使其具有较大的可能性在未来对在位支配企业构成有效的竞争约束，即在产品、服务、技术或整个商业模式等方面有较大的可能性对在位支配企业构成较强的竞争性替代。由此，对并购潜在竞争效应的反垄断审查分为两步：一是需要证明被并购企业目前是在位企业的一个重要的竞争约束，或者证明如果没有并购，被并购企业在可预见的未来中很可能会成为有力的竞争力量；二是需要确定如果允许并购后，市场是否存在足够的实际或潜在竞争者，并且对并购后的企业形成持续且充分的竞争压力，特别是市场进入壁垒是否会排除其他潜在竞争对手的进入，或者相邻或纵向相关市场的潜在竞争者是否已经制订了具体的市场进入计划。

（4）实施更为严格的非横向并购控制政策。长期以来，反垄断经济学分析认为，非横向并购更多是促进经济效率增长的，因此各国反垄断法都对非横向并购采取较为宽松的并购控制政策。但在数字经济背景下，不宜继续坚持非横向并购基本不会产生严重伤害竞争结果的观点，要重视纵向并购和混合并购可能存在的较高的竞争损害风险，实施更严格的非横向并购反垄断审查，采取与横向并购相似的并购审查政策。

一是改变对纵向并购过于宽松的反垄断政策。鉴于数字平台普遍的纵向一体化经营，以及借此实施垄断杠杆化行为的风险，反垄断应实施更严格的纵向并购控制政策。在数字经济背景下，数字支配平台往往都通过纵向并购来进入相关的市场，一体化数字平台有激励通过并购将平台市场的市场势力延伸到相关业务市场，并在纵向相关市场实行排斥竞争对手的封锁行为。在数字经济下，企业纵向并购的竞争损害主要体现在单边效应，具体体现为市场封锁和提高竞争对手成本效应、获取影响竞争敏感信息效应。市场封锁和提高竞争对手成本指并购后是否会拒绝向竞争对手提供产品或服务，以及是否会通过提高产品或服务价格或降低产品或服务质量来提高竞争对手的成本；获取影响竞争的敏感信息指企业能够通过纵向并购获取和控制与上下游市场竞争对手有关的敏感商业信息，这些信息能够被用来阻止竞争对手从事某种促进竞争的行为。

二是混合并购的反竞争效应需要受到重点关注。在数字经济中，跨界经营成为支配数字平台的重要经营策略，其跨界经营主要是通过并购实现的。平台跨界经营的效率基础是范围经济，服务不同的市场或供应不同的产品可以使用相同的投入要素，即实现对大数据、云服务、支付服务、运算能力等要素的充分利用，实现数据驱动的创新，形成平台生态。从需求侧来说，混合并购会更好地实现需求侧协同消费效应，提高消费者福利。但混合并购也会带来反竞争效应，主要体现为：①提高市场进入壁垒。跨界经营带来的大数据和算法提升，可以使平台开发针对单个消费者的个人化营销，同时多样化经营或服务增强了平台对消费者的吸引力，增加用户黏性和对用户的锁定，使平台获得更多的用户注意力或流量，提高了竞争对手的进入壁垒。②市场封锁。当数字平台在上游核心业务市场具有支配地位，并通过混合并购进入下游相关市场后，其激励将上游市场的垄断势力延伸到下游市场，并实行封锁下游竞争对手的行为。特别是当数字平台是商家与消费者进行交易所绕不开的通道时，混合并购会进一步强化支配平台的市场势力。③捆绑／搭售。支配平台可能会通过混合并购实行捆绑／搭售行为，跨界经营的企业要求平台用户要同时购买多项平台的产品或服务，从而更多地攫取用户的剩余或实现对竞争对手的封锁。

第四节　数字经济反垄断监管实施体制

数字经济对传统反垄断实施体制的有效性提出了重大的挑战，传统反垄断体制明显不适应数字经济的商业现实，迫切需要创新数字经济反垄断体制与政策，全面提升反垄断监管效能。

一、建立更有效的反垄断机构体制

数字经济反垄断监管需要协同多部法律和多个部门。数字经济市场支配企业垄断行为的竞争影响具有多维性，竞争法是基础性的维护竞争的政策。目前，中国数字经济中不仅存在支配企业实施的扭曲市场竞争的垄断行为，而且还大量存在由各种规模平台实施的侵犯用户隐私、虚假广告、恶意捆绑、金融诈骗等严重损害消费者利益的不正当交易行为，数字经济野蛮生长状态尚未得到根本改变。反垄断法不是解决数字经济竞争问题的唯一工具，并不是所有的竞争问题都能用反垄断法解决，有时其他政策可以更好地解决数字市场竞争问题。为了更有效地维护数字市场竞争和保护消费者的利益，实现多元的经济社会目标，数字经济竞争政策需要协调《反垄断法》《反不正当竞争法》《消费者权益保护法》《电子商务法》《个人信息保护法》《数据安全法》等相关的互补性法律，将强化国家市场监管总局在反垄断执法中的主导地位和建立多部门协同执法体制机制结合起来，建立权责明确的反垄断市场监管与部门行业监管关系，并协调行政执法与民事诉讼司法裁决的关系，以便更好地维护市场竞争，保护消费者利益与公共利益。

数字经济反垄断应强化事前监管与事后反垄断执法的协同。反垄断主要是事后执法，此时垄断违法行为已经发生并且竞争损害既成事实。由于数字经济的高集中市场和企业垄断势力具有内在的自强化机制，特别是"守门人"平台同时对平台内竞争和平台间竞争造成损害，此时仅仅依赖事后反垄断执法往往难以充分恢复市场竞争，无法有效应对平台超级垄断势力。为了克服事后反垄断执法的不足，反垄断监管需要重心前移，重点强化事前监管以阻止垄断的出现，建立"事前监管＋事后查处"的反垄断新体制。事前监管主要针对具有"守门人"地位支配平台，重在明确行为规则和强化结构控制，明确平台经营行为规则和支配平台具有不得扭曲市场竞争的义务要求。为防止高集中度市场的出现，监管机构要严格禁止可能导致市场过度集中的企业并购，对具有守门人地位平台提出特别的要求，其拟议进行的任何并购都要事前向反垄断机关报告。

数字平台反垄断应提升反垄断执法能力。数字经济快速创新带来的不确定性和平台多边市场商业模式竞争损害分析的复杂性显著提高了平台反垄断的难度，以及数字平台网络化发展带来了全球性或全国性市场，这对国家反垄断机关的执法能力提出了更高的要求，全面提升反垄断执法效能成为重大挑战。由于受到人员编制限制与预算限制，目前国家市场监管总局无法适应数字平台反垄断执法的繁重任务，迫切需要增加机构人员编制，特别是增加经济学家、法学家和数字技术专家的人员数量，以提高执法能力。为此，可以改造反垄断专家委员会使其成为反垄断局下属的一个常设机构，主要负责反垄断政策起草、重点行业市场研究、重大案件审查分析，外部专家作用的发挥主要通过在案件中引入专家证人制度或建立独立专家意见征询制度。

二、创新数字经济反垄断政策手段

数字经济发展为反垄断提供了更多的政策工具选择，而不再是单一的行政调查和事后处罚。数字经济反垄断执法的政策手段除了传统的行政和法律手段，还应特别重视技术性方案在促进竞争和约束垄断滥用行为中的独特作用，实现技术、规则、行政、法律等多种政策的组合应用，以实现最佳的政策效果。反垄断执法应该充分利用大数据和人工智能技术，赋予执法机关接入平台数据的权力，以及平台应履行配合机关执法调查并提供数据接入的义务，强化反垄断机关对市场垄断风险的实时监控、及时预警和智能识别，实现智能监管。

（1）强化支配平台的事前行为规则监管。支配平台应负有特别的义务，即支配平台有义务确保在没有合理理由的情况下，其经营行为不得扭曲平台内市场竞争，剥削或歧视平台用户，维护公平的交易环境。为此，支配平台经营行为应该遵循规则透明、交易公平、安全信任、客观中立、开放接入的基本规则。对支配平台的事前行为监管要求应主要包括：平台制定的治理规则应该具有透明度，不得随意终止对商家或消费者的服务，不能实施不公正的商家排名或声誉评价；平台不能向商家收取不公平的费用或实施明显不公平的合约条款；平台不能歧视性地对待平台用户和第三方合作商；平台不应在没有合理理由的情况下拒绝接入和互操作；平台不能限制平台消费者或商家的平台多属；平台不能强迫用户接受其提供的服务或实行强制捆绑、恶意安装应用软件等；平台不能在消费者不知情的情况下实行个人化价格；平台应保护消费者隐私安全及消费者数据可携带权等。

（2）强化"基于设计来守法"的事前算法监管。鉴于平台企业大量采用算法决策，由此带来数字经济突出的算法垄断问题，反垄断执法应强化算法事前监管，对算法设计提出竞争合规要求，从而实现防患于未然。"基于设计来守法"的算法监管规则要求算法开发者和使用者必须确保算法设计不会带来反竞争结果，通过事前监管算法设计来消除算法合谋和算法滥用的风险。事前算法监管的重点是算法设计不得包含引起反竞争效应的程序设计。例如，算法设计不得促进价格合谋，算法运行不得对竞争对手实行歧视性对待或排他对待，算法运行不得侵犯用户隐私等。为了对算法进行有效监管，平台使用的算法应该遵循竞争中立、规则透明和可问责原则，监管机构不仅要明确算法设计的代码规则，也要强化算法合规义务审查。

（3）实施有效的促进数据接入政策。数据接入具有重要的竞争促进和增长驱动作用。强化数据开放接入是防止数据垄断和促进市场竞争的最重要的政策选择。促进数据开放的最主要政策是保障消费者个人数据可携带权，即消费者用户有权将其个人数据以数字化格式从一个在线服务提供商转移到另一个服务提供商，这会明显打破支配平台的数据垄断。与此同时，反垄断监管应对支配平台提出进一步的数据互操作性要求，鼓励私人互操作性标准制定和基于"公平、合理、无歧视"原则的标准必要专利许可，促进平台之间的数据共享。另外，鉴于第三方接入用户数据的重要作用，在金融、交通、能源等行业应通过行业监管来确保第三方能够接入其他平台拥有的用户账户，禁止支配平台的数据封闭。

讨论案例：阿里巴巴"二选一"案[①]

2020 年 12 月，国家市场监管总局对阿里巴巴集团涉嫌滥用市场支配地位的行为展开调查。2021 年 4 月 10 日，国家市场监督管理总局正式公布了对阿里巴巴集团在中国境内网络零售平台服务市场实施"二选一"行为的《行政处罚决定书》及《行政指导书》。

国家市场监管总局查明，自 2015 年以来，阿里巴巴集团为限制其他竞争平台发展，为维持、巩固自身市场势力，滥用其在中国境内网络零售平台服务市场的支配地位，实施"二选一"行为，违反了《反垄断法》第十七条第四项关于"没有正当理由，限定交易相对人只能与其进行交易"的规定，构成滥用市场支配地位行为。具体来说，阿里巴巴集团存在以下违法事实：一是禁止平台内商家在其他竞争性平台开店。阿里巴巴通过与平台内商家签订协议和口头要求这两种方式限制商家在其他竞争性平台的开店行为。二是禁止平台内商家参加其他竞争性平台促销活动。三是采取多种奖惩措施保障"二选一"的实施。一方面，阿里巴巴通过流量支持等激励措施促使平台内商家执行"二选一"要求；另一方面，通过人工检查和互

---

① 根据国家市场监管总局发布的案件行政处罚决定书（国市监处〔2021〕28 号）编辑整理。

联网技术等方式，监测平台内商家是否在其他竞争性平台开店或参加促销活动，并凭借自身市场地位，利用平台规则、数据和算法等技术手段，对不执行"二选一"要求的平台内商家实施处罚，包括减少促销活动资源支持、取消参加促销活动资格、搜索降权、取消在平台的其他重大权益等。

阿里巴巴集团滥用市场支配地位行为，限制平台内经营者在其他竞争性平台开店或参加其他竞争性平台促销活动，限制、排除了相关市场竞争，具体损害如下：一是直接削弱了其他竞争性平台与阿里巴巴的公平竞争能力，不当地提高了潜在竞争者的市场进入壁垒，限制了相关市场的潜在竞争，破坏了公平、有序的市场竞争秩序；二是直接限制了平台内商家的经营自主权，削弱了商品的品牌内竞争，不当地减损了平台内商家的合法权益；三是妨碍了相关市场的资源优化配置，抑制了市场主体活力，阻碍了平台经济规范有序、创新健康发展；四是限制了消费者自由选择权和公平交易权，损害了消费者利益，减损了社会总体福利水平。综上所述，国家市场监管总局根据《反垄断法》第四十七条、第四十九条规定，综合考虑当事人违法行为的性质、程度和持续时间，对阿里巴巴集团作出如下处罚：责令停止违法行为，处以182.28亿元罚款，并要求其进行全面整改。

讨论问题：

1. 阿里巴巴"二选一"行为与传统"限定交易"行为相比有何区别？为何更可能严重损害市场竞争？

2. 该案的反垄断执法与以往相比有何创新？

■ 本章总结

数字经济具有明显不同的经济规律和市场竞争特征，对反垄断政策带来诸多挑战。数字经济市场垄断势力具有强可维持性、多层次性和多重损害性特征，强化数字经济反垄断已成为全球趋势。

数字经济反垄断应该确保竞争政策的基础地位，坚持扩展消费者福利标准，将鼓励创新作为优先目标，重视潜在竞争和数据垄断问题。数字经济反垄断执法的重点是算法合谋、纵向限制协议、滥用支配地位行为和企业并购。

由于数字经济的独特发展规律，传统的反垄断体制和反垄断政策工具明显不再适用。数字经济反垄断需要创新反垄断体制和政策手段，强化事前监管与事后执法的结合，提升反垄断机构的执法能力，并注重多种政策手段的组合应用。

■ 关键词

反垄断　市场垄断势力　算法合谋　独占交易协议　个人化定价　最惠国条款
转售价格维持　自我优待　大数据杀熟　不公平高价格　拒绝数据接入　企业并购

■ 课后习题

1. 数字经济市场垄断势力有何新特点？

2. 数字经济反垄断政策重点是什么？

3. 如何完善数字经济并购控制政策？

4. 如何创新反垄断实施体制以更好应对数字经济垄断？

第九章
数字经济反不正当竞争监管

第一节　反不正当竞争监管概念

反不正当竞争监管主要指政府监管通过依法制止企业不正当竞争行为，维护公平竞争的市场秩序，从而使市场以有利于消费者、善意的经营者和社会的方式运行。反不正当竞争行为、维护公平的竞争市场秩序始终是市场监管的重要任务，是市场监管机构的重要职责。

根据 2019 年 4 月 23 日第十三届全国人民代表大会常务委员会第十次会议通过修正后的《反不正当竞争法》的规定，不正当竞争行为指经营者在生产经营活动中，扰乱市场竞争秩序，损害其他经营者或消费者合法权益或公共利益的行为。《反不正当竞争法》界定的不正当竞争行为包括混淆、商业贿赂、虚假宣传、侵犯商业秘密、不当奖售、诋毁商誉、网络不正当竞争 7 种类型。

近年来，随着数字经济发展，借助技术手段衍生出广告屏蔽、流量劫持、大数据杀熟、网络链接、骗取点击、捆绑软件等新型网络不正当竞争行为。这些数字经济下新型不正当竞争行为的实施方式更加隐蔽，危害更加严重，对反不正当竞争监管提出了下新的挑战，因此，数字经济不正当竞争行为成为反不正当竞争监管的重点。2019 年版《反不正当竞争法》新增了网络不正当竞争行为，具体规定包括：经营者不得利用技术手段，通过影响用户选择或其他方式，实施下列妨碍、破坏其他经营者合法提供的网络产品或服务正常运行的行为。

（1）未经其他经营者同意，在其合法提供的网络产品或服务中，插入链接、强制进行目标跳转。

（2）误导、欺骗、强迫用户修改、关闭、卸载其他经营者合法提供的网络产品或服务。

（3）恶意对其他经营者合法提供的网络产品或服务实施不兼容。

（4）其他妨碍、破坏其他经营者合法提供的网络产品或服务正常运行的行为。

第二节　数字经济反不正当竞争监管需求

一、数字经济市场不正当竞争行为产生的市场基础

（一）数字经济在线交易具有独特的交易模式

（1）数字经济在线交易具有虚拟化特征。首先，这一特征体现在交易客体的虚拟化上，即商品的虚拟化。在传统的线下实体店交易过程中，交易双方都能够即时地了解到交易客体的各种属性，甚至获得一定的体验。然而，当交易过程转移到线上，交易的客体虚拟化之后，传统交易过程中的许多环节将会缺失，消费者只能通过卖家上传的图片和一系列参数对产品有一个大致的了解，消费者面临严重的信息不对称，这为商家操纵信息和误导消费者决策提供了空间。其次，在线交易的虚拟化还体现在交易过程的虚拟化。在传统的线下交易过程中，交易双方可以面对面地交谈，并且卖家往往就是商品的所有人，使得商品交易条件往往是可以进行谈判的。然而，当在线交易时，交易双方并不能直接进行交谈，往往需要借助于应用软件来进行，这种在线交流方式在降低交易成本的同时也带来一

定的信息不对称问题，消费者无法直接甄别商品质量，在消费者无法直接甄别产品质量并且更关注价格的情况下，一些商家就有可能采取用假冒伪劣商品来销售并利用低价格来抢占市场的行为，造成假冒伪劣商品泛滥。在争议或投诉处理机制缺乏的情况下，消费者只能"用脚投票"，减少在线交易。

（2）数字经济在线交易具有跨时空特征。首先，在线交易跨越了时间限制。与传统的线下交易相比，在线交易使我们可以在任意时间去检索商品并完成交易。传统的线下交易往往受限于营业时间，只能在特定的营业时间进入超市或商铺来挑选、购买商品。然而线上交易排除了营业时间的限制，在任意时间我们都可以进入店铺查看商品的详细信息，并下单购买商品。其次，在线交易跨越了地域限制。传统的线下交易因为受限于交通成本，消费者往往只能选择就近购买想要的商品，然而得益于快递行业的发展，线上交易极大地增加了消费者的选择，我们可以选择购买距离更远，但是更加物美价廉的商品，甚至是选择购买仅在国外发售的一些商品。因此，在线交易所具有的跨时空特征大幅度扩展了市场的边界和深度，促进了消费者福利和社会总福利的提高。但由于买卖双方不能面对面，如果没有有效的争议解决机制和信用保证机制，则在线交易会受到极大的限制。所以构建信任、安全的在线交易环境成为重要挑战。

（3）数字经济在线交易以电商平台为中介。在数字经济时代，越来越多的市场围绕着平台展开，这些平台大多都是双边市场，且自身不提供商品，仅作为促进商家和消费者交易或相互作用的中介。作为中介的电商平台利用不平衡价格结构来实现"交叉网络效应"并实现做大平台交易量的目标。因此，电商平台具有了交易协调者和交易治理者双重角色。电商平台一方面要基于大数据和人工智能算法来实现高效率供需匹配，并创造生态价值和合理分享价值；另一方面电商平台需要不断完善平台生态交易规则，利用大数据和算法来治理平台生态中的不正当竞争行为，保护公平竞争的平台生态秩序，构建安全、信任的在线交易环境。但平台也可能利用自己的中介地位和数据信息优势来影响市场公平竞争，实施歧视性商业行为、发布误导性信息或过度采集使用消费者个人数据等行为，甚至可能为谋取高利润而纵容平台商家从事不正当竞争行为。

（4）在线交易是以大数据为基础的商业模式。在线电子商务的发展在很大程度上是现代信息通信技术发展所推动的，互联网技术发展成为在线电子商务发展的根本驱动力。电商平台是典型的数据驱动的商业模式，基于大数据和人工智能算法来从事经营活动。电商平台通过采集和开发利用大量的用户数据，实现对消费者的个性化营销，实现对生产经营活动的高效科学决策，极大地提升了社会福利。但是这也会带来对消费者隐私的侵犯、利用大数据来实行不公平交易行为、利用算法来实行不正当竞争行为的问题。

（5）在线交易市场竞争具有新业态不断涌现的创新竞争特征。数字经济具有规模大、地域广、节点多等特点，各类"互联网＋"模式的深度应用，各个细分行业的交叉融合，极大地拓展了经营者之间的竞争关系，形成了数字经济发展新架构和新生态。数字经济的发展充分体现了创新对传统商业模式的破坏性影响，各类新业态新模式不断冲击传统商业模式，如电商平台对实体店的冲击，数字媒体对报纸等传统媒体的冲击，网约车对传统出租车行业的冲击，外卖平台对实体餐饮店的冲击等。数字经济时代日新月异的技术创新使得各种新业态不断涌现，各类线上交易新模式层出不穷，线上交易对传统的线下交易产生了巨大的竞争替代。

（二）数字经济在线交易市场不正当竞争行为的高发风险

在数字经济中，消费者和监管机构面临更为突出的信息不对称问题，企业的不正当竞争行为更难被察觉。与此同时，实施新型不正当竞争行为的企业所能得到的违法收益大幅提升，因此在数字经济背景下，企业有更高的激励去实施不正当竞争行为。

为了便于分析，我们可以将企业实施不正当竞争行为的违法净收益假设为预期收益和预期成本的差值 π，假设 g_0 表示企业在传统经济中实施不正当竞争行为所能获得的预期收益，g_1 表示企业在数字经济中实施不正当竞争行为所能获得的预期收益；p_0 表示企业在传统经济下实施不正当竞争行为被发现的概率，p_1 表示企业在数字经济下实施不正当竞争行为被发现的概率；f 表示企业的不正当竞争行为被发现后所要承担的处罚。

企业在两种经济下实施不正当竞争行为所能获得的违法净收益可以分别表示为

$$\pi_0 = g_0 - p_0 f, \ \pi_1 = g_1 - p_1 f \tag{9.1}$$

将企业在两种经济下利润函数作差，我们可以得到公式为

$$\pi_1 - \pi_0 = (g_1 - g_0) - (p_1 - p_0) f \tag{9.2}$$

由于数字经济中的不正当竞争行为的收益更大并且被执法部门发现的概率更低，所以 $g_0 < g_1$、$p_0 > p_1$。从公式（9.2）中我们可以很容易得到 $\pi_0 - \pi_1 > 0$，因此在数字经济中企业实施不正当竞争行为的违法净收益更高，在政府执法能力和处罚措施不变的情况下，数字经济市场的企业具有更高的激励实施不正当竞争行为。

为了更清晰地解释，我们用图中的曲线 g 和曲线 pf 之间的垂直距离代表企业实施不正当竞争行为所能获得的违法净收益，图 9.1 代表传统经济下企业实施违法行为的情况，图 9.2 表示数字经济下企业实施违法行为的情况。在传统经济中由于违法预期收益相对较低，以及违法行为被监管机构发现的概率较高，因此在处罚额度较小的情况下，企业的违法净收益就会变为负值。在数字经济中，企业从事违法行为所能获得的预期收入由于在线市场而相对显著提高，同时在线交易中的新型不正当竞争行为被发现的概率较低，在图中反映为 $p_1 f$ 曲线的斜率较小，这就导致只有在处罚额度很高时，企业的违法净收益才会变为负值。不仅如此，从图 9.1 中我们还可以看出，当企业的违法行为被发现概率和违法处罚额度不变时，数字经济中的企业从事不正当竞争行为所能获得的违法净收益要远大于传统经济中实施不正当竞争行为企业所能获得的违法净收益。

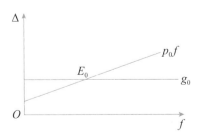

图 9.1 传统经济下的违法激励

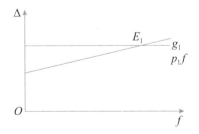

图 9.2 数字经济下的违法激励

从上述的分析中我们可以知道，数字经济的在线交易使得企业实施不正当竞争行为的收益增加，并且监管机构更难发现这些新型的不正当竞争行为，这就使得企业实施违法行为所能获得的净收益大幅增加，从而提高了企业实施违法行为的激励。因此，在数字经济中，企业的不正当竞争行为存在着高发风险。为了降低企业实施违法行为的激励：一方面，监管机构要提升自己的监管能力，以增加企业实施违法行为被发现的概率；另一方面，监管机构在对违法企业进行处罚时需要增加处罚力度，威慑企业犯罪行为。

二、数字经济反不正当竞争监管的挑战

（一）不正当竞争行为成为影响数字经济在线交易发展的重要因素

近年来，国家高度重视电子商务的发展，李克强总理多次作出重要指示，要求促进在线交易加速发展，培育经济新动力。根据《中国电子商务报告（2020）》的数据，2016—2020 年，中国在线交易额从 26.10 万亿元激增到 37.21 万亿元，年均增长率为 9.3%。中国网购用户规模已达 7.82 亿人，连续多年保持全球规模最大、最具活力的网络零售市场。[1] 与在线交易的飞速发展相伴而生的是逐渐显现的数字经济不正当竞争问题。根据全国消协组织受理的投诉情况统计，2016—2021 年，互联网服务类投诉量从 37 791 件跃升至 102 674 件，在这 6 年间的投诉量增长近乎两倍，在总投诉量中的比重也从 5.96% 攀升至 9.76%，始终居于投诉量前三位，在 2017 年，这一比重更是达到了惊人的 22.40%，居于投诉量第一位。[2] 部分经营者实施的各种不正当竞争行为，严重侵害了消费者的利益，导致消费者对在线交易的信任度降低，参与在线交易的意愿减少，从而阻碍了电子商务的发展。

（二）数字经济不正当竞争行为具有更加严重的危害

伴随着在线交易的迅速发展，数字经济不正当竞争行为大量涌现，并带来比传统不正当竞争行为更严重的危害。第一，依赖于网络效应，数字经济不正当竞争行为波及的范围更广。与传统不正当竞争行为受地域限制而影响有限明显不同，由于数字平台是基于网络的全国经营，单个商家的不正当竞争行为造成的损害是在全国的市场范围内。第二，数字经济不正当竞争行为呈现出职业化、产业化的特点。在数字经济背景下，商业诋毁演变为专业"水军"带节奏，或借助"打假""维权"的名义恶意投诉举报，呈现出组织化、职业化、规模化特征，衍生出一大批灰色产业。第三，假冒伪劣产品与盗版侵权问题严重降低了企业创新的积极性。这两大顽疾对企业创新激励损害最严重的是培养了消费者"不愿意为正版付费"的消费习惯，甚至形成了"盗版有理"的氛围。如果企业投入巨大人力、财力研发的新产品无人问津，而消费者更加青睐盗版产品，企业研发的新产品无利可图，那么企业将不再研发新产品，创新的过程就会停滞。

---

① 中华人民共和国商务部：《中国电子商务报告（2020）》，https://dzswgf.mofcom.gov.cn/news/5/2021/9/1631698018580.html。

② 中国消费者协会：《2021 年全国消协组织受理投诉情况分析》，https://www.cca.org.cn/tsdh/detail/30346.html。

（三）数字经济反不正当竞争执法面临较高的难度

在电子商务发展中，不仅传统的不正当竞争行为依然大量存在，而且很多新型不正当竞争行为也不断出现。随着网络经济快速发展，一些老问题会在互联网的背景下花样翻新且风险进一步放大，同时新问题隐蔽复杂且层出不穷。例如，借助技术手段，会衍生出数据杀熟、骗取点击、捆绑软件等新型网络不正当竞争行为，刷单炒信、竞价排名等虚假宣传行为也会不断出现。这些新型不正当竞争行为所具有的新特性对监管执法提出了新挑战，具体来说：第一，新型不正当竞争行为具有极强的隐蔽性。新型不正当竞争行为的隐蔽性导致监管部门很难及时发现这些行为，当新型不正当竞争行为被注意到时，往往已经造成了比较严重的损害。第二，新型不正当竞争行为的影响具有延伸性。互联网空间的开放性，使得新型不正当竞争行为往往涉及多领域、多主体，监管部门在执法过程中通常会牵扯到多个地区、多个部门以及多部法律，这对各个执法部门、各部法律之间的协调性提出了巨大的挑战。第三，新型不正当竞争行为实施手段具有很强的技术性。这些不正当竞争行为都是通过爬虫、大数据等互联网技术来实现的，因此对技术的认定需要一定的专业性，从而对监管执法人员的素质提出了更高的要求。第四，新型不正当竞争行为难以界定。由于法律法规不完善、专业技术缺乏，以及实践调查不够深入等原因，新型不正当竞争行为存在性质难以界定问题，这一问题对现有监管执法效能提出了全面完善的要求。同时，法律等配套制度也需要跟上不正当竞争行为发展的步伐。

第三节　数字经济反不正当竞争监管制度

一、反不正当竞争监管的法律定位

反不正当竞争监管是维护市场竞争秩序所必需的政府干预措施。竞争作为市场最基本的运行机制，具有多方面的积极作用，能实现稀缺资源的最优配置，推动企业高效率经营和促进经济创新，能让消费者实现低价格、高品质的消费，从而提高消费者福利，有利于保障人们的经济自由，创造社会平等的经济基础。有序的市场竞争需要以企业遵守基本的竞争行为规则为基础。企业采用虚假信息、误导性广告、欺骗性定价等不正当竞争行为会对消费者利益造成严重损害；企业销售假冒伪劣、盗版侵权商品等不正当竞争行为会导致提供高质量或创新性产品的企业无法获得高收益，从而不利于竞争市场实现经济效率的目标。因此，一个大量发生不正当竞争行为的市场不会产生提升消费者利益和社会公共利益的结果。单个企业从事商业经营和追求商业利益，不能以不正当的竞争手段来进行，不能以损害其他经营者和消费者的合法权益为代价。为此，需要实行有效的反不正当竞争监管，维护公平竞争市场秩序，保护善意经营者和消费者的合法权益，并保护社会公共利益。

反不正当竞争监管以维护市场竞争秩序、保护经营者和消费者的合法权益为目标。反不正当竞争法保护两方面的利益：经营者在竞争中的合法权益和消费者集体在竞争中的合法权益。反不正当竞争监管以直接规范企业竞争行为为政策重点，从而直接保护善意经营者的合法权益。同时，反不正当竞争监管执法应该主要以保护消费者权益为重要目标，即监管机构对互联网领域不正当竞争行为监管应以保护消费者权益为根本依据，重点禁止欺骗性信息内容、误导性广告、不公平经营行为等扭曲竞争并严重损害消费者权益的行为。因此，反不正当竞争监管需要维护公平竞争秩序，并保障善意经营者合法权益和消费者权益。

数字经济反不正当竞争监管具有更为宽泛的政策目标。面对数字经济不正当竞争行为的新特点，数字经济反不正当竞争监管并不仅局限于对传统不正当竞争行为的监管，同时也包括各种新型违背商业道德、严重扭曲公平竞争秩序和损害经营者与消费者权益的行为。在数字经济背景下，反不正当竞争监管需要整合《反不正当竞争法》《消费者权益保护法》《个人信息保护法》《电子商务法》等相关法规，形成多法分工合作的执法体制。数字经济反不正当竞争监管执法手段不仅包括传统的事后对违法行为的处罚，也包括平台的私人治理、消费者赋能、监管科技等新的监管手段。

二、反不正当竞争法与反垄断法的关系

从广义上说，反不正当竞争法和反垄断法都以竞争行为或竞争关系为调整对象，同属于竞争法范畴。二者有相似之处，在推动和保护竞争、维护市场经济秩序方面相互交叉、互为补充。《反垄断法》和《反不正当竞争法》是维护市场竞争机制以有利于消费者和社会公共利益方式运行的基础性法律。无论是垄断行为还是不正当竞争行为，都导致竞争的积极作用不能正常发挥，市场的正常秩序受到破坏，经济的活力受到抑制。《反不正当竞争法》作为维护市场经济秩序的基础性法律，其宗旨在于禁止以违反商业道德等不正当手段从事市场竞争行为，维护公平竞争的市场秩序，维护善意经营者与消费者的权益，从而促进社会公共利益。《反垄断法》作为维护市场竞争机制的基础性法律，其宗旨是禁止各种严重损害市场竞争的垄断行为，维护市场的自由竞争，从而维护消费者利益和社会公共利益。因此，反垄断与反不正当竞争都是维护公平竞争的市场环境的法律工具，在保护市场竞争上有着共同的取向和积极作用，它们都对市场竞争行为进行监管，都有利于维护经营者和消费者的合法权益，对维护正常的市场竞争秩序、促进市场经济健康发展来说，两者都是必不可少的。因此，一些国家将反垄断执法和反不正当竞争执法交由同一执法机构负责。

但同时反不正当竞争法与反垄断法又有很多不同之处，在一国的经济中发挥着不同的作用，具体体现如下。

（1）二者目的不同。《反不正当竞争法》的目的是防止和消除不正当竞争行为，鼓励和保护公平竞争；《反垄断法》的目的则是防止竞争不足，维护自由竞争的市场体制。反不正当竞争维护公平竞争秩序要以竞争能够自由展开为条件，需要反垄断发挥其功能；反垄断维护自由竞争秩序更需要公平竞争的环境，需要反不正当竞争发挥功能。

（2）二者性质不同。《反垄断法》和《反不正当竞争法》都可以被概括为竞争法，但两者性质截然不同。《反垄断法》的执法重点是审查垄断企业的行为是否严重损害了市场竞争机制的作用，《反不正当竞争法》的执法重点则是判断企业竞争行为是否具有正当性，其标准为何并不直接，涉及更多的商业伦理价值判断。由于新型反不正当竞争行为的不断

出现，反不正当竞争法的执法往往面临更大的不确定性。

（3）二者监管对象不同。《反垄断法》的监管对象是具有市场支配地位的大企业，不具有市场支配地位的企业则受到《反垄断法》的豁免。因此，《反垄断法》的适用对象是相对有限的。《反不正当竞争法》的监管对象是各类实施不正当竞争行为的企业，因此其不仅适用于具有市场支配地位的大企业，也适用于中小企业。

（4）二者侵权性质不同。《反垄断法》禁止的垄断行为会对消费者和竞争企业造成损害，并且可以寻求民事赔偿，但是《反垄断法》的重点是维护公共利益，因为维护市场竞争最重要的价值是竞争可以实现社会总福利最大化。《反不正当竞争法》重视维护市场竞争秩序，但不正当竞争行为造成的损害往往局限在特定对象，而不是社会整体，《反不正当竞争法》更多体现为对私人权益的保护。如果某项行为损害了经营者的利益，经营者可以敏锐地将其发现并寻求相关救济措施；如果侵犯了消费者个人的利益，消费者个人可以通过《消费者权益保护法》寻求法律救济，还可以通过行政监管的方式间接实现对消费者权益的保护。

三、数字经济消费者保护的国际实践

从美国和欧洲各国的市场监管机构对不正当竞争行为的监管来看，这些国家的反不正当竞争监管主要是以保护消费者权益为根本目标。面对数字经济发展，这些国家对不正当竞争行为的监管日益重视利用大数据和算法的个人化定价、算法推荐、在线虚假信息、隐私保护等问题。

（一）美国

在监管方面，美国对不正当竞争行为的监管主要是由 FTC 来负责执行，其执法依据是《联邦贸易委员会法》第五条，即禁止不公平或欺骗性商业行为。同时，美国联邦各州有自己的反不正当竞争法并由专门机构来执行。美国反不正当竞争执法的重点是保护消费者福利。在数字经济背景下，美国反不正当竞争监管执法呈现两个重要特点：一是重视对网络盗版侵权行为的打击力度。美国在 1997 年通过了《1997 年网络著作权责任限制法案》《1997 年世界知识产权组织著作权条约实施法案》和《1997 年数字著作权和科技教育法案》，并在 1998 年颁布了《千禧年数字著作权法案》，这些法律重点对涉及知识产权的网络不正当竞争行为做出了规定。二是重视对消费者数据隐私的保护。自 2008 年起，美国每年都会发布《消费者观察网络》报告，在 2021 年发布的《消费者观察网络》报告中出现了 3 种数字经济背景下的消费者损害行为，分别是网上购物和负面评价、网络服务、隐私数据安全，这 3 种类型的消费者损害行为的案件数量分别占总报告案件数的 6.94%、2.12%、1.22%，分别排在所有案件类型的第 4 位、第 9 位、第 15 位。[①] 消费者数据隐私保护成为了美国近年来反不正当竞争执法的重点关注。三是非常重视消费者教育。美国执法机构特别重视对消费者的宣传教育，重视提高消费者的意识和维权能力。

---

① FTC, "Consumer Sentinel Network Data Book 2021",Consumer Sentinel Network Data Book 2021 | Federal Trade Commission (ftc.gov).

（二）欧盟

欧盟的反不正当竞争法经历了多年的发展，已经形成了完备的法律体系。根据《欧共体条约》，欧盟《反不正当竞争法》是为了促进成员国之间商品、服务、资本及技术的自由流通，建立公平、自由的竞争秩序。但公平、自由的竞争秩序不是欧盟反不正当竞争法追求的目的，而应该是一种手段，秩序的维护是为了保护经营者利益、消费者利益及社会公共利益。欧盟于1993年发布的《不公平合约条款指令》（*Unfair Contract Terms Directive*）采用标准合约的方式来保护消费者免受不公平合约条款的伤害。欧盟于2005年颁布的《不公平商业行为指令》（*Unfair Commercial Practices Directive*）重点禁止不公平的商业销售行为，以保护消费者利益。《不公平商业行为指令》禁止的不公平商业行为指那些违反专业勤勉的要求，并且可能严重扭曲普通消费者经济行为的企业商业销售行为。据此，《不公平商业行为指令》重点禁止了两类不公平商业行为：误导性商业行为和攻击性商业行为。误导性商业行为指企业故意遗漏普通消费者做出明智交易决策所需的重要信息或以含糊不清、难以理解、模棱两可、不及时的方式提供，并由此可能导致他们做出原本不会做出的购买决定，这种行为就是误导性商业行为。攻击性商业行为指企业通过骚扰、胁迫或实行不当影响来严重损害普通消费者的选择自由，并导致他们做出原本不会做出的交易决策，那么这种做法就是攻击性商业行为。此外，《不公平商业行为指令》还对儿童和老年人等脆弱群体提出了特别的保护要求。面对电子商务市场中平台对商家的不正当竞争行为，欧盟于2019年制定的《关于促进在线中介服务商业用户的公平和透明指令》对交易条款和条件，限制、吊销或终止服务，排名/排位，差别待遇、数据采集利用、跨平台价格校准等行为做出了规定。

四、数字经济反不正当竞争监管的框架

反不正当竞争行为是维护公平竞争市场秩序的重要公共政策。反不正当竞争监管框架一般应包含如下几个部分（如图9.3所示）。

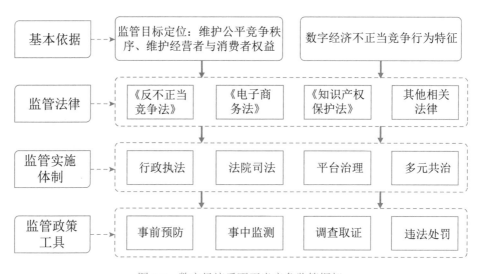

图9.3　数字经济反不正当竞争监管框架

（一）监管目标定位

反不正当竞争行为监管主要是针对市场竞争中的不正当竞争行为，其直接目标是维护公平竞争市场秩序，并保护经营者和消费者合法权益。

（二）监管法律依据

政府监管机构的职权必须法定，反不正当竞争监管需要具有明确的法律依据和法律授权。中国反不正当竞争监管以《反不正当竞争法》《电子商务法》《消费者权益保护法》《知识产权保护法》等相关法律为依据，并协同运用多部法律法规来充分保护合法经营市场主体和广大消费者的合法权益。

（三）监管实施体制

1. 行政执法与法院司法

由于反不正当竞争监管既涉及私人利益保护，也涉及公共利益保护，因此反不正当竞争监管需要建立行政执法和法院司法有机结合的监管实施体制。法院司法是私人主体维护个人权益的重要渠道，受不正当竞争行为伤害的经营者或消费者可以到法院提起民事诉讼，寻求民事赔偿，这对维护私人权益发挥着重要的作用。

2. 平台生态治理

数字平台是数字经济监管的重要主体，数字平台能够很好地对平台生态中的交易规则实行治理。具体的措施包括准入审核、平台信用机制、平台用户评价的声誉机制、平台交易担保机制、平台消费者投诉及处理机制等。平台有激励通过有效的生态治理来构建安全、信任的在线交易环境。

3. 多元主体参与的监管治理

不正当竞争行为往往具有广泛的社会影响，对众多主体的权益都造成侵害，利益相关者为了维护自己的权益也都有积极性来参与反不正当竞争行为监管，这些主体包括行业协会组织、消费者协会、新闻媒体、公益组织、研究咨询机构等。多元利益相关者的参与不仅会对政府监管起到重要的互补性作用，而且也对违法企业构成了重要的约束，会有助于提高反不正当竞争监管的效率和效果。为此，需要创新多元利益主体参与监管治理的渠道和方式，发挥多元主体共治的独特治理作用。

（四）监管政策工具

有效的政府监管需要以精准、有力的政策工具为支撑。面对数字经济的新型不正当竞争行为，传统的以事后调查和处罚为主的政策工具日益面临失效的风险。因此，在数字经济背景下，反不正当竞争监管需要创新政策工具，并充分利用大数据、人工智能等技术手段来实现智能监管，实现事前、事中和事后全覆盖的政府监管体系。

第四节　数字经济反不正当竞争监管实践

建设高标准市场体系，必须充分发挥《反不正当竞争法》的作用，完善相关法律法规规章等的协同、配套，构建完备有序的竞争法律制度，为公平竞争的市场环境提供坚实、有效的法治保障。以习近平同志为核心的党中央高度重视完善社会主义市场经济体制，对维护公平竞争的市场秩序、优化的营商环境提出了明确要求。党的十九届五中全会通过的《中共中央关于制定国民经济和社会发展第十四个五年规划和二〇三五年远景目标的建议》中关于"十四五"时期经济社会发展主要目标中就包括"公平竞争制度更加健全"，并在"全面深化改革，构建高水平社会主义市场经济体制"部分强调"加强反垄断和反不正当竞争执法司法，提升市场综合监管能力"。

一、数字经济反不正当竞争监管制度

（一）反不正当竞争监管相关法律法规

为了应对数字经济反不正当竞争新形势，2019 年修订的《反不正当竞争法》中加入了针对数字经济不正当竞争行为的法条，2019 年颁布的《电子商务法》第二章对电子商务经营者的行为做出了规定。为进一步制止和预防数字经济的不正当竞争行为，维护公平竞争的市场秩序，保护经营者和消费者的合法权益，促进数字经济规范持续健康发展，2021 年 8 月，国家市场监管总局起草了《禁止网络不正当竞争行为规定（公开征求意见稿）》，对互联网领域的不正当竞争行为做出规定，具体包括各类混淆行为、虚假宣传、商业贿赂、商誉诋毁、妨碍破坏其他经营者提供网络产品或服务正常运行、流量劫持、反向刷单、广告屏蔽、独占交易、非法抓取数据、大数据杀熟等。

2022 年 11 月，国家市场监管总局发布了《反不正当竞争法（修订草案征求意见稿）》，对数字经济不正当竞争行为做出了进一步的规定：①强化总体规定。第四条明确指出："国家健全数字经济公平竞争规则。经营者不得利用数据和算法、技术、资本优势以及平台规则等从事不正当竞争行为。"第十五条指出："经营者不得利用数据和算法、技术以及平台规则等，通过影响用户选择或者其他方式，扰乱市场公平竞争秩序。"②禁止滥用市场相对优势地位行为。第十三条规定，具有相对优势地位的经营者无正当理由不得实施独占交易、强制搭售等行为，对交易相对方的经营活动进行不合理限制或者附加不合理条件，影响公平交易，扰乱市场公平竞争秩序。③禁止网络恶意交易行为。第十四条规定，经营者不得为了牟取不正当利益，故意通过短期内与其他经营者进行大规模、高频次交易、给予好评等，引发相关惩戒，使其他经营者受到搜索降权、降低信用等级、商品下架、断开链接、停止服务等处置等恶意交易行为。④禁止利用技术手段实施的不正当竞争行为。第十六条规定："经营者不得利用技术手段，实施下列流量劫持、不当干扰、恶意不兼容等行为，影响用户选择，妨碍、破坏其他经营者合法提供的网络产品或者服务正常运行。"第十七条规定："经营者不得利用技术手段、平台规则等，违反行业惯例或者技术规范，不当排斥、妨碍其他经营者合法提供的产品或者服务的接入和交易等，扰乱市场公平竞争秩序。"⑤禁止不合理拒绝互联互通和大数据杀熟。第十七条规定："经营者不得利用技术手段、平台规则等，违反行业惯例或者技术规范，不当排斥、妨碍其他经营者合法提供的产品或者服务的接入和交易等，扰乱市场公平竞争秩序。"第十九条规定："经营者不得利用算法，通过分析用户偏好、交易习惯等特征，在交易条件上对交易相对方实施不合理的差别待遇或者进行不合理限制，损害消费者、其他经营者的合法权益和社会公共利益，扰乱市场公平竞争秩序。"⑥禁止侵犯商业数据行为。第十八条规定："经营者不得实施下列行为，不正当获取或者使用其他经营者的商业数据，损害其他经营者和消费者的合法权益，扰乱市场公平竞争秩序。"

（二）反不正当竞争监管实施体制

根据《反不正当竞争法》的规定，反不正当竞争行政执法实行统一执法与例外授权相结合的体制，以市场监管部门统一行使执法管辖权为原则，以"法律、行政法规规定"的主管部门行使执法管辖权为例外，形成了市场监管局负责牵头，多部门联合执法的监管体制。目前，反不正当竞争监管主要由国家市场监管总局与各省/市的市场管理局来负责执法。

法院是反不正当竞争监管的重要主体。2022 年，最高人民法院发布了《最高人民法院关于适用〈中华人民共和国反不正当竞争法〉若干问题的解释》，为正确审理因不正当竞争行为引发的民事案件作出了具体解释。受不正当竞争行为损害的经营者和消费者可以向法院提出诉讼，法院依据相关法律对不正当竞争行为作出处罚。

消费者协会在反不正当竞争中也有着重要作用。对于情节严重、波及范围较广的不正当竞争行为，消费者协会还可以代表消费者向法院提出集体诉讼。同时，消费者协会积极开展宣传教育活动，每年发布的《全国消协组织受理投诉情况分析》和系列活动都对消费者权益保护发挥了重要作用。

（三）对不正当竞争行为的处罚措施

不正当竞争行为主要依据《反不正当竞争法》第四章规定进行处罚，若不正当竞争行为涉嫌犯罪的，则移送司法机关。具体处罚措施如下：①实施混淆行为的，由监督检查部门责令停止违法行为，没收违法商品。违法经营额 5 万元以上的，可以并处违法经营额 5 倍以下的罚款；没有违法经营额或者违法经营额不足 5 万元的，可以并处 25 万元以下的罚款。情节严重的，吊销营业执照。②贿赂他人的，由监督检查部门没收违法所得，处 10 万元以上 300 万元以下的罚款。情节严重的，吊销营业执照。③对其商品作虚假或者引人误解的商业宣传，或者通过组织虚假交易等方式帮助其他经营者进行虚假或者引人误解的商业宣传，由监督检查部门责令停止违法行为，处 20 万元以上 100 万元以下的罚款；情节严重的，处 100 万元以上 200 万元以下的罚款，可以吊销营业执照。④侵犯商业秘密的，由监督检查部门责令停止违法行为，没收违法所得，处 10 万元以上 100 万元以下的罚款；情节严重的，处 50 万元以上 500 万元以下的罚款。⑤进行有奖销售的，由监督检查部门责令停止违法行为，处 5 万元以上 50 万元以下的罚款。⑥损害竞争对手商业信誉、商品声誉的，由监督检查部门责令停止违法行为、消除影响，处 10 万元以上 50 万元以下的罚款；情节严重的，处 50 万元以上 300 万元以下的罚款。⑦妨碍、破坏其他经营者合法提供的网络产品或者服务正常运行的，由监督检查部门责令停止违法行为，处 10 万元以上 50 万元以下的罚款；情节严重的，处 50 万元以上 300 万元以下的罚款。

二、反不正当竞争执法成效

（一）重视公平竞争倡导

各地区各部门注重普法工作，创新方式方法、增强普法效果，增强全社会的公平竞争意识。一是国务院有关部门部署开展普法宣传工作。国家市场监管总局全面宣讲法律，编写了培训辅导宣讲系列教材，2020 年，在全系统宣讲展示 100 个执法典型案例；商务部组织近 300 家电商企业签署《电子商务企业诚信经营承诺书》。二是各省级人大、政府把法律实施与规范市场秩序、优化营商环境、服务经济发展结合起来，通过宣讲法律知识、印发普法材料、制作公益广告、举办法律知识竞赛、培训咨询法律等方式，利用报刊、电视、广播、新媒体等媒介广泛宣传，着力强化宣传效果。三是企业、行业协会开展多种形式的普法宣传活动，不断增强和维护公平竞争的自觉性和主动性。

（二）重点开展针对互联网不正当竞争行为的行政执法

在行政执法方面，自 2017 年起，国家市场监管总局每年都会联合多个部门开展网络市场监管专项行动，即"网剑行动"。2021 年"网剑行动"坚持线上线下一体化监管原则，重点打击企业不落实法定责任违法行为，网络交易不正当竞争行为，网络直播、互联网广告违法行为等。在此次行动中各省均取得了显著成效：四川省市场监管部门责令整改网站 1669 个 / 次，电信主管部门处置违法违规互联网应用 175 家，其中包括直播售货虚假广告、在线交易公司刷单炒信等数字经济不正当竞争案件；[①] 江西省市场监管部门以打击网络侵权假冒、刷单炒信、虚假违法广告等违法行为和落实平台责任、规范格式条款作为网络市场监管专项行动重点工作，共查处网络违法案件 377 件，罚没款 3401.7 万元。[②] 浙江作为全国数字经济发展最好的省份之一，在 2018 年"网剑行动"中，浙江省市场监管局重点打击利用网络侵犯知识产权、提供伪劣商品服务、不正当竞争、发布违法有害信息等违法行为。全省市场监管部门累计检查网站、网店 225 万余个，现场实地跟踪检查 3.2 万余个 / 次，督促平台删除违法商品信息近 2.5 万条，责令整改网站 1 万余次，关闭网站 2700余个，责令平台关停网店 2900 余个。[③]

（三）反不正当竞争监管中法院司法的作用日益突显

随着反不正当竞争执法的日益常态化，司法裁判在维护市场公平竞争中的导向作用正日趋强化。各级法院，先后审理了一批行业反响强烈、社会关注度高、涉及百姓生活的不正当竞争案件。例如：2022 年，北京知识产权法院公布的竞争垄断十大典型案例中有 5个案件涉及数字经济不正当竞争；2021 年，上海浦东法院特别发布了 10 个互联网不正当竞争典型案例；杭州互联网法院也发布了典型案例等（见表 9.1）。

---

① 消费质量报特别报道组：《护航网络市场健康持续发展——四川省"2021 网剑行动"侧记》，《消费质量报》2021 年第 1311 期。
② 国家市场监督管理总局网络交易监督管理司：《罚没 3401.7 万元！江西 2021 网剑行动卓有成效》，https://www.samr.gov.cn/wljys/sjdt/202112/t20211222_338349.html。
③ 浙江在线：浙江省启动 2019 网剑行动重点整治电商违法行为，浙江省市场监督管理局，http://zjamr.zj.gov.cn/art/2019/7/26/art_1228969894_41115832.html。

表 9.1　中国数字经济反不正当竞争典型执法案件

法 院	年份	案 件 名	违法行为
北京知识产权法院	2019	直播浏览器不正当竞争案	未经许可擅自使用他人赛事直播画面
	2019	分时段出租视频网站 VIP 账号案	不当夺取交易机会
	2019	擅自抓取微博后台数据案	非法抓取数据
	2021	"边录边播""一键分享"案	提供技术措施诱导用户避开"禁止下载"
	2021	"省钱招"插件案	擅自使用他人有一定影响的企业名称
上海浦东法院	2016	二三四五诉金山毒霸软件案	流量劫持
	2016	大众点评网数据信息案	非法抓取数据
	2016	"斗鱼网"全国首例电竞赛事直播案	未经许可擅自使用他人电竞直播画面
	2017	"帮 5 淘"购物助手案	对"用户黏性"的恶意破坏
	2018	"电视猫"视频聚合软件案	屏蔽广告
	2019	腾讯公司与谌洪涛等不正当竞争案	AR 网游外挂
	2019	陆金所金融服务平台案	网络抢购服务
	2020	支付宝与斑马公司案	唤醒策略
	2020	百度关键词广告案	关键词隐性使用
	2021	腾讯公司诉祈福公司组织刷量案	虚假宣传
杭州互联网法院	2018	淘宝诉周某某网络侵权责任案	恶意下单仅退款不退货
	2019	腾讯公司诉浙江搜道案	非法抓取数据
	2019	杭州刀豆诉腾讯公司侵害作品网络传播权案	未经许可擅自使用小程序播放他人视频
	2019	王某诉江某不正当竞争案	恶意投诉

资料来源：作者根据网上资料整理。

三、反不正当竞争执法存在的问题

（1）《反不正当竞争法》的配套法规制度不健全，影响法律有效实施。《反不正当竞争法》共 5 章 33 条，对不正当竞争行为采取"列举＋兜底"的方式做了概括性规定，涉及市场竞争的诸多领域，还需要健全与之配套的法规制度，保障法律有效实施。检查发现，这方面工作还有较大差距。

（2）反不正当竞争监管跨部门协调机制和跨区域监管协作机制尚未充分形成。一是反不正当竞争工作协调机制有待建立健全。国务院同意建立由国家市场监管总局牵头的反不正当竞争部际联席会议制度，相关工作正在组织开展，其作用尚待发挥。多数地方还未建立相应的工作协调机制，在实际工作中影响甚至制约了部门间执法监管的统筹谋划、高效协同。二是区域监管协作机制建设有较大差距。不正当竞争行为往往涉及多主体、多领域、多地区，特别是网络不正当竞争行为的去地域化特征明显，这进一步暴露了各地市场监管部门区域执法、行政监管部门分别执法的短板，执法信息交流不够及时、案件移送不够顺畅、联动配合不够紧密等问题影响执法司法的效果和力度，在一定程度上制约了法律有效实施。三是执法司法认定标准不一。行政执法与司法机关之间、不同司法机关之间对这一问题的认识有时也不尽相同。

（3）适应数字经济发展的反不正当竞争监管体制尚未完善。数字经济领域不正当竞争行为的跨地域、跨行业、跨平台特征日益明显，而相关部门分层级、条块化、属地化的监管定势和主要依靠人力的集中式、运动式等监管理念和方式，跟不上这种新变化。为鼓励支持创新、激发市场活力，需要政府包容审慎监管，但是有些地方和部门片面地理解政策，没有平衡好鼓励创新与规范秩序之间的关系。

（4）监管能力有待提高。一是监管执法人员素质不够高。反不正当竞争案件的定性处理对执法人员依法判断要求高，需要监管执法人员具备扎实的法律功底、执法经验，甚至需要较高的财务会计、信息知识和技术水平。但有些基层的反不正当竞争监管执法人员青黄不接，新的骨干尚未成长起来，少数执法人员对法律条款理解不深不透，在法律适用上把握不准，存在不会办案、不敢办案、不想办案的畏难情绪，影响和制约法律实施效果。二是执法监管手段落后。数字经济的迅速发展给监管执法提出更高的技术要求，尤其在调查取证、获取数据、固定证据、大数据分析等方面，现有执法技术力量、技术手段、装备和监管水平等都难以提供有效支撑，客观上制约执法工作的深入开展。

四、数字经济反不正当竞争监管能力提升的路径

（一）完善反不正当竞争相关法律

（1）进一步完善《反不正当竞争法》。2019年新修订的《反不正当竞争法》为新型不正当竞争行为的规制提供了切实可行的标准，同时为实务界指明了方向。然而，"互联网条款"条文数目较少，内容不够全面，保护力度不足的问题依然存在。首先，细化一般条款。一般条款在规制互联网新型不正当竞争行为过程中起着不可替代的作用，能够弥补"互联网专条"3项列举式规定的不足，使互联网领域中不断出现的新型不正当竞争行为得到有效规制。其次，增加互联网条款列举性规定。在新修订的《反不正当竞争法》互联网条款中，列举性条款存在抽象性、概念模糊性、行为的交叉性等特点，给新型不正当竞争行为的规制带来诸多困难，鉴于互联网领域中的新型不正当竞争行为远比列举条款丰富得多，可以在互联网列举性规定中增设除列举的3项网络新型不正当竞争行为以外的，在司法实务中大量存在的新型不正当竞争行为，如"非法爬取数据""流量劫持""反向刷单"等，从而更加全面地规制互联网领域中的新型不正当竞争行为。最后，完善"互联网专条"兜底性规定。兜底性规定在"互联网专条"列举条款不能很好规制新型不正当竞争行为时，起着重要作用，但新修订的《反不正当竞争法》第十二条中的兜底条款"其他妨

碍、破坏其他经营者合法提供的网络产品或者服务正常运行的行为"，措辞非常含糊，严重缺乏指向性和可操作性，给新型不正当竞争行为的规制带来诸多困难，有必要根据我国互联网领域的实际情况以及新型不正当竞争行为案件的特点，对"互联网专条"的兜底条款进行完善明确，从而更好地发挥兜底条款的作用。

（2）完善反不正当竞争法的配套法规建设。一是配套的法规制度没有及时出台。由于缺少配套细则，不同部门、不同地区对法律规定的有些概念和原则在理解上存在差异，执行中又标准不一。为此，应加快梳理研究《反不正当竞争法》配套制度，细化补充法律规定。明确各类不正当竞争行为的认定要件、判定标准，细化处罚梯度，提升法律精准度和可操作性。总结司法实践中《反不正当竞争法》的适用规则，司法机关出台相关司法解释，发布指导性案例或指导意见，进一步明确案件办理的标准及尺度，统一法律适用。积极支持推动地方立法工作。各地市场监管部门主动加强与地方人大的联系沟通，总结好经验、好做法，加快地方性法规立法工作进度，细化完善法律规定，确保全国统一制发，夯实法律实施基础，促进国内统一大市场的形成。

（3）增强规制不正当竞争行为相关法律适用的协调性。目前，我国规制新型不正当竞争行为的法律有《民法典》《反垄断法》《反不正当竞争法》《电子商务法》《网络安全法》《数据安全法》《个人信息保护法》等。但这些法律是从不同角度来规范市场主体经营行为的，在违法行为认定、行政处罚设置等方面存在交叉重叠。如何协调不同法律之间的适用，成为《反不正当竞争法》实施中的难点。因此，需要建立规制各种新型不正当竞争行为多法适用的协调机制。首先，在法律适用竞合的情况下，不同法律的适用门槛存在一定差异，可根据行为的严重程度选择适用相应的法律规范。其次，对于同类的竞争行为，需要根据实际侵害的法益及侵害的程度，选择适宜的法律规范，增进处罚的比例性。最后，要通过立法明确不同法律之间的协同机制。互联网新型不正当竞争行为往往涉及多个法益，若选择适用某一法律则很难实现对多法益的全面保护。故此，须通过修订立法和制定司法解释的方式明确相关法律的协调机制，充分发挥反不正当竞争工作协调机制的作用，由国家市场监管总局统筹推进相关法律关系的研究，着力增强法律的一致性协调性。

（二）全面提升反不正当竞争监管能力

为了更好地对不正当竞争行为进行监管，需要全面提升行政执法效能。

（1）深化市场监管体制改革，提升市场综合监管能力。市场监管的效率和效果最终取决于监管能力的强弱，监管能力建设是当前推动市场监管体制改革向纵深发展的必然要求。监管能力是一个集合概念，包含对监管机构组成、监管工具使用、监管资源多寡等的多元考察，是对监管机构的综合性评价。新的形势对市场监管能力提出了新的更高的要求。首先，完善市场监管基础制度。健全法律规范体系、提高基础制度的科学化水平、推进监管制度型开放，向"系统完备、科学规范、运行有效"和"立改废释"衔接配套的法律规范体系要效能，确保立法跟进改革和创新。着力完善公平竞争监管、信用监管等重点制度规则，带动市场监管基础制度整体科学化，向制度和监管的科学化要效能。其次，完善市场监管体制机制。坚持问题导向、目标导向、结果导向，聚焦制约监管效能提高的体制、机制弊端，从优化监管事项层级配置、强化跨部门综合监管、深化综合执法改革 3 个方面精准施治。要根据层级履职优势，结合监管事项风险范围和专业要求，合理划分层级职责、条块职责并科学配置监管资源，同时嵌入动态调整机制，使监管具有创新性和建设性。综合执法是市场监管的优势职能，也是提升监管效能的重要方面，其改革取得了很大进展和实效，但也存在一些不足，需要进一步深化。

（2）增强市场监管基础能力。对增强市场监管基础能力进行谋划和部署，要同时重视科技支撑和基层机构与队伍建设。一方面要依靠科技力量，加快推进智慧监管，加强科技支撑体系建设，加大市场监管先进科技手段利用和科技创新的力度，探索运用互联网、大数据、人工智能等技术手段进行案件查办，提升监管执法水平，实现智能监管，以解决传统手段难以处理的监管难题，全面提高市场监管现代化水平。另一方面要依靠人才队伍，统筹推进市场监管人才队伍建设。抓好人才队伍建设需要做到 3 个主动：一是主动育才，坚持人才优先发展战略。要做到多层次、多领域、全方位地培养人才，构建合理的人才培养机制、薪酬激励机制。二是主动引才，广开进贤之路、广纳天下英才。要改进人才引进管理办法，扎实推动人才体制、机制改革，吸引人才到一线工作。对待紧缺的特殊人才，要有特殊政策，不要求全责备，不要论资排辈，不要都用一把尺子衡量，要让有真才实学的人才英雄有用武之地。三是主动用才，用其所长。每个人都有自身的优势和特长，关键是如何把合适的人用到合适的地方展示自己的才能，发挥自己的强项。各级市场监管部门要纠正人才管理中存在的行政化倾向，建立更加开放、更加灵活的人才培养使用机制，知人善任、用其所长。

（3）创新跨部门协同监管体制。首先，深化综合执法改革，要着重建立横向协同、纵向联动的执法办案机制，建立健全信息通报、案件移交、执法反馈等日常监管与综合执法衔接协调机制，探索建立分类执法机制，提高综合执法效能。其次，发挥反不正当竞争部际联席会议制度作用，明确相关部门职责，构建部门间优势互补、分工协作、齐抓共管的工作格局。强化部门间、区域间协作，提升反不正当竞争工作合力。再次，健全跨部门、跨行政区域的反不正当竞争执法信息共享、协作联动机制，提高执法的统一性、权威性、协调性。构建跨行政区域的反不正当竞争案件移送、执法协助、联合执法机制，针对新型、疑难、典型案件畅通会商渠道、互通裁量标准，全面提升监管执法的统一性。最后，加强区域协同，及时总结推广反不正当竞争区域协作方面的经验做法，坚决克服地方保护主义，密切执法联动，加强对游走于地区间的不正当竞争黑灰产业链、上下游违法经营行为的打击力度。

（三）推进线上线下一体化监管

新型不正当竞争行为的实施依赖于互联网，其频发于线上。为了有效地对新型不正当竞争行为进行监管，不仅需要传统的线下监管，更需要线上监管，形成线上线下一体化监管体系。首先，加强公共数据开放共享。建立健全国家公共数据资源体系，推进数据跨部门、跨层级、跨地区汇聚融合和深度利用。健全数据资源目录和责任清单制度，提升国家数据共享交换平台功能，深化基础信息资源共享利用。扩大基础公共信息数据安全有序开放，探索将公共数据服务纳入公共服务体系，构建统一的国家公共数据开放平台和开发利用端口。其次，推动政务信息化共建共用。加大政务信息化建设统筹力度，健全政务信息化项目清单，持续深化政务信息系统整合，提升跨部门协同治理能力。加强政务信息化建设快速迭代，增强政务信息系统快速部署能力和弹性扩展能力。再次，完善线上监管体系。建设国家网络交易监督平台，提高线上市场风险监测和预警能力，加快推进智慧监管，丰富监管工具，以平台监管平台，切实提高线上市场风险监测和预警能力，提升监管效能。最后，落实线上线下市场监管和行业管理法定职责。健全集中整治与日常监管相结合的工作机制，以各高风险平台为重点，严厉打击新型不正当竞争行为，如非法爬取数据、流量劫持、反向刷单等违法行为，切实规范电子商务交易秩序。

（四）强化数字平台主体责任

从近年来发生的一些不正当竞争案例来看，不少平台企业的社会责任感荡然无存，只大谈保护技术进步的重要性，却对法律缺少起码的敬畏之心。如果想要减少不正当竞争行为的发生，政府就要强化落实平台企业主体责任，发挥平台自我治理的作用。平台企业要完善内部管理制度和技术保障，完善平台生态治理体系，在发展技术和建立新的经营模式的同时，应秉承公平竞争、诚实守信的经营理念，恪守公认的商业道德，在追求经济利益的同时主动承担社会责任，在平台内营造健康的竞争生态。除了要肩负起平台内竞争环境治理的责任，平台企业自身也不能实施不正当竞争行为。数字平台企业不得利用技术手段，通过影响用户选择或其他方式，实施妨碍、破坏其他经营者合法提供的网络产品或服务正常运行的不正当竞争行为。数字平台企业不得实施混淆行为，引人误认为是他人商品、服务或与他人存在特定联系。数字平台企业不得编造、传播虚假信息或误导性信息，来损害竞争对手的商业信誉、商品声誉。互联网平台经营者不得通过虚假交易、组织虚假交易等方式进行虚假宣传，不得帮助平台内经营者实施虚假交易行为，或者为虚假交易行为提供便利条件。

（五）加快建立多元治理体系

规制不正当竞争行为不仅需要有效的政府监管和司法审查，而且需要发挥行业协会、互联网平台、经营者、消费者等各类主体的治理作用，形成政府监管、平台自律、行业自治、社会监督的多元治理新模式。

（1）行业协会重在发挥行业自治的作用。行业协会是政府与企业的桥梁和纽带，它能够承担政府想做但无精力做、单个企业做不到而市场需要的事情，是政府、企业之外推动国家经济建设和发展的第三种力量。行业协会要充当好政府与平台企业之间的桥梁，为平台企业提供来自政府和平台企业两方面的市场信息，协调平台之间的经营行为，组织行业企业反映的共同诉求，对平台的竞争手段、经营作风进行严格监督。积极促进建立规范有效的行业组织，通过签署行业自律协议、发布自律章程、开展法治意识培训等，推进成员企业之间的协调发展与密切联系，构筑稳定、统一、完善、普遍认可的自律规范和行为约束机制，构建公平、自律、健康的竞争秩序环境。

（2）赋能消费者。首先，加强消费教育和消费警示。针对新型消费领域维权热点，提高消费者自我预防风险、依法维权能力。加强消费投诉信息分析，及时发布消费风险报告。推行消费投诉信息公示，建立健全消费后评价制度，减少消费领域信息不对称。综合运用比较试验、认证检测、消费体察、服务评议、调查点评等方式，及时发布消费警示。其次，完善消费者维权和举报投诉处理机制。简化消费争议处理程序，鼓励小额消费纠纷案件通过小额诉讼程序快速处理。完善消费纠纷在线解决机制，推进地方 12345 热线平台和全国 12315 平台互联互通与信息共享，推动 12315 平台一体化建设，全量归集市场监管投诉举报数据，实现对市场环境和消费环境的统一动态研判。健全行政机关、人民调解组织、专业组织与人民法院、仲裁机构相衔接的消费争议多元化解机制。提高对重大维权事件的快速反应、及时处置和舆论引导能力。完善 12315 平台"五级循环联动"效能评价体系。健全"诉转案"工作机制，切实提高经营者侵害消费者合法权益的违法成本。健全消费者公益诉讼制度，在诉讼程序、庭审过程、举证责任等方面加强对消费者的司法保护。最后，推进消费维权制度建设。大力开展放心消费创建活动，鼓励实施线下购物无理由退货，探索推行异地、异店退换货制度。改革完善产品质量"三包"制度，探索建立第三方质量争议处理机制。完善预付卡消费部门联合治理机制，加强商务、文化、体育、教育、交通等领域单用途预付卡行业管理。加强医疗、健康、托育服务和老龄产业等市场监管，依法打击非法医疗美容等违法行为。持续完善政府、企业、行业协会、消费者、媒体等多位一体的消费维权格局，优化维权流程，降低维权成本。探索建立消费者对维权处理结果的反馈评价机制。健全消费者个人信息保护机制。

（3）发挥新闻媒体等社会监督作用。当代经济发展迅速，社会处于高速变动时期，新闻媒体也随着社会的发展快速地成长成熟，发挥出越来越大的能量。特别是新闻媒体的重要特性——监督权，在反不正当竞争时显示出越来越重要的作用，成为提高政府监管效能的有效手段。但是目前新闻媒体对不正当竞争行为的监督作用还很不到位、很不规范，本应发挥的监督作用没有充分表现出来。第一，新闻媒体的舆论监督没有形成风气。新闻媒体等要积极参与市场监管，及时曝光严重损害消费者利益的不正当竞争行为，发挥好社会监督的作用。第二，利益相关者干预严重。新闻媒体若想报道相关新闻，首先会受到当事企业的阻挠，因为这类新闻报道往往会对当事企业造成巨大的负面影响。甚至企业所在地的政府也会出面干预，当企业规模较大时，这种情况有很大概率会发生。原因有两个方面：一方面企业利润的受损会导致当地政府财政收入的减少；另一方面这对当地政府的政绩也会有负面影响，阻碍政府官员的升迁。新闻媒体要摆正立场，实事求是、客观地报道企业所实施的不正当竞争行为，有效发挥新闻舆论监督的作用。

讨论案例："刷单入刑"第一案[①]

在电商平台上，用户评价往往是消费者选择商品的重要参考因素。也正因如此，一些不良卖家为吸引消费者的注意力、获取更多交易机会，从而寻找"刷手"进行虚假交易，以不正当方式提高商品销量、用户好评度和店铺信誉，严重扰乱了

---

① 余建华：《组织刷单入刑第一案一审宣判》，《人民法院报》2017 年 6 月 23 日第 3 版。

在线零售市场的竞争秩序。

2013 年 2 月，江苏人李某创建"零距网商联盟"网站，并利用 YY 语音聊天工具建立刷单炒信平台，吸纳会员参与"刷单炒信"。这些会员为淘宝卖家注册账户，会员通过平台发布或接受任务，相互刷单炒信。平台为此制定了规则和流程，并向会员收取 300~500 元不等的保证金和 40~50 元的平台管理维护费及体验费。案发时，平台有会员近 1500 名。"会员在承接任务后，通过虚假交易并给予虚假好评的方式赚取任务点，使自己能够采用悬赏任务点的方式吸引其他会员为自己刷单炒信，进而提升自己淘宝店铺的销量和信誉，欺骗淘宝买家。"该案主审法官俞潇说，"其间，被告人李某还通过向会员销售任务点的方式牟利。"2014 年年初，"零距网商联盟"网站被阿里巴巴集团发现存在刷单行为，同年 5 月，李某被浙江公安机关传唤到案。2016 年 6 月，杭州市余杭区检察院以涉嫌非法经营罪对李某提起公诉。法院审理查明，2013 年 2 月至 2014 年 6 月，被告人李某共收取平台管理维护费、体验费及任务点销售收入逾 30 万元，另收取保证金共计 50 余万元。江苏省通信管理局还查明，"零距网商联盟"网站不具备获得增值电信业务经营许可的条件。余杭区法院一审审理认为，被告人李某违反国家规定，以营利为目的，明知是虚假的信息仍通过网络有偿提供发布信息等服务，扰乱市场秩序，且属情节特别严重。法院当庭宣判，李某因犯非法经营罪判处有期徒刑 5 年 6 个月并处罚金 90 万元。

此案之前，对于刷单行为的处理，主要依据的是《反不正当竞争法》和《网络交易管理办法》第五十三条，"处以 1 万元以上 20 万元以下罚款"，远不能对违法行为达到震慑效果。此案一公布便备受关注：一方面是因为此案系全国首例个人通过创建平台、组织会员刷单炒信并从中牟利而获罪的案件；另一方面是因为该案向社会昭示了"刷单炒信"的行为完全可以被追究刑责，具有非常强的警示作用。

讨论问题：

1. 本案属于哪一种反不正当竞争行为？
2. "刷单入刑"是否是威慑此类犯罪的有效方式？

■▶本章总结

数字经济的线上交易市场会出现许多新型不正当竞争行为，这些行为呈现出影响更广、隐蔽性更强、对消费者损害更严重以及执法难度更大的特点，迫切需要创新反不正当竞争监管体制来有效应对。数字经济反不正当监管仍然应该以保护经营者和消费者合法权益为目标，并以保护消费者福利为根本目标，维护市场竞争秩序。数字经济反不正当竞争监管要完善相关法律法规，创新监管体制和政策手段，全面提升反不正当竞争监管效能。

■ 关键词

反不正当竞争　反不正当竞争监管　在线交易　市场竞争秩序　消费者权益保护

■ 复习思考题

1. 线上交易和网络不正当竞争行为有何新特征?
2. 数字经济反不正当竞争监管的框架构成是什么?
3. 如何提升数字经济反不正当竞争监管能力?
4. 如何创新反不正当竞争政策?

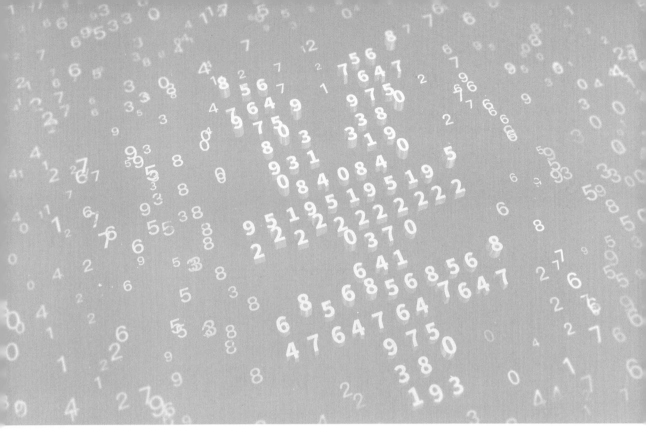

第四篇
数字行业监管

第十章
网络信息内容监管

第一节　网络信息内容概念

近年来，数字内容产业成为数字经济中重要的快速成长的产业。数字内容产业主要包括网络文学、网络教育、网络长视频、网络动漫、网络游戏、网络音乐、网络新闻、网络直播、网络短视频、自媒体 10 个细分领域。

数字内容产业传播的各类信息内容极大地满足了人们日益丰富的精神文化需求，但同时数字内容产业的发展也导致了淫秽色情信息、恐暴内容、谣言传言等违法有害信息内容更容易大范围传播，不仅污染网络生态环境，也给个人和社会带来了严重的不良影响。因此，强化网络信息内容监管，营造清朗的网络空间成为数字经济监管的重要内容。近年来，世界各国都在加强网络信息内容的监管，2021 年，中国国务院办公厅印发的《关于加强网络文明建设的意见》明确指出要加强网络文明建设，强调了加强网络空间行为规范以及加强网络空间生态治理的迫切性和必要性。[①]

网络信息内容监管的重点是禁止或消除各种非法有害内容。网络非法有害内容指在网络空间生产和传输具有严重损害社会伦理道德、威胁国家公共安全并违反国家法律的信息内容。

2017 年，欧盟委员会发布的《关于进一步提高治理非法有害内容有效性的公众意见咨询》指出，非法有害内容包括：恐怖主义内容、儿童性侵内容、非法的仇恨演讲、版权侵权、其他知识产权侵权、非法商业行为、违反其他社会准则或服务条款的行为。[②]

2019 年，英国政府发布的《网络有害内容白皮书》依据数字非法有害内容的传播程度以及对个人和社会带来的危害将其分为 3 类：第一类是"明确规定的有害内容"，如儿童性剥削和性虐待、恐怖主义内容和活动、有组织的移民犯罪、现代奴隶制、极端色情、复仇色情、骚扰、仇恨犯罪、鼓励和协助自杀、煽动暴力、销售非法商品或服务、传播18 岁以下儿童和青少年的不雅照等，有法律进行明确规定，属于非法内容；第二类是"定义不太清晰的有害内容"，如网络霸凌、极端主义内容和活动、胁迫性行为、造谣、恐吓、暴力内容、鼓吹自残等内容；第三类是"与未成年人有关的有害内容"，如儿童接触的色情内容，不适于儿童访问的内容（包括 13 岁以下使用社交媒体、18 岁以下使用约会软件、屏幕时间过长的在线游戏或视频）。[③]

中国将网络非法有害信息内容划分为违法信息和不良信息两大类，违法信息指信息内容违反国家有关法律规定明确禁止的非法信息内容，不良信息指没有违反国家法律但是会对网络用户或社会造成不良影响的信息内容。2019 年 12 月，国家网信办发布的《网络信息内容生态治理规定》规定了 11 种禁止的非法内容（违法信息）和 9 种有害内容（不良

---

① 国务院办公厅：《关于加强网络文明建设的意见》，2021 年 9 月 14 日。

② DG Connect, Public consultation on measures to further improve the effectiveness of the fight against illegal content online, p. 18, available at https://ec.europa.eu/info/consultations/public-consultation-measures- furtherimprove-effectiveness-fight-against-illegal-content-online_en.

③ UK Government, Online Harms White Paper, https://www.gov.uk/government/consultations/online-harms-white-paper/outcome/online-harms-white-paper-full-government-response.

信息）（见表 10.1）。[1]

表 10.1 《网络信息内容生态治理规定》的违法信息与不良信息

违法信息	不良信息
（一）反对宪法所确定的基本原则；	（一）使用夸张标题，内容与标题严重不符；
（二）危害国家安全，泄露国家秘密，颠覆国家政权，破坏国家统一；	（二）炒作绯闻、丑闻、劣迹等；
（三）损害国家荣誉和利益的；	（三）不当评述自然灾害、重大事故等灾难；
（四）歪曲、丑化、亵渎、否定英雄烈士事迹和精神，侵害英雄烈士的姓名、肖像、名誉、荣誉；	（四）带有性暗示、性挑逗等易使人产生性联想；
（五）宣扬恐怖主义、极端主义或煽动实施恐怖活动、极端主义活动；	（五）展现血腥、惊悚、残忍等致人身心不适；
（六）煽动民族仇恨、民族歧视，破坏民族团结；	（六）煽动人群歧视、地域歧视等；
（七）破坏国家宗教政策，宣扬邪教和封建迷信；	（七）宣扬低俗、庸俗、媚俗内容；
（八）散布谣言，扰乱经济秩序和社会秩序；	（八）可能引发未成年人模仿的不安全行为和违反社会公德行为、诱导未成年人不良嗜好等；
（九）散布淫秽、色情、赌博、暴力、凶杀、恐怖或教唆犯罪；	（九）其他对网络生态造成不良影响
（十）侮辱或诽谤他人，侵害他人名誉、隐私和其他合法权益；	
（十一）法律、行政法规禁止的其他内容	

资料来源：根据《网络信息内容生态治理规定》第六条和第七条整理。

第二节　网络信息内容监管需求

一、数字内容产业商业模式

近年来，数字内容产业作为一种新兴产业形态，市场规模持续增长。2013—2019 年，中国数字内容产业总体市场规模从 3004 亿元增长至 12 809 亿元，年均增速为 46.63%（具体见图 10.1）。网络新闻、网络长视频、网络游戏是数字内容产业的三大支柱，合计占数字版权产业市场规模的 56.29%。在数字内容产业细分行业结构中，网络新闻媒体是占比最大的数字内容细分行业，网络直播、网络短视频、网络自媒体占比增速较快，网络动漫、网络长视频、网络游戏、网络文学、在线教育等行业也在不断发展。

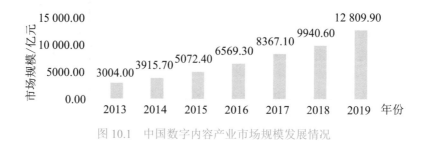

图 10.1　中国数字内容产业市场规模发展情况

---

[1]　国家互联网信息办公室：《网络信息内容生态治理规定》，2019 年 12 月 15 日。

数字内容产业商业模式是典型的多边平台商业模式。与传统的内容产业不同，数字内容产业中的内容服务提供商往往是数字内容平台。数字内容平台生态的相关主体包括数字内容服务提供商、用户、广告商和内容提供商。其中数字内容平台作为连接用户和广告商的中介发挥着提供、整合、传播各类信息的重要功能，是一个典型的多边市场（具体如图 10.2 所示）。在数字内容平台生态中，用户（也称"受众"）主要在数字内容平台上浏览由内容提供商提供的感兴趣的数字内容，由于用户是数字内容平台的主要竞争对象，因而数字内容平台往往会向用户采取低收费甚至免费策略。除此之外，用户在观看数字内容的同时也向平台隐性支付了更重要的注意力，其外在表现为用户在数字平台上时间、精力的耗费。数字内容平台在获得用户的注意力后会将其出售给广告商，即让广告商在该数字内容平台上发布广告，并从广告商那里获得广告费收入。内容提供商则主要完成对数字内容平台的内容创作，在数字技术的驱动下，数字内容创作门槛下降扩充了内容提供商的内涵，普通用户、专业机构等都可以上传内容。在抖音等短视频平台，日益出现了生产者和受众合一的现象。

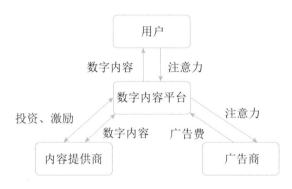

图 10.2　数字内容平台的商业模式

在现实当中，由于数字内容平台商业模式的多样性，数字内容平台的盈利模式主要有广告费收入、用户付费、版权创收和电商变现四类（见表 10.2）。在中国数字内容产业中，广告费和用户付费是目前数字内容平台的两种主要盈利模式。国家版权局网络版权产业研究基地发布的《中国网络版权产业发展报告（2020）》的统计数据显示，广告收入占数字版权产业收入的 51.3%，用户付费占 47.8%，版权收益占 0.9%。[①] 由于数字内容平台是典型的多边市场，为了充分利用交叉网络效应来实现共赢，平台往往向消费者免费，而向广告商收费，因此数字内容平台也称为"广告费支持的平台"。由于目前有部分行业已实行跨界经营，电商收入成为数字内容产业的盈利模式之一。

表 10.2　数字内容产业细分行业的主要盈利模式

细 分 行 业	主 要 盈 利 模 式
网络文学	广告费、内容产品付费、版权运营
在线教育	广告费、内容产品付费

---

① 国家版权局网络版权产业研究基地：《中国网络版权产业发展报告（2020）》，第 6 页。

细 分 行 业	主要盈利模式
网络长视频	广告费、平台会员制付费、版权分销
网络动漫	广告费、平台会员制付费、版权运营
网络游戏	广告费、内容产品付费
网络音乐	平台费、会员制付费、版权分销
网络新闻	广告费
网络直播	广告费、用户打赏
网络短视频	广告费、电商变现
自媒体	广告费、电商变现

资料来源：作者整理。

二、非法有害内容的产生机制

数字内容产业本质上属于"注意力经济"，即平台通过播放具有强吸引用户注意力的内容来获得高用户流量，并通过高广告费收入来实现高盈利。在数字内容产业，受众是最有价值的资产，一个平台吸引的受众数量越多，则创造的广告收入就越高。因此，流量即利润，用户基础就是最有价值的资产，是数字内容产业的独特商业利润基础。为了实现吸引用户注意力的目标，平台有激励更多地生产和传播具有强吸引用户眼球效应的信息内容。因此，数字内容平台就成为网络信息内容的"守门人"，其有激励通过操纵数字内容供给来实现商业利益的最大化。同时，数字内容平台独特的供给和需求自强化机制会导致非法有害内容出现泛滥。

第一，从供给侧来说，数字内容平台之间的竞争实际是用户注意力的竞争。一个平台越能吸引用户，则平台的用户基础就越大，用户点击量就越高，网络效应使平台的竞争优势日益突出，平台通过在线广告获取的利润回报就越高。由于很多非法有害内容迎合了消费者的独特偏好，更能吸引受众的眼球，其对吸引用户注意力和增加平台流量具有重要的贡献，因此平台往往对非法有害内容采取纵容态度。

第二，从需求侧来说，数字内容的消费与其他产品消费的一个非常大的不同是存在明显的"信息瀑布效应"，即内容消费者往往更关心更多人关注或讨论的话题，所以一个话题越流行，讨论、阅读的人越多，就会吸引越多的人来关注这个话题或数字内容产品。在数字内容消费中，消费者的消费行为具有典型的"回音室"效应，即消费者更偏好与其价值判断或观点相近的内容，而基于算法定向推送的数字内容传播模式则会进一步强化受众对非法有害内容的偏好。

第三，在数字内容消费网络效应和信息瀑布效应结合的情况下，数字内容平台之间的商业竞争会促使企业采取更加差别化的内容战略来吸引受众的注意力。因此，数字内容产业具有显著的爆炸性增长和在短时间内迅速大范围传播的特征，数字内容平台传播的非法有害内容往往会在短时间内迅速传播并造成非常大的社会危害。

三、非法有害内容的负外部性

外部性理论中的负外部性指某个经济主体的经济行动给其他经济主体或社会带来损失，而该经济主体却并不为此承担成本，此时社会边际成本（marginal social cost，MSC）要高于私人边际成本（marginal private cost，MPC）。在数字经济下，数字内容平台逐渐成为促进信息知识传播的新媒介，是影响人们沟通交流、文化传播和思想观念的重要力量。数字内容平台除了具有传播信息、娱乐大众等正外部性外，非法有害内容的传播也给社会造成诸多负外部性损害。

数字内容平台非法有害内容的生产或传播，存在明显的私人利益与公共利益的冲突。消费者消费数字信息的快速性和有限性以及数字内容平台的最大差异化内容决策导致平台会通过生产或传播非法有害内容以在较短时间内抓住受众的眼球，进而增加平台的点击量和流量。但非法有害内容在数字生态环境下的高速度传播和广泛传播却可能会对知识产权权利人、社会特定群体乃至整个社会的公共利益造成损害。由于数字内容平台传播非法有害内容给其他经济主体或社会造成的巨大成本并不由其自身承担，所以为了追逐更高的报酬，数字内容平台往往会有较强的激励提供更多的非法有害内容以获得更多受众的注意力，使得真正有品位和具有专业涵养的信息内容被边缘化，进而形成一个恶性循环。

数字内容平台生产或传播非法有害内容使全社会所承担的社会边际成本明显高于数字内容平台的私人边际成本。在非法有害内容传播中，平台的决策是依据平台利润最大化目标进行的，由此导致私人决策的非法有害内容供给量 Q_1 要大于社会最优数量 Q_2，即 $Q_1 > Q_2$（如图 10.3 所示）。

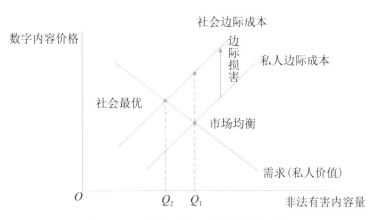

图 10.3　网络非法有害内容的负外部性

网络非法有害内容在破坏网络生态环境时给社会带来的负面影响主要体现在以下几个方面。

（1）激化矛盾和影响社会稳定。数字内容平台对基于性别、宗教、民族、性取向等特定人群仇恨内容的传播会损害这些人的利益并给其造成不便，而且在算法助推下所形成的"信息茧房效应"会进一步固化人们本就不正确的偏见，从而激发社会矛盾，影响社会稳定。

（2）引导不良的社会风气。例如：功利主义、金钱至上、炫富等有害内容的大肆传播会严重损害社会风气；网络谣言、虚假新闻、明星恶意炒作等网络信息内容操纵行为盛行；大量不良信息内容占据社会舆论阵地，严重影响正确的社会价值观，对社会道德伦理价值造成不良影响。

（3）容易催生畸形非法产业。数字内容平台对色情、赌博等内容传播以获取暴利的行为催生了一系列畸形产业。一些不法分子通常会在境内外采用一些技术手段以较低的成本按需搭建简易的网赌平台或诈骗平台，实施违法犯罪行为；一些平台通过色情表演内容来相应地向观众收取高额会员费以谋取非法利益；为了进行网络赌博和观看色情表演，平台会设置高额会员费标准，一些用户会采取非法手段获取资金，这些平台甚至成为犯罪分子洗钱的渠道。

（4）影响个人身心健康。数字内容平台内容上传和浏览的匿名性让用户容易缺乏理性，欺凌、辱骂、骚扰等行为在煽动其他用户情绪的情况下会严重影响受害者的身心健康，特别是对于未成年人而言，其价值观正处于形成阶段，面对各种网络暴力的抵御能力相对更弱，更容易造成严重的情感创伤。色情作品、儿童性侵、儿童性虐待和霸凌等内容会对儿童的身心健康带来长期伤害。一些宣传自虐、自杀等信息内容会对人的心理和生命健康构成严重威胁，尤其对脆弱群体的危害更大。

（5）威胁国家安全。恐怖主义可能会利用数字内容平台宣传恐怖事件，既会引起社会恐慌，也会严重破坏社会安定，威胁国家公共安全；外部敌对势力利用网络信息内容来颠覆他国政权，可能会危害国家政治安全。

第三节　网络信息内容监管供给

一、网络信息内容监管框架

（一）网络信息内容监管的基本原则

1. 法治原则

网络信息内容监管要坚持法治原则，制定完备的法律，并依法实行监管。一方面，政府监管机构要依法执行监管，做到执法有据、程序公正，不滥用执法权力；另一方面，在政府监管机构越来越将网络信息内容审查权授权给数字内容平台的情况下，数字内容平台对网络内容的审查和屏蔽、删除等行为也要有明确的法律依据或法律授权，并遵守法定的处理程序和建立相应的争议处理机制。

2. 保护公民权原则

网络信息内容监管要充分尊重并合理保护公民个人隐私权和自由表达权。政府监管是以维护公共利益为目标，应主要针对公共网络空间，不应介入私人空间并影响公民隐私权，特别是不应介入个人与个人之间的信息内容传输。因此，政府监管需要以合理区分公共网络空间与私人网络空间为基础。

3. 比例原则

目前各国在网络信息内容监管中都强调数字内容平台的注意义务，要求数字内容平台在治理非法有害内容中承担更大的责任。但是确定数字内容平台的责任应该遵循比例原则，应该综合考虑风险和损害程度、平台企业的技术能力、平台企业规模差异、平台是否存在过失责任等因素来合理配置，防止平台责任配置过轻和平台责任配置过重两种情况，实现比例相称的平台责任配置。

4. 透明原则

无论是政府行政监管还是数字内容平台的自我治理，都要遵循透明原则。政府需要通过立法明确非法有害内容的类型和认定标准，明确处罚的依据和标准，公开审查结果，定期发布监管报告。数字内容平台的自我治理要明确公示允许上传的内容和不允许上传的内容，公示非法有害内容的认定标准和处理程序，定期向监管机构提交报告并向社会公开。

5. 问责性原则

网络信息内容监管应确保可问责性。对于数字内容平台是否充分履行必要的注意义务，需要有有效的外部问责机制。对于政府监管机构的行政执法，要有相应的行政救济和司法救济制度。

（二）网络信息内容监管制度框架

网络信息内容监管主要由 6 部分组成：完备的法律、职权配置科学的监管机构、治理有效的平台责任体系、坚实的治理技术保障、积极有为的多元主体治理、守法文明的内容生产者（见图 10.4）。

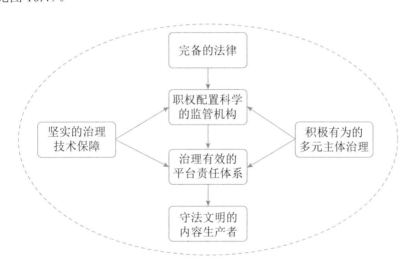

图 10.4 网络信息内容监管制度框架

（1）完备的法律。依法监管首先需要具有完备的法律，对监管使用的对象、禁止传播的数字内容、平台责任、执法程序和处罚措施等都做出明确的法律规定。

（2）职权配置科学的监管机构。监管机构是监管的主要执行主体，监管机构应定位科学、职权配置合理、执法能力充足、执法手段有力、执法程序公正、部门间有效协同。

（3）治理有效的平台责任体系。数字内容平台是履行非法有害内容治理的直接实施主体，为此需要合理配置数字内容平台的注意义务，明确"通知—行动"义务，并建立有效的透明和问责制度来保证数字内容平台以透明、公正、适度的方式履行应该注意的义务。

（4）坚实的治理技术保障。面对海量的数字信息内容，监管机构对非法有害内容的风险监测、识别过滤和屏蔽删除等成为高负担的工作，以大数据和人工智能技术为核心的网络信息内容治理技术能极大地提高工作效率和工作精度，全面提高监管治理的有效性。为此，要加强技术开发和技术应用，全面提高非法有害内容治理的技术保障能力。

（5）积极有为的多元主体治理。网络信息内容的生产和传播涉及多元主体的利益，需要建立便捷的多元利益相关者参与治理的渠道，建立有效发挥不同利益相关者治理作用的机制，实现多元共治。

（6）守法文明的内容生产者。网络信息内容监管主要是针对大量用户生产的内容，因此需要加强用户的法治宣传教育和文明意识，自觉不从事生产非法有害内容的活动。

二、网络信息内容监管的国际经验

（一）欧盟

欧盟高度重视监管数字非法有害内容，不断制定和完善数字非法有害内容监管的各项法律，在欧盟委员会的倡导下形成了自律监管和共同监管相结合的较为系统的监管体系。2000年颁布的《电子商务指令》是欧盟对数字非法有害内容进行监管的基准制度，适用于任意类型的数字平台和各类非法有害内容。2018年，欧盟修订的《视听媒体服务指令》主要加强视频分享平台的要求，强化了对儿童免受非法有害内容侵害的规定。基于非法有害内容的风险程度，欧盟先后针对性地颁布了《儿童性虐待和剥削指令》《反种族主义框架决定》《反恐怖主义指令》《数字单一市场版权指令》《通信法》，重点对儿童性虐待内容、种族歧视和仇恨言论、恐怖主义内容、侵犯知识产权等危害性高的四类特定非法内容和网络虚假信息在欧盟成员国层面进行更严格的协调规定，采取更强有力的监管姿态治理这五类非法有害内容。

由于数字非法有害内容提供或传播涉及多个利益相关主体，欧盟除了提倡平台自我治理外，也注重与其他公共执法机构、非政府组织、贸易协会和社会团体合作，进行共同治理。在欧盟的倡议下，Facebook、推特、谷歌等数字平台自发成立了打击网络恐怖主义互联网论坛和更好地保护未成年人联盟以更有效地打击恐怖主义内容和保护未成年人利益，监管机构与行业组织、大型数字内容平台达成了《打击网络非法仇恨言论行为守则》《处理网络假冒盗版商品合作协议》《处理网络虚假信息业务守则》等行业行为守则来促进数字内容治理。在应对网络恐怖主义内容风险中，欧盟强调各成员国监管机构应加强与欧洲刑警组织及其他组织的合作，以及时有效地防控网络恐怖主义内容。

在数字非法有害内容监管中，欧盟特别注重根据监管需求和技术发展来建立相匹配的数字内容平台治理责任。《电子商务指令》规定了满足两种情况的数字平台内容提供的责任豁免问题：一是在数字平台不知情的情况下，数字平台对其传输或托管的非法有害内容未加以控制可免于承担责任；二是数字平台在注意到非法有害行为或内容后及时有效地履行了对非法有害内容"通知—删除"义务的也可免责。为应对数字经济快速创新发展中非法有害内容出现的诸多新问题，欧盟在保留《电子商务指令》主要原则的基础上制定《数字服务法》。《数字服务法》主要是规定数字内容平台应该积极采取措施来治理发现的非法有害内容，同时也依据数字平台规模对数字平台责任进行更充分和具体的规定，其中尤为强调大型数字平台的责任承担。一般包括要求平台提交透明度报告、完善用户基本权利的服务条款要求、加强与国家监管机构合作、建立和完善投诉和补救机制、明确针对滥用通知和反通知的措施、风险管理职责、技术创新等。对数字平台履责情况的监督和问责则主要由欧盟委员会负责。

（二）英国

英国在网络信息内容监管中处于全球领先地位，已经初步建立了相对完善的数字内容监管框架。英国早期对数字内容监管的法律依据是 2003 年颁布的《通信法》。为适应网络信息内容监管的需要，英国制定了相应的专门法律，并采用发布指南等形式对数字内容的监管问题进行指导。英国早期数字内容监管的重点是关注网上淫秽色情内容、损害个人名誉权内容或行为、恐怖主义等非法有害内容，分别适用于《淫秽出版法》《诽谤法》及《恐怖主义法》等专门法律，儿童网络安全作为英国关注焦点则适用于专门的《儿童保护法》。

随着数字内容的发展和数字非法有害内容新形式的涌现，政府监管的原有法律不适应日益突显的问题，为此英国政府开始制定与数字经济发展相适应的网络非法有害内容监管法律。2021 年 5 月，英国议会发布了《在线安全法（草案）》以征求公众意见并进行立法讨论，该法案的主要目的是在保证公民言论自由的情况下建立安全的网络内容空间，重点强调了对恐怖主义、儿童性虐待和剥削、色情网站、虚假信息和新闻等内容的监管。法案对传播用户生产内容平台和搜索平台提出了新的责任义务要求和行为规则，即数字内容平台有责任屏蔽和删除非法有害内容，以保护用户免受其他用户生产的非法有害内容所伤害。法案使用的数字内容平台主要是社交媒体、搜索引擎、在线论坛、通信 App、在线游戏、云存储、色情网站等[①]

英国数字非法有害内容监管模式是政府主导下的统一监管。2020 年，英国政府正式授权英国通信管理局（Ofcom）为数字非法有害内容监管部门，赋予其新的职责对数字平台进行规制。英国通信管理局的主要职责有：为数字平台编写发布修正和审查业务守则、登记备案数字平台服务类别、对非法有害内容进行风险评估并颁布风险评估指南、对数字内容平台履责情况进行评估监督、颁布有关其运行情况的透明度报告、对受监管用户的服务体验进行调查、提高全民媒体素养以及促进网络空间安全的技术开发与应用等。为了保证监管有效，英国政府赋予监管机构充分的处罚权，对未有效履行其注意义务的平台，英国通信管理局可以采取行政处罚措施，包括中止平台相关业务、处以行政罚款[②]，以及对应承担直接责任的公司高管进行处罚，涉嫌犯罪的管理者则交由司法部门依法追究其刑事责任。但同时法律也指出，监管机构的执法行动不能侵害公民的隐私和言论自由等基本权

---

① 《在线安全法（草案）》规制的内容主要是两类：用户生产的内容和采用软件、自动化工具等机器生产的内容，但不包括电子邮件和邮政、用户评论、面对面即时通信、付费广告、正式的新闻发布。

② 根据《在线安全法（草案）》，违法企业会被处以 1800 万英镑或上一年度全球市场营业额 10% 罚款。

利，需要依法行政。

数字内容平台是数字非法有害内容生产或传播的媒介，强化数字内容平台的治理责任是英国非法有害内容监管体制的核心。根据《网络有害内容白皮书》和《网络安全法（草案）》，英国在"避风港"原则基础上进一步对数字平台应当履行的法定注意义务做出了明确规定，以促进数字内容平台更积极地发挥主动治理非法有害内容的角色。具体而言，数字平台应该履行的法定注意义务包括：完善平台服务条款，如对非法内容、儿童有害内容和成人有害内容分别进行风险评估并明确安全责任；注重保护用户言论自由和隐私安全；建立便捷、完善和可信的用户投诉和损害补救机制；提交透明度报告；创新技术手段。《在线安全法（草案）》主要对数字内容平台提出了多项具体的责任义务要求：进行非法有害内容风险评估、确保儿童不接入非法有害内容、最小化虚假广告、保护用户隐私、实施报告制度和采取整改措施、保留有关记录、制定明确透明的内容上传规则等。

在政府主导的监管体制下，英国也注重发挥多元主体协同共治的作用，建立了行业自律机制和公私合作监管治理机制。互联网服务提供商协会等大型行业组织通过制定行业守则对网络信息内容进行自我规制以促进行业健康发展。政府也与相关行业协会合作成立互联网观察基金、儿童网络安全委员会等合作监管机构，采取过滤、通知—删除、网络安全宣传、教育等多种举措对数字内容进行治理。

（三）澳大利亚

澳大利亚在数字非法有害内容规制中，政府监管和自律监管并行。澳大利亚政府注重完善立法，《广播服务法》《加强网络安全法》是其监管数字非法有害内容的基本法律。《分类（出版物、电影和电脑游戏）法案》对数字平台完全禁止传播的内容和潜在禁止传播的内容进行了详细规定。此外，还颁布了《版权法》《刑法修正法（分享可憎暴力内容）》《加强网络安全法》，分别对数字版权、暴力内容和儿童安全进行了专门规定。随着数字平台类型的多元化和数字内容的多样化。目前，为了更好地应对各类数字平台的非法有害内容监管风险，澳大利亚正在制定《新网络安全法》，该法案主要提出 5 项计划以处理不同类型的非法有害内容，具体包括网络欺凌计划（cyber-bullying scheme）、成人网络虐待计划（adult cyber-abuse scheme）、图像虐待计划（image-based abuse Scheme）、网络内容计划（online content scheme）、令人憎恨的暴力材料屏蔽计划（abhorrent violent material blocking scheme）5 项计划分别对儿童有害内容、成人网络欺凌内容、暴露隐私内容、暴力材料等数字内容进行专项整治。

澳大利亚数字非法有害内容的监管机构是电子安全专员办公室，其监管目标从单纯保护儿童网络安全转为促进和加强所有用户的网络安全，监管职责包括管理针对澳大利亚儿童的网络欺凌材料投诉系统、发布与网络安全有关的透明度报告、对数字平台发出删除通知、监督数字平台的履责情况、协调联邦各部门的行动等。与此同时，澳大利亚也重视发挥行业协会的作用并以法律的形式进行肯定，《广播服务法》规定了受电子安全专员办公室认可的互联网服务提供商和协会可以制定行业行为规则和行业标准，由电子安全专员对不遵守行业守则的情况进行正式警告或采取强制执行措施。2021 年通过的《在线安全法》

也明确规定行业组织可以依法制定行业行为规则和行业标准，政府监管机构则适当介入行业私人监管，确保行业治理规则的实施。目前，澳大利亚通信联盟可以依法制定数字内容的行业规范，并督促行业企业遵守有关的行业规范，以促进数字内容产业发展。

澳大利亚对非法有害内容监管也重视合理配置数字内容平台的治理责任。1968年，《版权法》的颁布确定了履行"通知—行动"义务的数字内容平台可以获得"避风港"原则的保护。其后，澳大利亚的法律对各种数字内容都做出了不同的"通知—删除"规定，如在《刑法修正法（分享可憎暴力内容）》中明确要求数字内容平台在48小时内删除暴力材料。在2021年通过的《在线安全法》中，对数字平台的履责要求进一步提高，重点强化了平台的"通知—行动"义务，要求数字平台在收到电子安全专员发出的关于网络霸凌、非自愿分享图片、网络暴力等非法有害内容通知后要在24小时内采取删除行动，否则将处以55.5万美元的罚款。其中，该法还对数字平台服务条款、提交透明度报告、设立投诉和争端解决机制进行规定。《在线安全法》明确界定了监管机构的执法权限，当数字平台并未落实监管责任时，通常由电子安全专员行政问责其高管，进行民事处罚等，构成刑事犯罪的则转交给司法机关。国际数字非法有害内容监管比较如表10.3所示。

表10.3 国际网络非法有害内容监管改革比较

	欧 盟	英 国	澳大利亚
监管法律	《电子商务指令》（2000）、《儿童性虐待和剥削指令》（2011）、《反种族主义框架决定》（2014）、《反恐怖主义指令》（2017）、《视听媒体服务指令》（2018）、《通信法》（2018）、《数字单一市场版权指令》（2019）、《数字服务法》（2020）	《淫秽出版法》（1959）、《版权、设计和专利法》（1988）、《数据保护法》（1998）、《恐怖主义法》（2000）、《通信法》（2003）、《儿童保护法》（1978）、《诽谤法》（2013）、《网络安全法（草案）》（2021）、《在线安全法（草案）》（2021）	《版权法》（1968）、《广播服务法》（1992）、《刑法》（1995）、《分类（出版物、电影和电脑游戏）法案》（1995）、《监督权力法案》（2014）、《加强网络安全法》（2015）、《刑法修正法（分享可憎暴力内容）》（2019）、《在线安全法》（2021）
监管重点	恐怖主义、儿童性虐待、种族歧视和仇恨言论、侵犯知识产权、虚假信息，保护儿童和未成年人安全	恐怖主义、暴力、助长自残／自杀、版权侵权、网络霸凌、骚扰、虚假信息和新闻、保护儿童和未成年人安全	儿童性侵、恐怖主义、版权侵权、煽动或教唆犯罪或暴力，网络霸凌、保护儿童和未成年人安全
监管机构	欧盟委员会	英国通信管理局	电子安全专员办公室
平台责任	通知—删除、设立服务条款、创新技术、发布透明度报告、用户投诉机制、风险评估、保护隐私和表达自由	通知—删除、风险评估、内容安全、透明度与报告、用户投诉和补救机制、保留有关记录、保护隐私和表达自由	通知—删除、设立服务条款、发布透明度报告、用户投诉机制、保护隐私和表达自由
监管手段	法律手段、技术手段、网络安全教育	法律手段、备案登记和审查、技术手段、风险评估、数字技能与安全教育	法律手段、行政手段、技术手段、年龄限制、数字技能与安全教育
法律责任	行政责任、民事责任和刑事责任	行政责任、民事责任和刑事责任	行政责任、民事责任和刑事责任

资料来源：作者根据有关国家的法律整理。

三、网络信息内容监管原则的演变

长期以来，各国对数字内容平台的责任配置基本采取有限责任体制，即确立"避风港"原则。近年来，面对数字内容产业的发展和日益突出的非法有害内容问题，各国逐渐由"避风港"原则转向积极行动者原则。

（一）"避风港"原则

根据"避风港"原则，在平台传输第三方上传的内容时将免于承担责任，除非平台明确意识到非法内容的存在但是没有采取充分的行动对其加以制止，即只要数字平台尽到合理注意义务和采取了"通知—删除"行动，就可以免于承担法律责任。"避风港"原则是建立在将平台看作是网络服务提供者的中介属性定位的基础上，并合理平衡促进数字经济产业发展和版权人创新激励的。美国于1998年通过的《数字千年版权法》（*Digital Millennium Copyright Act*，DMCA），欧盟2000年版的《电子商务指令》，以及中国的《信息网络传播权保护条例》第十三条至第十八条、《侵权责任法》第三十六条和《电子商务法》第四十二条都确立了信息中介有限责任的"避风港"原则和"通知—删除"规则。

"避风港"原则起源于美国的《通信规范法》第二百三十条，该条款指出"交互式计算机服务提供者或用户不得被视为另一信息内容提供者所提供的任何信息的发布者或发言人"。这一规定实际是指出发布他人提供的信息交互式计算机服务提供者可免于承担责任。[1] 美国于1998年通过的《数字千年版权法》第五百一十二条设立了"避风港"原则及"通知—删除"规则。根据该条款，当网络服务提供者在业务活动中出现了对权利人版权的侵权行为时，只要其在收到版权权利人的通知后及时阻止其他用户继续访问或直接删除涉嫌侵权的内容，就可免于承担侵权责任。

欧盟于2000年发布的《电子商务指令》第十二条至第十五条规定了信息服务提供者责任豁免的"避风港"原则，当信息服务提供者的信息传输行为"仅仅是技术性的、自动的和被动的"，信息服务提供者对有关信息既不知情也没对其加以控制时，则可免于承担责任。根据《电子商务指令》，对数字内容平台是否实行责任豁免主要依据两个条件：一是其对非法行为或信息内容是否知情或是否对有关信息实行了控制；二是平台是否履行了"通知—删除"义务，即一旦服务提供商了解或知晓非法行为或内容，其有义务删除或阻止用户访问这些内容。如果平台有能力注意到非法有害内容的存在，但没有及时采取制止或删除措施以确保无法接入非法有害内容，则其应承担相应的责任。

各国对数字内容平台适用"避风港"原则主要是基于以下两点考虑：首先，"避风港"原则是基于当时的平台技术能力做出的符合比例原则的义务要求。由于网络内容众多，平台要事前审查来防止侵权和有害内容的出现往往不具有可行性，同时将责任强加给仅仅提供信息传送服务的平台中介也是不公平的。在此情况下，只要平台履行了"通知—删除"义务就可以免责。其次，平台责任"避风港"原则是基于促进数字经济创新发展和保护清朗网络空间的合理平衡而制定的。在数字内容产业发展初期，对非法有害内容的监测识别技术还不发达，如果要求平台为其用户传输的信息承担责任，则这些数字内容平台的发展将被完全扼杀。"避风港"原

---

[1] 美国目前正在讨论如何修改二百三十条以更好地强化平台的责任。

则为数字内容平台提供了一定的法律保护，在一定程度上促进了数字内容产业的创新发展。

（二）积极行动者原则

近年来，各国对网络信息内容的监管日益强调要强化数字内容平台的积极行动者角色，实现事前过滤义务和事后通知删除义务的结合，平台应采取有效的手段来主动治理非法有害内容，充分发挥平台私人监管的积极性作用。

2020 年 2 月 11 日，美国参议院知识产权委员会召开听证会来审查"避风港"原则实施的有效性及改进问题。2020 年 9 月 23 日，美国司法部提出立法提案要求对《通信规范法》第二百三十条进行修改以强化在线平台的内容审查责任，重点是在坚持平台责任豁免基本原则的同时强化平台的责任。

2020 年 12 月，欧盟公布了《数字服务法（草案）》，扩展了信息服务提供者的概念和类型划分，将在线中介服务提供商分为 4 类：①提供中介服务的网络基础设施供应商，如互联网接入服务、域名注册服务等；②托管服务提供商，如云处理、存储和虚拟主机服务等；③在线平台，如在线市场、应用商店、社交媒体平台；④超大型平台，在传播非法内容和社会危害方面具有特殊风险的超大型在线平台。《数字服务法》重点对数字信息中介提供者的信息内容进行监管，对平台责任、内容控制、数据共享、监管政策等问题做出明确的规定，要求数字平台在对非法有害内容监管中扮演更积极的角色。《数字服务法》对不同类型的中介服务提供者提出了差别化的义务要求（见表 10.4）。《数字服务法》进一步明确"通知—行动"规则，明确区分"积极的"和"消极的"平台中介角色，引入"好心人"条款来鼓励平台主动地监控内容的合法性并善意地加以处理，鼓励平台的私人监管治理。

表 10.4　欧盟《数字服务法》确定的中介服务提供者义务

相 关 义 务	中介服务	托管服务	在线平台	超大型平台
提交透明度报告	√	√	√	√
考虑用户基本权利的服务条款要求	√	√	√	√
根据法律与国家执法机构合作	√	√	√	√
指定联系人与法人代表	√	√	√	√
向用户提供信息的通知、行动和义务	—	√	√	√
投诉和争端解决机制及庭外解决机制	—	—	√	√
与可信赖的举报人合作	—	—	√	√
对滥用举报和反举报采取措施	—	—	√	√
审查第三方供应商资质	—	—	√	√
面向用户的在线广告透明度	—	—	√	√
报告刑事犯罪	—	—	√	√
风险管理义务及设置合规官	—	—	—	√
外部风险审计及公共问责	—	—	—	√
保护用户信息选择权和系统透明度	—	—	—	√
与执法机构、研究人员分享数据	—	—	—	√
建立行为准则	—	—	—	√
危机应对合作	—	—	—	√

注：表中√表示有该项义务要求，—表示无该项义务要求。

资料来源：作者根据欧盟《数字服务法》有关条款整理。

四、强化平台治理责任是监管制度设计的重点

各国都鼓励网络信息服务提供商采取有效、恰当和相称的措施来治理非法有害的网络信息内容。欧盟于 2018 年发布的《关于有效处理非法有害内容的建议》，对数字内容平台治理非法有害内容提出了非约束性的建议，以促进平台主动地屏蔽、删除非法有害内容，防止其大范围传播和重现。具体来说：一是建立更为明确的"通知—行动"程序。在线平台应制定简单、透明的非法内容告知规则，包括"可信的举报者"的快速通道程序，内容提供者应被告知此类决定，并有机会对其提出质疑，以避免无意中删除合法内容。二是采用更有效的工具和更主动的技术手段来治理非法有害内容。数字内容平台应该采取更为有效的技术手段来主动识别和删除非法有害内容，特别是儿童性虐待、假冒商品等明显违法的内容。三是采取更强有力的安全保障以保护公民基本权利。数字内容平台应采取有效和适当的保护措施，以确保删除内容的决定是准确且有根据的，以保护公民的基本权利。四是鼓励行业通过实施最佳实践经验和技术方案推广等来促进行业自我规制，并鼓励企业与监管机构的合作，及时报告严重的违法犯罪行为。五是实施小企业治理能力帮扶政策，应通过自愿协议、经验分享、最佳实践推荐、技术性解决方案推广等多种方式来帮助资源和专业知识有限的小型平台实施有效的网络信息内容治理。

英国政府于 2019 年发布的《网络有害内容白皮书》明确指出，政府将建立新的数字内容平台应履行注意义务的框架，以促进其采取更负责任的措施来确保用户安全并消除非法内容带来的损害。政府监管的重点是评估数字内容提供商是否充分履行了法律规定的合理注意义务。《在线安全法（草案）》确定的数字内容平台注意义务包括：非法有害内容风险评估义务、非法有害内容安全义务、非法有害内容报告义务、保护公民表达自由和隐私义务、保留有关记录文件义务等。其中非法有害内容安全义务包括防止用户遇到非法有害内容、最小化非法有害内容呈现时间、及时删除非法有害内容、限制非法有害内容的推广、保护儿童安全、赋能用户等具体的义务。

总体来说，欧盟、英国、澳大利亚等日益强化平台主体责任并不是转嫁政府的监管责任，也不是对企业实行传统的命令—控制型监管。欧盟、英国、澳大利亚等对数字内容提供商提出的要求基本都是基于自愿同意的框架，赋予数字内容提供商较大的自主决定权，由其来决定如何采取相应的措施以确保合规经营。

第四节　网络信息内容监管实践

一、网络信息内容监管法律政策

针对数字平台非法有害内容泛滥现象，中国近年密集出台了一系列法律法规以加强对数字信息内容的规范，解决互联网非法有害内容问题，营造清朗的网络空间。目前中国网络信息内容监管涉及多部法律法规、部门规章和规范性文件（见表 10.5），虽然政府对网络信息内容的诸多方面都作出了相应的法律规定，但也存在立法分散和法规层级不高的问题。

表 10.5　网络信息内容监管的相关法规文件

类型	名　称	发布部门	主要内容
法律	《关于维护互联网安全的决定》	全国人大常委会	初步对禁止的网络信息内容生产传播作出规定
	《网络安全法》	全国人大常委会	对禁止生产和传播的网络信息内容作出了总体规定
行政法规	《信息网络传播权保护条例》	国务院	专门对数字版权侵权现象进行规制，规定了数字平台在数字版权侵权发生时的责任豁免情况
	《互联网信息服务管理办法》	国务院	明确禁止危害国家安全、破坏民族团结、社会稳定、侵犯他人等信息内容的生产、复制与传播
	《互联网视听节目服务管理规定》	原国家广电总局、原信息产业部	规定从事互联网视听服务应该遵循的规范、禁止传播的节目内容及违法违规的惩处措施
	《互联网文化管理暂行规定》	文化部	规定设立经营性互联网文化单位应当具备的条件，明确内容审查制度和禁止传播的文化产品内容
	《网络出版服务管理规定》	原国家广电总局、工信部	明确网络出版服务的监管细则、网络出版单位应遵循的相关标准、相关罚则
部门规章	《互联网信息内容管理行政执法程序规定》	国家网信办	规定了完整的行政执法法定程序，明确了行政处罚的管辖原则
	《互联网新闻信息服务管理规定》	国家网信办	对提供互联网新闻信息服务的许可条件、行业规范、监督管理制度、法律责任进行了规定
	《网络信息内容生态治理规定》	国家网信办	对网络信息内容生产者、禁止生产的信息内容、网络信息内容服务平台责任、信息内容服务使用者行为规则、行业自律等作出比较全面的规定
	《互联网信息服务算法推荐管理规定》	国家网信办、工信部、公安部、国家市场监管总局	规定算法服务提供者不得设置提供违法有害信息的算法模型，建立健全用于识别违法和不良信息的特征库等
	《互联网信息搜索服务管理规定》	国家网信办	规定互联网信息搜索服务主体责任（包括信息内容审核、用户信息安全、投诉举报机制）及行业自律等
规范性文件	《移动互联网应用程序信息服务管理规定》	国家网信办	要求应用程序服务提供者履行用户实名、健全用户信息保护，审核信息内容等义务
	《互联网直播服务管理规定》	国家网信办	强化管理网络直播服务，对网络直播服务提供者的主体责任、不得传播的内容、监督管理机制、行业自律规范进行了规定
	《互联网论坛社区管理规定》	国家网信办	规范互联网论坛社区服务，规定互联网论坛社区管理服务的主体责任、运营规范和行业自律制度

续表

类型	名称	发布部门	主要内容
规范性文件	《互联网跟帖评论服务管理规定》	国家网信办	规范互联网跟帖评论服务，跟帖评论服务提供者具有主体责任，应采取用户实名、用户分级管理、实时审核内容、开发内容管理技术等措施
	《互联网群组信息服务管理规定》	国家网信办	规范互联网群组信息服务，要求互联网群组信息服务提供者加强自律监管机制，切实承担主体责任
	《微博客信息服务管理规定》	国家网信办	明确规定微博客信息服务提供者的资质要求、信息内容审核责任及信息服务使用者的行为规范
	《网络音视频信息服务管理规定》	国家网信办、文化和旅游部、国家广播电视总局	对数字媒体平台的准入资质和主体责任、音视频服务使用者、行业自律监管、政府相关部门的监督管理制度进行了规定

资料来源：作者根据有关法规整理。

二、网络信息内容监管机构

中国数字非法有害内容的监管主要由国家网信办牵头、统筹协调国家广播电视总局、国家新闻出版署、文化和旅游部、工信部、公安部多个部门共同展开，是典型的"1+X"监管机构体制。这些主要监管部门的监管职责如表10.6所示。在"1+X"监管机构体制中，6个监管主体的主要职能职责有所区别，但也存在职责交叉、权责重叠问题。一方面，"1+X"体制提高了有关数字非法有害内容专项治理行动的效率。专项治理行动在数字非法有害内容治理中起到了非常重要的作用，多由国家网信办、全国"扫黄打非"工作小组办公室牵头上述多部门协同开展，有利于充分发挥各部门在相关治理领域的优势。例如，国家广播电视总局对数字平台音视频服务的监管、国家新闻出版署针对数字版权方面的治理经验、公安部对网络违法犯罪行动的有效打击等网络环境专项整治行动在数字非法有害内容治理上成效显著。另一方面，现有监管机构体制仍然存在职责交叉、权责重叠问题，增加了监管协调的难度和行政协调成本，且容易发生互相推卸责任的情况。例如，当前在数字非法有害内容监管中，行政执法查处行政违法行为和公安机关查处犯罪行为的边界不清晰，对有害内容的监管应尽量不要动用公安机关的力量，主要靠平台规制和行政监管，只有在涉及违法犯罪的情况下，公安机关才能介入。

表 10.6　中国网络信息内容监管机构

监管机构	监管职责
国家网信办	主要负责统筹协调全国互联网信息内容管理和内容生态治理工作，对有关数字平台或涉事组织展开行政约谈，与多部门开展联合执法等专项监督检查活动等
国家广播电视总局	负责对互联网视听节目服务实施监督管理，向社会公众提供音视频服务的各类数字内容平台都受到该部门的监管
国家新闻出版署	主要对网络新闻行业和网络出版服务行业进行监督管理，提供数字新闻和数字作品出版服务的平台都受其监管

监管机构	监管职责
文化和旅游部	负责互联网文化的发展和监督管理，保障提供清朗的网络文化，数字内容平台是传播文化的重要载体
工信部	主要的互联网行业主管部门，依据电信行业管理职责对互联网内容实施相应的监督，对互联网接入提供商的资质进行审核等
公安部	严厉打击数字内容平台上的违法违规内容或犯罪行为，建立网警常态化公开巡查执法机制

资料来源：作者整理。

三、数字内容平台的主体责任

中国多部法律法规对数字内容平台进行内容审核管理责任作出了规定，特别是《网络信息内容生态治理规定》明确规定数字内容平台应当履行信息内容管理主体责任，建立网络信息内容生态治理机制。根据相关法律法规，数字内容平台应该承担的主体责任有：①建立健全用户注册制度并对用户的信息安全进行管理保护；②主动公布服务管理规则和平台公约；③建立健全信息内容审核管理机制，对传播的内容进行日常审核监管，过滤、删除非法有害内容；④建立健全公众投诉、举报制度；⑤编制、公开网络信息内容生态治理工作年度报告对生态治理工作进行汇报。尽管当前政府规定了数字内容平台必须承担五类主体责任，但与国际社会对数字平台严格的履责要求相比，中国对数字内容平台的责任要求还不够全面，平台对不同类别的数字非法有害内容的风险评估职责、对消费者造成伤害后的补救机制等方面都还需完善，中国仍需在现有规定的基础上对数字内容平台提出更合理和更明确的要求，增强数字内容平台在非法有害内容监管中的私人监管作用。

四、网络信息内容的法律责任

对非法有害内容的法律责任，中国规定了多种处罚措施。2021年，国家网信办发布的《互联网信息服务管理办法（修订草案征求意见稿）》第四十四条至第四十六条规定，数字内容平台被发现供给或传播非法有害内容，并未及时对非法有害内容采取删除、消除措施的，相关行政管理部门首先会给予警告，责令涉事数字内容平台限期改正，并没收其违法所得；其次对于数字内容平台拒不改正或情节严重的情况，将重点对数字内容平台及相关负责人进行罚款，并责令该平台暂停相关业务、停业整顿、关闭网站，由原发证机关吊销相关业务许可证或吊销营业执照。

从罚款额来说，《互联网信息服务管理办法（修订草案征求意见稿）》第三十七条规定，对违法企业处10万元以上100万元以下罚款。与欧盟的《数字服务法》、英国的《在线安全法》和澳大利亚《在线安全法》规定的罚款额度相比，中国对数字内容平台的罚款力度尚有待提高，现有的罚款数额还无法对非法有害内容的传播形成有效的震慑（见表10.7）。欧盟在《数字服务法》中明确指出，在确定数字内容平台的罚款金额时，应考虑数字非法有害内容所造成的侵权行为的性质。例如，根据危害严重性、持续时间及再次传播的可能性等因素来作出罚款金额决定。

表 10.7　非法有害内容违法行为罚款额度的国际比较

	中国	欧盟	英国	澳大利亚
非法有害内容罚款标准	10 万 ~100 万元	全球市场年营业额 6%	1800 万英镑或全球市场年营业额 10%	一般为 500 个处罚单位

资料来源：作者根据有关国家相关法律法规整理。

注：在大多数情况下，澳大利亚对非法有害内容的罚款为 55.5 万美元。

（一）中国网络信息内容监管治理成效

为了更好地应对强化网络非法有害内容监管的迫切需求，近年来国家一直在不断加强网络信息内容监管执法力度，并取得了一定的成效。根据国家网信办违法和不良信息中心数据，在网络违法和不良信息举报渠道日益畅通的情况下，2021 年 12 月，全国各级网络举报部门受理举报案件为 1260.3 万件，环比下降 8.4%、同比下降 4.7%，从侧面反映了当前中国网民浏览到的非法有害内容数量呈现出减少趋势。[①] 在开展网络信息内容监管的过程中，行政约谈和开展专项治理行动是两种常见的手段。一方面，当数字平台存在生产、传播非法有害内容问题时，相关部门将对数字平台有关主要负责人进行行政立案、约谈、责令其进行整改。例如，2020 年 12 月，上海市相关部门针对哔哩哔哩平台存在的某些内容涉及色情低俗等突出问题，先后对哔哩哔哩进行行政立案并处罚 6 次，约谈 10 余次，直至其整改到位。另一方面，各项专项治理行动在数字非法有害内容治理中亦起到了非常重要的作用，且大多数网民对目前专项治理行动的成效表示满意。专项治理行动多由国家网信办、全国"扫黄打非"工作小组办公室牵头有关部门进行多部门协同开展，充分发挥了各部门在相关治理领域的优势。2020 年，中国除展开"净网行动""护苗行动"和"秋风行动"外，为了进一步净化网络环境，还深入开展了"扫黄打非·新风"集中行动、未成年人网络环境专项治理行动等一系列行动。其中，仅在"净网 2020"上半年的专项行动中，就查处了网络"扫黄打非"案件 1800 余起，取缔非法不良网站 1.2 万余个，处置淫秽色情等有害信息 840 余万条。[②]

（二）中国网络信息内容监管政策优化路径

当前中国网络信息内容监管治理虽取得一定成效，但数字平台生产和传播非法有害内容的现象依然存在，大量违法有害信息也仍存于网络空间中，非法有害内容问题尚未完全根治。因此，网络信息内容监管治理仍需进一步完善，具体内容如下。

（1）完善网络违法有害信息内容治理的法律法规。面对日益突出的网络信息内容监管需求和现有立法层级不高、系统性不强的问题，国家应出台专门针对数字非法有害内容的网络信息内容法，以立法的形式对非法有害内容进行明确界定，按危害程度不同对其进行分级，以对危害级别不同的非法有害内容采取不同的监管强度，与此同时保证数字非法有

---

① 国家网信办（国家互联网信息办公室）违法和不良信息举报中心，https://www.12377.cn/tzgg/2022/14500bc7_web.html。

② 国家网信办，http://www.cac.gov.cn/2020-07/10/c_1595921841687845.htm。

害内容法律法规与其他相关领域的法律规定相协调。

（2）建立责任配置合理和治理有效的平台治理体制。非法有害内容监管应充分发挥数字平台在非法有害内容监管中的自我治理作用。为此，应基于数字平台本身的规模大小及监管能力，对不同规模的数字内容平台提出不同的监管要求，要求大型数字内容平台承担风险评估、履行"通知—行动"义务、最小化非法有害内容呈现时间、防止儿童接入非法有害内容、建立投诉处理机制、保留有关记录、赋能用户以增强用户对信息内容的控制力、保护公民合法的表达自由、履行透明度和报告等义务。

（3）构建多元主体共治的治理体系。数字非法有害内容治理是多元主体合作的协同共治，政府、数字平台、用户、行业协会、专业机构、研究人员及相关专家都应该参与进来，共同寻求有效的长期解决方案。

（4）形成以风险管理为基础的非法有害内容监管实施体制。风险管理是数字非法有害内容监管实施的主要手段。一方面，政府监管机构需要加强对非法有害内容的监测，有效评估非法有害内容的风险；另一方面，各类数字平台要建立有效的非法有害内容风险评估制度，并根据风险评估结果而采取针对性的防控措施来缓解风险。

讨论案例：国家网信办对网络直播、短视频领域的监管

为了营造健康安全干净的网络环境，国家网信办于 2021 年开展了"饭圈"乱象整治、用户账号运营乱象整治等 15 项"清朗"系列专项行动。2022 年进一步部署了"清朗"系列专项行动，具体为"清朗·整治网络直播、短视频领域乱象"专项行动、"清朗·整治 MCN 机构信息内容乱象"专项行动、"清朗·打击网络谣言"专项行动、"清朗·2022 年暑期未成年人网络环境整治"专项行动、"清朗·规范网络传播秩序"专项行动、"清朗·整治应用程序信息服务乱象"专项行动等 10 项行动安排。

以打击网络直播、短视频领域乱象为重点，2022 年 4 月起，国家网信办、国家税务总局、国家市场监督管理总局开展了为期两个月的"清朗·整治网络直播、短视频领域乱象"专项行动，聚焦网络直播、短视频行业乱象，集中整治"色、丑、怪、假、俗、赌"等违法违规内容。国家网信办会同市场监管总局等相关部门对国内 31 家主要网络直播平台的内容生态进行了全面巡查，审查发现 31 家主要网络直播平台均普遍存在内容生态不良现象。例如：虎牙直播、斗鱼直播、哔哩哔哩等 10 家网络直播平台存在传播低俗庸俗内容等问题；还有部分直播平台企业追逐利益，借助免费网课推广网游，利用色情低俗内容诱导用户点击浏览并充值打赏，利用抽奖、竞猜、返利等方式涉嫌组织网络赌博。对此，国家网信办采取了如下措施：①对存在传播色情引流、低俗庸俗、暴力谩骂、诱导打赏等有害不良信息问题的快手、哔哩哔哩、虎牙等平台进行约谈，并根据违规情节对这些平台分别采取了限期整改、责令关闭账号、罚款等处置处罚；②对传播淫秽色情、赌博等违法信息的葡

萄美女直播、雪月直播、萌果直播等直播、短视频平台下架关停，并将其经营主体纳入应用程序开发者黑名单。

此外，在"清朗·整治网络直播、短视频领域乱象"专项行动期间，网络直播、短视频平台也积极开展自查自纠，主动处置处罚违规行为。①抖音、陌陌等取消连麦比赛（PK）惩罚环节以解决连麦比赛出现的低俗恶俗惩罚屡禁不止问题；②腾讯、斗鱼等取消跨直播间充值打赏广播功能，减少对普通用户非理性消费的刺激；③为进一步加强未成年人网络保护，百度、网易等通过建立便捷通道、简化申请材料、缩短退款时间等方式，积极解决未成年人使用成年人账号打赏问题；④淘宝、京东等加强账号和内容管理，从严处置处罚虚假宣传、恶意营销等违规行为。

讨论问题：

1. 直播、短视频行业不良信息和非法信息屡禁不止，这种现象能否仅归咎于平台企业？平台企业又应当如何作为？

2. 目前对直播、短视频行业内容监管还存在哪些问题？如何建立长期有效的监管体制？

■ 本章总结

数字内容平台是网络信息内容"守门人"，其有激励通过操纵数字内容供给来实现商业利益最大化；同时，数字内容平台独特的供给和需求机制会导致非法有害内容出现泛滥。非法有害内容的传播也给社会造成诸多负外部性损害。

网络信息内容监管应坚持法治原则、保护公民权利原则、比例原则、透明原则、问责性原则。网络信息内容制度监管主要由6部分组成：完备的法律、职权配置科学的监管机构、治理有效的平台责任体系、坚实的治理技术保障、积极有为的多元主体治理、守法文明的内容生产者。确定数字内容平台的主体责任是网络信息内容监管的重点，目前各国逐渐由"避风港"原则转向积极行动者原则，要求平台承担更大的治理责任。

■ 关键词

网络非法有害内容　违法信息　不良信息　数字内容平台　非法有害内容负外部性　"避风港"原则　积极行动者原则

■ 复习思考题

1. 网络非法有害内容的产生机制及其负外部性是什么？
2. 网络非法有害内容的监管制度框架包括哪几部分？
3. 网络非法有害内容监管中如何配置平台责任？
4. 中国网络非法有害内容监管体制的特点和优势是什么？

第十一章
数字知识产权保护

第一节　数字知识产权保护需求

一、数字经济知识产权

知识产权（intellectual property），原意为"知识（财产）所有权"或"智慧（财产）所有权"，也称为智力成果权，指人们就其智力劳动成果所依法享有的专有权利，通常是国家赋予创造者对其智力成果在一定时期内享有的专有权或独占权。它是公民、法人或其他组织对其智力劳动成果依法享有的占有、使用、处分和收益的专有权利。知识产权在本质上是一种财产权，它受国家法律保护，任何人不得侵犯。知识产权主要包括专利权、商标权、版权（著作权）、原产地名称（地理标志）、植物新品种、商业秘密等。

根据《中华人民共和国专利法》（简称《专利法》）规定，专利包括发明、实用新型、外观设计。授予专利权的发明和实用新型应当满足新颖性、创造性和实用性条件。专利权利人拥有独占权、许可权、转让权。

根据《中华人民共和国商标法》（简称《商标法》）规定，受法律保护的商标包括商品商标、服务商标和集体商标、证明商标，商标注册人享有商标专用权。

根据《中华人民共和国著作权法》（简称《著作权法》）规定，版权是保护文学、艺术和科学作品作者的著作权以及与著作权有关的权益。《著作权法》所称的作品，指文学、艺术和科学领域内具有独创性并能以一定形式表现的智力成果，包括文字作品，口述作品，音乐、戏剧、曲艺、舞蹈、杂技艺术作品，美术、建筑作品，摄影作品，视听作品，工程设计图、产品设计图、地图、示意图等图形作品和模型作品，计算机软件等。

中国目前尚未出台专门的《商业秘密法》，商业秘密保护主要是依据《反不正当竞争法》。

数字经济知识产权保护的突出问题在于数字版权保护和数据知识产权保护上。因此，本章重点分析数字版权保护和数据知识产权保护。

二、知识产权保护促进创新的理论基础

（一）创新中的市场失灵

创新是一项高投入和高风险的活动，研发创新活动具有较高的不确定性，需要以可控的预期收益为保障。企业进行创新的根本目的是获得高的利润回报，如果高投入、高风险的研发活动没有可靠的创新收益保障，单个企业不能对成功创新后的创新成果及其收益拥有控制能力，则创新活动将成为预期收益非常低的投入，企业不会有激励进行投资，即创新激励不足。由于创新需要较高的成本支出，在完全竞争市场中，价格等于边际成本的定价会使创新者无法收回创新的成本，从而降低了企业进行创新的激励。

创新具有外溢性，这导致创新者无法占有全部的创新收益。阿罗（Arrow）、诺德豪斯（Nordhaus）、罗默（Romer）等经济学家的研究指出，创新的本质是知识的生产，创新产出的知识具有内在的非竞争性属性，即使知识是通过新产品或新技术来体现的，但是

竞争企业依然可以获取创新者所产出的知识。由于创新产出的知识往往具有较强的创新外溢性和弱排他性，一个企业的研发成果会在一定程度上有利于竞争对手，这会导致创新活动中的搭便车行为，从而导致创新企业创新激励不足。一些竞争企业甚至会大量实施盗版侵权行为，在未经创新成果所有人同意的情况下就大规模商业化应用创新成果，导致创新成果所有人无法通过对创新成果的商业化来获取利润，从而丧失创新激励，而大量的企业出于搭便车的机会主义动机，也缺乏进行创新的激励。

在市场失灵的情况下，就需要政府的介入，政府通过有效的制度设计来维护创新者从事创新的激励，鼓励其生产具有重大社会价值的知识，从而促进社会整体福利的提高。

（二）知识产权制度的创新促进效应

知识产权制度是克服创新市场失灵和维护企业创新激励的重要政策工具，它通过授予创新者在一定时期内对创新产出成果的排他性占有权来维护其创新激励。

知识产权消除创新外溢，从而为创新主体提供有效的激励。而创新还具有正外部性，这导致创新者的投资激励不足。知识产权保护确保了企业创新成果的排他性，增强了创新者的垄断力量，使得创新成果的预期利润流产生更大的贴现价值，并为创新者提供更多获取利润的机会，进而产生直接的创新激励效应。

知识产权消除盗版侵权行为，从而有利于创新。知识产权制度的主要目的是保护权利人的权利，防止他人未经授权而擅自使用权利人的创新成果（即侵权），这会阻止竞争者对权利人的创新成果进行模仿，有效防止对知识产权的肆意模仿和滥用，维护了权利人的创新收益。同时，知识产权保护制度提高了侵权者的模仿成本，这在一定程度上会促使其他企业也要进行创新，通过创新来参与市场竞争和获取利润。

知识产权制度会促进技术扩散。在知识产权赋予权利人对创新成果的独占权的情况下，权利人获得创新收益的一个重要方式是许可授权。权利人通过将创新成果授权给更多人使用并收取专利费或版权费来获取商业利益，这会促进创新成果的应用。知识产权赋予权利人对创新成果的独占权并不是一种绝对的权利，而是一种相对的权利，是在平衡鼓励创新和防止社会福利损失二者中进行权衡的制度选择。知识产权保护制度在保护权利人对创新成果独占权的同时，也是权利人创新成果向社会适度公开的过程，即以保护换取创新内容的适度公开，公开是以保护为条件的。而且各国知识产权法都对知识产权规定了严格的授权条件和明确的权利期限，在知识产权保护到期后，创新成果需要向社会公开，从而促进知识共享和全社会的创新。

三、数字知识产权保护的需求

近年来，越来越多的经济学研究发现，在数字经济时代，企业无形资产的比重日益提高，特别是数据库、人工智能软件、版权、商标、商业模式等数字化无形资产成为企业最重要的投入和产出，并对数据价值释放、数据驱动的创新和生产率增长发挥了更为主导的作用。高诺斯（Crouzet）等对美国上市公司在 1975—2021 年无形资产与有形资产的比例进行测算发现，1990 年以来无形资产占比明显上升，2005 年以后更是超过无形资产

（见图 11.1）。由于数据库、人工智能软件等数字化无形资产主要是受知识产权法中的版权保护，因此强化数字版权保护会保证激励企业投资于无形资产的积极性，从而有利于促进创新和数字经济高质量增长。

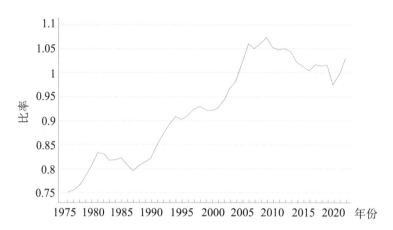

图 11.1　美国上市公司 1975—2021 年无形资产与有形资产的比率

在数字经济中，创新产出更多地体现为数字化的文学、影视、视频、音乐作品以及软件、数据库等。数字版权成为数字经济最为重要的创新产出形式。在中国，数字版权作品成为了数字创新的重要产物，数字版权产业也为经济发展做出了突出的贡献，成为推动数字经济创新发展的重要支柱。数字版权产业是数字经济中重要的产业，是数字经济产业创新能力的重要体现。国家版权局网络版权产业研究基地发布的报告《中国网络版权产业发展报告（2020）》显示，2020 年，中国网络版权产业市场规模首次突破 1 万亿元，达 11 847.3 亿元，同比增长 23.6%。中国网络视听节目服务协会发布的《2021 中国网络视听发展研究报告》推算，2020 年，泛网络视听领域产业的市场规模突破 6000 亿元。艾媒咨询发布的《2020—2021 年中国短视频头部市场竞争状况专题研究报告》显示，2020 年，中国短视频市场规模达 1408.3 亿元。中国音数协游戏工委和伽马数据联合发布的《2021 中国自研游戏 IP 研究报告》显示，2020 年，国内 IP 改编移动游戏市场规模达 1243.2 亿元，同比增长 25.91%。因此，强化数字知识产权保护是促进数字经济产业发展的重要政策。

在数字经济时代，知识产品的传播途径发生很大变化。例如，技术创新和应用周期不断缩短，知识产权保护新客体不断涌现，侵犯知识产权行为越来越隐蔽，给知识产权制度带来新挑战。所以，我国亟需创新和加强知识产权保护，促进数字经济创新发展。

（一）数字经济盗版侵权高发的原因

在数字经济时代，盗版侵权问题更为严重，主要有如下几个原因。

（1）在数字经济时代，盗版侵权的收益更高。数字经济版权作品的传播具有显著的网络效应，受欢迎的版权作品会在较短的时间内迅速地大范围传播，此时的盗版会具有非常高的收益，因此侵权人从事盗版侵权的激励相对较高。同时，由于数字版权作品具有更短的流行生命周期，作品传播的潮流效应会使版权人的收益大幅下降，从而严重阻碍创新。

（2）在数字经济时代，盗版侵权的成本更低。在数字经济中，数字版权作品更多地以数字化的形式呈现，同时互联网和现代信息技术的发展使人们能通过电子手段来搜索和获取大量信息，更容易下载及获取版权作品。同时，在非数字经济时代，有限的复制技术和成熟的版权法使版权所有者能有效控制其作品的销售时间、地点和数量。在数字经济时代，由于数字版权作品具有典型的高创作或研发成本和近乎为零的复制成本，因此数字盗版侵权的成本更低。

（3）在数字经济时代，执法机构发现盗版侵权的成本更高，权利人维权难度更大。在数字经济中，数字版权作品数量众多并且在不断增长，同时由于网络空间的虚拟性，大量的盗版侵权行为是以更为隐蔽的方式来进行，所以知识产权保护机构面临非常严重的信息不对称和执法能力不足的问题，难以及时有效地发现违法行为并做出处罚，同时权利人识别侵权行为人和取证的难度也较高。上述两方面的结合导致侵权人往往难以被及时发现并获得相应的处罚，这也会助长盗版侵权违法行为的发生。

假设盗版侵权人从事盗版侵权的预期净收益为 NU，从事盗版侵权的总收益为 g，违法收益的网络效应为 α，从事盗版侵权的总成本为 c，违法行为被执法机关发现的概率为 ρ，被发现后面临的处罚额度为 f，则我们可以将盗版侵权人的行为激励表述为

$$NU = \alpha g - c - \rho f$$

根据上面的公式，显然违法收益的网络效应 α、较低的盗版侵权成本 c 会提高盗版侵权的激励。在盗版侵权违法行为的处罚成本 f 给定的情况下，被执法机关发现的概率为 ρ 的下降则会提高盗版侵权的激励。在数字经济中，由于上述因素的变化，盗版侵权的预期净收益 NU 明显提高，因此会有更多的盗版侵权行为发生。

（二）数字盗版侵权的严重危害

数字版权的盗版侵权会严重阻碍数字经济的创新发展，具体内容如下。

（1）盗版侵权严重侵害数字版权人的预期，降低了版权创作者的创新激励。数字版权作品是权利人通过付出自己的智力劳动而创作的作品，本应得到正当的收益，这是其重要的创新激励来源。但盗版侵权行为的存在，使大量盗版数字资源未经权利人授权而在互联网免费传播，导致权利人的收益显著减少，严重影响其创作积极性。

（2）大数据时代泛滥的盗版侵权行为不仅威胁数字版权人的合法权益，而且侵害了规范经营的互联网平台方的利益，破坏了数字产业创新发展的生态，严重影响了国家数字产业的创新发展。例如，易观分析测算发现，2020 年，中国网络文学的损失金额为 60.28亿元。[①]

第二节　数字知识产权保护合作监管体制

一、"政府 + 平台"的合作监管模式

传统版权产业的政府单主体治理模式可以起到良好的监管效果，但数字版权产业是

---

① 数据来源：易观分析，《中国网络文学版权保护白皮书 2021》。

基于平台和信息技术发展而来的，政府单主体主导的版权保护和监管具有信息不对称、治理技术不足等问题，导致现在数字版权法律保护体系仍不完备，版权归属难确认，取证技术落后等诸多问题未能解决。因此，政府应创新版权治理模式，弱化政府主导作用，构建"平台＋政府"的双主体保护模式，提高平台的注意义务，建立平台与政府合作的监管体制。

（一）政府单一主体保护体制

数字经济基于平台商业模式颠覆了传统的产业形态，使信息不对称问题加重，极大地挑战了政府主导的监管模式。此外，数字产品种类丰富、集合度高，相关的法律法规不仅数量不足，而且具有不适用性的问题。关于数字版权保护存在着以下 3 个主要问题。

（1）政府监管面对着更大的信息不对称的问题。由于数字版权作品数量的无限增长和隐蔽性传播，作为管制者的政府很难掌握平台所拥有的全部信息，从而导致数字版权监管和保护不具有针对性，效率低下。此外，当社会利益与自身利益相冲突时，网络平台可能会牺牲社会利益，有动机不披露平台内真实的盗版侵权情况，所以政府将很难推断平台的私人行为是否合理，平台的信息垄断也将导致政府监管面临着更大的信息不对称，使政府监管效率低下。

（2）政府监管成本过高，取证手段落后。数字版权作品通过不同平台和主体的交叉传播，使作品具有集合性、创作主体具有非单一性的特征，导致版权归属变得十分困难，侵权主体难以确认，监管手段的实施具有较高成本。同时，数字版权侵权案件的证据往往是电子记录，容易被篡改，在现有的技术水平下较难恢复，如果未能在第一时间完成取证，将可能导致无据可查。此外，面对网络盗版，行政执法人员不仅需要掌握相关的法律知识，还需要运用新兴的技术去实施保护措施。而目前来说，我国政府专业技术人员严重不足，取证成本较高，导致政府监管效果不好，监管成本过高。

（3）司法机关对数字版权的保护具有被动性，保护作用十分有限。司法部门对于数字版权的保护采用"不告不理"的原则，人民法院没有权利私自启动诉讼程序。对于违法行为的惩处，中国采用的是损害赔偿机制，侵权主体所要付出的代价很低，往往会低于违法收益，而创作者若要维护自身权利，程序繁多的维权过程、漫长的诉讼期使得维权之路十分艰辛，通常难以弥补损失，一些创作者往往会因此缺乏维权的积极性，从而主动放弃维护自身权益。因此，版权保护的司法机关并没有发挥出很大的保护作用。

（二）"平台＋政府"合作监管模式

网络平台在数字版权保护方面，具有比较大的优势，比政府监管更容易发现和控制违规风险，其优势主要为以下两点：第一，平台自我监管具有信息和技术优势。网络平台不仅能够拥有大量供应商和用户的信息，还掌握着交易行为、信用、投诉举报等流程数据。平台通过算法对大数据进行分析和解读，有助于平台自身发现问题，并及时制止侵权行为，而政府将难以获取这些信息，无法实施有效监管。同时，平台对于细分领域的技术规制和解决深层次问题的能力较强，而政府不擅长规范平台市场的技术细节和专业问题。第二，平台自我监管成本较低，更具灵活性。由于信息不对称，政府将在收集、传递和反馈信息上付出较大的成本，政策目标也可能有所偏离，但平台可以拥有更为全面、准确的信息，并以此来制定服务协议和交易规则，管制成本会大大下降，平台所制定的规则也将充分体现市场意愿、符合市场运行规律。此外，平台治理手段也更具灵活性，可利用声誉机制、侵权投诉等多种方式治理，有利于提高治理效率。因此，在数字知识产权保护中，数字平台应成为重要的主体。

上面的分析显示，单一的政府监管体制面对数字侵权面临失效的风险，数字平台则成为重要的监管主体，数字平台对平台生态的监管能够有效治理数字侵权行为，但是也存在权利滥用、监管积极性不够、监管不透明等弊端。对于数字版权的保护，政府监管面临信息不对称和监管成本高的问题，而平台凭借信息与技术优势，可以弥补政府监管的不足，提高监管效率，降低监管成本，因此需要充分发挥平台的监管作用。但平台作为商业性组织，当商业利益与自我监管相冲突时，极有可能会为了保障自身利益而降低版权监管力度、牺牲公共利益，因此政府需要对平台行为进行监管。综上所述，将平台私人监管和政府公共监管结合，构建"平台＋政府"双主体版权保护体制，可以实现平台私人监管与政府公共监管的优势互补，提高版权保护效能。政府监管与平台监管的比较如表 11.1 所示。

表 11.1　政府监管与平台监管的比较

监管维度	政府监管	平台监管
监管目的	打击盗版侵权，促进创新发展，维护公共利益	维护平台生态秩序，实现自身利益最大化
监管力度	监管措施具有较强的执行力，监管力度高，但信息不对称会导致监管有效性相对不足	当平台利益与自我监管发生冲突时会存在监管力度不足，但信息和技术优势也使得监管有效性提高
监管手段	事后查处、开展专项治理行动	借助大数据和人工智能技术实现有效监管，并拥有多种监管手段
监管成本	监管能力不足、监管成本较高	利用信息、技术和制度优势，监管成本较低

二、数字平台应承担的知识产权保护责任

（一）平台责任的变化

在网络内容平台发展初期，因技术的不成熟，以人工的方式主动审查用户上传到平台的内容将付出巨大的成本。所以，为了合理平衡保护数字版权和促进平台发展，各国均采用"避风港"原则。"避风港"原则指一旦网络内容平台中出现了版权侵权行为，那么网络平台应当在收到版权人的通知后及时阻止其他用户继续访问或直接下架侵权作品，则可以免于承担侵权责任。"避风港"原则的核心是确立了"通知—删除"规则，它也作为审理版权侵权案例中判断网络内容平台是否应承担法律责任的标准。

随着平台信息技术的发展，政府开始加强网络平台的版权监管责任。由于"通知—删除"规则只要求网络平台在收到权利人侵权通知时，及时采取下架盗版产品、删除链接等必要手段，就可以免除网络侵权的直接责任，因此导致了网络平台对版权的消极监

管，该规则也成为网络平台的"免死金牌"。随着技术的发展，网络平台可以凭借内容识别技术和人工智能算法进行版权审查，版权过滤能力大大提高，而初期的"通知—删除"规则已经不再具有适用性，于是各国政府部门开始加强网络平台的版权治理责任。英国在 2010 年颁布了《数字经济法》，该法案基于"通知—删除"原则对网络平台设立了初始义务，并且明确指出当初始义务不足以制止数字版权盗版时，要求网络平台履行技术义务。欧盟于 2020 年 12 月公布了《数字服务法（草案）》，明确"通知—行动"框架，明确区分"积极的"和"消极的"平台中介角色，明确了不同类型平台应该承担的义务。

网络平台应构建版权过滤机制，承担更大的事前审查义务。"通知—删除"规则的适用条件已发生变化，它难以有效治理平台内的网络盗版，网络平台应加大事前审查的注意义务，构建版权过滤机制，充分利用技术优势来提高版权治理的效率。目前我国网络平台一般不承担事前审查义务，但网络平台已逐渐具备了过滤内容的能力，能够构建版权过滤机制，自动阻止用户上传违法内容。版权过滤机制是基于网络内容识别与过滤技术构建的，网络平台通过与版权人合作或自行收集版权作品，利用技术分析版权作品内容，建立起正版版权作品的数据库。当用户上传内容时，平台会自动分析用户上传的内容是否包含版权作品数据库内的作品内容，从而判断是否允许用户的上传行为。版权过滤机制具有报错率低、审查速度快等优势，是解决网络盗版的有利方式。

（二）数字平台的治理职责

网络平台作为数字版权产品信息传播的聚合地和治理模式中重要的连接点，是政府的合作对象，也是平台生态的监管者。平台治理要积极与政府进行数据、信息的共享，做到协同治理和自我监管同步进行。因此，平台在治理过程中，既是政府监管的重要对象，又是一线监管实施者，其主要承担以下 3 种治理职责。

1. 平台要做好信息处理和侵权内容过滤

鉴于数字平台在治理中具有信息优势，网络平台必须做好对基本信息的处理工作，降低信息风险，主要包括：①对用户信息进行核验。网络平台参与的用户众多，平台应在事前对用户身份信息进行核对，降低政府追查违法行为的成本。②信息记录存储和合理披露。在数字版权时代，交易都是以电子记录的方式留在平台内，平台必须将重要信息完整、准确地存储。对被认定具有违法行为的用户，平台应采取一定的惩罚措施，如拉入黑名单、删除账号等。③利用版权过滤机制主动下架盗版内容。网络平台应利用较为成熟的内容识别和版权过滤技术，构建版权过滤机制，通过收集和分析正版作品，建立作品特征数据库，对用户上传的作品进行自动分析，使包含盗版、违法内容的作品无法通过审核，主动下架盗版内容，从而大幅度减少盗版作品数量，降低版权治理成本。

2. 平台要做好日常数字侵权监测

目前，平台功能已变得更加丰富，平台也从最初的服务者，逐渐演变成为组织者、控制者，其管理性职能也在不断突显。平台利用大数据样本，构建精密算法进行全面的智能监控，加大日常巡查人员数量，加强高风险区域的监测，尽量做到防患于未然，发现违法行为并及时处理，将侵权危害降到最低。例如，腾讯、搜狐等平台也已经投入使用版权过滤技术——"视频基因比对技术"来打击网络数字版权侵权行为。

3. 平台要协助处理数字版权维权与执法

平台要做好侵权通知处理工作，建立侵权投诉系统，并协助政府机关的行政执法和法院司法。平台应及时处理权利人发来的侵权通知，如若属实，平台要及时采取相应措施进行改正。同时，平台应不断完善相关规则，建立更为完善的侵权投诉系统，维护权利人的权益。在协助政府工作方面，平台应按照有关监管部门的要求，提供涉嫌违法主体的所有信息，配合司法机关取证，为政府的治理和取证提供便利。在特殊情况下，平台应向相关部门提供原本应当予以保密的信息。

三、政府应承担的监管责任

对于政府而言，数字版权的出现给政府单主体版权保护体制带来了极大的挑战，传统的版权监管不足以解决基于平台的数字版权产业发展所带来的各种问题，版权治理模式亟待创新。本书认为应弱化政府在治理体制上的绝对独占地位，利用平台在技术、信息和流量上的优势，与大型网络平台进行合作，从直接规制转向间接规制，采用政府管平台、平台管用户的新型治理模式。尽管政府不再是治理绝对独占地位，但在维护秩序、掌控大局、权利救济等方面，政府仍然处于主导地位，对网络平台在版权治理过程加以监督与导控，是对政府的职责所做的新调整。在新的治理模式中，政府主要承担以下3种监管责任。

（1）政府要完善数字版权法律体系。目前中国数字版权保护主要是依据《信息网络传播权保护条例》来开展保护行动的，有关于数字版权保护的法律法规仍以传统业态为主，与网络技术迅猛发展的现实有着较大差距，相关的法律法规数量不足，无法满足数字版权保护的实际需要。同时，数据成为驱动创新发展的重要因素，数据开发利用成为创新的重要内容，而如何建立激励数据要素开发利用的知识产权体制成为知识产权保护的重要任务。因此，政府需要制定出更符合数字版权产业发展和数据驱动创新的法律政策，更好地推动数字经济创新发展。

（2）政府要强化对平台履行注意义务的监管。政府要促进平台自我监管治理制度的完善，要依据比例相称原则来合理配置平台企业自我监管责任，要优化平台企业版权治理结构和"通知—行动"义务规则，要促进平台企业形成系统规范的数字知识产权监管机制。

（3）政府要推动知识产权保护技术发展。政府要大力支持高新技术的开发，政府应资助平台和相关技术部门发展高新技术，利用技术手段来提高数字版权监管治理效率。例如，区块链技术已广泛应用于网络维权与保护，区块链技术具有去中心化、可定权、信息无法改动等优势，已逐步应用于数字版权保护。目前，国家正在推进新基建投资建设，以5G技术、人工智能等为代表的数字经济新基建建设将为版权产业创新带来新的发展和更大的促进作用。

第三节 数字版权保护

一、数字版权

数字版权指在数字经济背景下，数字版权所有者基于数字作品的传播所享有的版权及其相关权。数字版权的定义突出了数字作品版权的性质和特征，即数字版权指作者及其他权利人对其文学、艺术、科学作品在数字化复制、传播方面依法所享有的一系列专有性的精神权利和经济权利的总称。数字版权作品包括电子书、数字游戏、短视频、数字音乐等。

数字版权与传统版权的本质是一致的，都是创作者思想碰撞的表达和智力成果的体现，但数字版权在权利范围、权利特征和权利保护上都具有独特性。从权利范围上看，数字版权相比于传统版权有以下 3 点不同：第一，权利主体具有非单一性。传统的版权作品的权利主体一般为单一的创作者，而数字版权归属却变得复杂，数字作品除创作人自主创作的部分以外，还可能包含其他既有版权作品的内容，版权归属难鉴定，创作主体变得不再单一。第二，权利客体更为丰富。传统的权利客体主要包括文字、音乐、视频等类型，而网络环境下作品的表现形式不断变化，文学、音乐及视频等作品相互结合在一个数字版权作品里，该数字作品可能已不再属于传统版权法所规定的作品类型。此外，只要在数据内容的选择或编排上具有智力性创作，就应当受到保护，说明具有独创性的数据库也是版权保护的对象。第三，权利内容有所扩张。版权内容始终包含着一系列专有性的精神权利和经济权利，数字版权的保护具有一定的继承性，其权利内容除发表权、获得报酬权和发行权等传统版权所包含的权利以外，也因本身的特征而包含信息网络传播权、反解密权等权利内容，权利内容更为丰富。

从权利特性上看，数字版权作品具有集成化和权利主体控制力弱化的特点。第一，网络技术的发展衍生了新的信息组织方式，即超文本结构，各类文学、艺术等作品可以相互结合在一起，作品开始具有集成化特点。短视频与直播、音乐与综艺等各类细分领域都相互交融，出现了更多新模式和新体验。第二，数字作品存在于网络环境之中，其作品传播途径大大增加，版权的排他性降低，创作者逐渐失去对其作品的控制力，权利主体对版权作品的控制力出现弱化。

二、数字版权的经济特征与商业模式

（一）数字版权产品的特征

（1）高固定成本和低边际成本。数字版权产品创作人需要对相关基础知识深度学习，积累创作的实践经验，对这些已有知识和经验的创造性加工处理需要付出大量的智力劳动和时间成本。若创作失败就会产生大量的沉没成本，因此数字版权产品的创作是高固定成本的活动。虽然数字版权产品的前期投入较大，但数字版权产品本身是以信息流的形式存在于网络空间，因此产品本身的复制和传播的成本却几乎为零。因此，数字版权产品的生产具有高固定成本、低边际成本的特征。

（2）非排他性和非竞争性。传统版权产品一般是有形性的，如磁盘、录影带等，因而传统版权产品是具有排他性的，即消费者只能对正版产品付费购买后才能够拥有使用权。但数字版权产品本身是没有实物载体的，并发布于网络之中，使创作者很难阻止购买过产品的消费者利用复制技术对产品进行传播的行为，这会让产品的排他性大大下降，即产品逐渐具有非排他性特征。数字版权的另一个产品特征是非竞争性，即一个人的使用不会减少其他人的消费使用。由于数字版权的边际成本是极低的，即使使用产品的消费者数量增加，成本也不会增加多少，并且产品的使用效果也不会有所变化，因此数字版权产品具有明显的非竞争性特征。

（3）无形性和易传播性。在互联网出现之前，大多数具有独创性的智力成果都必须借助于物理载体进行传播。例如，数字音乐和电子图书就包含了智力成果的非物质性质。而互联网和信息技术的发展消除了物理载体的需要，尽管使用产品需要借助手机、电脑等智能终端，但数字产品本身具有了无形性。此外，产品本身的无形性，以及现成的复制技术让产品在网络中广泛传播开来，打破了产品传播的地域限制，具有易传播性。

（二）数字版权商业模式

数字版权形成了"内容渠道＋销售平台＋终端匹配"的新商业模式。上游的内容来源主要是原创者和内容商所提供的版权作品，包括出版社、唱片公司、游戏制作商、摄影师等个人和版权机构，内容主要涉及文学作品、视频、音乐等。中游主要为网络平台商，依靠自身的流量入口、推广的技术优势，与上游内容提供者合作来进行数字内容资源整合与销售，为用户提供检索入口和交易等服务。下游终端主要为用户的手机、电脑、数字电视等智能设备，平台通过算法分析，将数字产品销售给偏好用户，并收取相应的版权及服务费用，实现数字版权产品的经济价值，而平台方可利用创新分成和付费机制等方式，获取相应收益。在版权产业各个细分领域，都存在着为数字版权产品的发行和销售提供服务的平台。在国内范围里：服务于文学作品的有 QQ 阅读、红袖添香等；服务于新闻的有头条新闻、网易新闻等；服务于数字音乐的有酷狗音乐等；服务于影视作品的有优酷视频、腾讯视频等；服务于软件的有苹果商城、安卓软件等；服务于音频产品的有喜马拉雅 FM 和荔枝 FM 等。

数字版权产业的商业模式与传统版权相比，存在着巨大的差异，主要体现在盈利模式、分发方式、融合度 3 个维度上。

（1）盈利模式更为丰富。传统版权产业的盈利模式较为单一，主要是通过售卖版权产品以获得版权收益，如作者通过售卖图书来获得收益；而数字版权产业与网络平台相结合，采用用户付费与广告二元驱动的盈利模式，并与网络平台有着利益分成，盈利模式变得不同。

（2）分发方式具有去中心化特征。在传统出版时代，传统出版社实际上是没有平台的，传统版权产品的传播主要依托实体店模式，如书店等，其发行方式具有成本高、发行量不高的问题，消费者只能使用到数量有限且内容单一的产品。在数字版权时代，版权作品能够以虚拟形式在相关网络平台进行发行，打破了传统版权发行的地域限制，也降低了发行成本；其主要步骤是网络平台接收整合由版权供应商或个人提供的作品，利用自身的中介性质对数字内容与用户进行匹配，并搭建相应的交易支付方式，用户可利用终端进行付费使用。

（3）作品融合度提高。传统的版权产业各细分板块交集并不多，主要依靠单一板块的版权产品给用户带来价值，各板块产品之间融合度不高。数字版权产品可将各类版权产品相互融合，形成具有更大效用的产品。比如，抖音 App 将短视频和音乐结合，今日头条将新闻与视频结合。但大量机器合成的音乐、视频、新闻等的出现也带来了知识产权保护的新难题。

三、国际组织、美国、欧盟数字版权保护的法律

（一）国际组织

1886 年，英国、法国、德国、意大利、瑞士、比利时、西班牙、利比里亚、海地和突尼斯 10 个国通过了《保护文学和艺术作品的伯尔尼公约》（简称《伯尼尔公约》）。《伯尔尼公约》旨在通过协议建立一个全球统一的版权保护体系。该体系促使美国认同作品一经创作出来就拥有版权并认同作者的道德权益，包括发表权（专属作者的权利）和其作品的完整性（反对破坏其作品行为的权利）。《伯尔尼公约》的产生，标志着国际版权保护体系的初步形成。

为解决互联网环境下产生的新技术为版权带来的新问题，1996 年世界知识产权组织（World Intellectual Property Organization，WIPO）通过了《世界知识产权组织版权条约》（*WIPO Copyright Treaty*，WCT）及《世界知识产权组织表演和录音制品条约》（*WIPO Performances and Phonograms Treaty*，WPPT）。《世界知识产权组织版权条约》和《世界知识产权组织表演和录音制品条约》都要求各国将通过网络传播作品的行为纳入版权人专有权利控制范围；要求缔约国实施充分的法律保护和有效的法律救济办法，制止规避"技术措施"的行为。其中《世界知识产权组织版权公约》属于《伯尔尼公约》中所称的"特别协定"，《世界知识产权组织版权公约》对权利管理信息与合理使用的关系进行了原则性的规定：一是要求成员国通过立法对权利管理信息进行保护并对破坏权利管理信息的行为进行制裁；二是提出所制裁的行为必须是行为人明知或应知其行为会诱使、促成、便利或包庇对该公约为版权人所设定各项权利的侵犯而故意为之。

（二）美国

早在建国初期，美国宪法的起草者们就赋予立法机关以权力，让他们给予作者在一定期限内保护其在艺术和科学领域作品的特权（美国宪法，第 1 章，第 8 节）。美国《版权法》于 1790 年起草并随科技发展而多次进行修改，但是由于《版权法》是在计算机技术发展初期修订的，其并没有考虑计算机技术、数字网络等问题，所以《版权法》仅涉及部分版权作品的电子传输系统。随着互联网的普及和网络设备的便捷化，作品的传播与使用广泛进入到"无形载体"的传播渠道。1995 年，美国信息基础设施知识产权工作组发布

了《知识产权和国家信息基础设施》白皮书，白皮书建议将包括临时复制在内的所有复制方式纳入复制权范围，其充分保护版权人利益的倾向彰显。白皮书初步确认了数字环境下网络信息传输的版权人的专有权，厘清了网络空间可能同时出现的传播和复制问题，但其关注点较窄，仅对版权人复制权范围作出规定。

为了进一步应对数字经济发展对版权保护制度的新要求，美国于 1998 年出台的《数字千年版权法案》（*Digital Millennium Copyright Act*，DMCA）在两个方面作出了回应：一是法案明确了商业软件中规避反盗版措施的刑事责任。《数字千年版权法案》明确了在全球范围内存取、复制并传播他人所有的版权作品的侵权行为会面临刑事处罚。二是法案限制了不对信息进行筛选就进行传播的网络服务提供商的责任，明确"避风港"原则及其适用条件。《数字千年版权法案》第 512 条明确设立了"避风港"制度及"通知—删除"规则。根据该条款，当网络服务提供商在业务活动中出现了对权利人版权的侵权行为时，只要其在收到版权权利人的通知后及时阻止其他用户继续访问或直接删除涉嫌侵权的内容，就可免于承担侵权法律责任。

（三）欧盟

在欧盟，数据库受到法律保护，其基本的法律依据是欧盟于 1996 年发布的《欧盟数据库指令》（*EU Database Directive*）。《数据库指令》的主要目标是协调保护数据库、激励数据库投资、平衡数据库生产者和用户之间的权益。《欧盟数据库指令》为数据库提供了两种知识产权保护方式：版权保护和特别权保护。《欧盟数据库指令》规定，如果数据库内容是基于合理的选择或排列而具有原创性，则数据将受到版权保护。如果数据库是非原创性的，则其也会受到保护，即受到"特别权保护"（sui generis right），条件是其在获取、验证和呈现数据方面进行了大量的投资。非原创数据库包括法律案例和法律汇编、广告列表、科学出版物数据库等。

为进一步明确数字时代的版权概念，将复制权与向公众传播或向公众公开的权利进行区分，欧洲议会和理事会于 2001 年发布了《关于协调信息社会中版权和相关权指令》，该指令也被称为《信息社会版权指令》，这是欧盟针对数字时代版权概念的第一次正式界定。目前《信息社会版权指令》已经无法跟上新的数字技术发展脚步。例如，互联网信息平台的版权义务等备受争议的问题无法在数字单一市场战略框架下得到解决。所以，2019 年在欧盟数字单一市场战略的总体框架下，欧盟发布了《数字单一市场中的版权指令》，其主要涉及 8 个方面的内容：一是第三条至第六条规定了 4 项新的版权例外（合理使用）情形，如文本与数据挖掘的版权；二是第八条至第十一条规定了非流通作品的使用保护；三是第十二条规定了延伸性集体管理制度，旨在解决交易成本问题，促进作品许可；四是第十三条针对流媒体平台上的视听作品许可问题，提出通过中立机构或调解人来促进此类许可；五是第十四条明确了公有领域的视觉艺术作品的使用问题，即除非衍生自公有领域的视觉艺术作品具有独创性，否则不能获得保护；六是第十五条规定了新闻邻接权，要求新闻聚合等在线平台为使用新闻出版物（包括其中的片段）的行为而向新闻出版商付费，但排除了对私人或非商业使用、超链接、非常简短摘录等情形的适用；七是第十七条规定了数字内容分享平台的特殊责任机制,将在线内容分享平台定性为向公众传播行为,强化了内容分享平台的版权过滤义务;八是第十八条至第二十三条规定了作品、表演开发利用合同中对作者、表演者的保护,包括公平合理报酬、透明度义务、合同调整机制、作者、表演者的撤销权等机制。

四、中国数字版权保护制度

(一)数字版权保护相关法律

1.《信息网络传播权保护条例》

2006 年国务院颁布的《信息网络传播权保护条例》对网络版权制度作出了初步的规定。第五条规定:未经权利人许可,任何组织或者个人不得故意删除或者改变通过信息网络向公众提供的作品、表演、录音录像制品的权利管理电子信息;不得通过信息网络向公众提供明知或者应知未经权利人许可被删除或者改变权利管理电子信息的作品、表演、录音录像制品。

《信息网络传播权保护条例》规定了网络服务提供者的"通知—删除—再通知"义务。具体来说:首先,当权利人认为网络服务提供者服务的所涉及的作品、表演、录音录像制品,侵犯了自己的信息网络传播权时,可以向该网络服务提供者提交书面通知,要求网络服务提供者删除该作品、表演、录音录像制品,或者断开与该作品、表演、录音录像制品的链接。其次,网络服务提供者在接到权利人的通知书后,应当立即删除涉嫌侵权的作品、表演、录音录像制品,或者断开与涉嫌侵权的作品、表演、录音录像制品的链接,并同时将通知书转送提供作品、表演、录音录像制品的服务对象。再次,服务对象在接到网络服务提供者转送的通知书后,认为其提供的作品、表演、录音录像制品未侵犯他人权利的,可以向网络服务提供者提交书面说明,要求恢复被删除的作品、表演、录音录像制品,或者恢复与被断开的作品、表演、录音录像制品的链接。最后,网络服务提供者在接到服务对象的书面说明后,应当立即恢复被删除的作品、表演、录音录像制品,同时将服务对象的书面说明转送权利人。权利人不得再通知网络服务提供者删除该作品、表演、录音录像制品,或者断开与该作品、表演、录音录像制品的链接。

2.《电子商务法》

2018 年 8 月,全国人大通过的《电子商务法》对电子商务领域的知识产权保护问题作出了明确的规定。第四十一条规定:"电子商务平台经营者应当建立知识产权保护规则,与知识产权权利人加强合作,依法保护知识产权。"与美国、欧盟的立法相似,《电子商务法》也对平台在知识产权侵权行为中的责任采用了"避风港"原则和"通知—删除"义务。《电子商务法》第四十二条规定:知识产权权利人认为其知识产权受到侵害的,有权通知电子商务平台经营者采取删除、屏蔽、断开链接、终止交易和服务等必要措施。电子商务平台经营者接到通知后,应当及时采取必要措施,并将该通知转送平台内经营者;未及时采取必要措施的,平台内经营者承担连带责任。

3. 新《著作权法》

为回应数字经济时代版权保护的新挑战,2021 年新修订的《著作权法》对数字版权保护的有关问题作出了规定。

（1）完善作品定义，扩充了作品类型。例如，体育赛事节目、网络游戏直播画面、短视频等都可被纳入作品范畴。《著作权法》第三条，打破了对于作品类型封闭列举式的规定，明确作品的构成要件并配套开放性的兜底条款，同时引入了更具包容性的"视听作品"的概念，取代此前过度强调拍摄方式和固定形式的"电影和类电影作品"。

（2）对广播权的定义作了重要修改，《著作权法》对广播权的定义进行了合理扩展，将以有线形式广播的行为也纳入广播权的保护范围，将有效监管未经授权的网络直播行为。

（3）修改增加了技术措施与权利管理信息的条款。《著作权法》第四十九条和第五十一条明确了关于版权保护"技术措施"和"权利管理信息"的规定。

（4）对著作权集体管理制度进行修订，将推动著作权集体管理组织在数字版权领域更好地发挥作用。

（二）数字版权保护体制

中国知识产权保护是政府主导的数字版权保护体制，采取的是行政保护和司法保护并行的双轨制知识产权保护体制。

1. 行政保护

数字版权的行政执法主要以中央政府和地方政府两级管理机构为主导，具体执法机构分别为国家版权局和各省市的版权局（见图11.2）。国家版权局的主要职能是：处理重大版权侵权案件；负责版权涉外管理工作；批准设立版权管理机构等相关机构，并指导其工作等。各省市版权局及相关行政管理部门负责落实国家机关对于版权方面的指导意见和监管政策，依法调解著作权纠纷，对作品进行自愿登记等。

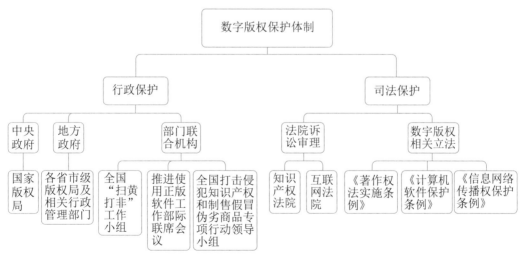

图 11.2　数字版权保护体制

从行政执法行动来说，国家版权局、工信部、公安部、国家网信办四部门每年都联合开展打击网络侵权盗版的"剑网行动"，针对每年的网络侵权盗版重点领域开展专项整治。

"剑网 2021"专项行动，严厉打击短视频、网络直播、体育赛事、在线教育等领域的侵权盗版行为，持续巩固新闻作品、网络音乐、网络文学、电商平台等领域专项治理成果，有效震慑和打击侵权盗版行为。

2. 司法保护

数字版权的司法保护主要由法院诉讼审理。数字版权的权利人可以提起刑事或民事诉讼，来维护自己的合法权益，而法院通过对案件的审理，追究侵权人的法律责任，并打击违法行为。为了能够审理专业性较强的知识产权案件，中国设立了专门的知识产权法院，同时还设立了互联网法院来提高审理案件的效率。

五、数字版权保护技术应用

数字版权保护技术指各类对数字知识产权进行保护的一系列软硬件技术。它主要是用以保证数字内容在整个生命周期内的合法使用，防止各种未经授权的非法接入、使用和传播。

确权环节主要是应用可信时间戳、数字版权唯一标识符（digital copyright identifier，DCI）、数字水印、区块链和人工智能等技术。可信时间戳是中科院国家授时中心签发的用于证明数字作品在一个时间点是已经存在的、完整的、可验证的，具备法律效率的电子凭证。中国版权保护中心研发的 DCI 技术能够实现在对每一件数字作品进行版权登记或合同备案时均发放 DCI 码、DCI 标和作品登记证书（电子版），以此建立起数字版权认证、授权和维权一体化的 DCI 体系。数字水印技术是将版权信息、唯一标识信息等以可见或不可见的方式嵌入数字作品载体中，用于证明作品来源。

监测环节主要采用数字指纹、数字水印、数字版权管理（digital rights management，DRM）等技术。数字指纹技术是针对多媒体内容，通过多类针对性的深度学习算法提取多模态数字指纹。监测环节主要使用的是隐形水印，具有肉眼不可发现但算法可以检测的特性，能够抵抗一定程度的剪切、拼接和图片编辑等。数字版权管理是由数字版权管理系统颁发数字许可证，对数字内容分发、使用等各个环节进行控制，将版权流转和使用限定在授权系统内，使数字作品只能被授权用户，按照授权方式在授权期限内使用。

取证环节主要采用区块链、云计算、自动化、多媒体等技术，能够实现可信度高、取证成本低的司法取证。区块链技术作为一个可以实现信息共享的数据资源库，其具有不可伪造、全程留痕、公开透明等特征。在区块链技术支持下的数字版权交易更加透明与便捷，能有效解决所存在的盗版侵权泛滥、维权困难及数字版权归属模糊等问题。

第四节　数据知识产权保护

一、数据与数据库的知识产权保护

数据重要的商业价值、创新驱动作用和高效增长意义都要求国家对商业数据实行有效的产权保护。为了最大化释放数据要素的价值，各国都在探索建立科学的数据知识产权保护制度。2021 年 9 月，中共中央、国务院印发的《知识产权强国建设纲要（2021—2035年）》提出，加快以大数据、人工智能和基因技术等为代表的新领域、新业态的知识产权立法，建立健全新技术、新产业、新模式知识产权保护规则，对互联网领域知识产权保护制度继续探索并加以完善。《"十四五"国家知识产权保护和运用规划》也明提出构建数据知识产权保护规则，探索开展数据知识产权保护有关方面的立法研究，从而推动完善涉及数据知识产权保护的法律法规。

欧盟和美国对作为数据持有人的数据企业强调数据的资产属性，对商业数据持有人的数据保护主要依据知识产权相关法律来实施，通常是依据商业秘密法、版权法和特别权来对商业数据进行保护。目前，中国知识产权保护相关立法还没有充分明确数据的知识产权保护路径，对侵犯商业数据的行为主要是依据《反不正当竞争法》《著作权法》等来进行执法。

欧盟、美国等地区或国家之所以对数据产品授予排他性产权，是因为法律认为，在数据采集和开发利用过程中，数据企业付出了巨大的投资或创造性努力，对包含创造性劳动和巨大投入的数据产品进行知识产权保护能够有效激励数据企业对数据要素的采集和深度开发，从而促进数据驱动的创新。

从目前各国有关数据知识产权保护的立法来看，普遍的做法是：各国知识产权法主要是对数据库进行一定程度的保护，以促进数据库的投资和开发创新，并且都不保护数据库中单个人的个人数据或原始数据，而是保护对原始数据加工处理的数据产品。

二、美国数据库知识产权保护

对于数据库是否应该受到知识产权的保护一直存在争议，知识产权法最终承认对数据库的保护主要是基于"额头流汗"（sweat of the brow）原则。根据这条法律原则，只要作者创作品（如数据库、通讯录）是付出了劳动后的产物，就可获得著作权，并不一定需要真正的创造或"原创性"。在这条法律原则下，获得著作权的作者（尽管完全非原创）的付出及成本有权得到保护。在未授权的情况下，别人无权使用其作品，但可以通过独立研究或工作对其作品进行再创造。但在 1991 年，美国联邦最高法院在 Feist 诉 Rural 案的裁决中否定了该原则，认为原创性不是流多少汗水，版权制度鼓励的是原创性，而不是付出多少努力，作品需要达到最低水平的创造性才能获得版权保护。

为了维护美国在世界信息产业市场中的领先地位，美国产业界一直呼吁国会完善数据库保护法律，但是由于不同的利益群体未能就数据库的特别权保护问题达成共识，美国尚未出台专门的数据库保护法。

在美国，数据保护除版权法以外，《计算机欺诈和滥用法》（*the Computer Fraud and Abuse Act*）也明确禁止未经授权而访问计算机，该法规定，未经授权而访问受保护计算机的人将要承担民事责任或刑事责任。

三、欧盟数据库保护制度

欧盟 1996 年颁布的《欧盟数据库指令》第一条第（2）款将数据库定义为"对独立作品、数据或其他材料从事系统性或规律性的汇集并可以以电子或其他方式个别取用"。从最终呈现的形式来看，数据库可能至少包含文字、数值、图像、声音、电子服务（如电子邮件、微博、社交平台）和软件程序 6 种类型。从数据库扮演的角色来看，数据库包含出版者、汇集者、提炼者和门户网站 4 种类型。

根据 1996 年的欧盟《数据库指令》，欧盟对加工过的数据采取双轨所有权安排。对来自人类创造性努力所产生的原始数据的数据库给予完全的版权保护，对非原始数据的数据库则给予 15 年的特别权。版权保护主要是针对数据库结构，条件是数据库具有原创性，是作者用自己的智慧创造的。特别权保护并不关注数据库的原创性，而是重点关注在获取、证实或展示内容的过程中是否进行了重大的投资。这一特别权的适用主要是防止对企业大量投资于数据库建设激励的伤害。

（一）数据库版权保护强调保护的是结构而非数据本身

版权保护的是数据库的结构，即对数据的内容进行了合理的选择与安排，构成了作者自己的智力创作，即达到了原创性标准。

（二）设立数据库特别权保护制度

根据《数据库指令》第三章的规定，数据库制作者即使不是原创性的，其也可以主张"特别权"保护，条件是其对数据库的数据获取、数据验证和内容呈现方面进行了大量的投资，这种投资主要包括对采集、验证、呈现等的资本投入。

《数据库指令》赋予特别权利人的权利内容为权利人对数据库的全部内容或经评估的数据库中有实质价值部分内容的提取或再利用的控制。禁止他人在未经许可的情况下重复性和系统性地提取或再利用数据库内容的非实质性部分，且含有与正常开发利用数据库目的相冲突或不合理地损害数据库制作者合法权益的行为。如果他人未经同意便实质性地提取、利用商业数据，那么权利人有权禁止。但为保障公共利益，权利人不得限制他人以非营利为目的的使用，在一般情况下也不得限制他人对商业数据信息内容非实质部分的提取。

《数据库指令》第九条规定，在如下 3 种例外情况下，数据库的特别权利可以受到限制，他人可以不经许可来接入和使用数据库的数据：只限于私人目的对非数字化或电子化数据库的数据抽取；[①] 关于从事教学或科研的抽取，必须注明出处和达成何种非商业性的目的；为公共安全、行政或司法程序所从事的抽取或再使用。

（三）数据库保护可以适用商业秘密保护

数据企业的数据库也会受到欧盟《商业秘密保护指令》（*Trade Secret* 2016/943）的保护。《商业秘密保护指令》重新界定了商业秘密的概念，商业秘密可包括技术信息或商业信息。根据这一界定，采集加工整理后的商业数据如果满足秘密性且具有商业价值，则有可能构成受法律保护的商业秘密。商业秘密保护禁止以非法方式获取或披露商业秘密的行为，即禁止未经商业秘密权利人同意而非法获得、擅自使用或复制权利人合法控制的（包括商业秘密内容及可以推演出商业秘密内容的）文件、物体、材料及电子文档，或任何被

---

① 对已经数字化的数据库则无此例外适用。

认定为有悖诚实商业惯例的行为。

欧盟《数据库指令》《商业秘密保护指令》等法规对商业数据库给予的知识产权保护，既是基于欧盟大陆法系的民法传统，也符合知识产权保护促进创新的经济学解释。欧盟对数据资产实行产权保护的根本目的是维护企业的资本投入和创造性努力，以促进创新激励。赋予数据企业对衍生数据拥有知识产权，也为其在侵权发生时寻求民事赔偿救济提供了法律依据，这有助于消除第三方未经同意就接入数据并进行商业化开发应用从而给数据持有人造成商业利益损失的侵权行为，有利于维护数据企业对数据获取和开发的投资激励。

从欧盟的经验来看：数据本身是不能获得版权保护的，只有在对数据进行编辑和处理后才能获得版权保护，即在数据采集处理过程中包含了创造性的活动；特别权保护的条件是在数据采集处理中进行了重大的投资支出。欧盟上述法规明确规定，法律保护的不是数据库的内容而是数据库的结构，数据库中的特定数据并不受保护。因为单纯数据本身并不包含任何智力努力或创造的结果，而且法律不反对其他人通过合法方式来采集或获得相同的数据信息并建立与之竞争的数据库，以促进非竞争性数据要素的开发利用。

2004 年欧盟法院对有关案件的裁决明确了特别权的范围不适用于组织在从事主要活动中副产品的数据库[①]，这意味着特别权并不能广泛地适用于数字经济，如在线交易平台拥有的消费者在线交易活动数据、搜索引擎平台拥有的消费者搜索数据以及物联网发展带来的大量机器产生的数据等。因此，在 2021 年欧盟委员会启动了对《数据库指令》的第三轮评价，并向公众征求意见，探讨如何建立更符合欧盟数据战略的知识产权保护制度。

讨论案例：深圳奇策迭出文化创意有限公司诉杭州原与宙科技有限公司侵权案[②]

2022 年 4 月 20 日，杭州互联网法院公开审理了深圳奇策迭出文化创意有限公司（以下简称奇策公司）诉杭州原与宙科技有限公司（以下简称原与宙公司）关于数字作品信息网络传播权侵权案，该案也被称为数字藏品第一案。

案件涉及的作品为漫画家马千里创造的"我不是胖虎"动漫形象。2021 年，原告深圳奇策公司经马千里授权，享有"我不是胖虎"系列作品在全球范围内独占的著作权财产性权利与维权权利。深圳奇策公司发现，在杭州原与宙公司经营的数字藏品交易平台 Bigverse 上，有用户铸造并发布了"胖虎打疫苗"NFT 作品[③]，售价899 元，案件涉及作品的右下角还带有马千里微博水印，并且平台没有要求用户在上传作品时提交任何权属证明，平台还通过收取交易费用来获利。因此，深圳奇策

---

① Fixtures Marketing Ltd. v. Oy Veikkaus Ab (C-46/02, 9/11/2004), Fixtures Marketing Ltd. v. Svenska Spel Ab (C-338/02, 9/11/2004) British Horseracing Board Ltd. v. William Hill (C-203/02, 9/11/2004) Fixtures Marketing Ltd. v. OPAP (C-444/02, 9/11/2004).

② 根据杭州互联网法院民事判决书（2022）浙 0192 民初 1008 号编辑。

③ 非同质化通证（non-fungible token，NFT），是一种基于区块链和智能合约的数字产品，具有唯一性、不可分割性、不可篡改性及可交易性。

公司将杭州原与宙公司诉至法庭，要求后者停止侵权并赔偿损失 10 万元。

被告杭州原与宙公司辩称：自己是第三方平台，涉案作品是由平台用户自行上传，无须承担责任；自己在事后审查发现侵权行为后，已经将该作品打入地址黑洞，履行了"通知—删除"义务。

杭州互联网法院审理认为，被告公司经营的 NFT 平台作为 NFT 数字作品交易服务平台，未尽到知识产权审查注意义务和建立相应的侵权预防机制，存在过错责任，其行为已构成"帮助侵权"。据此，杭州互联网法院公开审理判决被告杭州原与宙公司立即删除涉案平台"元宇宙"上发布的侵权作品"胖虎打疫苗"，并赔偿原告深圳奇策公司经济损失与合理费用合计 4000 元。

讨论问题：

1. 本案中被告杭州原与宙公司的辩护理由为何没有得到法院支持？

2. 数字平台在知识产权侵权案件中应该承担何种法律责任？

本章总结

数字版权产品具有高固定成本和低边际成本、非排他性和非竞争性、易传播性的特征。数字版权的盗版侵权的收益更高、成本更低、执法机构发现盗版侵权的成本更高，权利人维权难度更大。数字版权保护应构建"平台＋政府"双主体保护模式，在强化行政和司法保护制度的同时明确数字平台的治理责任，提高平台的注意义务。

在数字经济中，数据具有重要的商业价值，为激励数据驱动的创新，需要对企业经过加工处理后的衍生数据实行有效的产权保护。欧盟和美国对作为数据持有人的数据企业强调数据的资产属性，对商业数据持有人的数据主要依据知识产权相关法律来实施保护，通常是依据版权法或商业秘密法来对其进行保护，从而激励对数据的采集和利用，促进数据驱动的创新。

关键概念

知识产权　平台责任　合作监管　数字版权　数字知识保护技术　数据知识产权商业秘密　数据库　数据特别权

复习思考题

1. 数字版权具有什么特殊性？

2. 为什么需要强化数字版权保护？

3. 如何强化数字平台在数字版权保护中的角色？

4. 如何确立数据保护制度？

第十二章
共享经济监管

第一节　共享经济概念

一、共享经济的概念界定

长期以来人们就有在自己的人群社区当中共享资产使用的现象，随着近年来互联网和大数据技术的发展，资产所有者和寻求使用这些资产的人更容易实现低成本的快速匹配，极大地促进了分享经济的发展。

目前共享经济正处在快速发展的阶段，对其有多个概念表述，如合作经济（collaborative economy）、分享经济（sharing economy）、合作消费和需求经济（collaborative consumption and demand economy）等，但还没有统一公认的明确概念界定。欧盟委员会于 2016 年发布的报告《合作经济的欧洲议程》中采用"合作经济"的概念，"合作经济"指由合作平台来促进活动的商业模式，这些平台为短期使用，并且通常由个人提供的商品或服务而创建的一个开放的市场。

随着共享经济的概念表述的广泛使用，本书将共享经济界定为：共享经济是一种由信息技术推动的点对点模式，通过中介机构来实现在不涉及所有权转让的情况下对未被充分利用的商品或服务进行商业或非商业的共享使用。共享经济包括不同个人与组织对商品或服务的创造、生产、分配、交易和消费的共享。常见的形式有汽车共享、拼车、公共自行车、交换住宿等。与此同时，共享经济又具有弱化拥有权、强化使用权的作用。

共享经济的典型行业包括共享交通、共享零售、共享居住、共享金融、共享服务或劳动、共享知识等。按照中国国家信息中心的分类，共享经济可分为交通出行、房屋住宿、知识技能、生活服务、共享医疗、共享办公和生产能力等。2021 年，共享经济细分行业的市场交易额排在前四位的分别是生活服务、生产能力、知识技能和交通出行。[①]

共享经济一般涉及 3 个主体：服务提供者、用户、平台。具体来说：一是服务提供者，也称闲置资产所有人，他们拥有产品、服务、资产、资源、知识、技能，并提供出来供他人短期使用，以获得一定回报或实现其他目的；二是消费者用户，他们是产品、服务、资产、资源、知识、技能的资产使用者或需求方；三是平台中介，平台中介提供促进提供商和使用者实现交易或相互作用的中介服务。这 3 个主体间的关系如图 12.1 所示。

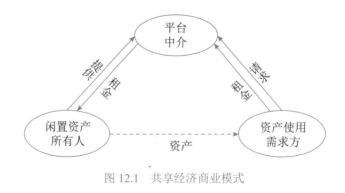

图 12.1　共享经济商业模式

---

① 国家信息中心共享经济研究中心，《中国共享经济发展报告（2022）》。

二、共享经济的商业模式特征

共享经济具有如下 5 个独特的特征。

（1）以点对点为主要交易方式。共享经济是一种通常由数字平台来促进的基于点对点和商业对个人的方式来获取、提供或共享商品或服务的经济模式。共享经济是典型的"点对点"（peer-to-peer，P2P）模式，它是依靠用户群（peers）直接相互作用，不需要经过中心化协调者的一种交易模式。在共享经济中，由于服务提供商通常是个人，其有时也被翻译为"个人对个人"。另一种方式是商业对个人，服务提供者是商家，由商家通过平台来直接向消费者提供服务。

（2）交易不涉及财产权转让。共享经济更关注要素市场，核心是促进闲置资源被更充分地利用，提高资源利用效率。共享经济的交易与一般商品的交易不同，其通常不涉及产品所有权的转移，仅仅是短期的使用权交换或转让。共享经济通常是在不涉及资产所有权变化的情况下来促进闲置资产的使用并给其所有者带来收益。例如，很多家庭拥有闲置的房间，他们通过 Airbnb 平台把闲置的房间短期租给租客，同时租客可以以比传统酒店低的价格来短租房屋。

（3）数字平台发挥了重要交易催化作用。在线共享经济往往是以平台为核心的商业模式，具有典型的多边平台的经济特征。以房屋短租行业 Airbnb 为例，更多的房东加入平台会提供更多的房源，从而提高对另一侧用户——租客的吸引力。同样，更多的租客到平台短租房屋，则会吸引更多的房东加入平台并提供更多的房源。由于在 Airbnb 平台中，房源对交叉网络效应的贡献大于租客，为了实现做大平台交易量的目标，Airbnb 实行不平衡价格结构，单笔交易的佣金向房东收取交易额的 6%，向租客收取交易额的 12%。

（4）共享经济平台是新型的市场—企业混合体。共享经济平台本身的运营是一个典型的企业，但是平台本身不从事原材料采购、产品生产加工、产品销售等生产经营活动，而是发挥促进供需双方交易匹配的中介作用，通过建立一个在线市场空间来促进众多的服务提供者和消费者用户实现交易或互动。共享经济平台在实行分权化供需匹配与交易的同时还集中开展一些交易活动，以及提供如信托、支付、担保等附属服务，扮演平台生态交易规则制定者的角色，实现集权化管理和分权化经营的结合。

（5）共享经济行为激励具有多元目标。共享经济既可能是出于营利目的的商业化行为，也可能是不以营利为目的的非商业化行为。因此，并不是所有的共享经济活动都是以营利为目的。例如，一些知识技能共享平台的运营通常是靠政府资助或民间捐助来维持运营，平台不以营利为目的，服务提供者免费向消费者提供服务，平台生态的运营完全是出于公益或促进知识扩散的目的。因此，开放共享是共享经济更基本的特征，具有比平台经济更广泛的经济社会影响。

第二节　共享经济监管需求

一、共享经济发展的社会福利贡献

共享经济发展给社会带来诸多的好处，具体有如下内容。

（1）共享经济可以实现更可持续地利用闲置和未充分利用的资源或过剩产能，从而提高资源利用效率。共享经济的一个重要特点是：它使个人能够将未被充分利用的资产实现货币化。未被充分利用的资产包括汽车和房屋以及工具、玩具和衣服等物品。从共享经济的角度来说，"人们想要的不是钻机，而是墙上的一个洞"，以及"人们想要的不是汽车本身，而是交通工具"。因此，对于所有家庭来说，拥有几乎没有用处的钻机和汽车可以说是一种浪费。按照这个逻辑，当需求增加时，会有更少的人购买汽车和钻机，人们反而是简单地租用资产，因为这样会更经济。减少生产汽车和钻机所节省的资源可以投资于创造其他商品或服务，以提高消费者的福利（或者类似的，如果人们能租而不是买，就能省钱，这使他们能够在其他商品或服务上花更多的钱）。在经济方面，共享经济通过将个人消费者的预算约束向外转移来提高效用。同样，拥有汽车和钻机的人可以选择通过出租资产来赚取额外的收入，这提升了所有人的效用。

（2）共享经济平台可以更有效地配置劳动力和资本/资产，从而提高生产率和经济效率。例如，在网约车行业，网约车平台借助大数据技术和人工智能算法，可以实现乘客和车辆的精准匹配，大大降低了车辆在路上空跑的时间，大幅度提高了网约车的有效利用率，提高了生产效率。在供需动态波动的市场环境中，传统的商业模式往往缺乏灵活的调整能力，共享经济可以借助大数据技术和人工智能算法进行科学的预测和决策，实行更为灵活的定价机制来调整供求关系，从而促进资源的更好配置。

（3）共享服务可以通过提供以前无法提供的新服务种类，并使消费者以更低的价格消费，从而增加消费者福利并拉动消费增长。例如，Airbnb 提供的房源更接近真实的家庭生活，通常使租客可以在短租期间能与家人一起做饭等；并且 Airbnb 提供的房源具有更为多样的地理位置分布选择，租客可以根据个人需要来灵活选择适合自己的房屋。在传统的酒店模式下，消费者如果要选择可以与家人共同居住并能做饭的房间需要支付更高的费用，而且很多酒店都建立在城市的核心区，消费者的选择空间相对较小。同时，共享经济平台利用大数据和人工智能技术可以以更低的成本实现供需匹配，共享经济大数据和分权化交易活动会带来交易成本的大幅下降，不仅降低了消费者的搜寻成本，在平台声誉机制、信用机制等生态治理体制下，在线交易的信任成本也显著下降。

（4）共享经济通过增加社会凝聚力和对他人的信任而具有积极的社会外部性影响。在共享经济中，点对点的商业交易使人们与更多的其他人互动，在许多情况下甚至与来自"外群体"的人互动。在互动过程中，共享经济的发展促进了社会个体与组织之间的自我管理，构建了人与人之间的信任并强化了对规则的遵守，这会在一定程度上促进社会更加和谐。

（5）共享经济会提供更多的就业机会。共享经济提供了大量的新就业形态，具有较高的就业包容性和灵活性，不仅有助于解决重点群体的就业压力，而且有利于应对就业市场的不确定性，增加劳动者收入和帮助改善民生。一方面，依托共享平台的新就业形态涉及的领域宽、包容性强，为社会重点群体的就业创造了更广阔的空间和更多的机会；另一方面，平台企业可以根据市场供需变化，及时调节劳动力的供给量，促进劳动力跨业流动和减少摩擦性失业。

二、共享经济的市场失灵

政府监管制度设立的初衷就是应对市场失灵带来的各种损害风险，以追求公共利益目标。在共享经济中，政府监管依然需要保护消费者福利，有效应对信息不对称、外部性等因素带来的市场失灵以及对公共利益的伤害。

（一）消费者权益侵害风险

长期以来，保护消费者福利是政府经济监管的重要目标，即通过有效的政府监管来确保消费者权益免受不公平商业行为的损害。传统公用事业的经济监管保护消费者的福利主要是以防止自然垄断企业制定垄断性高价格为重点，而与此不同的是，共享经济消费者保护问题主要集中在两类：一是服务质量问题，包括产品或服务质量、安全标准、隐私保护等；二是发生侵害事故时的责任划分问题。对于服务质量问题，可以通过完善和强化平台信誉评价机制来解决，消除信息不对称带来的逆向选择和道德风险问题；对于侵权责任划分问题，共享经济平台的私人自我监管无法解决，为此一些学者提出通过保险合同来解决，但是由于保险市场的不完善，目前保险市场并不能充分解决共享经济的风险和损害赔偿问题。特别是安全等问题是典型的信任品，在消费者没有消费的情况下是无法做出评价的，而侵害行为一旦发生则往往是不可修复的，特别是在对消费者生命健康构成侵害的情况下更是如此。因此，为防患于未然，事前的政府监管是非常必要的，政府监管通过制定科学的安全标准可以有效保护消费者利益。

（二）信息不对称潜藏的服务安全风险

大多数的点对点交易具有明显的信息不对称问题。例如，进入出租车的乘客可能不知道驾驶员的资格（或行为意图）。乘客在乘车前对乘车的风险是一无所知的，同样司机在接乘客时对乘客是否有犯罪倾向的信息也是不知道的。Airbnb 的租客在入住房屋前对房屋的防火等安全信息往往也无法充分获取，无法准确知晓房屋的安全风险。信息不对称会产生逆向选择和道德风险问题。例如：信息不对称，会导致网约车司机群体中的不安全驾驶行为或有犯罪倾向的司机递增（逆向选择行为）；消费者入住共享客房后破坏性使用客房，汽车租赁后破坏性驾驶行为等（道德风险行为）。在此情况下，平台私人自我监管或保险机制会缓解信息不对称问题，但是并不能达到社会最优的结果。为此，政府监管对安全问题提出一些基本的事前防范性标准要求有助于防范和消除安全隐患和风险。例如：在网约车行业对车辆本身的安全标准要求、对司机背景审查及从业资格要求等；对 Airbnb 提供的房屋的防火、逃生等安全设施配备提出标准要求。

（三）负外部性引发的社会性损害风险

负外部性指共享经济在闲置产品共享使用过程中可能会给其他人造成负面的影响。在网约车行业，不安全的司机驾驶或不安全的车辆会对行人造成安全伤害，以及大量网约车在高峰时段集中在城市特定区域会造成或加剧该区域的交通拥堵。Airbnb 等房屋短租的租客在租住期间可能会对房屋周边的邻居产生负外部性，如各种扰民行为、乱扔垃圾、过多侵占公共资源（如公共停车位）等对社区环境不负责任的行为，以及加剧地区短租房屋供应紧张和推高租金等影响，加剧与社区居民的矛盾。共享单车在发展过程中，车辆超量投放、骑行人随意停放造成的过多占用公共道路和公共空间问题，给行人出行带来诸多不便。

（四）数据驱动商业模式引发的数据安全风险

共享经济平台在运行过程中需要基于大数据和人工智能算法来实现供需的最佳匹配。由于数据是重要的投入品和获取竞争优势的战略资产，平台有激励过度采集和使用消费者个人数据，但这会对个人数据隐私进行侵犯，所以需要政府加强隐私保护，强化网络与数据安全，构建安全的网络交易环境。

三、共享经济市场无法纠正市场失灵

共享经济平台私人监管和保险市场并不能完全解决市场失灵所引发的问题。

（一）平台私人监管具有不完美性

作为交易中介的第三方平台，它从根本上扩展了市场的功能，它是一个能够影响相关交易主体行为的新的机构，平台本身扮演一定的市场交易规制者角色。共享经济平台不仅有能力采取基于技术和组织的手段来缓解市场失灵问题，而且平台参与者参与交易的能力和意愿将影响到平台最终的商业成功。因此，平台具有内在激励来投入资源和开发基于大数据的技术性和制度性解决方案，来消除和缓解信息不对称对平台用户参与平台交易产生的各种阻碍。

平台采用以声誉机制为核心的自我监管。在数字平台商业模式中，平台通常采用分权化的声誉机制来缓解由于信息不对称所带来的市场失灵问题——信息不对称所带来的交易质量供给不足的问题。典型的如 Airbnb 提供的在线反馈系统，允许租客从以往租客中了解房东的声誉，从而为平台生态提供"社会资本"。大量理论文献认为，在信息不对称的市场中，声誉机制可以缓解信息不对称带来的资源配置低效率问题。通过公开披露过去交易的消费者评价信息，商家将因交付质量低劣而受到惩罚，从而失去其在未来业务经营中的预期收益。由此，在有效声誉机制的情况下，商家提供低质量产品或服务的激励会明显降低。共享经济平台建立的声誉机制可以降低信息不对称引发的逆向选择和道德风险问题。此时，声誉机制不仅会提高市场商品价格，而且会增加提供高质量产品或服务的商家的收益，同时这也提高了消费者的消费体验并提升了消费者的福利，市场交易效率的提高促进了社会总福利的提升。

在解决信息不对称引发的市场失灵问题中，平台声誉机制并不是完全有效的，其作用是有限的。主要有如下 3 个原因：一是声誉评价是一种公共产品，消费者缺乏提供激励，因此存在供给不足和结果偏差的问题。在现实当中，很多消费者用户可能并不总是做出评价，在这种情况下，平台上的评价排名可能无法准确反映商家 / 服务提供者的服务质量。二是商家会人为地操纵评价结果。商家也会采取一些不良的行为来维护自己的评价。例如：对给其做出差评的消费者进行报复，由于一些消费者害怕商家的恶意报复而不愿意对商家做出差评；一些商家恶意刷单或与朋友故意串通做出有利于自己的交易量或好评；甚至一些第三方网站专门通过对商家评价进行谋利……这些都会扭曲声誉机制，尤其是在整个社会信任机制缺乏和道德水准不高的国家，这个问题会更加突出。因此，对于解决市场失灵问题，声誉机制既不能被忽略，也不能被夸大。三是由于共享经济平台的利益并不总是与广泛的社会利益相一致，因此一定的政府接入或监管就仍然是维护市场有效运行所必需的。总体来说，由于声誉机制在保护消费者利益和维护与促进市场交易秩序中的作用并不是绝对完美的，市场本身并不能实现充分有效的自我修正，因此政府干预仍有必要。

（二）保险市场并不能提供充分的安全保障

保险市场并不能为消除上述风险提供完全的保险，这被称为"保险缺口"。商业保险市场会出现对部分伤害不提供保险或提供保险不足的情况，这会造成受伤害方无法获得充分的补偿，以弥补损害给其带来的损失。例如，在网约车服务中，车主是使用私家车来从事商业运营的，特别是顺风车的私人使用和商业使用往往是合一的，这造成了保险公司不愿意对以商业为目的的损害事故提供保险。网约车服务一般分为 3 个阶段：阶段一是等待平台发单，阶段二是驱车前往接下单乘客，阶段三是乘客乘车并被送往目的地。在美国，商业运营保险仅覆盖网约车服务的阶段二和阶段三，平台要求阶段一寻求私人保险。为解决保险缺口，澳大利亚、印度、新加坡和美国部分州政府都通过立法要求对网约车服务过程实现保险全覆盖。为此 Uber 等网约车公司修改了自己的保险政策，将阶段一也包括在商业运营保险中。政府这一监管政策以较低的监管成本和基本无任何负面影响的方式成功地消除了市场失灵的风险。

第三节　共享经济监管供给

一、共享经济的监管挑战

（一）共享经济商业模式带来的监管新问题

共享经济使很多个人成为服务提供者，为很多人提供了新的更为灵活的就业方式和创业方式。由于共享经济的发展模糊了生产者与消费者的划分、雇主与雇员的关系界定，因此给现有的法律制度带来挑战。

（1）共享经济服务提供者，如网约车司机 / 车主、房屋短租的房东，应该被看作平台的雇员还是独立的第三方承包商。这一问题不仅涉及当服务过程中发生侵权行为时的责任划分，同时也决定了网约车司机等从业者的工作权益问题。

（2）共享经济的服务提供者大多是个人，是否应该将其认定为商家，或者在什么情况下应该将其认定为商家。这一问题不仅涉及服务提供者的权责分配，也涉及政府的税收征管。

（3）是否需要对共享经济服务提供者实行市场准入要求，如果需要，则应该由谁来负责对服务提供者的市场准入审查并承担相应的责任。

（4）在侵权行为发生时，作为交易中介的平台应该承担何种责任？特别是如何划分服务提供者与平台的责任。

（二）传统行业监管体制面临政府监管失灵风险

（1）监管滞后的风险。在传统的交通、餐饮、住宿等行业，政府监管被视为应对市场失灵的自然解决方案。例如：政府交通监管机构通过要求出租车公司实施驾驶员甄别制度，这样可以在一定程度上缓解信息不对称带来的对乘客安全的担忧；监管机构实施统一的基于运输距离和运输成本的票价制度，可以在一定程度上消除出租车乱收费问题。但是，在共享经济中，传统的监管方式不再有效。众多实例表明，目前的监管方式明显不适应共享经济的发展，监管政策和手段明显滞后，现有监管体制模式的局限性以及政府行政体制和社会文化观念都成为共享经济政府监管的挑战。因此，面对共享经济的发展，政府监管既可能出现监管不足的问题，也可能出现监管过度的问题。

（2）传统行业经济监管的"命令—控制"监管方式存在较高的失效风险。在过去的几十年里，大多数国家的行业经济监管体制的主要特征是政府监管目标的实现依赖于被称为"命令—控制"的监管方式。这种监管方式在大多数国家的大多数领域和市场得到广泛的应用。"命令—控制"监管方式的实施主要是通过政府先制定明确的法规和标准，并且主要依靠严厉的惩罚来迫使企业遵守法律和达到规定的标准。"命令—控制"的监管方式在本质上没有任何错误，并且它具有内在的明确性优点，但它存在的最大问题是无法适应快速创新的动态产业或市场，在这些行业或市场中，其可能会产生扼杀创新的风险。由于共享经济是一个商业模式创新迅速的领域，新业态、新模式不断涌现，服务提供主体不再局限在企业而是更多地体现为无数的个人。在此情况下，传统针对企业主体和稳定环境的刚性监管模式会面临僵化和失效的风险，无法对新的商业模式和破坏性创新做出积极的回应性反应，传统僵化的监管体制有可能成为数字经济和共享商业模式发展的重要阻碍。

（3）传统的部门监管体制也面临失效的风险。共享经济发展的一个重要特点是跨行业性，一些具体的行业已经跨越了传统的行业划分，具有明显跨行业融合趋势，甚至一些行业实现了经济活动与社会活动、社会化生产交易与家庭财产和生活的交叉。这使传统的基于明确行业边界划分的经济监管面临着部门职责不清和严重缺乏监管手段的问题，从而导致不同的监管机构之间出现协调失灵问题。刚性的行政组织层级结构和部门职权分割严重阻碍了政策制定者和监管者的整体视野，部门利益考虑带来的体制冲突会严重削弱监管政策实施效果。

（4）政府监管能力和监管公正性不足的风险。首先，由于共享经济是一个商业创新发展的新事物，在许多情况下，政府缺乏对共享经济模式的科学认识，无法充分认识共享经济的运行规律、潜在的创新价值和经济增长的促进作用。面对发展当中出现的问题，政府监管往往习惯于采取传统的监管方式来加以应对，从而对共享经济的发展造成损害。其次，监管机构更可能因为"监管俘获"而对新业态新模式的共享经济采取歧视性监管政策。监管俘获指监管机构倾向于保护原有受监管企业的利益，而采取背离维护市场竞争、保护消费者福利和提升社会整体经济效率监管目标的监管政策。由于共享经济新业态新模式的发展可能会严重消耗掉原有运营商及产业利益集团的利益，有时这种影响甚至是颠覆性的，因此在监管俘获的情况下，监管机构有可能利用歧视性监管政策来保护原有经营者集团的利益。

为解决上述问题，政府首先需要明确其在共享经济中应该扮演何种正确的角色，即如何重新科学定位的问题，在此基础上积极进行监管体制与监管政策的改革和创新，建立与共享经济相适应的监管体系。

二、共享经济监管目标导向

（一）权衡政府监管与行业创新发展的关系

政府监管需要处理好政府监管和共享经济创新发展的关系。在监管政策制定过程中，政府必须权衡市场机制的作用和政府监管的作用，以及政府监管可能产生的阻碍创新、损害市场公平竞争和降低社会公平等的风险。

由于共享经济是新业态新模式下不断涌现的行业，具有明显不同的经济效率基础和创新性商业模式，所以不应对其采取与传统行业相同的监管方式。否则，不仅会扼杀创新，而且还会由于采用许可证或进入限制等措施来人为限制服务供应而造成对消费者选择的限制，甚至造成对特定社会群体的歧视和不公平对待。

为了促进形成创新和竞争的市场，政府应该采用双轨方法，重点关注减少新运营商与现有运营商之间的"监管差距"，主要是采取如下措施：一是改革基于原有商业运营模式的复杂的法律法规和烦琐的行政程序要求，使其更具有灵活性，以有效激励创新和促进消费者的多样化选择；二是强化政府监管影响评价制度，特别是确保必要的利益相关者参与，减少限制企业家精神和商业创新的法规和监管；三是为了实现政府监管与行业创新发展的平衡，共享经济监管应该更多地采用基于市场和基于绩效的监管方法，更多地采用监管沙盒等试验性监管方式。

（二）确保监管政策的一体化和非歧视性

共享经济监管应该确保线上线下相同服务适用相同的监管规则。如果线上开展的服务与线下开展的服务是相似的，则监管政策也应该相似。例如，对于网约车行业来说，其具有共享经济特点，对网约车的车辆和司机的运营资格不实行与传统出租车一样的许可证监管制度是正确的，但是在向乘客提供乘车服务这一问题上，网约车和出租车是一致的，应该适用相同的运营服务和安全保障标准，出租车和网约车应该承担相同的义务和责任。

共享经济监管应该防止对原有运营商或新运营商单方面的歧视性监管要求。在网约车行业，如果政府监管对出租车和网约车实行区别对待，出于保护原有出租车运营商的利益而沿用传统出租车监管政策来监管新兴的网约车，甚至对网约车提出更为严格的限制性要求，则会造成网约车与出租车之间的"监管差距"较大，会严重损害市场竞争的公平性。同样，在对待提供运营服务水准和安全保障上，政府监管机构对原有出租车提出较高的要求或严格的监管，但是对网约车运营企业提出较低的监管要求或不严格实施监管政策，则网约车就可能利用低质量的服务或低水准的安全来参与市场竞争，从而扭曲市场竞争。

总体来说，共享经济监管应该采取差别化基础上的公平规则，即对新旧业态的不同商业模式的具体运营业务领域实行差别对待的监管政策，对于相同业务领域或本质相同的服务内容，则实行相同的监管政策或提出相同水准的质量或安全标准要求。

（三）应特别关注非经济性公共利益目标

追求公共利益始终是政府监管的目标。在共享经济中，公共利益不仅仅体现为传统的经济性目标，由于共享经济的发展日益模糊了经济活动、社会活动和私人活动的边界，共享经济监管需要特别关注非经济性目标。共享经济监管在追求公共利益目标的过程中要特别重视生命健康与安全问题，与此同时创新劳动用工和社会保障制度，维护社会公平。

劳动者权益保护是平台经济监管的重要内容。政府应根据不同类型的平台商业模式来合理确定平台企业、劳务中介、平台商家、平台劳动者在保护劳动者权益中的角色，加快建立和完善多方协商共促的劳动者权益保障体系，建立与共享经济相适应的用工制度和劳动者权益保护制度，并构建和完善多层次的社会保险体系，加强工伤保险、医疗保险方面的制度建设，提升平台灵活就业人员的保障水平。

（四）应创新政府监管体制

共享经济监管应保证监管政策的"竞争中立"。共享经济的发展对中国传统的"条块分割"的行业监管体制带来了较大的冲击。传统的行业监管往往具有明显的部门和地方本位主义特点，容易产生出于行业或地区利益的保护主义政策。首先，行业主管部门为了促进行业发展，以及长期行业监管形成的"监管俘获"问题，面对新业态、新模式对原有商业模式及其运营商的巨大冲击，行业主管部门往往会出于部门利益来实施明显不利于新业态、新模式发展的监管政策。其次，在中央与地方两级监管体制下，为了追求地方经济发展，部分地方政府监管机构往往会不严格执行国家确定的监管政策，而在行政问责比较严厉的领域，为了规避政治风险，部分地方政府则会加码执行国家的监管政策，会出现过度监管问题。条块分割体制下的部门监管和地方监管会出现有违公平竞争审查要求的监管政策，对全国统一的公平竞争市场体制的形成构成严重阻碍。因此，共享经济监管需要确立监管政策的"竞争中立"要求，实施更为有效的公平竞争审查制度。

共享经济监管应建立有效的跨部门、跨地区协同执法体制。首先，共享经济监管往往涉及多个部门，由此引发监管边界模糊问题，为此，共享经济监管应注重构建权责明确和分工合作的部门协同执法体制。共享经济监管需要考虑如何促进不同政府部门之间在信息收集方面的整合，统一不同政府监管部门的法律法规并协调不同政府部门之间的监管，促进不同政府监管机构或部门之间的协调。其次，共享经济的组织运营模式往往是跨地区的网络化，而现行政府监管体制往往是实行属地管理，各个地方政府拥有较大的执法权，一些地方政府为此要求共享经济平台必须在本地设立分支机构，造成对共享经济网络化商业组织结构的分割，同时各地出台的监管政策具有较大的不一致性。因此，还需要建立有效的跨地区监管政策实施体制，处理好中央与地方的关系，减少地方政府不恰当的监管政策对共享经济发展和全国统一大市场的阻碍。

（五）应更加注重发挥平台私人监管者角色

共享经济监管责任不再仅仅局限在单一的政府，而是包括政府在内的多元主体之间的重新配置。共享经济平台不应仅仅被视为受监管的对象，而应被视为至关重要的监管实施方和监管合作者。因此，作为实施自我监管角色的平台应该被看作监管的重要主体，平台应该被视为解决问题的解而不是产生问题的因。共享经济监管应更多地采用自下而上的自我监管，而不是自上而下的政府刚性控制，改变传统的自上而下的"指挥命令式"监管体制，充分发挥共享经济平台在平台生态中私人规制者的角色，政府应为平台发挥私人监管的基础性作用构建有效的制度环境，鼓励平台自愿地采取负责任的行为来构建安全、信任的在线交易环境，通过政府监管来实现平台私人监管的可问责性。例如，将传统的市场准入监管更多地授权给平台来进行，共享经济平台可以承担市场准入规制和安全监督的义务，并自愿地采取负责任的行为。

共享经济平台可以很好地承担平台生态监管者的角色。例如，如为确保营运服务安全，Uber 公司不仅对新司机申请者进行背景审核，而且每年定期对在任司机进行重新的背景审核，防止有犯罪记录的人成为网约车司机。Uber 公司在事中还建立了"风险警示—紧急报警—应急处理"的风险管控机制，将信息技术手段和人工干预有机结合，建立平台企业与警方密切合作的应急风险管控机制，以最大限度降低安全风险带来的伤害（见表 12.1）。

表 12.1　Uber 的运营安全监管体制

监管措施		Uber
注册门槛	司机背景审核	年满 21 岁，有社保账号，获得合法驾照，在美国有 1 年以上驾龄，过去 7 年背景记录良好，不存在严重违法记录。每年对注册司机进行年度背景审核，如有重大驾驶违法及犯罪记录将被取消资格
	车辆准入标准	车龄必须是 15 年以内，4 车门车辆
	车辆注册信息	车辆登记证明、汽车保险证明和申请人驾照并完成汽车检验
	车辆保险要求	提供车辆保险凭证
风险警示	下单和确定上车提醒	在每一次乘车时都提醒乘客将行程信息共享给最多 5 位紧急联系人，具体包括司机、车辆信息及实时地图位置
紧急报警	报警机制	①一键报警功能，可提供乘客准确位置、车牌号等信息，警方能够在 5 分钟内赶到现场；②一旦接到乘客拨打的 911 电话，信息中心将自动向警方发送乘客位置信息
应急处理	人工介入方式	对于骚扰、暴力、人身安全的投诉，直接由平台安全团队马上处理并发起跟踪，并第一时间与警方联系

资料来源：作者根据 Uber 官网的有关文件资料整理。

由于政府监管和平台自我监管都是不完美的，所以需要构建政府与平台合作监管模式。在此模式下，平台自我监管和政府外部监管是互补的关系，政府监管是事前的要求，平台自我监管是重要的监管实施机制。由于平台具有低成本、快速反应和有效手段的优势，应该将平台自我监管放在优先的基础地位。

三、共享经济监管政策创新

为了提高监管的有效性，政府监管需要进行监管政策创新。

（1）更多采用基于绩效的监管。政府监管不需要详尽地罗列出对企业商业活动的各种具体要求，而应尽可能开发和采用基于绩效的方法，即政府监管应更多地关注绩效结果，具体的实施过程则是在政府监管的激励和约束下由平台或运营商来负责。虽然有些企业，特别是小企业，更愿意遵循明确的规则，但其他企业则喜欢更灵活的方法，从而有利于保护企业经营自主权。

（2）完善共享经济平台声誉机制。许多共享经济企业都非常关注声誉机制在维护平台各个交易方利益中的作用。许多共享经济平台允许交易双方相互评价，形成相互监督和约束的机制。政府应该督促平台企业建立和完善基于大数据的声誉机制和奖惩机制建设，发挥以声誉机制为核心的平台自我监管的基础性作用。

（3）更多采用试验性监管。鉴于共享经济商业模式的创新性和为避免草率监管带来的监管失误，政府监管机构可以在一定时间内或在一定地区内对新的商业运营模式或新政策进行试点，然后总结经验教训，以决定政府是否需要监管，以及如何完善监管政策，实现更好的监管。例如，美国纽约在网约车发展中，最初实行为期一年的试运营，然后根据试运营期间的情况做出政府的监管决策。

（4）强化基于大数据的风险监管。政府应该考虑如何能够利用支撑共享经济的技术和基于平台生成的大数据为监管提供支持。大数据可以帮助监管机构针对性地为平台制定基于风险的监管方法，将监管重点放在高风险的活动和严重的重复违规者身上。如果平台为监管机构提供可以增强监管机构风险评估能力的有价值数据，那么监管机构还可以考虑以协同或自我监管的形式为平台企业提供更多具有运营灵活性的监管协议，实行更具分权化的监管。

（5）完善共享经济保险制度。面对共享经济运行中存在的各种风险，政府应积极推动商业保险制度创新，要求共享经济平台企业采用商业保险来缓解各种风险。例如：Airbnb和 Uber 等在运营过程中提供了某种担保或保险；美国加州政府通过立法对网约车企业提出了最低的保险要求。

第四节　网约车监管实践

一、网约车行业商业模式

网约车指以互联网技术为依托构建服务平台并高效整合供需信息，使用符合一定条件的车辆和驾驶员，提供非巡游的预约出租汽车服务的经营活动。目前中国网约车商业模式主要有 3 类：一是以滴滴为代表的 C2C 模式，个人私家车通过平台服务个人消费者；二是以神州专车为代表的 B2C 模式，网约车企业通过平台服务个人；三是传统出租车行业数字化转型后的专车—出租车模式。相对来说，B2C 模式和专车—出租车模式仍然是以公司为组织形式并借助互联网平台实现供需匹配，并不是完全意义上的共享经济商业模式；以滴滴为代表的 C2C 模式则充分体现了共享经济的特点。

传统的乘车服务（如出租车）的商业模式是消费者和服务提供者（出租车公司）之间直接的两方关系，与此不同的是网约车服务主要是三方关系，即平台、驾驶服务提供者、消费者，其中驾驶服务提供者以自己拥有的车辆资产和劳务并通过平台信息来向消费者提供服务，平台则主要是汇集大量的车主和乘客的数据信息并实现实时有效的数据匹配来促进乘车服务交易并完成资金支付与结算。例如，滴滴平台乘客服务条款第一条第二款指出，平台与乘客之间并不是租赁关系，也不提供司机，所以双方不存在驾驶服务协议；也不是汽车的租赁合同关系，平台只是提供信息的中介。

网约车公司是一个平台中介而不是一个直接的乘车服务提供商，网约车公司主要通过数据平台来实现乘车人和交通提供者之间的交易匹配，促进双方以更灵活的方式和更低的成本来完成乘车服务交易。网约车平台公司通常设定收费机制，网约车服务收费的计算是通过算法来实现的，其考虑的因素主要是乘车距离和乘车时间，费用结算主要是通过电子交易来实现，同时平台从中收取一定比例的佣金。网约车平台是一个第三方中介，它重构了生产者和消费者的交易关系及服务组织的所有权关系。它具有完全不同于传统企业基于科层制管理的核心要素所有权与控制权合一的组织治理模式，而是由各个独立的核心要素所有者通过平台数据信息中介作用来完成乘车服务交易的平台中介组织。因此，网约车监管必须基于其独特的组织特征和交易规律来进行设计，实现监管制度与微观企业制度的匹配。

二、网约车监管的法律法规

自 2016 年国家确定网约车合法化以来，我国网约车获得了快速发展。但网约车行业快速发展的同时也带来了诸多的监管问题：一是网约车的快速发展带来了对传统出租车行业的颠覆式替代竞争，导致传统的出租车/巡游车公司利润下降和司机转行；二是网约车的快速普及在一定程度上加剧了部分城市的交通拥堵问题；三是网约车运营的安全风险事件时有发生。面对网约车行业快速发展所带来的诸多监管挑战，负责交通监管的交通部牵头联合其他部委在 2016 年制定出台了《网络预约出租汽车经营服务管理暂行办法》（以下简称《管理办法》），随后各个地方根据这一文件也相继制定了本地的《管理办法》，重点对网约车的市场准入及运营监管等问题作出了规定，同时为了保证《管理办法》的落实，交通部单独或联系其他部委、一些地方政府也陆续出台了一系列的管理文件，对运营服务质量、运营安全等问题作出了进一步规定（见表 12.2）。

表 12.2　我国网约车行业主要的监管法规及主要监管内容

文件名称（发布时间）	发布部门	监管重点	主要监管内容
《网络预约出租汽车经营服务管理暂行办法》（2016 年 7 月 14 日）	交通部等七部委	准入、营运与信息监管	主要通过限制准入、规范营运、监管处罚 3 种方式进行规制，重点是对平台、驾驶员、车辆提出具体的准入要求
《网络预约出租汽车监管信息交互平台运行》（2018 年 2 月 13 日）	交通部	信息备份监管	要求网约车运营数据需在线保存 6 个月以上，以加强运行管理、提高监管效能
《关于加强和规范出租汽车行业失信联合惩戒对象名单管理工作的通知》（2018 年 5 月 11 日）	交通部	服务质量监管	拟通过黑名单的形式加强对违规从事网约车业务的惩戒力度
《出租汽车服务质量信誉考核办法》（2018 年 5 月 14 日）	交通部	服务质量监管	明确将网约车平台和驾驶员纳入考核体系，由各地出租车行政管理部门进行考核
《关于加强网络预约出租汽车行业事中事后联合监管有关工作的通知》（2018 年 5 月 30 日）	交通部、工信部	跨部门监管	建立网约车行业联合监管机制，对网约车的各种违规行为开展联合约谈
《关于进一步加强网络预约出租汽车和私人小客车合乘安全管理的紧急通知》（2018 年 9 月 10 日）	交通部、公安部	安全监管	立即开展行业安全大检查；加强对司机背景核查；严格督促企业落实安全生产和维稳主体责任；健全完善投诉报警和快速反应机制；严厉打击非法营运

资料来源：作者根据有关部委的文件整理。

三、网约车监管的重点

根据交通部等七部门联合发布的《管理办法》以及交通部发布的有关文件，网约车监管主要是实行市场准入监管、运营质量和安全监管、数据信息安全监管。

（一）市场准入监管

中国网约车行业的市场准入监管主要是针对平台、车辆和司机提出准入标准要求，其必须达到规定的条件要求后才能获得出租汽车监管部门核发的资格证。

1. 平台准入条件

根据交通部等七部门联合发布的《管理办法》第五条的规定，平台要获得经营许可证需要满足以下 5 个方面的要求：①具有企业法人资格；②具备开展业务必需的信息交互能力，具备监管部门依法调取查询相关数据信息的条件，服务器设在中国内地，具有符合规定的网络安全管理制度和安全保护技术措施；③使用电子支付进行结算的平台需要与银行、非银行支付机构签订提供支付结算服务的协议；④有健全的经营管理制度、安全生产管理制度和服务质量保障制度；⑤在服务所在地有相应的服务机构及服务能力。

2. 车辆和司机准入条件

根据交通部等七部门联合发布的《管理办法》，对网约车运营主体的准入监管主要是"管车管人"。首先，车辆准入条件为：车辆为 7 座以下的乘用车辆；有行车记录的卫星定位装置和安全报警装置；车辆技术性能符合运营安全标准要求。在国家规定的基础上，各地政府对网约车的排量、轴距、车龄、车价等都作了更详细具体的限制性规定，造成各个地方对网约车车辆准入的标准存在非常大的差别。其次，司机从事网约车经营需要具备的条件为：取得机动车驾驶证并具有 3 年以上驾驶经历；无交通肇事犯罪、危险驾驶犯罪记录，无吸毒记录，无饮酒后驾驶记录，无暴力犯罪记录；通过网络预约出租车驾驶员全国统一的从业资格考试。在各个地方出台的文件中，对司机准入都特别提出了户籍要求，即只有持有本市户籍的居民才有资格获得网约车司机许可证。

（二）运营质量和安全监管

1. 网约车平台的主体责任

明确平台是承担安全生产和维稳的主体责任，具体包括：①平台要进行司机的背景与资质审查，平台要对网约车司机进行岗前培训和日常教育；②平台要保证司机和乘客的合法权益，与司机签订劳动合同，为乘客购买相关保险；③保障运营安全的数据信息备份要求，平台应当记录驾驶员、乘客、订单、行驶轨迹等数据并备份，并将驾驶员和车辆信息在服务所在地的出租车行政管理部门进行备份，要保证线上线下网约车驾驶员、车辆的一致性；④平台要健全完善投诉报警和快速反应机制；⑤平台要建立服务评价机制和乘客投诉处理机制。

2. 网约车运营服务质量监管

监管机构直接管理网约车司机，对网约车司机的服务质量实施监管。交通部出台的《出租汽车服务质量信誉考核办法》明确将网约车平台和驾驶员纳入考核体系，由各地方出租车行政管理部门进行考核。交通部出台的《关于加强和规范出租汽车行业失信联合惩戒对象名单管理工作的通知》明确了各地出租车行政部门应采集认定失信行为，对违规的网约车经营商和网约车司机实行信用"黑名单"惩戒制度。

（三）数据信息安全监管

根据七部委联合出台的《管理办法》第二十六条和第二十七条的规定，网约车数据信息安全监管主要涉及两大类数据：国家网络信息安全和个人隐私数据安全。

1. 国家网络信息安全

网络信息安全具体来说，有如下内容：①网约车平台数据库要接入监管机构的监管平台且数据要符合相关法律规定；②网约车平台的服务器必须设置在中国内地，所采集的个人信息和生成的业务数据被限制在中国内地存储和使用，禁止数据跨境流动；③网约车平台应具有符合规定的网络安全管理制度和安全保护技术措施；④网约车平台不得泄露涉及国家安全的信息；⑤网约车平台不得发布有害信息。

2. 个人隐私数据安全

个人隐私数据安全具体来说，有如下内容：①网约车平台应当通过其服务平台以显著方式将驾驶员、约车人和乘客等个人信息的采集和使用的目的、方式和范围进行告知，未经信息主体明示同意的，网约车平台公司不得使用前述个人信息用于开展其他业务。②网约车平台采集驾驶员、约车人和乘客的个人信息，不得超越提供网约车业务必需的范围。

③网约车平台不得向任何第三方提供有关的个人信息。上述规定实际上是明确了 3 个基本原则：一是数据信息采集和使用必须遵循"知情—同意"原则；二是数据采集必须遵循"最小必要性原则"，不得采集除业务所需范围外的信息；三是平台不得泄露个人信息，明确禁止平台向第三方提供有关的个人数据信息。

讨论案例：中国网约车行业的运营安全监管

目前，中国政府对于网约车平台企业的监管法规主要是交通部等七部门于 2016 年联合发布的《网络预约出租汽车经营服务管理暂行办法》，其规定服务所在地设区的市级出租汽车行政主管部门对网约车安全监管主要集中在事前监管和事后监管。

（1）事前和事后监管。事前监管主要是针对网约车平台的资质审核、运营车辆技术标准要求、驾驶员背景审核；事后监管主要是对网约车平台企业的信息文件进行监督检查和对相关证件审查不严、车况不符合标准、不按规定区域运营、未充分履行服务质量标准、未向主管部门提供信息共享、未充分履行管理责任等行为进行处罚。其中伪造、变造或使用伪造、变造、失效的《网络预约出租汽车运输证》《网络预约出租汽车驾驶员证》，以及提供与业务情况不一致的数据是监管部门事后监督检查关注的重点。

（2）事中监管。《网络预约出租汽车经营服务管理暂行办法》更多关注车况、驾驶员从业资格、价格、经营区域、竞争行为的监管，对于事中安全监管仅在第十六条笼统指出："网约车平台公司承担承运人责任，应当保证运营安全，保障乘客合法权益。"第二十四条指出："网约车平台公司应当加强安全管理，落实运营、网络等安全防范措施，严格数据安全保护和管理，提高安全防范和抗风险能力，支持配合有关部门开展相关工作。"

在《网络预约出租汽车经营服务管理暂行办法》颁布后，国内主要城市也都颁布了地方的管理办法，从北京、上海、杭州、广州等主要城市出台的网约车管理细则来看，各地对网约车的监管主要集中在事前营运车辆的技术要求和司机的人员管理。在事前的资格审核中，这些城市都制定了较为严格的标准，主要是网约车平台企业注册、车辆要求、驾驶员资格条件等，各个地方出台的网约车管理办法尤其对市场准入提出了详细的要求，具体包括司机户籍、注册地（牌照）、车辆轴距、车价、排气量乃至车辆外观颜色等限制性要求。但这些城市出台的网约车管理办法并没有对这些审查如何落实，以及如何保障运营中的乘客安全提出进一步的要求，也没有建立相应的快速报警机制。

在乐清女乘客遇害案发生后，相关执法部门针对前期监管失误采取了补救措施。2018 年 8 月 31 日，交通运输新业态协同管理部际联席会议决定于 2018 年 9 月 5 日起，在全国范围内对网约车和顺风车平台公司开展进驻式检查；2018 年 9 月 10

日，交通部和公安部联合发布的《进一步加强网约车顺风车安全管理》紧急通知开展对网约车、顺风车安全管理专向检查，重点是要求平台企业加强背景核查、健全完善投诉报警和快速反应机制。平台企业滴滴公司的主要整改措施为严格司机审查，采取行程分享和实时位置保护、人脸识别技术，建立"一键报警"、与警方迅速联动机制，成立安全团队与安全监督顾问委员会、警方调证工作组等。但在检查整改过程中也存在一些明显与共享经济模式不适应的政策措施。例如，交通部要求平台企业在未完成隐患整改前无限期停止私人小客车合乘信息服务。在此期间，2018 年 11 月武汉市政府出台的《武汉市客运出租汽车管理条例》将网约车纳入出租车管理条例，其中第二十七条四款规定："网约车对服务中发生安全责任事故致乘客遭受损害的，承担先行赔付责任。"这些规定实际上还是对网约车平台提出了同传统出租汽车（巡游车）相同的责任要求。

　　讨论问题：

　　1. 中国网约车安全监管体制存在哪些问题？改进措施是否有效？

　　2. 应如何完善中国网约车监管体制？

本章总结

　　共享经济一般包括服务提供者、用户、平台这 3 个主体，它们之间一般不涉及所有权的转让，平台作为中介促进服务提供者与用户之间实现"点对点"的交易。共享经济可以促进闲置资源被更充分地利用，可以更有效配置劳动力和资产并可以提供更多的就业机会，但同时也存在信息不对称、负外部性和数据安全等市场失灵问题，平台私人监管和保险市场并不能完全解决市场失灵所引发的问题，因此需要政府监管来加以配合。由于共享经济的商业模式与传统的行业经济存在一定的差异，所以传统的政府监管方式面临监管滞后、监管失效、监管能力与公正性不足等不适应性风险。为解决上述问题，政府应积极进行监管体制和监管政策的改革与创新，建立与共享经济相适应的监管体系。

关键词

　　共享经济　　"点对点"模式　所有权　闲置资源　平台私人监管　市场失灵
政府监管失灵

复习思考题

　　1. 共享经济的福利提升效应有哪些？

　　2. 共享经济的监管需求是什么？

　　3. 共享经济的监管面临哪些新挑战并应如何应对？

第十三章
互联网金融监管

第一节　互联网金融概念

一、互联网金融与金融科技

（一）互联网金融

互联网金融指利用包括互联网、大数据等数字技术来开展金融服务的新金融商业模式。互联网金融主要包括互联网支付、网络借贷、股权众筹、互联网基金销售、互联网保险、互联网信托和互联网消费金融等金融新业态。

2015 年，中国人民银行等十部门发布的《关于促进互联网金融健康发展的指导意见》确定互联网金融是一个新的金融业态，即"互联网金融是传统金融机构与互联网企业（以下统称'从业机构'）利用互联网技术和信息通信技术实现资金融通、支付、投资和信息中介服务的新型金融业务模式"。该文件重点针对互联网金融的主要业态：互联网支付、网络借贷、股权众筹融资、互联网基金销售、互联网保险、互联网信托和互联网消费金融。

互联网金融与传统金融具有显著的区别，主要体现为：一是金融参与的主体更加多元。互联网金融主体不再仅仅是传统的银行、证券、保险等金融机构，也包括电子商务平台、互联网企业等非金融机构。二是金融参与的客体更加广泛。互联网金融使很多在传统金融机构无法获得金融服务的中小企业、低收入群体等获得了金融服务。三是金融服务方式主要是基于互联网和大数据技术，能够实现全天候和实时的金融服务。

（二）金融科技

金融科技（FinTech）是金融业务与科技的结合。伯纳多·尼克莱蒂（Bernardo Nicoletti）在《金融科技的未来》一书中将金融科技定义为，借助于信息通信技术，通过创新性和颠覆性商业模式所进行的主动性金融服务。英国金融稳定理事会将金融科技定义为金融服务领域的技术创新，这些创新可能导致新的商业模式、应用程序、流程或产品，并对金融服务的提供产生重大影响。[①] 金融科技是金融服务（或产品）与现代信息通信技术的融合，金融科技在拓宽金融可获得性、提升金融体系深度和效率等方面的影响正在不断加大，是影响未来金融业务模式的重要因素。

金融科技涵盖金融领域的技术创新和业务创新。首先，金融科技强调的重点是利用大数据与人工智能技术来改造提升金融产品和服务。因此，互联网、信息通信技术、大数据与云存储技术、人工智能技术、区块链技术等是金融科技的重要基础。金融科技监管的重点是关注新技术应用所引发的各种风险问题，寻求金融安全与创新发展的平衡。其次，金融科技与互联网金融类似，都是金融与技术的融合产物，其目的均是创新金融服务、提升金融市场效率。但是，金融科技与互联网金融也存在一定的区别。互联网金融主要是传统金融业务与互联网技术的融合，侧重于借助互联网来建立更加高效的商业模式；金融科技则是传统金融与现代技术的融合，侧重现代科技在金融领域的应用，进行产品和业务模式

---

① Financial Stability Board. 2017. "Financial Stability Implications from Fintech." Fintech Issues Group, Financial Stability Board, Basel, Switzerland.

的创新。在某种意义上来说,金融科技是互联网金融的高级发展阶段。

二、互联网金融的独特经济特征

(一)数据是互联网金融的重要投入要素

数据是互联网金融创新发展的重要投入要素。数据信息一直是金融市场有效运行的关键要素。金融服务机构开展的储蓄、中介和支付等服务一直依赖数据来记录交易并减少信息摩擦。获取客户数据是金融中介业务的重要投入,也是保证金融科技提供金融服务和进行业务模式创新的重要组成部分。数据要素推动互联网金融发展主要包含两个维度:一是近年来数字化的数据资源数量呈现指数化的高速增长;二是数据存储和处理的成本出现大幅度下降,这主要得益于云存储和数据处理能力的迅速提高。

大数据和数据分析技术极大地缓解了传统金融市场信息不对称所引发的逆向选择和道德风险问题,特别是有效缓解了"获客难、风控难"的问题,从而提高了市场运行效率。大数据会降低借贷双方之间的信息不对称,从而降低金融运行成本。金融中介的一个重要功能是将闲置储蓄引导至生产性投资项目和消费机会。为此,贷方需要有关潜在借款人的数据,以评估他们的信誉并在贷款延期后监控他们的表现。由于逆向选择,贷方和借方之间的不完整信息阻碍了信贷的有效分配。当贷款人没有关于借款人偿还贷款的能力和意愿的完整信息时,他们可能不会向不确定的贷款人提供信贷,由此造成一些借款人根本不会获得贷款,因此一些借款人将被排除在金融市场之外。如果获取更为详细的用户数据信息,则会降低信息不对称,降低贷款成本并提升信贷的可获得性。例如,企业在运营过程中产生的公开数据越多,金融服务提供者对该公司未来的现金流和信誉度的不确定性就越小,贷款人在贷款延期后对公司的监控就越好。贷方获得的有关借款人的数据越多,他们可以为贷款收取的利率越低,其被拒绝贷款的可能性就越小。金融企业在经营过程中采集的数据越多,关于贷方信用的不确定性就越低,并且也越有利于借方在借出货币后更好地监督贷方。综上所述,大数据会降低金融市场运作成本,会降低借方所要的贷款利率和扩大信贷市场规模和市场空间。

基于大数据的科技创新和业务创新是互联网金融成功发展的底层逻辑。大数据及其分析技术为互联网金融企业的业务创新提供了重要的驱动力。例如,蚂蚁金服作为一家金融科技企业利用阿里巴巴淘宝平台的消费者用户在线交易数据,构建了基于大数据算法的自动的用户信用分析体系,并依据该信用体系计算的信用分值来向支付宝用户和淘宝商家提供相应的信用额度,向信用分值较高的商家提供相对较高的信用额度。

(二)互联网金融是一种普惠金融

互联网金融是一种普惠金融,体现了金融民主化。金融科技的发展彻底改变了现有金融提供者提供产品和服务的方式,使金融服务更具有精准化和普惠化。普惠金融也称为包容性金融,其核心是为社会所有群体提供有效和全方位的金融服务,尤其是被那些传统金融忽视的农村地区、城乡贫困群体和小微企业。世界银行于 2005 年发布的《建设普惠金融部门以促进发展》蓝皮书中指出,普惠金融的目标是"在健全的政策、法律和监管框架下，每一个发展中国家都应有一整套的金融机构，其为所有层面的人口提供合适的金融产品和服务，从而提升人们的生活水准"[1]。普惠金融的核心是为弱势群体、弱势产业和弱势地区提供合适的金融服务，促进消除贫困。

互联网金融利用大数据可以显著降低贷方和借方之间的信息不对称，使金融服务提供商能够更准确地评估信用风险和精准地设计信贷方案，大幅降低中小企业的融资成本和经营风险，从而为以前由于信息不对称和高信贷成本而被排挤出信贷市场的中小企业提供资金。这种逻辑是蚂蚁金服等新金融服务提供商业务成功的关键因素，新金融服务提供商利用大数据生成改进的实时信用评分，为以前因信息不对称而被排挤出信贷市场的中小企业提供资金。

（三）互联网金融是典型的多边平台商业模式

金融科技的发展使金融服务主体不再局限于传统的金融服务机构，大型数字平台成为互联网金融新兴的重要服务提供商。从全球来看，谷歌、Facebook、亚马逊、苹果和中国的阿里巴巴、京东、百度、腾讯等都不同程度地开展互联网金融服务。大型数字平台普遍开展金融服务具有明显的效率效应：首先，大型数字平台的主营业务与金融业务之间具有非常强的互补关系，开展金融服务会降低交易成本，并且会增强对用户的锁定，促进数字平台商业的快速发展。其次，大型数字平台开展金融业务会更好地实现范围经济，数字平台已经拥有了庞大的用户基础及大数据，将这些用户基础和大数据应用到金融服务领域会带来更高效的金融服务，提升金融市场效率，促进金融的普惠。

大型数字平台参与金融服务的一个重要的商业模式特征是多边市场商业模式。以在线支付为例，第三方支付是典型的支付交易中介，消费者在商家购物中通过二维码来支付，原始订单信息随后发给第三方支付平台，第三方支付平台据此通过用户开户行从消费者用户的账户中扣款，并经过第三方支付来向商家完成转账支付（见图 13.1）。由于多边市场具有交叉网络效应，作为交易中介的平台往往实行不平衡收费结构，其主要是通过向商家收费来弥补提供支付服务的成本并获得盈利。同时，由于第三方支付服务提升了消费体验，扩大了用户基础和消费量，从而使商家的收入增加，所以向商家收费而向消费者免费的不平衡价格结构并不会损害商家的利益。

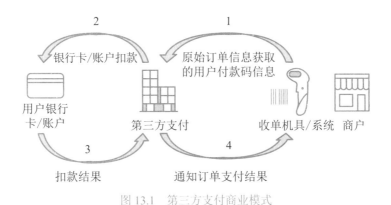

图 13.1　第三方支付商业模式

---

[1]　World Bank Institute, Building Inclusive Financial Sectors for Development: Widening Access, Enhancing Growth, Alleviating Poverty, 2005.

（四）互联网金融具有更强的混业经营特征

与传统金融机构业务结构相对简单、行业边界划分清晰不同，互联网金融具有明显的多业务交叉融合的特点，金融业务与非金融业务紧密结合，不同金融服务之间也存在交叉运行的情况。从大型数字平台来看，中国几大数字平台都涉及在线支付、信贷供应、众筹、资产管理、保险等多项金融业务（见表 13.1）。大型数字平台开展混业经营有利于充分利用数据等核心资源，实现网络效应和范围经济，并给消费者带来更好的金融服务，也促进了金融行业的高效发展。

表 13.1　大型数字平台开展的金融业务

平　台	核心业务	金融业务					
		银行业务	信贷供应	支付	众筹	资产管理	保险
谷歌	搜索引擎	√		√			
苹果	智能手机硬 / 软件			√			
Facebook[①]	社交媒体			√			
亚马逊	在线零售	√	√	√	√	√	√
阿里巴巴	在线零售	√	√	√	√	√	√
百度	搜索引擎	√	√	√	√	√	√
京东	在线零售	√	√	√	√	√	√
腾讯	视频游戏与即时通信	√	√	√	√	√	√

资料来源：Crisanto, J. C., J. Ehrentraud, and M. Fabian. 2021. "Big Techs in Finance: Regulatory Approaches and Policy Options." *FSI Briefs 12* (March).

注：表中 √ 表示平台开展此类业务。

① Facebook 2021 年 10 月 28 日宣布正式更名为 Meta。

对比中美数字平台金融业务的开展情况，我们可以发现：美国大型数字平台开展的金融业务种类相对较少，主要围绕平台核心业务来开展金融服务，并且主要集中在在线支付。中国阿里巴巴、京东、百度、腾讯等大型平台企业则开展了更为多元的金融业务，这些平台企业在第三方支付、银行信贷、消费金融、小额贷款、互联网保险等领域发展迅速，形成了典型的混业经营的金融服务平台，并对传统金融机构和金融业务构成强有力的冲击和挑战，会引发在位者与进入者之间的利益博弈，并影响金融监管政策走向。多元业务混业经营在发挥范围经济和多元业务互补性优势的同时，也对传统的以分业监管为核心的金融监管体制带来挑战。

第二节　互联网金融监管需求

互联网金融的发展极大地提高了金融市场运行效率，降低了金融活动的交易成本，并显著提高了金融的普惠性。互联网金融降低了信息不对称程度，从而提高了市场的完全性；互联网金融带来的市场竞争和技术创新显著降低了贷款利率，降低了融资成本；互联网金融为小企业和消费者提供了新的资金来源，获得了传统市场无法获得的信贷机会，提高了金融的普惠性。然而，互联网金融的发展也引发了新的风险，给金融监管带来了新的挑战。例如：网络与数据安全、个人隐私数据保护、市场垄断等问题；如何在释放互联网金融在促进金融效率提升的同时也更好地防控风险成为重要的监管问题。

一、互联网金融的市场失灵风险

（一）互联网金融面临的传统市场失灵风险

互联网金融的本质仍属于金融，尽管其更多地采用互联网和大数据技术来创新性开展金融服务，但是其开展的金融服务在本质上依然是支付、信贷、保险等传统金融业务，并没有改变金融风险所具有的隐蔽性、传染性、广泛性和突发性特点，因此传统的金融风险及其危害依然存在。

（1）信息不对称风险。影响金融市场运行的最大障碍因素是信息不对称。信息不对称容易导致交易前的逆向选择和交易后的道德风险，进而引发金融风险甚至金融危机。金融机构、金融技术和金融监管方面的许多安排都是为了通过缓解信息不对称程度来控制金融风险。在互联网金融市场开展的信贷业务中，由于数字平台仅仅是一种交易中介，其盈利主要是与业务量正相关，金融服务业务量越高，其收益越高。但最终的贷款风险仍然是由银行承担，风险和收益的不对称分布会激励平台中介从事高风险的互联网信贷业务，而且由于平台中介具有大数据信息优势，而银行处于明显的信息不对称劣势，从而给银行带来较高的风险。

（2）信用风险。信用风险指由于很多不同原因而造成的借款人或金融交易的一方不能按照约定履行合同，从而对贷款方或交易一方的利益，甚至是对其他方面造成损害。尽管大数据技术的应用会提高金融服务提供商对贷款人的信用评价，从而降低信用风险的发生，但是其并不会完全消除信用风险。

（3）流动性风险。流动性风险指金融企业不能有效获取充足的资金，导致其不能对到期债务进行及时的支付，或者不能有效应对资产增长，而形成的金融风险问题。特别是在宏观经济具有较大波动性的情况下，外部宏观经济冲击会带来一定的信用风险，对此互联网金融仍然无法消除。而且，互联网金融具有典型的虚拟化特征，互联网金融活动中容易出现虚拟性叠加的情况，使虚拟化金融业务的发展有可能脱离金融安全所要求的流动性风险控制基准，从而产生不受控制的流动性风险问题。

（4）系统性风险。互联网金融风险具有较强的外溢性和扩散性，更容易产生系统性风险。具体来说，互联网金融复杂的股权关系会通过 3 种方式而带来较高的金融风险：一是大型数字平台在国家经济中日益扮演者重要的角色，成为影响一个国家或地区宏观经济增长的主导力量。当大型数字平台只提供价值链中面向终端客户的业务并且自身不承担任何风险时，为了自身利益其会有激励采取高风险的金融服务，从而产生潜在的金融风险。二是大型数字平台具有多个不同的业务实体，并且这些业务实体以不同的方式相互依赖。如

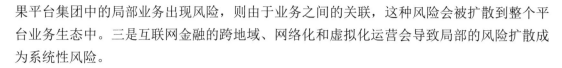

果平台集团中的局部业务出现风险，则由于业务之间的关联，这种风险会被扩散到整个平台业务生态中。三是互联网金融的跨地域、网络化和虚拟化运营会导致局部的风险扩散成为系统性风险。

（二）互联网金融带来新的风险问题

由于互联网金融的运行主要建立在互联网和大数据的基础上，以及数字平台成为重要的市场主体，所以互联网金融独特的商业模式带来了一些突出的新型金融风险问题。

1. 网络安全风险

在数字经济时代，网络安全是金融行业面临的重要问题。金融行业是国民经济安全稳定运行的重要基础。由于互联网金融安全稳定运行的基础是网络安全，因此保证金融网络安全，最小化网络安全风险成为互联网金融监管的重要任务。中国《网络安全法》界定的"关键信息基础设施"就明确包括金融行业。2021年7月，国务院发布的《关键信息基础设施安全保护条例》第二条规定："本条例所称关键信息基础设施，是指公共通信和信息服务、能源、交通、水利、金融、公共服务、电子政务、国防科技工业等重要行业和领域的，以及其他一旦遭到破坏、丧失功能或者数据泄露，可能严重危害国家安全、国计民生、公共利益的重要网络设施、信息系统等。"

随着金融业务越来越由线下转移到线上，以及基于互联网的众多金融业务与金融企业之间的互联，网络安全风险日益突出。首先，外部网络攻击会造成非常大的风险损害。近年来，互联网金融行业成为网络攻击的新目标，网络攻击事件处于高发期。安全漏洞、截屏窃取账号密码、电脑病毒、黑客攻击等都会对网络安全造成巨大冲击。其次，互联网金融的发展在很大程度上依赖于云服务作为基础设施，由于云服务的强规模经济，金融机构的云服务都是由少数几家云服务提供商所提供。根据Feyen等分析，在全球云服务市场中，亚马逊、微软、谷歌、IBM、阿里巴巴这行业前5家企业的总市场份额为70%。金融服务高度依赖高集中的云服务市场中的少数几家提供商，可能会增加金融系统的脆弱性，局部风险可能会演变成系统性风险。

很多经济学家的研究都指出，由于市场失灵，金融企业投资预防和控制网络风险的激励明显低于社会最优水平，不足以有效防控网络风险。这是因为，私人对网络安全的投资具有外部性——一个金融机构安全程度的提高会增进公众对更广泛金融系统安全的信任，从而直接或间接地给其他金融机构带来益处。因此，单个金融服务提供商缺乏进行最佳风险防范投资的激励，需要通过政府监管来确保金融安全。

2. 数据安全风险

由于互联网金融建立在互联网和大数据的基础上，数据安全问题成为金融科技监管的突出问题。

（1）金融数据安全风险。数据是互联网金融高效运行和金融企业业务开展的重要投入，金融数据会成为影响金融机构经营风险的重要因素，如何保证数据的真实性、完整性和动态实时传输成为金融数据安全监管的重要任务。并且不同来源的大数据会通过金融机构的互联而演变成系统性风险。另外，数据是金融企业重要的战略资产，其他企业未经授权就接入或盗取企业拥有的商业数据，构成对企业数据资产的侵犯，不利于互联网金融的创新发展和公平的竞争秩序。

（2）消费者个人数据隐私安全。互联网金融的高效运行需要以大量采集和快速处理消费者用户个人数据为前提，一些大型数字平台在从事金融业务活动中有可能为了追求商业利益而过度采集和使用消费者用户数据信息，或者对消费者个人数据信息保护投入不足而导致大量的用户隐私泄露，造成对个人隐私数据的侵犯。金融科技活动通常涉及收集、存储、处理大量消费者用户个人数据的多环节活动，并且在上述个人数据处理适用的各个环节往往涉及多个不同类型的企业。在此过程中，消费者可能会面临未经授权而被披露和使用其个人数据的风险，这甚至可能会导致金融诈骗等违法行为，影响消费者的金融财产安全。因此，加强隐私保护成为互联网金融保护消费者权益的重要内容。

3. 市场垄断风险

互联网金融的发展削弱了原有垄断企业的市场势力，降低了市场进入壁垒，开辟了新的市场空间，从而使更多的企业进入市场并促进市场竞争，但是互联网金融的发展也会带来两种类型的垄断问题：市场垄断和行政垄断。

（1）市场垄断。大型数字平台利用大量用户基础、大数据优势、网络效应以及金融业务与商业业务共生发展模式，可以很容易获取市场支配地位，形成一家独大或少数几家企业占据市场的垄断结构。根据艾瑞咨询的研究，在 2020 年中国第三方移动支付市场中，按交易规模计算，支付宝和财付通的市场份额分别为 55.6% 和 38.8%，两家的市场份额合计为 94.4%，市场的赫芬达尔指数（Herfindahl-Hirschman index，HHI）值高达 4610，属于极高寡占市场结构[①]。在市场竞争过程中，为了维护自己的垄断地位，其有可能实施独占交易、拒绝交易、捆绑交易等滥用支配地位的行为和以垄断市场为目的的企业并购行为，从而对市场竞争构成损害。

（2）行政垄断。互联网金融发展到一定程度会对原有的垄断性金融机构形成巨大的竞争，会造成传统的金融机构客户流失、业务收入下降。此时为了维护自己的经济利益，传统金融机构会采取各种排斥互联网金融发展的市场封锁行为，特别是在中国长期以来国有金融机构垄断经营和行业政企不分问题突出的背景下，国有垄断金融机构甚至可能会利用自己的强政府监管俘获能力来影响监管政策制定，促使监管机构出台明显不利于互联网金融新业态、新模式发展的监管政策。因此，互联网金融反垄断既要反市场垄断也要反行政垄断，以维护有效竞争的金融市场，一方面要强化对大型互联网平台在金融服务市场滥用行为的反垄断执法；另一方面要强化公平竞争审查制度，确保行业和地方监管政策的竞争中立。

二、互联网金融监管面临的挑战

（1）行业创新发展的动态性导致政府监管存在较大的监管滞后性。首先，互联网金融和金融科技发展的根本动力是技术创新，金融科技是创新密度非常高的领域，快速的技

---

① 艾瑞咨询，中国第三方支付市场数据发布报告，2020 年。

术创新会不断推动新业态、新模式的涌现。传统的金融监管体制和监管政策具有非常高的刚性特征，缺乏动态的适应性，无法满足金融科技发展所带来的监管需求，在特定的情况下，滞后的政府监管甚至会成为阻碍互联网金融创新发展的障碍。其次，互联网金融发展多是以新的商业模式呈现，这导致一些企业和业务没有受到及时有效的监管，从而出现较大的监管空白。最后，互联网金融的发展带来很多新的监管问题，如金融科技监管、网络与数据安全监管等，使原有的金融监管政策框架缺乏对这些新问题的监管应对，同时消费者隐私保护、市场垄断等问题已经超越了金融监管的职责范围，传统的单一的金融行业监管模式无法有效应对这些新问题，存在着较大的监管缺口。

（2）金融服务提供者的网络化和跨界业务发展导致分业监管模式失效。金融科技企业普遍提供综合性金融服务，不同金融业务之间的边界日益模糊，并且不同业务之间的风险交互影响。互联网金融中普遍的混业经营导致以业务边界划分清楚和业务之间风险有效隔离为基础的现有"分业"监管模式的有效性大打折扣，无法有效控制系统性风险。

（3）大型数字平台复杂的业务和股权关系导致监管难以切入。从事互联网金融服务的大型数字平台通常具有多元化的业务，同时存在多个市场经营，并且具有非常复杂的股权关系。平台企业或平台资本方往往交叉控制众多的实体或通过多层次交叉股权控制机制来控制多个平台实体，这不仅具有放大金融风险的危险，也使金融监管机构难以有效评估经营风险并采取有效监管措施。

（4）金融科技手段的创新应用导致政府监管能力不匹配。金融科技主体在开展金融业务时，普遍使用大数据、云计算或物联网、区块链、人工智能等先进技术，并且这些领域的技术始终处在不断地动态变化和创新发展过程中，这导致传统的依靠行政性监督检查和指挥命令来进行金融监管的政策手段不再有效。因此，对互联网金融和金融科技的监管必须实现智能化，利用监管技术来提升政府监管能力，建立与金融科技发展应用相匹配的监管手段。

第三节 互联网金融监管供给

一、互联网金融监管制度框架

（一）监管原则

1.监管创新原则

互联网金融监管应坚持以监管创新来提升监管效能。互联网金融具有很多与传统金融明显不同的规律和商业模式，并带来很多新的风险问题，而且作为新的金融形式，需要政府创新监管体制和监管政策。因此，面对互联网金融快速的技术创新和商业模式创新，政府监管需要以监管创新来应对互联网金融的业务模式创新，实现政府监管的动态有效。新的监管需要创新监管理念、监管程序和监管政策工具，应重视行为监管和功能监管，强化智能监管，提高监管人员技能，全面提高监管效能。互联网金融监管必须具有动态创新能力和动态适应性，监管政策应及时配套跟进，以防范互联网金融创新发展中产生的各种新型金融风险，切实保证国家金融系统安全、稳定运行。

2. 目标平衡原则

互联网金融监管需要同时平衡维护金融稳定、保护数据隐私安全、维护市场可竞争性等多元目标。互联网金融监管应特别注重平衡金融稳定与创新发展的关系，应鼓励互联网金融的创新发展，释放金融科技促进效率、创新和普惠的巨大作用，防止过度监管和不恰当监管阻碍了创新。因此，互联网金融监管需要形成稳定可预期的监管框架和灵活适应的监管政策工具，在互联网金融创新发展与风险防范之间找到有效平衡。按照规范发展与鼓励创新平衡的总体要求，通过政府监管更好地促进互联网金融创新发展和提高国际竞争力，促使互联网金融发展更好地保护消费者权益，促进金融普惠、宏观经济稳定和高质量发展。为此：互联网金融监管应坚持底线思维和红线理念，形成稳定的监管政策框架；重视"监管沙盒"等有效平衡金融创新与稳定的试验性监管方式的推广应用。

3. 适度监管原则

互联网金融监管既要防止监管不足，也要防止监管过度，要实现与风险相称的适度监管。政府监管要及时跟踪发现市场中的金融风险，及时消除政府监管缺口，防止监管失灵。政府监管要科学定位，合理区分市场机制和政府监管的作用边界，科学分配政府监管机构、金融企业、平台中介、第三方机构、消费者之间的收益与风险，实现权责对等、收益与风险相称。政府监管对金融企业（尤其是大型数字平台）提出的主体责任要求要比例相称，既要金融企业承担其应有的主体责任和义务，也要防止监管机构将过多的治理义务和法律责任配置给金融企业，防止政府监管机构借此将自己应该承担的责任转嫁给平台企业，防止过高的监管负担阻碍互联网金融的创新发展。

4. 科技治理原则

在金融科技快速发展的背景下，要转变传统的以行政命令—控制手段为核心的金融监管方式，注重科技手段和技术性解决方案在保证金融稳定、保护用户隐私数据和促进市场竞争中的独特作用。一方面要鼓励企业治理技术创新，通过完善金融技术系统设计来强化技术自身的安全保障能力，建立坚实的金融科技安全运行的技术基础和技术保障；另一方面要强化监管科技手段的运用，实现实时化、信息化及全景化的监管，针对不同风险隐患类型要分类监管以及进行动态评估监测，利用大数据及时发现和管控市场风险，防止系统性风险的发生。

5. 多元共治原则

互联网平台是一个由平台、供应商、第三方服务商、消费者等多方参与和价值共创的生态系统。互联网金融平台的监管应在遵循数字平台的基本规律的基础上，建立政府主导、多元共治、有效协同的监管治理格局。在加强政府监管效能的同时，还要强调企业自我监管、行业自律、消费者赋权的作用，注重发挥社会监督、媒体监督、公众监督的作用，多方合力、共同推动提升平台企业合规经营和构建良好的互联网金融生态。

（二）互联网金融监管任务目标

互联网金融和金融科技监管的重点是 3 个方面：一是防范金融风险，维护宏观金融稳定；二是确保数据安全，保护消费者权益，构建安全信任的金融交易环境；三是维护市场竞争，发挥市场竞争促进效率提升和持续创新的决定性作用，促进互联网金融高效运营和创新发展。上述 3 个方面可以概括为金融科技监管政策目标三角形（见图 13.2）。

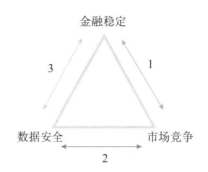

金融稳定

数据安全　　　市场竞争

图 13.2　互联网金融监管政策目标三角形

由于互联网金融监管需要同时考虑 3 个目标，政府监管需要在 3 个目标之间寻求适度的平衡，防止偏重单一目标而牺牲其他目标，顾此失彼会造成非常高的经济代价。因此，多目标平衡成为互联网金融监管的最大挑战。具体来说，一是不能为了金融稳定而牺牲市场的可竞争性，同时也不能为了市场竞争而牺牲金融稳定。因此，监管要实现金融稳定与市场竞争相平衡。二是数据采集利用和开放共享会促进市场竞争，但过度的数据开放共享会损害数据安全，反过来，过度的数据安全监管则会牺牲数据开发利用和市场竞争，不利于经济效率提高和数据驱动的创新。因此，监管要实现数据安全与市场竞争相平衡。三是数据安全的开放共享会降低信息不对称，促进金融市场效率和金融稳定，但大数据和人工智能的应用可能会产生对消费者个人的偏见和歧视，金融企业对数据过度依赖和联网使用则会带来新的风险，从而影响金融稳定。

1. 金融风险监管

金融风险监管，一方面要继续加强传统金融风险的管控，实现线上线下金融活动的统一监管。线上线下相同的金融业务活动都应遵守相同的监管规则，适用相同的监管政策，主要包括准入监管、存款准备金要求、资本和流动性要求等。另一方面要创新监管手段，加强对技术性风险的防范与监管。筑牢金融与科技风险防火墙，健全智能算法规则制度，建立模型安全评估和合规审计体系，及时披露算法决策机理、运行逻辑和潜在风险，采用临界测试、仿真模拟、参数调优等方法来防范算法黑盒、羊群效应等问题，提升算法可解释性、透明性、公平性和安全性；强化云计算标准符合性与安全性管理，规范金融团体云应用，通过负面清单、尽职调查、风险补偿、退出预案等措施加强第三方算力设施集中度风险管控，防范外部云服务缺陷引发的风险向金融领域传导。强化数据共享合作方业务资质把关，划定金融机构与数字渠道合作方的安全基线和责任边界，通过主动披露信息、用户适当性管理等措施，防范通过流量入口开展虚假宣传、过度营销、强制搭售等行为。

2. 金融数据监管

金融数据监管的重点是确保网络数据安全，并促进数据开放接入和共享再用。数据是互联网金融的关键要素，对促进企业创新发展、提升市场运行效率和增强政府监管效能都具有重要的意义。数据监管是在充分保证网络数据安全的基础上促进数据价值的最大化释放，促进互联网金融的创新发展。

网络数据安全监管的重点是保障网络数据安全，加强个人信息保护。网络数据安全监管需要督促大型金融服务企业，建立健全全生命周期数据安全的技术防护措施和组织制度保障，积极运用匿踪查询、去标记化、可信执行环境等技术手段严防数据逆向追踪、隐私泄露、数据篡改与不当使用，建立稳健的网络数据系统。保护个人隐私数据安全是金融服务提供商的基本职责，是构建信任交易环境的重要保障。互联网金融行业要发挥行业监管的作用，推动《个人信息保护法》在金融行业的落实，要求互联网金融企业保障用户隐私权，采集和使用用户数据应确保用户的知情同意，并坚持数据采集的最小化原则。

3. 金融反垄断监管

由于规模经济、范围经济和网络效应，大型数字平台参与金融活动会产生市场垄断问题，因此反垄断成为互联网金融监管的重要任务。金融反垄断监管的重点是禁止严重损害市场竞争的企业并购和查处滥用市场支配地位的行为。首先，加强企业并购控制。维护可竞争的市场结构，防止企业通过并购来获取或强化市场垄断，是并购反垄断控制政策的核心。为此需要强化互联网金融市场的企业并购控制，强化从事互联网金融服务的大型数字平台的并购申报义务和强化并购竞争效应审查，禁止可能会带来严重扭曲市场竞争的企业并购。其次，加强滥用行为反垄断监管。金融反垄断要重点查处处于市场支配地位的企业利用优势地位实行捆绑销售、独占交易、拒绝数据接入、拒绝互操作性、阻碍用户转移、自我优待等滥用支配地位的行为。为更好地预防和制止垄断性，反垄断要强化事前监管，对大型企业的经营行为提出明确的规则。最后，为防止各级各部门金融监管政策扭曲市场竞争，应该完善公平竞争审查制度，确保政府监管政策的竞争中立。

（三）互联网金融监管政策

（1）采用机构监管、功能监管与行为监管相结合的混合监管体制。机构监管就是金融监管部门对金融机构的市场准入、持续的稳健经营、风险管控和风险处置、市场退出等进行监管。功能监管就是对相同功能的金融产品适用相同的监管规则，由同一监管部门监管。行为监管是针对从事金融活动的机构和人的监管，从事金融业务就必须有金融牌照，从事哪项业务就要领取哪种牌照。在大型互联网金融平台从事混业经营的情况下，机构监管难以取得成效，具有较高的成本，并催生出"监管套利"的问题。因此，采取机构监管、功能监管和行为监管相结合的混合监管体制将能更有效地防控风险。

（2）采用穿透式监管方式。为应对互联网金融机构中复杂的股权和产权关系带来的监管复杂度和潜藏的系统性风险问题，消除政府监管无法切入互联网金融机构的障碍，需要采用穿透式监管方式来加强对股东、实际控制人和最终受益人准入和变更的监管。中国人民银行副行长潘功胜最早对"穿透式"监管进行了界定，即透过互联网金融产品的表面形态看清业务实质，将资金来源、中间环节与最终投向穿透联接起来，按照"实质重于形式"的原则甄别业务性质，根据业务功能和法律属性明确监管规则。通过实行穿透式监管，监管机构可以发现金融活动背后市场参与者的真实身份，识别隐藏在复杂金融产品形式下的实质性交易，从而采取有效的监管手段来有针对性地进行监管。

（3）采用监管沙盒等试验性监管方式。为了防止政府监管对创新造成损害，各国日益采用"监管沙盒"等试验性监管方式。"监管沙盒"为互联网金融创新发展提供了一个风险可控的市场空间，支持其对金融创新产品进行探索和实践，并及时发现和规避产品缺陷和风险隐患，在促进创新性业务的发展的同时也实现金融稳定等监管目标。

（四）监管科技应用政策

（1）加快监管科技全方位应用。互联网金融监管应注重加强数字化监管能力建设，打造专业化风险防控基础设施，推动构建跨行业、跨机构的风险联防联控体系，推动大数据、人工智能技术、区块链等监管技术在金融监管中的普及应用，全面发挥数字技术在强化金融监管中的突出作用。

（2）风险控制中的科技应用。首先，在事前监管中要运用大数据、人工智能等技术拓展风险信息获取维度，构建以客户为中心的风险全景视图，智能识别潜在风险点和传导路径，增强风险管理前瞻性和预见性。其次，在事中监管中重点加强风险计量、模型研发、特征提取等能力建设，通过智能化评价策略、多维度关系图谱等厘清风险关联关系、研判风险变化趋势，实现对高风险交易、异常可疑交易等的动态捕捉和智能预警。最后，在事后监管中要通过数字化手段实施自动化交易拦截、账户冻结、漏洞补救等应对措施，持续迭代优化风控模型和风险控制策略，推动风险管理从"人防"向"技防"和"智控"转变，增强风险处置的及时性、准确性。

（3）数据安全监管中的科技应用。在技术方面，积极应用多方安全计算、联邦学习、差分隐私、联盟链等技术，探索建立跨主体数据安全共享隐私计算平台，在保障原始数据不出域的前提下规范开展数据共享应用，确保数据交互安全、使用合规、范围可控，实现数据可用不可见、数据不动价值动。

（五）建立高效能的监管实施体制

（1）系统整合、优化金融行业监管机构的金融监管职能，提高监管效能。面对混业经营给现行分业监管体制带来的不适应性问题，政府应该深化金融监管机构体制改革，建立更综合的国家金融监管机构，按照统分结合、权责一致的原则来优化监管权限与监管责任。

（2）建立有效的跨部门协同监管体制。根据互联网金融监管的3个任务目标，维护金融行业稳定是金融监管机构的主要职责，维护市场竞争是反垄断监管机构的主要职责，维护网络数据安全和保护消费者隐私是数据监管机构的主要职责。目前，中国行业监管主要是"一行三会"负责，反垄断监管主要是由国家市场监管总局负责，网络数据安全监管主要是国家网信办负责。为此，需要建立金融监管机构与国家市场监管总局和网信办的分工合作机制，既分工负责各自的监管职责，又形成协调合作的监管机制。

（3）完善中央与地方监管权责配置。明确中央和地方两级的管理体系，由中央统一制定监管规则，中央主要监管可能出现的系统性、全国性、跨行业、跨地域的金融领域里面的金融风险，地方则按照区域性、非系统性和风险相对可控的金融领域来实施监管。

二、中国互联网金融监管体制

（一）互联网金融监管的相关法规

从 2010 年开始，中国陆续出台了多个关于互联网金融发展的法规政策（见表 13.2）。2015 年 7 月以来，中国人民银行等机构密集出台了一系列针对互联网金融监管的文件，对互联网金融监管提出了基本的原则和框架。2020 年以来，国家进一步出台了多个强化互联网金融监管的法规政策。

表 13.2　中国互联网金融监管相关法规

文件名称	发布时间	发布部门	监管政策重点
《非金融机构支付服务管理办法》	2010 年 6 月	中国人民银行	建立非金融机构支付服务市场准入制度和监督管理机制
《非金融机构支付服务业务系统检测认证管理规定》	2011 年 1 月	中国人民银行	技术标准符合性和安全性检测认证
《支付机构互联网支付业务管理办法》	2014 年 3 月	中国人民银行	规范网络支付业务，防范支付风险，保护当事人合法权益
《关于促进互联网金融健康发展的指导意见》	2015 年 7 月	中国人民银行等十部门	提出"依法监管、适度监管、分类监管、协同监管、创新监管"原则
《互联网金融风险专项整治工作实施方案》	2016 年 4 月	国务院	规范各类互联网金融业态，防范化解风险，维护金融稳定
《网络借贷信息中介机构业务活动管理暂行办法》	2016 年 8 月	银监会、工信部、公安部、网信办	加强对网络借贷信息中介机构业务活动的监督管理
《P2P 网络借贷风险专项整治工作实施方案》	2016 年 10 月	银监会	重点整治和取缔违法违规网贷机构
《互联网保险风险专项整治工作实施方案》	2016 年 10 月	保监会	重点整治违法违规互联网保险业务
《网络借贷信息中介备案登记管理指引》	2016 年 11 月	银监会联合工信部、工商局	确立网络借贷平台备案登记制度
《关于进一步加强校园贷规范管理工作的通知》	2017 年 5 月	银监会、教育部、人社部	重点整治校园贷
《网络借贷信息中介机构业务活动信息披露指引》	2017 年 8 月	银监会	网贷行业信息披露要求
《网络小额贷款业务管理暂行办法（征求意见稿）》	2020 年 11 月	银保监会、中国人民银行	加大了许可审查、提高资本金要求、完善了消费者保护措施
《非银行支付机构客户备付金存管办法》	2021 年 1 月	中国人民银行	规定支付机构备付金集中存管等规定
《非银行支付机构条例（征求意见稿）》	2021 年 1 月	中国人民银行	重点对非银行支付设立条件和支付规则作出了规定
《关于进一步规范商业银行互联网贷款业务的通知》	2021 年 2 月	银保监会	进一步规范互联网贷款业务行为

资料来源：作者根据有关文件整理。

（二）互联网金融监管的主要内容

中国互联网金融监管的重点是市场准入监管、金融风险监管、数据监管。

1. 市场准入监管

中国互联网金融在快速发展的同时，也出现了突出的无牌经营或从事超许可范围的金融业务等严重违规问题。对此，近年来国家互联网金融监管日益加强市场准入监管，明确资质要求、经营业务范围、相关标准要求等，强调互联网金融服务要持证经营及持牌上岗。目前，资产管理公司、投资公司等从事互联网金融业务的公司，已经开始需要申领相应的牌照才能开展业务；互联网借贷中介机构需要进行备案登记并申领电信业务经营许可。《非银行支付机构条例（征求意见稿）》对于第三方支付的准入监管（支付许可证）、经营条件（资质认定、备案登记）、经营范围、业务开展牌照、技术标准认定（互联网金融交易相关技术资质）等都提出了明确的要求。表 13.3 列举了互联网平台企业涉及的主要金融业务、持牌要求及监管机构。

表 13.3　互联网金融平台企业主要业务牌照要求

行　业	具体业务	牌照要求	主要监管机构
支付	非银行支付	持牌	中国人民银行
零售信贷	消费金融公司	持牌	银保监会
	互联网小贷公司	持牌	银保监会
保险	互联网保险	持牌	银保监会
银行	互联网银行	持牌	银保监会
财富管理	证券、基金等	持牌	证监会

资料来源：作者根据有关文件整理。

2. 金融风险监管

风险监管的重点是对金融机构提出风险控制要求，如账户资金托管存管（备付金必须存管在商业银行，支付机构不得挪用，备付金也不属于支付机构自有财产等监管要求），经营规则，互联网融资配资限定及禁止（资金安全），退出机制（P2P 行业的转型分流）。2017 年，我国建立了非银行支付机构网络支付清算平台——网联，网联将承担第三方支付机构的集中清算职能，改变了原有的第三方支付机构直接与银行交易的方式，防止企业规避金融监管机构的监管。同时，中国人民银行已授权集中管理来自在线支付服务提供商的所有客户资金，要求这些提供商将所有客户的资金存入中国人民银行。

3. 数据监管

在中国互联网金融监管中，《网络安全法》《数据安全法》和《个人信息保护法》是金融行业数据监管的基础性法律依据。为进一步落实行业监管职责，《金融数据安全数据安全分级指南》提出了金融数据安全分级的目标、原则和范围，明确了数据安全定级的要素、规则和定级过程。在数据的生命周期管理方面，《金融数据安全数据生命周期安全规范》在数据分级的基础上，明确了金融数据生命周期的安全框架，构建了涵盖数据采集、传输、存储、使用、销毁全生命周期的数据安全治理体系。《金融行业网络安全等级保护测评指南》是《网络安全法》在金融行业的落实，重点是突出等级保护制度；《个人金融信息保护技术规范》则是进一步落实《个人信息保护法》；《中国人民银行业务领域数据安全管理办法（征求意见稿）》则是细化落实《数据安全法》。

（三）分业分级的金融监管体制

1. 中央与地方分级监管

中国互联网金融监管总体由国务院负责，国家层面的监管机构为中国人民银行、银监会、证监会、保监会，简称"一行三会"。同时，各省级政府负责本省范围内的金融监管，各省级政府都下设金融办来负责贯彻国家层面的监管政策并负责地方金融监管工作。

2. 部门分业监管

2015 年，十部委联合发布的《关于促进互联网金融健康发展的指导意见》确立了互联网支付、网络借贷、股权众筹融资、互联网基金销售、互联网保险、互联网信托和互联网消费金融等互联网金融主要业态的监管职责分工，落实了监管责任，明确了监管业务边界。具体来说，互联网支付监管由中国人民银行负责；网络借贷监管由银监会负责；股权众筹融资监管由证监会负责；互联网基金销售监管由证监会负责；互联网保险监管由保监会负责；互联网信托和互联网消费金融监管由银监会负责；互联网金融业务涉及的电信业务监管由工信部负责；金融信息服务、互联网信息内容业务监管由国家网信办负责；网络与信息安全监管由十部委分别负责。由于互联网金融具有明显的混业经营特点，互联网金融的混业经营和政府实施的分业监管体制就存在较大的冲突，会导致多部门分业监管体制出现权责不清问题。

第四节 互联网金融数据监管

一、数据监管的基本要求

数据的最本质特征是非竞争性，同一数据能被多人同时使用会最大化释放数据的价值。因此，促进数据开放共享会促进金融行业高质量发展。数据开放共享会极大地缓解信息不对称问题，提升金融市场效率。在数据日益成为决定企业竞争优势的情况下，大型数字平台拥有的大数据优势往往成为阻碍市场竞争的重要因素，如果促进大型数字平台向中小平台开放数据就会消除数据垄断，促进市场竞争。另外，互联网金融企业向监管机构开放数据，有利于监管机构有效监督市场运行风险，确保金融稳定。因此，目前欧盟、英国、日本、澳大利亚、新加坡、墨西哥等很多地区或国家都实行了金融数据开放政策，也称为"开放银行"政策。

数据开放共享主要包括 3 个层次：一是促进传统金融机构与新兴互联网金融服务提供商之间的数据共享；二是促进大型数字平台向中小平台的数据开放；三是互联网金融企业向监管机构的数据开放。

数据开放共享要以确保网络数据安全和消费者隐私保护为前提。互联网金融的数据监管应该确保网络数据安全和消费者隐私权，接入和使用个人数据必须获得消费者的知情同意，获得消费者用户的明确授权，并且有关企业必须确保个人隐私数据安全，并对隐私侵害承担相应的责任。

数据接入共享应该通过推行标准化来实现，监管机构应协调制定统一的数据接入技术标准和合约标准，要求金融服务提供商采用标准化的程序界面，并确保实现高效、及时的数据共享。

数据接入共享必须合理平衡数据占有人和数据接入者的利益关系，明确界定哪些数据强制接入，哪些数据由企业之间通过私人谈判来决定接入共享，并设计激励性数据接入机制来激励数据占有人向数据接入者开放数据。

二、美国互联网金融的数据监管

1970 年《公平信用报告法》（*Fair Credit Reporting Act*）适用于使用消费者报告的机构（如贷方）和提供消费者报告信息的机构（如信用卡公司），要求各种针对有关消费者信用报告的活动应以公正、合理的方式进行，并尊重消费者隐私权。该法案对个人信誉、信用状况、偿债能力、决定信用资质的生活方式、就业情况等数据的使用作出了限制性规定，并要求对特定数据进行安全存储。消费者有权了解调查报告使用情况，有权了解调查报告的内容和修改其中的错误支付卡行业数据安全等。除此之外，金融机构还需要按照支付卡行业数据安全（payment card industry data security standard，PCI-DSS）标准进行数据处理[①]。此外，企业和机构对个人金融数据的使用和披露也受到了政府监管政策的限制。

1999 年，由克林顿政府提交的由 1991 年布什政府推出的监管改革绿皮书，经国会通过，形成了《金融服务现代化法案》（*Financial Services Modernization Act*），亦称《格雷姆—里奇—比利雷法案》（*Gramm-Leach-Bliley Act*）。该法案对银行、保险公司及其他从事金融服务的公司在采集使用非公开个人数据方面提出了具体的要求。这些机构和公司有义务维护从客户那里收集来的与金融服务有关的个人信息，即"非公开个人信息"安全，并限制这些机构和公司使用和披露非公开个人信息。《格雷姆—里奇—比利雷法案》禁止金融机构向任何非附属第三方披露账号信息，以防止第三方将用户账号信息用于电话营销、直邮营销或通过电子邮件向消费者发送营销信息等。在其他情况下，监管机构要求金融服务企业共享客户信息。

三、欧盟互联网金融数据监管

欧盟互联网金融数据监管政策主要体现在欧洲议会和欧洲理事会于 2015 年 12 月修订发布的《支付服务指令第二版》（*Second Payment Service Directive*，PSD2）。PSD2 主要是解决 3 个问题：一是推动数据接入。PSD2 强制要求信贷机构对第三方支付服务提供商（TPP）[②] 开放用户账户信息权限，以及提供必要的应用程序编程接口，以确保所有支付服

---

① PCI-DSS 标准是面向所有存储、处理或传输持卡人数据和 / 或敏感验证数据的所有实体的全球性安全标准，它为消费者设定了一个基准的保护级别，以减少整个支付系统的欺诈和数据泄露问题。

② 第三方支付服务提供商包括金融公司、通过数字应用提供服务的金融科技公司或单独的独立支付提供商。

务提供商接入用户账户数据信息，从而促进市场竞争。二是鼓励新市场参与者在移动支付和网络支付领域开展创新，从而提高支付服务的效率、可选择性、透明度和安全性。三是强化数据信息安全和消费者保护。PSD2 通过强化客户身份认证等一系列措施，强化电子支付市场的消费者保护。

（一）数据开放共享要求

PSD2 强制信贷机构向第三方支付服务提供商开放用户账户信息及应用程序编程接口权限。根据指令，"第三方支付服务提供商"可以在消费者授权的情况下访问消费者的支付账户。该指令要求支付服务提供商公开开放应用程序编程接口，使消费者能够通过第三方支付服务提供商安全地访问自己的银行账户和信息。开放银行账户使竞争对手或下游服务提供商能够将另一家企业收集的客户数据直接并立即集成到他们自己的服务中，消除在位企业垄断数据来排斥竞争者进入竞争，从而促进市场竞争。这项监管政策的目的是重塑金融部门，为小型金融科技公司提供足够的成长空间，使它们能够与老牌银行机构展开竞争。

（二）消费者数据安全保护

支付服务提供商处理个人消费者和组织的敏感个人数据，包括卡数据、银行账户信息、全名、政府签发的身份证号码等，必须遵守欧盟《通用数据保护条例》的规定。鉴于通过开放式应用程序编程接口访问的客户信息的敏感性，PSD2 规定了严格的数据保护规则，包括通过强化客户身份验证来验证用户身份，以及允许客户授权同意并指定数据使用偏好。该指令的数据安全政策主要包括实施强客户身份验证，实施通用和安全通信标准。这两项措施对于防止交易欺诈和确保持卡人数据安全至关重要。首先，强消费者身份验证标准的一项关键规则是，必须至少使用两项安全措施进行验证。这可以包括密码、个人身份识别码（personal identification number，PIN）、指纹扫描、卡片身份验证或唯一生成的身份验证码。其次，通用和安全通信标准强制要求对交易过程中所涉各方之间的所有通信进行认证。这些标准要求各机构建立安全渠道，通过这些渠道与第三方支付服务提供商进行通信，以便安全地访问敏感的消费者和支付数据。通过采用这些做法，支付服务提供商与其消费者之间可以更快、更安全地共享数据。

（三）强化政府监管

为了提高政府监管效能，PSD2 主要提出了以下的政策措施：一是实行注册登记制度。为了保护用户数据安全，依据《支付服务监管法》第三方支付服务提供商或账户信息服务机构必须获得金融监管局的批准注册。二是制定和推定安全技术标准。制定有关安全成本分析（software composition analysis，SCA）和安全通信渠道的监管技术标准，并要求所有支付服务提供商严格遵守该标准。三是加强成员国金融监管局之间的合作和信息交流。

讨论案例：蚂蚁集团即互联网金融平台企业的整改

2020 年 12 月，中国金融监管机构（包括人民银行、银保监会、证监会、外汇局等）对蚂蚁集团进行了约谈，提出了以下 5 项整改要求。

（1）回归支付本源，提升交易透明度，严禁不正当竞争。

（2）依法持牌、合法合规经营个人征信业务，保护个人数据隐私。

（3）依法设立金融控股公司，严格落实监管要求，确保资本充足、关联交易合规。

（4）完善公司治理，按审慎监管要求严格整改违规信贷、保险、理财等金融活动。

（5）依法合规开展证券基金业务，强化证券类机构治理，合规开展资产证券化业务。

2021年4月，中国金融监管机构（包括人民银行、银保监会、证监会、外汇局等）确定蚂蚁集团整改方案。

（1）纠正支付业务不正当竞争行为，在支付方式上给消费者更多选择权，断开支付宝与"花呗""借呗"等其他金融产品的不当链接，纠正在支付链路中嵌套信贷业务等违规行为。

（2）打破信息垄断，严格落实《征信业管理条例》要求，依法持牌经营个人征信业务，遵循"合法、最低、必要"原则收集和使用个人信息，保障个人和国家信息安全。

（3）蚂蚁集团整体申设为金融控股公司，所有从事金融活动的机构全部纳入金融控股公司接受监管，健全风险隔离措施，规范关联交易。

（4）严格落实审慎监管要求，完善公司治理，认真整改违规信贷、保险、理财等金融活动，控制高杠杆和高风险传染。

（5）管控重要基金产品流动性风险，主动压降余额宝余额。

2021年4月，中国金融监管机构（包括人民银行、银保监会、证监会、外汇局等）联合约谈13家网络平台企业，提出7项整改要求。

（1）坚持金融活动全部纳入金融监管范围，金融业务必须持牌经营。

（2）支付回归本源，断开支付工具和其他金融产品的不当链接，严控非银行支付账户向对公领域扩张，提高交易透明度，纠正不正当竞争行为。

（3）打破信息垄断，严格通过持牌征信机构依法合规开展个人征信业务。

（4）加强对股东资质、股权结构、资本、风险隔离、关联交易等关键环节的规范管理，符合条件的企业要依法申请设立金融控股公司。

（5）严格落实审慎监管要求，完善公司治理，落实投资入股银行保险机构"两参一控"要求，合规审慎开展互联网存贷款和互联网保险业务，防范网络互助业务风险。

（6）规范企业发行交易资产证券化产品以及赴境外上市行为。禁止证券基金机构高管和从业人员交叉任职，保障机构经营独立性。

（7）强化金融消费者保护机制，规范个人信息采集使用、营销宣传行为和格式文本合同，加强监督并规范与第三方机构的金融业务合作等。

讨论问题：

1. 如何评价互联网金融的效率优势及其可能带来的风险？

2. 国家金融监管部门对蚂蚁集团的整改是否能实现金融监管目标？上述整改措施是否存在一定的不足？

■ 本章总结

互联网金融作为一种新的金融业态，具有独特的经济特征：数据成为互联网金融的重要创新性投入要素，同时互联网金融是一种普惠金融，具有多边平台商业模式和混业经营的特征。

互联网金融市场既面临信息不对称、信用风险、流动性风险、系统性风险等传统金融市场的失灵风险，也面临着网络安全风险、数据安全风险、市场垄断风险等新问题，因此需要有效的政府监管以促进互联网金融发展和维护市场竞争及消费者权益。互联网金融监管要坚持监管创新原则、目标平衡原则、适度监管原则、科技治理原则、多元共治原则等基本原则，实现金融稳定、数据安全和市场竞争的平衡。其监管重点是市场准入监管、金融风险监管、数据监管。

促进数据开放共享会促进金融行业高质量发展，目前各国都实行了金融数据开放政策以促进市场竞争和确保监管机构有效监督市场运行风险。数据开放共享应通过推行标准化来实现，并以确保网络数据安全和消费者隐私保护为前提，合理平衡数据占有人和数据接入者的利益关系。

■ 关键词

互联网金融　金融科技　普惠金融　混业经营　功能监管　机构监管　业务监管

■ 复习思考题

1. 互联网金融的商业模式有何新特征？

2. 互联网金融带来哪些新的监管问题？

3. 互联网金融监管的多元目标及其平衡？

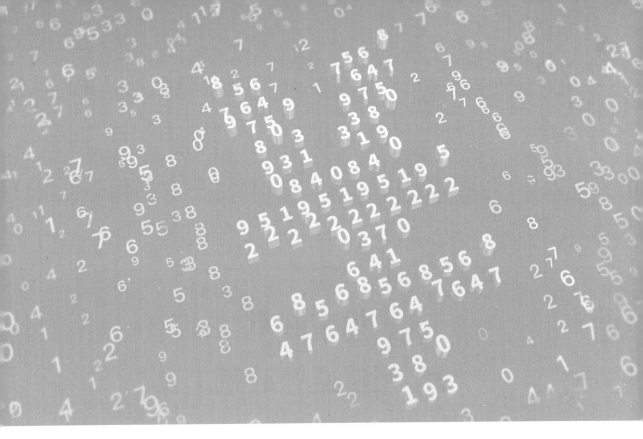

第五篇
数字监管工具

第十四章
数字经济监管政策工具

第一节　市场研究

一、市场研究概述

市场研究指监管机构通过综合考察受监管行业的市场运行状况和相关主体的行为模式，发现和识别市场竞争机制失灵的风险，并分析市场失灵产生的原因及企业行为表现，从而明确市场监管的必要性、政策重点和针对性政策措施，为制定和实施科学的市场监管提供现实依据。

目前，大部分国家或地区的市场监管机构在立法和执法前都进行了市场研究，市场研究已经成为政府实行市场监管的重要方法和必要步骤。市场研究方法最初主要是在竞争政策制定中使用，目前已经扩展应用到很多市场监管领域。为此，本节对市场研究的介绍主要是以反垄断监管机构的应用为主。

二、市场研究的目的

市场研究是竞争政策制定和实施的重要工具，也是反垄断机构深入了解特定行业市场运行和竞争状况的重要工具。市场研究通过分析特定行业市场的供给、需求、企业竞争行为、消费者福利、政府已有政策的影响、市场运行有效性等来明确是否需要采取相应的反垄断监管行动，以及基于市场研究对导致市场失灵原因的准确把握和企业限制竞争行为的分析来采取更有针对性的政策。同时，市场研究也有利于反垄断机构更好地评估现有政策工具的有效性，反垄断机构可以利用市场研究来确定如何对含有不必要竞争限制的监管政策和失效的政策进行改革和创新。

市场研究是重要的竞争倡导方式。反垄断机构可以利用市场研究来说明政府正在考虑制定的政策或立法对竞争的影响，从而为市场主体提供政策制定和实施的预期。市场研究可用于向市场主体进行反垄断政策宣传。例如，说明某类市场或行为将成为反垄断执法的重点，某些行为将受到反垄断法的严格禁止，企业应该主动进行内容审查或改正某些经营行为，以确保自己合规经营。

三、市场研究的步骤

市场研究包括如下 8 个步骤。

第一步，界定和选择要研究的行业或市场。监管机构根据国家战略规划和相关方面的信息，采用定性和定量的方法来识别需要重点关注的行业或市场。在进行市场选择时，反垄断机构选择的行业或市场一般依据如下因素：国家政策优先关注的、正在发生重大变化的、公众高关注度的、消费者或企业投诉高的行业或市场。

第二步，确定市场范围并制定工作规划。确定市场范围能够明确市场研究的重点关注，提高市场研究的有效性。市场范围主要是根据市场失灵的风险、严重性和影响范围由监管机构和市场研究专家团队确定。

第三步，征集利益相关者的意见。利益相关者包括政府部门、行业监管机构、相关企业和行业协会、消费者代表和消费者组织、政策咨询机构、专家学者等。各国的实践经验表明，利益相关者的广泛参与对保证市场研究的质量发挥了非常重要的作用。利益相关者的参与不仅有助于获取信息，还有助于澄清研究问题和提高市场研究的透明度。启动市场研究之前，需要识别关键的利益相关者，制定征求和约谈利益相关者的策略和方法。

第四步，启动市场研究。市场研究应该以公开方式启动，公开发表声明，说明进行市场研究的原因、范围和时间表，以及有关咨询方法和主要联系人的信息。为了正式启动一项研究，竞争主管部门可以利用其网站上的新闻稿、公告和专题文件等传播工具。例如，在英国，启动市场研究必须发布"市场研究通告"，市场研究通告的内容一般包括市场研究的原因、范围、完成研究的时间表以及可能的结果等。

第五步，收集市场研究所需要的信息。信息收集是分析的基础，信息收集的方法很多：收集既有信息的方法包括文献回顾、监管机构和其他政府部门的已有信息；采用多种方法来收集新的相关信息；向利益相关者公开征集有关的信息。为了获取必要的信息，监管机构必须具有信息获取权，有关企业有义务提供必要的信息或允许出于调查目的的政府数据接入。

第六步，市场分析并撰写研究报告。一般来说，市场分析通常分析市场供给、市场需求、价格、企业盈利、市场集中度、企业竞争行为、市场绩效、已有监管政策的效果等，并给出研究结论和政策建议。国际竞争网络（International Competition Network，ICN）发布的《2009年市场研究政策报告》指出，市场研究主要关注由下列因素所引起的市场功能不能有效发挥作用的问题：企业行为、市场结构、市场失灵、消费者行为、损害竞争或消费者利益的因素、政府干预市场的必要性及政策。[1]

第七步，研究成果及发布。一旦发现某个行业存在任何竞争问题，市场研究团队必须制定行动方案并就行动方案与利益相关方协商，并向政府监管机构提出建议。市场研究可能随着最终报告的发布正式结束，最终报告介绍了所分析的部门、确定的竞争问题、得出这些结论所采用的方法以及选择的成果或给出的政策建议。市场研究的政策建议往往具有多种，根据经合组织在2015年发布的《拉美国家竞争与市场研究》报告和2018年发布的《针对竞争机构的市场研究》报告，市场研究提出的政策建议主要包括：对发现的法规政策缺陷提出制定或修改相关法规政策，对发现的消费者保护问题提出赋能消费者的建议，对发现的反竞争行为采取竞争执法行动，对发现的结构性问题采取结构性救济措施，对发现的市场失灵实行必要的政府监管措施，鼓励企业自我治理或行业私人监管等。[2]

第八步，事后评价。为了吸取经验教训和从总体上确定市场研究的价值，反垄断机构需要对市场研究进行事后评价，以更好地提升未来从事市场研究工作的质量。事后评价主

① ICN (2016), Market Studies Good Practice Handbook, http://www.internationalcompetitionnetwork.org/uploads/library/doc1088.pdf.

② OECD (2015), Competition and Market Studies in Latin America, OECD Publishing.OECD(2018)，Market Studies Guide for Competition Authorities, OECD Publishing.

要是评估监管政策实施情况及其有效性，判断发现的市场竞争问题是否依然存在，以及未来的改进思路。

第二节　监管影响评价

一、监管影响评价的概念与价值

监管影响评价（regulatory impact assessment，RIA）主要是系统地评估已有或拟议监管政策的潜在成本与收益，评估监管政策可能产生的所有正面与负面影响，评估比较各种不同替代性方案，从而为最优决策提供依据的一套系统性方法和行政制度安排。

监管影响评价是确保政府监管是高质量的重要政策工具。政府监管机构需要确保制定和实施的监管是高质量的，因为低质量监管会给社会带来巨大的代价，它不仅增加了企业和其他群体的合规成本，导致监管政策不必要的复杂性和不确定性，而且会严重影响企业的创新发展，降低政府的公信力。经合组织国家的实践表明，在适当的制度框架内进行监管影响评价能够显著增强政府的监管能力，确保监管在不断变化和复杂的世界中始终保持监管的效率和效果。

监管影响评价是一种以事实为基础的政策制定方法，有助于监管机构制定和实施科学的监管政策。首先，评估现实市场运行状况、识别市场失灵及各种潜在的风险、明确监管政策目标，从而确定是否需要政府干预及其目标；其次，分析评价现有监管政策的有效性，全面比较分析实现目标的不同监管替代方案的利弊，采用统一的方法对不同的实现监管目标的政策方案对经济、环境、社会造成的影响进行量化测算，促使政府监管选择最佳的政策方案；最后，优化监管政策实施过程，全面提高政府监管的效率和效果。

监管影响评价"不仅是一种帮助政府评估监管影响的分析工具，还是一种融入政策过程的政策协调工具，它能使不同的利益结合在一起"。[1] 监管影响评价的一个重要分析内容是政策实施会对不同群体带来哪些以及多大的影响，并将尽量减少对特定群体的负面影响作为重要的考量因素。同时，监管影响评价过程是利益相关者广泛参与和反映利益诉求的意见征集过程，也是实现利益协调的政策过程，它能够更好地实现多元利益的协调。

监管影响评价最初是美国在政府监管实践中为了确保监管政策的科学性而建立起来的。随后，经合组织国家大多于 20 世纪 90 年代后半叶开始引入监管影响评价制度，如今经合组织国家的政府部门如果要制定监管政策，基本都要进行监管影响评价，其已经成为监管政策制定的标准程序。

---

① OECD. Regulatory Impact Analysis: Best Practices in OECD Countries.Paris.1997.

二、监管影响评价的基本步骤

总体而言，一个完整的监管影响评价主要包括以下 7 个步骤（具体见图 14.1）。

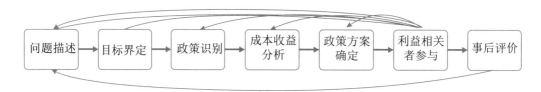

图 14.1　监管影响评价的基本步骤

第一步，明确的问题描述。描述对监管提案要解决的问题的性质和问题严重程度，并尽可能进行量化。

第二步，清晰界定政策目标。清晰界定政府监管要达到的目标。

第三步，识别监管政策选择。识别并明确对实现政策目标有益的各种可能的监管与非监管政策。尤其是描述现有的监管框架、拟议草案，确定负责起草、实施和执行提案的行政机关和机构，概述执行制度和确保被监管对象合规的拟议措施，以及识别各种非监管的替代性政策方案。

第四步，成本收益分析。成本收益分析主要是量化测算出各种政策选择可能产生的成本和收益，重点是测算各种政策选择的直接或间接的成本与收益，特别是分析政策实施给企业带来的合规成本；政策实施对哪些利益相关者产生影响，以及对不同群体带来的成本及收益在他们之间的分配。

第五步，确定首选政策方案。根据对不同政策方案影响的成本收益分析结果，具体说明确定的监管提案是什么，以及为何该方案优于其他替代性方案。

第六步，政策咨询和利益相关者参与。将公众咨询纳入监管影响评价体系中，为所有利益相关者提供参与监管过程的机会，为监管政策影响平台提供信息和评价意见。公众意见咨询应该贯彻到监管影响评价的整个过程。

第七步，建立事后监督评价机制。事后监督评价机制是确保监管影响评价质量的重要制度涉及。为此，需要描述如何评估法规的绩效，并预测评估所需要的必要的数据及数据获取方式。监管影响评价事后监督评价机制是通过对政策实施情况的持续监督来更好地指导未来的监管政策评估，持续改进监管影响评价质量。

三、监管影响评价方法

（一）一般均衡分析与局部均衡分析

进行监管影响评价的一个重要的挑战是如何选择最恰当的评价和比较不同监管替代方案的方法。首先需要选择是采用局部均衡分析模型还是采用一般均衡分析模型。相对说来，一般均衡分析模型能够更全面地反映监管政策的影响，特别是针对监管政策影响具有多领域、跨行业特征，或者当具有直接影响和间接影响时，一般均衡分析模型是最优的模型方法。但采用一般均衡分析需要具备的条件比较难以满足——其需要更多具体的数据，对分析评价的技术和人员技能有较高的要求，并且政策制定的时间要求较为宽松。由于在大多数情况下，一般均衡分析的条件较难满足，因此局部均衡分析模型成为主要的模型方法。但在应用局部均衡分析时，需要明确监管政策的影响评价可能忽略了政策实施造成的间接影响，所以要避免在监管政策间接影响较大的情况下，采用局部均衡分析得出错误的结论。

（二）监管影响评价的量化分析方法

监管影响评价是实现理性监管的工具，科学合理的评价方法能使结果更客观、准确。国际上较常用的监管影响评价具体的量化方法主要如下。

（1）成本有效分析法。成本有效分析只关注成本，根据成本最低标准来选择监管政策。这种方法通常使用在政策收益固定的情况下，监管机构只需要根据成本最小化的标准来选择政策方案。

（2）成本收益分析法（cost-benefit analysis）。成本收益分析将监管方案的所有成本与收益货币化，通过实证分析和量化评估，分析不同监管方案的收益是否大于成本，以净收益最大化来的标准来筛选替代性监管政策选项。

（3）成本效益分析法（cost-effectiveness analysis）。成本效益分析要求量化分析政策实施给社会成本将会产生多大的收益。因此，用于比较不同政策选项的典型方法是收益 -成本比，即收益除以成本。这种方法通常用于各种政府支出项目，因为它可以确定各种支出项目是否"物有所值"。

（4）多标准分析法（multicriteria analysis）。多标准分析是通过一系列预先确定的多元标准来比较不同的监管替代方案，如分析监管政策对中小企业的影响、监管政策对消费者的影响、监管政策对数据隐私的影响等。多标准分析法适用于评价的政策需要同时平衡多元目标的监管政策方案，更容易判断监管政策对不同群体利益和分配等的影响。多标准分析法的关键是确定不同评价标准的权重，从而形成科学的总评价标准。

（5）风险分析法（risk analysis）。风险分析法是针对监管活动对社会、经济、环境产生的潜在风险及不利后果进行预估，一般只在评价过程中的某些方面使用。

（三）监管影响评价中的成本分析

成本是监管影响评价中最为基础的分析指标。监管影响评价中的成本并不是企业会计层面的成本概念，而是经济学意义上的成本概念。总体来说，监管影响评价的成本包括合规成本、财务成本、间接成本、机会成本和宏观成本（见图 14.2）。其中合规成本是监管影响评价中成本分析最核心的部分，它既包括企业的合规成本也包括政府监管机构为实施监管政策所需额外支出的行政成本。近年来，随着各国越来越重视竞争政策的基础性地位，为防止政府监管扭曲市场竞争，监管政策的竞争影响评价或竞争损害成本也成为监管影响评价的重要内容，包括评估监管政策是否提高新企业市场进入难度、是否降低了市场竞争程度、是否普遍恶化了企业盈利能力。

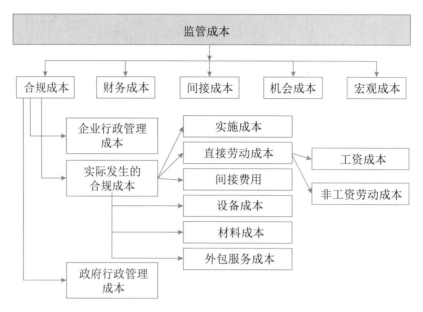

图 14.2　监管影响评价中的监管成本

资料来源：OECD（2014）.OECD Regulatory Compliance Cost Assessment Guidance, Paris.

四、监管影响评价的数据信息获取

数据信息获取是决定监管影响评价质量的重要因素，也是监管影响评价面临的最主要困难。数据质量被视为监管影响评价程序中最难的环节之一，其不仅关系着监管影响评价能否顺利实施，而且在很大程度上决定着监管影响评价的实际效果。而获取高质量数据信息是监管影响评价面临的首要挑战。缺少高质量的数据信息，监管影响评价在政策制定过程中所能发挥的作用将会大打折扣。实践中，监管影响评价需要的信息可以通过多种方式来收集。进行监管影响评价时须先思考将要采用的数据收集策略，而采用适当方法就意味着应该仔细考虑数据信息是否与实施监管影响评价的目标相适应，因为很多数据的收集方法都需要耗费大量资源，而且在实践中还会依赖第三方途径获取数据，获取数据信息应该以最小的成本获取最有价值的数据信息。在实践过程中，监管影响评价的数据信息获取包括各种直接或间接的方式，具体如表 14.1 所示。

表 14.1　监管影响评价的数据信息获取方式

来源途径	具体方式
已有文献的数据	通过对现有研究成果的分析来获取数据信息
获取已有机构的数据	通过与国家统计机构、研究机构、咨询机构等合作来获取数据
公众意见征询	通过正式渠道向社会发布征集数据信息的公告，向社会征集数据信息
监管影响评价网络	建立中心网络来为监管影响评价提供支持并与国际最佳实践实现分享
国际数据和最佳实践	各类国际组织的各类研究报告
针对性的数据调查	自己或委托第三方进行的专门访谈及数据调查

资料来源：作者整理。

五、监管影响评价的替代性监管方案

监管影响评价不是论证政府监管机构要出台的监管政策多么必要和多么正确，而主要是对不同的替代性监管政策方案进行系统的评价和比较分析，最终提出最优的监管政策方案选择。因此，监管影响评价是决策分析思维，它帮助监管机构做出正确的监管决策。

在实施过程中，监管影响评价通常在政府监管机构采用传统的命令—控制监管政策的同时还要提出一系列替代性监管政策方案。具体来说，替代性监管政策方案一般包括如下内容。

（1）市场增进型监管。市场增进型监管指在面对市场失灵时，政府首要的政策选择不是实行指挥命令式监管，而是应采取措施来完善市场机制，使市场更有效地发挥促进资源优化配置的作用。市场增进型监管的政策措施包括完善市场运行的基础性制度，减少扭曲市场竞争的已有政府政策，采取产权改革或机构重组政策等。在此政策下，政府监管与市场竞争机制并不是替代的关系，而是互补的关系。

（2）合作监管。在合作监管体制下，政府监管机构和企业共同承当监管角色。通常，行业或大部分行业企业会与政府协商制定行为规则，违反行为规则的行为通常由行业组织而非政府来直接实施制裁。这种方法允许行业通过制定标准和鼓励对绩效承担更大的责任来率先对其成员进行监管。这不仅有利于发挥行业组织所拥有的专业知识和信息，而且会降低企业合规和政府监管的成本。

（3）自愿型监管。自愿型监管指行业组织或行业大企业牵头来实施的自愿合规经营行为。例如，行业组织主动发布合规经营倡议，共同制定行业行为规则，行业中大的平台企业主动制定自我治理制度规则或采用大数据、人工智能技术系统来实现对平台生态的治理。

（4）基于绩效的监管。基于绩效的监管详细规定了企业所需达到的结果或目标，而不是规定企业实现目标所采用的方式。企业和个人可以选择遵守法律的程序和方式，这使企业和个人能够确定采用更有效率和更低的成本流程和方式，从而有利于促进创新和更广泛地采用新技术。

（5）基于过程的监管。基于过程的监管主要适用于风险控制，它要求被监管对象采用标准化的过程和系统性风险控制方法来最小化风险的发生。由于对风险进行事后评估或补救往往是代价高昂的，因此需要采取有效的事前防控措施，防患于未然，要求被监管对象采取必要和有效的过程来最小化风险。同时，基于过程的监管认为，在正确激励的情况下，被监管对象会采取更有效率的方式来识别风险并采取有效的风险防控措施，其比监管机构指挥命令式的监管更为有效。

（6）经济激励性监管。从理论上来说，在任何监管需求的情况下，政府监管都应优先采用基于经济激励的监管政策工具，包括税收、补贴、可交易许可证、代金券等，通过采用直接的市场运作机制或准市场化机制，充分利用市场化经济激励手段来实现激励性监管，避免了大多数监管形式固有的扭曲市场激励弊端。

（7）监管倡导。监管倡导是被各国广泛采用的软监管方式。监管倡导主要是对被监管企业和消费者、公众等进行监管政策的宣传交易。监管倡导不仅有助于企业更清晰地了解监管政策要求，避免由于信息不对称而出现违法的现象，而且监管倡导会使公民和消费者能够采取符合他们偏好的行动或做出明智的选择，使他们对风险和违规违法行为保持敏感性，通过赋能消费者来更好地保护消费者权益，增强对违法违规企业的制约。在网络信息内容等的监管中，消费者的某些不良行为是导致非法有害内容泛滥的一个重要因素，此时监管倡导不仅仅向消费者提供信息，也有助于改变消费者行为。

（8）行为洞察（behavioural insights）。在在线交易市场、个人数据隐私保护等的监管中，消费者行为决策机制是影响企业市场行为和政府监管政策效果的最基础性影响因素。行为洞察方法是利用心理学、认知科学和行为经济学的理论来分析预测监管政策实施所引发的消费者行为变化及其产生的后果，并最终通过采用行为—知情策略来制定更有效的监管政策。[①] 该方法在评估平台企业算法推荐行为、个性化广告营销行为、平台声誉机制有效性、个人数据保护政策中知情—同意原则的效果中具有特别重要的作用。

第三节　监管沙盒

一、监管沙盒的概念

2015 年 5 月，英国金融行为监管局发布《监管沙盒》报告，首次提出"监管沙盒"构想。监管沙盒（regulatory sandbox）是把一个限定的市场作为创新实验的安全区，在此范围内简化市场准入标准和流程，在确保消费者权益和金融安全的前提下允许金融科技创新进行创新业务试点，并享受一定的监管豁免。金融企业对金融科技创新产品、服务和商业模式进行短期、小范围的测试后，如果测试效果得到认可，测试完成后可获得政府授权并进行大范围推广。

新加坡金融监管局（Monetary Authority of Singapore，MAS）于 2016 年 11 月 16 日发布监管沙盒实施指引，致力于通过新的监管政策促进金融领域利用科技和创新来更好地管理风险、提高效率和强化竞争。中国香港地区于 2016 年 9 月 6 日开始探索如何许可银行服务领域的金融科技创新进入监管沙盒测试。近年来，中国金融业监管也在积极开展监管沙盒试点。自 2019 年 12 月底在北京开启金融科技创新监管试点后，上海、成都、深圳等省市和地区已开展了 19 个批次、93 项创新试点应用项目。随着试点城市和应用项目的陆续落地，中国版"监管沙盒"正持续扩容。

二、监管沙盒的政策目标与优势

在数字经济中，创新是市场竞争的重要动力，破坏性创新是促进市场有效竞争的最重要力量。为了实现政府监管与行业创新发展之间的平衡，特别是防止政府监管限制那些为消费者提供新的产品或服务，并对现有的商业模式构成挑战的创新性产品或业务的发展，

---

① OECD（2019）. Tools and Ethics for Applied Behavioural Insights: The BASIC Toolkit, OECD Publishing, Paris, https://doi.org/10.1787/9ea76a8f-en.

为了更好地促进市场竞争和提升消费者福利，英国金融监管机构创新性地采用了监管沙盒的政策工具。监管沙盒作为一种适用于数字经济科技发展的新型监管政策工具，具有如下的独特优势。

（1）缩短新产品或新业务进入市场的时间并降低相关的成本。监管沙盒通过各类测试工具，企业能够更快地测试新产品或新业务，加速产品开发周期，加快进入市场的步伐。在监管沙盒实施过程中，政府监管机构会主动指导企业合规，给企业提供针对性的合规建议，降低企业在新产品或新业务开发中的失误，从而提高新产品或新业务的开发和上市效率。

（2）提升创新型企业的融资能力。企业面临的监管风险会影响投资方的评估判断，监管政策的不确定会使创新型金融科技公司很难融资。"监管沙盒"能降低监管政策不确定性、为投资者的决策提供稳定的预期。例如，企业在测试过程中与监管部门持续沟通，不仅有助于企业了解政策意图，并且还会促进监管制度改革完善，企业创新与监管政策的双向互动会降低经营风险。此外，尚未获得牌照的企业可享受简化授权途径，有助于其后续获得融资。

（3）有利于创新和市场竞争。传统上由于监管政策的不确定性，有些产品创意在初期就被抛弃。而监管沙盒能够使得公司处理好测试阶段的法规风险，并激发很多基于市场的解决机制或办法，降低创新不确定性和成本。监管沙盒为金融创新企业提供了诸多便利，有助于增强企业开展金融创新业务的意愿，使更多的创新产品和创新企业进入市场并获得快速发展，从而促进行业创新发展，促进金融市场的有效竞争。

（4）提高消费者对创新产品的接受度。监管沙盒能够让公司提供给消费者更好的服务结果，更大范围和更安全可信的产品或服务。通过在真实环境中进行商业可行性测试，企业能够知悉消费者对不同定价策略、沟通渠道、业务模型和新技术本身的接受程度。根据测试反馈，企业将评估并改进业务模型，不断适应消费者需求。在英国金融行为监管局的第一批测试项目中，约有三分之一的企业根据测试反馈结果对创新的产品和商业模式进行了调整或再设计。

（5）更好地促进消费者保护。监管沙盒强调以保护消费者利益为中心，为此设置了全面的消费者保护措施，在测试各阶段提供灵活保障。在参与测试前，消费者将被告知测试的具体情形及潜在风险；在设立机制时，英国金融行为监管局针对每个项目安排独特的信息披露、保护和赔偿等方案；在测试过程中，消费者享受与非测试消费者同等的权利；在损失发生后，测试企业须赔偿消费者的任何损失。

三、监管沙盒实施对象与测试流程

（一）监管沙盒的适用对象

英国在金融行业实行监管沙盒政策中，监管沙盒适用的对象较为广泛，金融机构、金融科技企业和提供金融服务支持的非金融机构都可申请监管沙盒测试。监管沙盒测试项目的业务范围包括个人银行、个人贷款、一般保险和养老金、养老金和退休收入、个人投资、投资管理、机构金融市场以及其他类型的金融创新业务等。根据牌照获取情况，英国金融行为监管局将拟测试企业分为未经授权的企业、限制性授权的企业、经授权的企业、金融机构技术支持企业，并适用不同的测试工具（表 14.2）。

表 14.2 英国金融行为监管实施监管沙盒的适用企业类型

企业类型	监管政策
未经授权的企业	需要向金融行为监管局申请监管沙盒测试授权才能进行相关测试
限制性授权的企业	拟测试企业可以申请仅限监管沙盒测试使用的金融牌照并据此来测试创新性产品或业务
经授权的企业	经授权企业开展创新性业务时可以申请监管沙盒测试，已明确监管规则和创新性业务的边界
金融机构技术支持企业	其行为不受金融行为监管局的监管，可以申请监管沙盒测试，以了解业务适用的监管规则

资料来源：根据英国金融行为监管局网站有关文件整理。

（二）监管沙盒的实施流程

根据英国金融行业的实践经验，监管沙盒的运作流程包括申请、测试、退出 3 个阶段（见图 14.3）。具体来说：一是申请阶段。在申请阶段，企业需要提交测试项目计划的有关信息，监管机构根据设定的标准做出准入评估。二是测试阶段。在测试阶段，监管机构对项目进行持续监测。企业需要每周向监管专员进行书面汇报，内容涉及企业情况、主要进展、具体测试指标等。此外，监管机构还将审查企业的技术与网络适应能力，确保企业应对技术或网络风险事件发生后具备恢复能力。三是退出阶段。在退出阶段，企业将提交最终报告，由监管机构审查并给出书面反馈，企业据此决定后续发展计划。在退出阶段，企业与金融行为监管局商议未来发展计划。测试结束后企业通常有 3 种选择：测试结果理想的企业被授予牌照，可投入市场进行推广；部分项目可能需要对商业模式进行修订或放弃部分有风险的业务；部分项目需要进行进一步的测试。

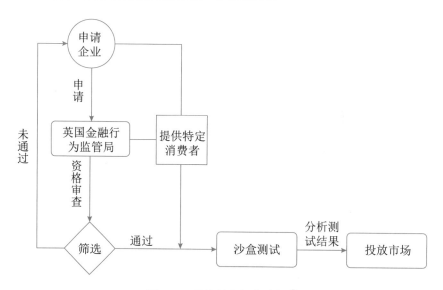

图 14.3 监管沙盒运作流程 [1]

---

[1] 徐晓莉，杜青雨 . 我国金融科技监管体系研究：来自国外的启示 [J]. 金融监管，2019（6）：42-46.

四、监管沙盒实施中的政府监管创新

一是监管机构主动参与并指导而非事后查处。"监管沙盒"旨在服务金融科技企业、促进金融科技发展，强调监管者的服务指导角色。在"监管沙盒"中，监管机构的专业人员为企业提供监管领域的专业知识，包括政策咨询、项目合规指导等服务，有助于企业了解和适应监管框架，缩短金融创新产品的上市周期，减少合规成本。项目通过准入审核后，金融行为监管局指派项目专员负责指导检查，在默认标准基础上与各家企业协商测试参数、评估方法、报告要求和客户保障措施等项目方案，为企业提供针对性建议。

二是监管机构全程参与以实施有效的风险管控。监管部门与测试企业紧密合作，确保测试项目具备充分的安全保障措施。企业在设计创新产品时，需考虑消费者利益与风险，采取适当的安全措施。同时，企业必须制定退出计划，确保测试可以在任何时候关闭，以降低对消费者的潜在危害。除统一规定外，必要时应依据项目情况安排其他安全措施。因此，通过统一的风险规范和针对每个项目的具体措施，监管部门与测试企业得以相互配合，共同将测试风险控制在合理范围内。

三是监管机构要及时主动进行监管创新。"监管沙盒"是监管部门与监管对象之间进行良性互动并共同促进监管制度创新和完善的过程。金融创新产品的发展会导致政府监管政策滞后与失效，并且由于信息知识缺乏和监管惰性，监管机构往往缺乏主动进行政策创新的知识和动力。监管沙盒使监管部门能够及时深入地了解金融市场的各种潜在风险，及时修订不合时宜的监管规则，并开发更有效的监管政策工具，提高监管的科学性和有效性。

四是监管机构要不断优化政府监管政策。英国金融行为监管局有权灵活调整已有监管政策，必要时可在法律框架内引入新的监管政策。在测试新产品或新业务过程中，如果发现现有的监管政策不适用或明显不适用，则监管机构可以依法对现有条款进行修改完善，甚至对严重过时的条款或法规政策终止使用。

第四节　监管科技

一、监管科技

数字经济的发展本质是数字技术创新的结果，数字技术的创新发展为政府监管带来了重构的可能与支撑。因此，监管科技成为数字经济监管变革中的驱动力。2021年12月，国务院发布的《"十四五"市场监管现代化规划》明确提出，加快推进智慧监管；充分运用互联网、云计算、大数据、人工智能等现代技术手段，加快提升市场监管效能；建立市场监管与服务信息资源目录和标准规范体系，全面整合市场监管领域信息资源和业务数据，深入推进市场监管信息资源共享开放和系统协同应用。

（一）概念界定

监管科技（Regtech）的概念最早起源于金融监管领域。2015年7月，前英国财政大臣乔治·奥斯本（George Osborne）将监管科技定义为"致力于利用新技术来促进监管合规"。2015 年由英国金融行为监管局明确将监管科技定义为"一系列能以更有效的方式来实现监管能力提升和帮助企业符合监管要求的金融科技技术"[①]。

本书的概念界定为：监管科技指应用现代数字技术来提升监管机构的监管效能和企业或其他组织合规经营的技术。监管科技特别强调监管过程优化，试图通过数字技术的应用来提升监管透明度和一致性，建立基于数字技术的监管监督、报告、合规、风险管理等流程，实现标准化的监管过程，从而降低政策的不确定性，并以高效率方式实现高质量的监管目标。

监管科技应用分为两个层次：一是政府监管机构的监管科技应用，即监管机构将现代数字技术作为一种手段来提高政府监管的效能；二是被监管企业或组织采用现代数字技术来确保自己合规经营，降低企业经营风险和合规成本，这也被称为合规科技（见图 14.4）。

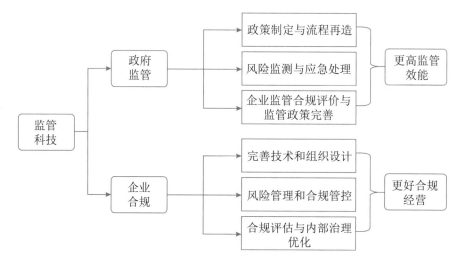

图 14.4　监管科技的应用场景及其绩效

（二）监管科技的意义

（1）监管科技能显著提高政府监管效能。首先，监管科技能显著降低政府监管的行政成本。监管科技手段的应用能实现科技代替人工、优化监管流程、提高监管工作效率，从而大幅度节省政府监管的行政成本支出。其次，监管科技实现了更好的透明度和问责性。监管科技显著降低了政府监管面临的信息不对称的约束，政府监管机构可以借助现代数字技术实现对被监管对象的实时数据接入和监测，并通过报告制度等来实现透明度和问责性，使被监管对象无法规避监管要求，从而实现更好的合规。最后，监管科技能显著增强政府监管的能力，更有效地实现监管目标。政府监管的有效性在很大程度上受到政府监管能力的制约。监管科技能够在监管机构人员和经费预算给定的情况下显著增强监管能力，通过实时高效的监管过程和及时精准的监管政策手段，政府能够以最低的成本实现最佳的监管目标。

[①]　FCA (2016-02-23). "ReTech", innovate.fca.org.uk. Financial Conduct Authority. Retrieved, 2016-06-05.

（2）监管科技能显著提高政府监管的动态适应性。监管科技使政府监管由传统被动的回应性监管转向主动的敏捷性监管。数字经济是一个新技术、新业态和新模式不断涌现的动态经济，创新带来的变化性和动态性成为政府监管的最大挑战。传统的以行政执法为主的政府监管属于典型的被动式回应性监管，即在市场失灵的风险乃至重大风险事件发生后，政府才事后采取措施来加以补救并防止类似事件再次发生。这种监管体制显然无法适应数字经济时代的监管现实。监管科技的应用使政府监管能够实现更有效的事前防范、实时的过程监督，持续地识别和评估市场风险，并及时采取各种有效的风险防控措施，以及根据形势变化来修改监管规则。

（3）监管科技能显著降低企业的合规成本，促进企业更好地合规经营和创新发展。首先，监管科技能够将政府监管要求与企业经营活动有机结合起来，将监管贯彻到企业经营活动中，监管合规能够通过事前的技术设计和组织制度来实现，使复杂的政府监管要求变成具体的组织行为规则，降低企业违规的风险和合规的成本。其次，监管科技赋予了企业更多大的合规自主权，企业可以通过采用现代数字技术来主动将合规内嵌到系统设计中，甚至可以通过持续的技术创新来确保合规经营，从而有利于企业的创新发展。

二、主要的监管科技技术

监管科技包含多种大数据和人工智能技术，并且随着技术创新，新型监管科技也不断涌现。目前来说，广泛应用的监管科技包括大数据、云计算、区块链、人工智能、自然语言处理、主题建模、隐私增强技术和可信计算技术等。

（一）区块链（blockchain）

1. 区块链的概念

2016 年 10 月，工信部发布的《中国区块链技术和应用发展白皮书》将区块链定义为："狭义来讲，区块链是一种按照时间顺序将数据区块以顺序相连的方式组合成的一种链式数据结构，并以密码学方式保证的不可篡改和不可伪造的分布式账本。广义来讲，区块链技术是利用块链式数据结构来验证与存储数据、利用分布式节点共识算法来生成和更新数据、利用密码学的方式保证数据传输和访问的安全、利用由自动化脚本代码组成的智能合约来编程和操作数据的一种全新的分布式基础架构和计算范式。"

本书给出的定义是，区块链是一种分布式账本技术，它是由不断增长的记录列表（称为块）组成，这些记录使用加密技术被安全地链接在一起。每个块包含前一个块的加密哈希、时间戳和交易数据时间戳来证明交易数据在创建区块时已经存在。由于每个块都包含有关它之前的块的信息，因此它们有效地形成了一个链，每个附加块都链接到它之前的块。因此，区块链交易是不可逆的，因为一旦被记录下来，任何给定块中的数据都不能在不更改所有后续块的情况下追溯更改。

区块链技术的诞生并发展至今主要经历了 3 个阶段：一是区块链 1.0 阶段（2008—2013 年）：以比特币为代表的加密数字货币应用阶段，基于区块链的支付系统可为全球范围内的用户提供实时支付清算服务。应用场景主要包括数字货币的转账、交易等。二是区块链 2.0 阶段（2013—2018 年）：以以太坊为代表的有智能合约功能的公共区块链平台阶段，以太坊建立了一套更为灵活而通用的框架系统，允许任何人在系统中建立和使用通过区块链技术运行的去中心化应用。这一阶段是数字货币与智能合约的结合在经济、金融领域内托管交易、债权合同、第三方仲裁、多重签名等方面的应用。三是区块链 3.0 阶段（2018 年至今）：区块链 3.0 时代是区块链全面发展的时代，它为各行业提供去中心化解决方案，特别是在金融、物联网、供应链、公益慈善和公共服务等领域。

随着学界和工业界对区块链技术价值的不断挖掘，区块链逐渐发展成为全球关注的热点前沿技术，区块链技术被认为是互联网发明以来最具颠覆性的技术创新。区块链的去中心化构架、分布式储存机制、非对称加密算法、共识机制等技术特征能够更好地解决数字经济发展中的中心化和信任问题，为数字经济进一步发展提供了天然的技术平台，其潜力将得到进一步的释放，能够解决当前数字经济发展过程中的瓶颈问题，成为支撑数字经济发展的技术体系和重要引擎，能进一步规范和促进数字经济良性发展。

2. 区块链的主要特征

区块链技术能够建立一个去中心化的集体协作的网络体系，而无须第三方平台做信任桥梁，通过全网参与者作为交易的监督者，交易双方可以在无须建立信任的前提下完成交易，实现价值的转移。总体来说，区块链主要有 6 个最主要特征：去中心化、不可篡改性、可追溯性、自治性、匿名性和开放性。

（1）去中心化。去中心化是区块链的基本特征，意味着区块链不再依赖于中央处理节点，在分布式网络中用全网记账的机制替代了传统交易中第三方中介机构的职能。任意节点的权利和义务都是均等的，系统中的数据块由整个系统中具有维护功能的节点来共同维护，不需要第三方中介机构背书。

（2）不可篡改性。在区块链上，各个节点都保存有一份完整的账本备份，数据分散存储在网络链接的各台计算机上。交易信息上链，需要经过多个验证节点的共同验证，区块链通过共识机制保证数据的真实性，使所有节点对数据达成一致并防止恶意节点提交假数据。除非所有人公认，或者同时控制住系统中超过 51% 的节点，否则单个节点对数据库的修改是无效的。

（3）可追溯性。区块链是一个以区块为单位的链式结构，从第一个区块至最新生成的区块，区块链上存储了系统全部的历史数据。同时，区块链上的全网节点包含时间戳信息，这就使得区块链上任意的一条数据都可以通过链式结构追溯到其本源。区块链的可追溯性适用范围广，涵盖公共事业、慈善事业、知识产权保护、学历认证、供应链等多个领域。

（4）自治性。区块链的自治性特征建立在规范和协议的基础上（共识机制和智能合约），区块链采用基于协商一致的规范和协议，使系统中的所有节点都能在去信任的环境中自由安全地交换数据，把对第三方个人或机构的信任转变为对系统的信任，任何人为的干预都将不起作用。

（5）匿名性。区块链运用哈希运算、非对称加密、私钥公钥等密码学技术，在实现数据完全开放的前提下，数据交换可以基于地址而非个人身份来进行，从而保护个人交易隐私。因此，各节点在区块链网络上可以看到所有转账记录，但无法获知地址背后的拥有者。

（6）开放性。由于区块链是去中心化的，数据直接相关各方的私有信息被加密外，区块链的数据对所有人公开，当然也不包括有特殊权限要求的区块链。任何人或参与节点都可以通过公开的接口查询区块链数据或开发相关应用，因此整个系统信息高度透明。

3.区块链类型及应用场景

区块链是分布式数据存储、点对点传输、共识机制、加密算法等计算机技术在互联网时代的创新应用模式。区块链系统根据开放程度和应用场景的不同，区块链类型一般划分为公有链、私有链和联盟链三种。

（1）公有链。所有人都可以访问网络，无需中心化机构的授权。读写权限对所有节点开放，公开透明；所有节点都可以在公有链上发布、接收信息，交易和记账，且以扁平的拓扑结构进行通信；公有链是高度去中心化的，需要共识机制以确保各个网络节点采用同一套标准来实现点对点的交易和互动，无需第三方的干预；公有区块链是最早出现的区块链，也是应用最广泛的区块链，具有代表性的公有链包括：比特币、以太坊和商用分布式设计区块链操作系统（enterprise operation system，EOS）等。

（2）私有链。私有链是对单独个人或组织提供服务的区块链。私有链上各个节点的读写权限和参与记账的权限都由私有组织或机构来制定；私有链具有交易速度快、隐私保障好、交易成本低的优势，主要提供安全、可追溯、不可篡改、自动执行等功能，是存在一定的中心化控制的区块链；私有链适用于企业、组织内部的办公审批、数据管理、内部激励、财务审计等场景。

（3）联盟链。只对联盟内成员提供服务的区块链。联盟成员通过授权后才能加入或退出，各自运行着一个或多个节点，共同参与区块链的管理；只针对成员开放全部或部分功能，联盟链上的读写权限、记账规则都按联盟规则来运行。联盟链由成员节点共同维护，提供成员管理、认证、授权、监控、审计等功能，适用于有共同目标和需求的企业，如银行等行业协会、大型连锁企业对下属单位和分管机构的交易和监管等。

一般来说，区块链的去中心化程度越高，安全性和可信度就越高，交易速度就越慢。公有链、联盟链、私有链在开放程度上是递减的：公有链开放程度最高、最公平，但速度慢、效率低，因此更适用于对安全性和可信度有很高要求，但对交易速度要求不高的场景，偏向于公共建设；联盟链、私有链的效率比较快，但弱化了去中心化属性，更侧重于区块链技术对数据维护的安全性，更适合对监管和隐私保护要求很高的场景，偏向于企业或组织方向的应用。区块链在去中心化、安全和可扩展性/效率三个方面，只选其二，这就是区块链的"不可能三角"悖论。综上所述，无论是公有链、私有链还是联盟链，都各有优劣，应该根据具体应用场景选择不同的区块链类型（见表 14.3）。

表 14.3　区块链的类型及其特点

区块链类型	公 有 链	私 有 链	联 盟 链
参与人	任何人	个人或组织内容	联盟成员
共识机制	工作量证明/持有量证明/权益授权证明	分布式一致性算法	分布式一致性算法
去中心化程度	去中心化程度高	去中心化程度较低	未完全实现去中心化
记账者	自愿提供算力或质押加密货币者	链的所有者	联盟成员协商确定
激励机制	需要	不需要	可选
突出特点	信用自建立	效率高、成本低	效率和成本优化
吞吐量	3~20 笔/秒	1000~10 万笔/秒	1000~1 万笔/秒
应用领域	数字货币、区块链游戏、去中心化金融等	大型组织或私人企业等	供应链管理、金融服务、医疗保健等
代表项目	比特币、以太坊	蚂蚁金服	R3、Hyperledger

资料来源：作者整理。

4. 区块链的监管应用

由于区块链具有去中心化、匿名性、不可篡改性、可信任、透明度高等特点，所以通过区块链技术给金融监管赋能，可以打造技术驱动型和数据驱动型监管科技，优化监管科技构架和运行逻辑。由于区块链对监管效能提升的重要作用，目前各国监管机构都在广泛开展区块链监管应用试点。

区块链能增进系统的安全性从而降低安全监管负担。区块链技术具有可靠的信息交互、完整的数据存储、可信的节点认证等安全性优势。区块链基于密码学、去中心化和共识原则以确保系统通信的安全性。在区块链系统中，数据被结构化为块，每个新块都以加密链的形式与之前的所有块相连。采用分布式存储，数据进行冗余备份，使上链信息几乎不可能被篡改。区块内的所有交易都通过共识机制进行验证和商定，确保每笔交易的真实性和正确性。因此，区块链系统将传统网络边界式防护转变成全网络节点参与的安全防护新模式，通过分布式的节点共识机制来抵抗恶意节点的攻击能有效增强系统的安全性和可靠性。

区块链能提高政府监管透明度。实时在线，动态更新，提高监管的透明化和安全性，避免政府监管的"信息暗箱"。以区块链构建的监管科技平台可以实时存储企业数据和监管政策，企业定期把公司报告、财物报表等上链，也可以在区块链上进行信息披露和发布行业公告，信息一旦上链则不可修改，这样可以有效减少实践中出现的财物造假、获取内幕信息的问题，监管机构可以及时得到真实数据，也可以随时进行查看和复核分析。

区块链合约会促进被监管对象更好地合规经营。区块链技术应用会建立更为坚实的微观企业合规基础。智能合约已成为区块链系统的重要组成部分，其中部分区块链系统完全采用智能合约完成转账、权限管理等核心操作，智能合约的完备性和安全性成为区块链系统安全的关键要素。以智能合约为代表的区块链 2.0，将智能合约置于分布式结构的上层，用编程式的合约规制经济关系。智能合约可以应用到政府监管领域，通过假设条件、事实和结果三段论的逻辑结构来构建监管政策。同时，由于在代码层和技术层做出变动，对被监管企业产生的直接效果更明显、约束力更强，从而更有利于被监管企业的合规经营。

区块链会降低政府监管成本。区块链技术的应用会显著降低政府监管的监管成本，智能合约具有良好的兼容性和延展性，可以根据实际情况进行调整和迭代。因为底层框架是稳定不变的，在这个基础上修改逻辑层和应用层的代码，其成本将比监管层从无到有制定法律法规以及增删修改现有法规的成本更低。区块链技术的应用可以实现数字化的法规政策制定，实现以软法代替制定成文的监管法规政策。同时，区块链有利于实现多方同时在线协同交互监管，避免了传统多头监管带来的高监管行政成本和跨部门协调成本。

区块链会提高监管效率和效果。合规区块链以技术和底层逻辑的形式促进传统金融监管的分业监管、机构监管，以现场检查为主配合非现场检查转向多方在线和协同监管，消除监管死角，提高监管有效性。区块链技术的应用可以使监管机构有效地动态监测风险并根据动态风险情况来灵活调整监管强度和采取监管政策，使政府监管实现智能化和敏捷化。

（二）隐私增强技术

在数字经济时代，人们的在线活动会产生大量的数据，数字商务企业有很强的激励来采集和利用个人数据进行个人化广告影响、个人化定价等，从而产生个人数据隐私风险。同时政府公共机构在采集和利用数据中也可能会发生个人隐私信息泄露问题，因此加强对数据持有者和处理者保护个人数据隐私成为数字经济监管的重要内容。由于政府监管面临信息不对称和环境动态变化的问题，传统的政府监管手段往往难以达到预期的政策目标，但隐私增强技术能有效贯彻隐私保护的基本原则要求，实现对个人数据隐私的有效保护，从而成为政府监管的重要技术性解决方案。

1. 隐私增强技术概念

隐私增强技术（privacy enhancing technologies，PET）指一系列保护个人数据隐私的技术方法。隐私增强技术是一个笼统的术语，包括在隐私信息采集、存储，以及在执行搜索或分析过程中对于保护和增强隐私安全性的数据安全技术，旨在遵守隐私和数据保护原则，同时保持从用户提供的数据中提取价值的能力。

隐私增强技术是实现对特定自然人或特定自然人群体的隐私保护而采用的包含技术流程、方法或知识的软件和硬件的解决方案。隐私增强技术是通过最小化个人数据使用，最大化提高数据安全和充分赋能个人来体现基本的数据隐私保护原则的技术。隐私增强技术要求使用保护隐私的技术来消除或减少个人数据的收集，防止对个人数据进行不必要或不受欢迎的处理，并促进遵守数据保护规则。隐私增强技术允许在线用户保护在在线活动中提供的服务或应用程序并由其处理个人化识别信息（personally indetifiable information，PII）。隐私增强技术能够在不影响信息系统有效发挥作用的同时实现对个人隐私的有效保护。

2. 隐私增强技术的目标

隐私增强技术有效实现了个人数据隐私保护和数据开发利用的兼顾。隐私增强技术的目标是保护个人数据并确保技术系统的用户信息是保密的，并且数据保护管理是组织的优先任务，并在保护用户隐私的情况下允许用户向在线服务提供商、商家或其他用户发送和使用其个人数据。在有效履行隐私保护责任的情况下，平台对任何个人化识别信息出现的问题可以得到免责。

隐私增强技术更好地实现了赋能消费者，增强了其对个人数据的控制能力。隐私增强技术的目标包括加强对发送给在线服务提供商和商家并由其使用的个人数据的控制。隐私增强技术旨在最小化服务提供商和商家采集和使用个人数据，使用假名或匿名数据来处理和提供数据集，并要求在线服务提供商和商家在处理个人数据方面要取得当事人的知情同意。隐私增强技术还为消费者实现对个人数据使用情况的监督提供了可能。在隐私协商中，消费者可以与服务提供商就替代方案选择来进行谈判，并达成个性化数据隐私协议，经过协商数据处理可以采用货币或非货币补偿的方式来与消费者达成数据采集和利用协议，有利于建立激励相容的隐私保护体制。

3. 隐私增强技术的类型

隐私增强技术充分体现了"通过设计来保护隐私"（privacy by design）的思想，通过将隐私保护的原则贯彻到系统设计中来实现对个人数据隐私的保护，实现"数据可用不可见"。隐私增强技术主要指那些增强用户个人数据隐私保护的技术，包括编码、加密、假名和匿名、防火墙、匿名通信技术等。目前，隐私增强技术的主要技术包括如下几个。

（1）差分隐私。差分隐私将处理过的干扰信息添加到数据集，这样既可以识别数据集中的组模式，同时保持个人的匿名性。差分隐私可以对用于发布有关统计数据库汇总信息的算法施加约束，从而对数据库中的个人隐私影响加以限制。差分隐私算法能确保无法根据输出结果来判断运算中是否使用了特定的个人数据信息。这使得包含大量数据的数据集可以发布用于公共研究或实现个人隐私安全基础上的共享再用。

（2）同态加密。同态加密是一种数据加密技术，它允许人们对密文进行特定形式的代数运算并得到仍然是加密的结果，但将其解密所得到的运行结果与对明文进行同样的运算结果是一样的。换言之，这项技术令人们可以在加密的数据中进行检索、比较等操作，得出正确的结果，而在整个处理过程中无需对数据进行解密。其意义在于，真正从根本上解决将数据及其操作委托给第三方时的保密问题，使企业能够分析云存储中的加密数据或与第三方共享敏感数据。

（3）安全多方计算（secure multi-party computation，SMPC）。安全多方计算主要是针对无可信的第三方的情况下，如何安全地计算一个约定函数的问题。安全多方计算是同态加密的一个子领域，将计算分布到诸多系统和多个加密数据源上。它在不泄露参与方的原始输入数据的前提下，允许分布式参与方合作计算任意函数，输出准确的计算结果。

（4）零知识证明（zero-knowledge proof，ZKP）。零知识证明是一组加密算法，可以在不泄露数据信息的情况下验证信息。例如，欲向人证明自己拥有某数据信息，则直接公开该数据信息即可，但如此则会将该数据信息的细节一并泄露。零知识证明的要点在于，证明自己拥有该数据信息的同时不必透露数据信息的具体内容。

（5）联邦学习（federoued learning，FL）。联邦学习是一种机器学习技术，具体来说就是人们在多个拥有本地数据样本的分散式边缘设备或服务器上训练算法。这种方法与传统的集中式机器学习技术有显著不同，传统的集中式机器学习技术将所有的本地数据集上传到一个服务器上。使用联邦学习时，参与的组织形成一个可以由各种配置（如地理区域和时区）或同一组织内的不同业务部门组成的联盟，它使单个设备或系统能够协同学习共享的预测模型，同时将数据保存在本地。联邦学习减少了需存储在集中式服务器或云存储的数据量。联邦学习的目标是在保证数据隐私安全及合法合规的基础上，实现共同建模，提升人工智能模型效果。

（6）生成式对抗网络（generative adversarial networks，GAN）。生成式对抗网络是基于人工智能技术来模拟真实数据集的新合成数据。生成式对抗网络主要由两个部分组成，一个是生成器，另一个是判别器。生成器的作用是尽量去拟合真实数据分布，生成新的数据集。判别器的作用是判断合成的数据集是否是"真实的"，即能判断出数据集的数据是否是真实数据。生成式对抗网络识别数据中复杂模式的能力被用于快速发现医疗测试和网络流量中的异常情况。

（7）合成数据生成（synthetic data generation，SDG）。合成数据生成是从具有相同统计特征的原始数据集中人工创建的数据。由于 SDG 数据集可能远大于原始数据集，除用于人工智能和机器学习外，这项技术还用于测试环境，以减少数据共享和所需的实际数据量。

（8）假名化。假名化是一种数据管理和去识别过程，其中包含能够识别个人（标识符）信息的字段被一个或多个人工标识符或假名替换。每个替换字段或替换字段集合的单个假名使数据记录不易被识别，同时仍适合数据分析。

（9）数据混淆。数据混淆通常指将分散注意力或误导性数据添加到日志或配置文件中，从而替换或隐藏敏感信息，防止数据披露后被其他人进行精确分析。这是企业用来保护用户的敏感数据、遵守隐私法规的一种常见做法。

（10）身份管理。身份管理也被称为身份和访问管理，这是一种安全措施，用于确保企业内有权限的人员才能访问敏感的技术资源。身份管理属于计算机安全和数据管理的范畴。身份和访问管理系统不仅可以识别、认证和授权允许使用系统资源的个人，还可以识别和授权员工需要访问的硬件和应用程序。

（三）隐私计算技术

1. 隐私计算技术（privacy-preserving computation）

国内对隐私计算技术的概念界定主要是由 2016 年发布的《隐私计算研究范畴及发展趋势》中正式提出"隐私计算"一词，并将隐私计算定义为"面向隐私信息全生命周期保护的计算理论和方法，是隐私信息的所有权、管理权和使用权分离时隐私度量、隐私泄漏代价、隐私保护与隐私分析复杂性的可计算模型与公理化系统"。目前来说，隐私计算技术是在数据提供方不泄露原始数据的前提下，对数据进行分析计算的一系列信息技术。它能让数据从可用不可见，到去标识化，到部分匿名化，再到法律规定的完全匿名化，使数据可以在确保用户隐私安全的前提下有序、高效、灵活地流通，进而创造更多的数据价值。

国外隐私计算技术概念指："一套信息和通信技术措施系统，在保障系统功能的前提下，通过消除或减少个人数据或防止对个人数据进行不必要和／或不希望的处理来保护隐私。"[①] 具体而言，隐私增强技术广义上指保护个人或敏感信息隐私性的任何技术方法，包括例如广告拦截、浏览器扩展插件等相对简单的技术。狭义上，隐私增强技术主要指互联网信息所依赖的加密基础结构，即联邦学习、多方安全计算、零知识证明等组成的隐私增强技术。从国外的定义可以看出，隐私增强技术主要是以保护个人数据隐私为中心。

2. 隐私计算技术的价值

隐私计算技术能够将数据从逻辑上拆分为可见的具体信息部分和不可见的计算价值部分，从而在满足"数据可用不可见"的隐私保护和数据安全的基础上，实现多方数据的协同计算、重复再用和价值共享（图 14.4）。隐私计算技术能很好地实现数据隐私安全和数据开发利用之间的平衡，在保证数据安全的基础上，促进数据要素的开发利用和流转交易，最大化释放数据价值。目前基本共识是，隐私计算技术将成为平衡数据价值挖掘和数据隐私保护的有效工具。

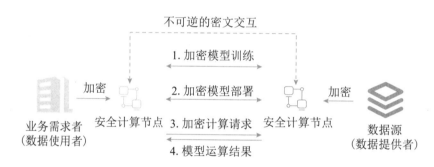

图 14.4　基于隐私计算的数据可信流通[②]

在实践应用中，隐私计算技术还可以融合区块链技术来强化在数字身份、算法、计算、监管等方面的信任机制。隐私计算技术在金融、保险、政务、医疗、支付、征信、智慧城市、工业互联网等需要监管的行业中具有广泛的应用前景。

3. 隐私计算的关键技术方案

目前，隐私计算主要有 3 种技术实现方案，内容如下。

（1）安全多方计算。安全多方计算是由姚期智院士于 1982 年提出的，它可以保障多个参与方进行协同计算并输出计算结果，但同时使每个参与方仅获取自己的计算结果，无法获取任何其他信息，从技术层面实现数据的可用不可见。安全多方计算技术能够满足人们利用隐私数据进行保密计算的需求，有效解决数据"保密性"和"共享性"之间的矛盾。

（2）联邦学习。联邦学习也称为联邦机器学习，它是由谷歌公司于 2016 年提出来的。2016 年，谷歌提出联邦学习，使安卓手机终端用户可以在本地更新模型，随后因为其有

---

① 国家工业信息安全发展研究中心：《中国隐私计算产业发展报告（2020—2021）》。

② 资料来源：艾瑞咨询：中国隐私计算行业研究报告，2022.3.https://pdf.dfcfw.com/pdf/H3_AP20220325155 4887352_1.pdf?1648220159000.pdf。

效解决了数据孤岛问题而被大力推广。联邦学习旨在建立一个基于分布数据集的联邦学习模型，是一种在原始数据不出库的情况下，通过中间加密数据的流通与处理来协同完成机器学习任务。联邦学习的本质是一种机器学习框架，即分布式机器学习技术。联邦学习以一个中央服务器为中心节点，通过与多个参与训练的本地服务器（以下简称"参与方"）交换网络信息来实现人工智能模型的更新迭代，即中央服务器首先生成一个通用神经网络模型，各个参与方将这个通用模型下载至本地并利用本地数据训练模型，将训练后的模型所更新的内容上传至中央服务器，通过将多个参与方的更新内容进行融合均分来优化初始通用模型，再由各个参与方下载更新后的通用模型进行上述处理，这个过程不断重复直至达到某一个既定的标准。在整个联邦学习的过程中，各参与方的数据始终保存在其本地服务器中，降低了数据泄露的风险。因此，联邦学习最大的价值在于改变了数据资源的拥有和联合方式，目前广泛应用于提升人工智能网络模型能力。

（3）可信执行环境（trusted execution environment，TEE）。可信执行环境是通过可信、抗篡改的软硬件构建一个可信的安全环境，保证其内部加载的程序和数据在机密性和完整性上得到保护。在硬件中为敏感数据单独分配一块隔离的内存，所有敏感数据均在这块内存中展开计算，并且除了经过授权的接口外，硬件中的其他部分不能访问这块隔离内存中的信息，数据在该环境中由可信程序进行处理，以此来保护程序代码或数据不被操作系统或其他应用程序窃取或篡改。

本章总结

市场研究是竞争政策制定和实施的重要工具。市场研究过程包括如下 8 个步骤：界定和选择要研究的行业或市场，确定市场范围并制定工作规划，征集利益相关者的意见，启动市场研究，收集市场研究所需要的信息，市场分析并撰写研究报告，研究成果及发布，事后评价。监管影响评价是确保政府监管高质量的重要政策工具。监管影响评价主要包括以下 7 个步骤：明确的问题描述，清晰界定政策目标，识别监管政策选择，成本收益分析，确定首选政策方案，政策咨询和利益相关者参与，建立事后监督评价机制。

监管沙盒作为一种适用于数字经济科技发展的新型监管政策工具，具有独特优势。监管沙盒实施中需要政府监管创新，要求监管机构主动参与并指导而非事后查处，并全程参与以实施有效的风险管控、及时主动进行监管创新，创新监管机构要不断优化政府监管政策。

监管科技指应用现代数字技术来提升监管机构的监管效能和企业或其他组织合规经营的技术。目前来说，广泛应用的监管科技包括大数据、云计算、区块链、人工智能、自然语言处理、主题建模、隐私增强技术和可信计算技术等。

关键词

市场研究　监管影响评价　监管沙盒　区块链　隐私增强技术　隐私计算技术

参考文献

[1] AKERLOF G A. The market for "Lemons": quality uncertainty and the market mechanism[J]. Quarterly Journal of Economics, 1970,84(3):488-500.

[2] ARMSTRONG M, WRIGHT J. Two-sided markets, competitive bottlenecks and exclusive contracts[J]. Economic Theory, 2007, 32: 353-380.

[3] ARMSTRONG M. Competition in two-sided markets[J]. The RAND Journal of Economics, 2006, 37(3): 668-691.

[4] BENKLER Y. Sharing Nicely: on shareable goods and the emergence of sharing as a modality of economic production[J]. Yale Law Journalm, 2004,114(2):273-358.

[5] BOTSMAN R. What's mine is yours: how collaborative consumption is changing the way we live[M]. London: Harper Collins Business, 2011.

[6] CALABRESI. The costs of accidents: a Legal and economic analysis[M]. London: Yale University Press, 1970.

[7] CARLSSON. The digital economy: what is new and what is not?[J]. Structural Change and Economic Dynamics, 2004,15(3): 245-264.

[8] CARSTEN A, CLAESSENS S, RESTOY F, et al. Regulating big techs in finance[J]. BIS Bulletin, 2021(45).

[9] CROUZET N, EBERLY J C, EISFELDT AL, et al. The economics of intangible capital[J]. Journal of Economic Perspectives,2022,36(3):29-52.

[10] FARBOODI M, MIHET R, PHILIPPON T, et al. Big data and firm dynamics[J]. American Economic Review: Papers and Proceedings,2019,109: 38-42.

[11] FERRIS T. Good RIA practices in selected EU States, and RIA policy co-ordination and monitoring aspects[C]. Conference: Regulatory Impact Assessment, organized by SIGMA, Ankara, 2006.

[12] FEYEN E, FROST J, GAMBACORTA L, et al. Fintech and the digital transformation of financial services: implications for market structure and public policy[J]. BIS Papers 117 and the WBG Fintech and the Future of Finance flagship report, 2021.

[13] Financial Stability Board. Fintech and market structure in financial services: market developments and potential financial stability implications[R]. Basel: Financial Innovation Network, Financial Stability Board, 2019.

[14] Financial Stability Board.Financial stability implications from fintech[R]. Basel: Fintech Issues Group, Financial Stability Board, 2017.

[15] HELBERGER N, PIERSON J. POELL T. Governing online platforms: from contested to cooperative responsibility[J]. The Information Society, 2018, 34(1):1-14.

[16] HIRSHLEIFER J. The private and social value of information and the reward to inventive activity[J]. American Economic Review, 1971, 61 (4):561-574.

[17] ITIF. How Barriers to Cross-Border Data Flows Are Spreading Globally, What They Cost, and How to Address Them[R], 2021.

[18] JONES C. TONETTI C. Nonrivalry and the economics of data[J]. American Economic Review, 2020,110(9): 2819-2858.

[19] CRISANTO J. EHRENTRAUD J, FABIAN M. Big techs in finance: regulatory approaches and policy options[J]. Financial Stability Institute Briefs, 2021, 12: 1-15.

[20] KASHYAP A K, WETHERILT A. Some principles for regulating cyber risk[J]. AEA Papers and

Proceedings, 2019,109: 482-487.

[21] KOPP E, KAFFENBERGER L, WILSON C. Cyber risk, market failure and financial stability[M]. IMF Working Paper, 2017.

[22] NORDHAUS W. Invention, growth and welfare[M]. Cambridge, MA: MIT Press, 1969.

[23] RENDA A. Regulatory impact assessment and regulatory policy[M]// regulatory policy in perspective: a reader's companion to the OECD regulatory policy outlook 2015 Pairs: OECD Publishing, 2015:35-114.

[24] OECD. Regulatory impact analysis inventory, in OECD Secretariat for the Public Governance Committee meeting. Paris. 2004.

[25] OWYANG J, TRAN C, SILVA C. A market definition report: the collaborative economy[J]. Altimeter Research, 2013.

[26] POSNER R A. The economics of privacy[J].The American Economic Review, 1981, 71(2): 405-409.

[27] PROSSER W. Privacy[J]. California Law Review, 1960, 48(3): 383-423.

[28] ROMER P. Endogenous technical change[J]. Journal of Political Economy, 1990, 98(5): 71-102.

[29] RUSSELL S J, NORVIG P. Artificial intelligence: a modern approach(Online edition) [M]. 4th US edition. 2021, http://aima.cs.berkeley.edu/index.html.

[30] SCHLAGWEIN D, SCHODER D，SPINDELDREHER K. Consolidated, systemic conceptualization, and definition of the "Sharing Economy"[J]. Journal of the Association for Information Science and Technology, 2019,71(7): 817-838.

[31] SCHUILENBURG M, PEETERS R. The algorithmic society: technology, power, and knowledge[M]. Lodon: Routledge, 2020.

[32] MORTON F S, CRÉMER J, FLETCHER A, et al. Equitable interoperability: the "Super Tool" of digital platform governance[J]. The Tobin Center for Economic Policy, 2021(4):

[33] STIGLER G J. The economics of information[J]. Journal of Political Economy, 1961, 69 (3): 213-225.

[34] SUNSTEIN C R. The council of psychological advisers[J]. Annual Review of Psychology, 2016, 67: 713-737.

[35] The Centre for International Governance Innovation and Chatham House. Tracing the economic impact of regulations on the free flow of data and data localization, PAPER SERIES: NO. 30 - MAY 2016.

[36] RUDDY T F, HILTY L M. Impact assessment and policy learning in The European Commission[J]. Environmental Impact Assessment Review, 2008, 28(2/3): 90-105.

[37] VIVES X. Competition and stability in banking: the role of regulation and competition Policy[M]. Princeton: Princeton University Press, 2016.

[38] WARREN S, BRANDEIS L. The right to privacy[J]. Harvard Law Review, 1890, 4(5): 193-220.

[39] 尼克莱蒂 . 金融科技的未来 : 金融服务与技术的融合 [M]. 北京：人民邮电出版社，2018.

[40] 陈璐颖 . 互联网内容治理中的平台责任研究 [J]. 出版发行研究，2020(6)：12-18.

[41] 国务院 . 国务院关于加强数字政府建设的指导意见（国发〔2022〕14 号），2022 年 6 月 23 日 .

[42] 郝思洋 . 知识产权视角下数据财产的制度选项 [J]. 知识产权，2019(9)：45-60.

[43] 道尔 . 理解传媒经济学 [M]. 黄淼，董鸿英，译 . 北京：清华大学出版社，2004.

[44] 考特，尤伦 . 法和经济学 [M]. 张军，译 . 上海：上海人民出版社，1994.

[45] 宁立志 . 中国反不正当竞争法发展研究报告 [M]. 北京：中国法制出版社，2021.

[46] 逄晓霞 . 网络不正当竞争研究 [M]. 北京：清华大学出版社，2021.

[47] 全国人民代表大会常务委员会 . 全国人民代表大会常务委员会执法检查组关于检查《中华人民共和国反不正当竞争法》实施情况的报告 [R/OL]. (2020-12-14). http://www.npc.gov.cn/npc/fbzdjzfzfjc009/202101/a5453f12a6884a07913690413b4e74c6.shtml.

[48] 孙远钊 . 论数据相关的权利保护和问题：美国与欧盟相关规则的梳理与比较 [J]. 知识产权研究，2022，28: 3-90.

[49] 唐要家，尹钰峰 . 算法合谋的反垄断规制及工具创新研究 [J]. 产经评论，2020，11(2)：5-16.

[50] 唐要家，林梓鹏.数字平台并购控制的"结构推定"研究 [J].财经研究，2022，286(6)：103.

[51] 唐要家，钱声绘.平台最惠国条款的竞争效应与反垄断政策 [J].竞争政策研究，2019(4).

[52] 唐要家，唐春晖."数据垄断"的反垄断监管政策 [J].经济纵横，2022(5)：61-72.

[53] 唐要家，唐春晖.基于风险的人工智能监管治理 [J].社会科学辑刊，2022(1)：114-124.

[54] 唐要家，唐春晖.数据价值释放的理论逻辑、实现路径与治理体系 [J].长白学刊，2022(1)：98-106.

[55] 唐要家，唐春晖.数据要素经济增长倍增机制及治理体系 [J].人文杂志，2020(11)：83-92.

[56] 唐要家，唐春晖.数字平台反垄断相关市场界定 [J].财经问题研究，2021(2)：33-41.

[57] 唐要家，唐春晖.数字平台垄断势力与反垄断事前监管 [J].中国流通经济，2022，36(8)：61-72.

[58] 唐要家，唐春晖.重构数字经济并购控制政策 [J].竞争政策研究，2021(6)：34-46.

[59] 唐要家，汪露娜.数据隐私保护理论研究综述 [J].产业经济评论，2020(5)：95-108.

[60] 唐要家，王钰.数字经济反垄断消费者福利标准的重构 [J].人文杂志，2022(8)：46-56.

[61] 唐要家，杨越.支配搜索引擎偏向行为的市场封锁效应 [J].产业经济评论，2019(6)：62-73.

[62] 唐要家.尹钰峰：算法合谋的反垄断规制及工具创新研究 [J].产经评论，2020，11(2)：5-16.

[63] 唐要家.平台经济转售价格维持反垄断原则的适用 [J].上海财经大学学报，2021，23(4)：18-31.

[64] 唐要家.数据产权的经济分析 [J].社会科学辑刊，2021(1)：98-106.

[65] 唐要家.数字经济创新优先的反垄断政策 [J].探索与争鸣，2021(2)：27-29.

[66] 唐要家.数字经济赋能高质量增长的机理与政府政策重点 [J].社会科学战线，2020(10)：61-67.

[67] 唐要家.数字经济监管体制创新的导向与路径 [J].长白学刊，2021(1)：106-113.

[68] 唐要家.数字平台的经济属性与监管政策体系研究 [J].经济纵横，2021(4)：43-51.

[69] 唐要家.数字平台反垄断的基本导向与体系创新 [J].经济学家，2021(5)：83-92.

[70] 唐要家.中国个人隐私数据保护的模式选择与监管体制 [J].理论学刊，2021(1)：69-77.

[71] 唐要家.数字经济监管研究 [M].北京：中国财政经济出版社，2023.

[72] 田小军，郭雨笛.设定平台版权过滤义务视角下的短视频平台版权治理研究 [J].出版发行研究，2019(3)：66-69.

[73] 田小军，曹建峰，朱开鑫.企业间数据竞争规则研究 [J].竞争政策研究，2019(4)：5-19.

[74] 王继平，王若兰.作为竞争政策工具的市场研究 [J].竞争政策研究，2017(4)：60-73.

[75] 王晶.美国政府数据开放政策最新进展及启示 [J].信息通信技术与政策，2019，45(9)：35-38.

[76] 张凌寒.算法权力的兴起、异化及法律规制 [J].法商研究，2019，36(4)：63-75.

教师服务

感谢您选用清华大学出版社的教材！为了更好地服务教学，我们为授课教师提供本书的教学辅助资源，以及本学科重点教材信息。请您扫码获取。

≫ 教辅获取

本书教辅资源，授课教师扫码获取

≫ 样书赠送

经济学类重点教材，教师扫码获取样书

 清华大学出版社

E-mail: tupfuwu@163.com
电话：010-83470332 / 83470142
地址：北京市海淀区双清路学研大厦 B 座 509

网址：https://www.tup.com.cn/
传真：8610-83470107
邮编：100084